스포츠지도사 하계 50 종목 실기 및 구술 시험

가이드북

유동균 편저

도서출판 **오스틴북스**

저자 소개

편저자 유동균 교수

학력) 국민대학교 일반대학원 체육학과 이학박사
현) 명지대학교 미래교육원 스포츠레저교육과 주임교수
　　명지대학교 통합치료대학원 건강운동재활전공 지도교수
　　사단법인 한국스포츠레저교육협회 회장
　　사단법인 한국스포츠학회 상임이사
　　국민체육진흥공단 스포츠산업 기업평가위원
　　국립 해양경찰교육원 기술평가위원
　　국립 한국직업능력개발원 자문위원
　　국립 재난안전연구원 자문위원
전) 호서대학교 스포츠지도사 국가자격 연수원 강의교수
　　명지대학교 경영대학원 스포츠경영학과 주임교수
　　세한대학교 생활체육학과 초빙교수
연구) 국립 해양수상안전연구원설립 타당성 조사 연구용역(전북특별자치도 부안군, 2025),
　　수상구조 NCS학습모듈 대표집필자(교육부, 2018) 등 다수 연구용역 및 학술 등재지 발표
　　스파르타 스포츠지도사 시리즈(2025) 외 37권의 저서 출판
자격) 전문스포츠지도사 2급(보디빌딩, 수영, 근대5종, 철인3종)
　　생활스포츠지도사 2급(보디빌딩, 수영)
　　동력수상레저조정면허 1급, 운동처방사 1급, 수상구조사, 응급처치 강사 등

머리말

하계 50 종목 실기 및 구술 교재를 소개하며

디지털 AI 로봇시대 스포츠 활동은 더욱 증가하는 현상을 보이고 있으며, 이러한 현상으로 인하여 국가자격 스포츠지도사 시험을 보는 비전공자들이 해마다 증가하고 있다. 앞으로 사회가 발전할수록 건강과 신체활동의 중요성은 더욱 커질 것으로 예측되고 있으며, 스포츠를 통한 교육과 복지의 패러다임도 많은 변화가 예상된다.

나는 운동선수 출신 학자로서 체육학을 전공으로 박사학위를 취득하고 사회에서 다양한 스포츠 지도자로 활동하였으며, 현재는 대학에서 학생들을 교육하고 스포츠를 연구하는 나에게 앞으로 다가올 스포츠 분야의 눈부신 발전을 매우 기쁘게 준비하고 있다.

하계 50 종목 실기 및 구술 교재는 인기종목뿐만 아니라 비인기 종목까지 모든 종목을 안내하고 있으며, 비인기 종목의 실기 및 구술 시험을 준비하는 학습자들도 단기 학습으로 누구나 쉽게 스포츠지도사 실기 및 구술 시험을 준비할 수 있도록 구성하고 있다.

앞으로 다양한 스포츠 관련 국가자격 교재를 소개할 예정이며, 여러분들에게 단기간 집중학습으로 합격할 수 있는 스포츠 국가자격 시리즈가 되도록 노력할 것이다. 끝으로 나의 연구를 함께 해준 사단법인 한국스포츠레저교육협회 연구위원들에게 감사의 마음을 전하며, 디지털 AI 로봇시대 인간만이 할 수 있는 스포츠 레저활동에서 여러분들과 함께할 것을 약속한다.

편저자 **유동균** 교수

목 차

제1편　하계 50 종목
실기 및 구술 시험 세부시행 기준 (가나다순)

01 검도 ········ 8	21 승마 ········ 129	41 택견 ········ 252
02 게이트볼 ········ 11	22 씨름 ········ 134	42 테니스 ········ 259
03 골프 ········ 18	23 야구 ········ 140	43 파크골프 ········ 264
04 국학기공 ········ 23	24 양궁 ········ 144	44 펜싱 ········ 267
05 그라운드골프 ········ 26	25 에어로빅 ········ 147	45 풋살 ········ 273
06 농구 ········ 29	26 역도 ········ 154	46 플로어볼 ········ 278
07 당구 ········ 34	27 요트 ········ 158	47 하키 ········ 286
08 댄스스포츠 ········ 37	28 우슈 ········ 161	48 합기도 ········ 289
09 레슬링 ········ 48	29 유도 ········ 170	49 핸드볼 ········ 293
10 레크리에이션 ········ 51	30 육상 ········ 174	50 힙합 ········ 303
11 배구 ········ 54	31 인라인스케이트 ········ 178	
12 배드민턴 ········ 56	32 자전거(사이클) ········ 184	
13 보디빌딩 ········ 64	33 조정 ········ 189	
14 복싱 ········ 79	34 주짓수 ········ 192	
15 볼링 ········ 84	35 줄넘기 ········ 197	
16 빙상 ········ 90	36 체조 ········ 202	
17 사격 ········ 96	37 축구 ········ 227	
18 소프트테니스 ········ 101	38 카누 ········ 235	
19 수영 ········ 116	39 컬링 ········ 245	* 체육지도자연수원 홈페이지 자료 인용
20 스쿼시 ········ 124	40 탁구 ········ 247	

제 2 편 하계 50 종목 공통
구술 시험 이론

1장 생활체육론(생활스포츠지도사 구술 시험 필수 이론) ·········· 310
2장 특수체육론(장애인스포츠지도사 구술 시험 필수 이론) ·········· 315
3장 노인체육론(노인스포츠지도사 구술 시험 필수 이론) ·········· 321
4장 유아체육론(유소년스포츠지도사 구술 시험 필수 이론) ·········· 325
5장 스포츠 인권(지도자 윤리) (모든 종목 구술 시험 필수 이론) ·········· 329
6장 응급처치(모든 종목 구술 시험 필수 이론) ·········· 332
7장 스포츠지도사의 자세와 신념(모든 종목 구술 시험 필수 이론) ·········· 335

제 3 편 하계 50 종목 공통
구술 시험 예상문제

01 생활체육론 ·········· 338
02 특수체육론 ·········· 339
03 노인체육론 ·········· 340
04 유아체육론 ·········· 341
05 스포츠 인권(지도자 윤리) ·········· 341
06 응급처치 ·········· 342
07 스포츠지도사의 자세와 신념 ·········· 344

☐ 부록 : 스포츠지도사 시험안내 ·········· 348

스포츠지도사 하계 50 종목 실기 및 구술 시험
가 이 드 북

*체육지도자연수원 홈페이지 자료 인용

제 1 편

하계 50 종목
실기 및 구술 시험 세부시행 기준
(가나다순)

* 매년 시험 세부시행 기준이 변경될 수 있으니 체육지도자연수원 홈페이지 참고 바람

01 검도

1 시험 일시 및 장소

- 시험 일시 및 장소

*매년 시험 일시 및 장소는 변경될 수 있음

구분 합계	지역	검정일시	장소	연락처	주소	정원
2급 전문	충북	6.25.(수) 10:00~18:00	대한검도회 중앙연수원	043-872-6258	충청 음성군 원남면 충청대로759번길 72	
1급 생활	충북	6.25.(수) 10:00~18:00	대한검도회 중앙연수원	043-872-6258	충청 음성군 원남면 충청대로759번길 72	
2급 생활	충북	6.25.(수) 10:00~18:00	대한검도회 중앙연수원	043-872-6258	충청 음성군 원남면 충청대로759번길 72	
유소년	충북	6.25.(수) 10:00~18:00	대한검도회 중앙연수원	043-872-6258	충청 음성군 원남면 충청대로759번길 72	
노인	충북	6.25.(수) 10:00~18:00	대한검도회 중앙연수원	043-872-6258	충청 음성군 원남면 충청대로759번길 72	

- 장소운영 예상 도식도
- 실기 시험장 : 대한검도회 중앙연수원 검도장

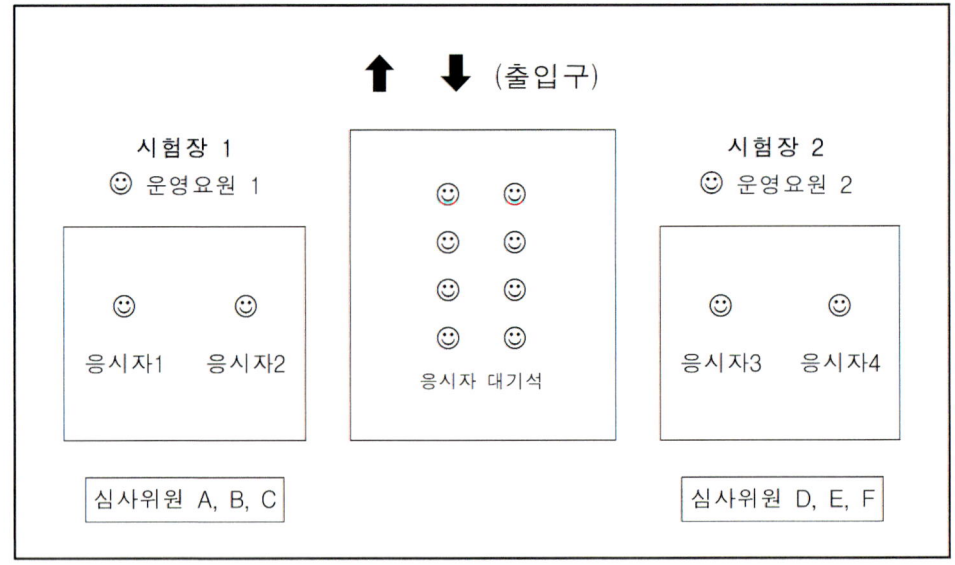

- 구술 시험장 : 대한검도회 중앙연수원 무학재

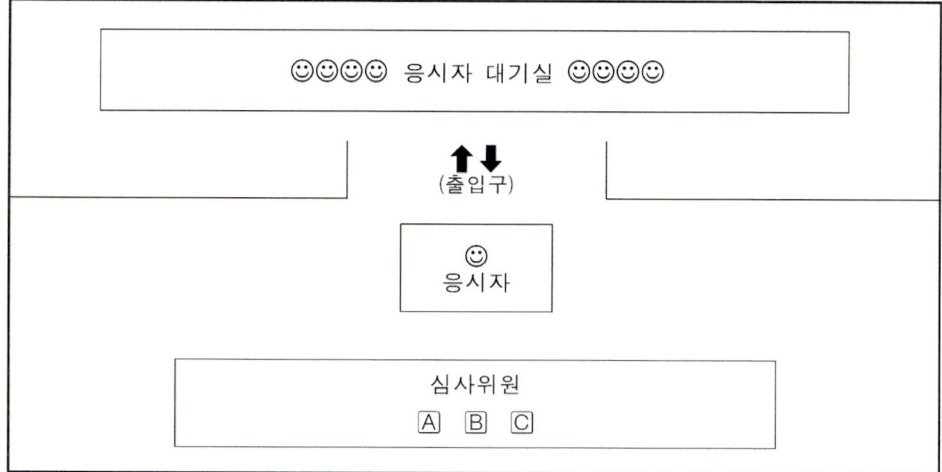

2 실기검정 소요장비

- 주관단체 준비사항 : 책상, 의자, 테이블보, 스톱워치, 호각, 채점표 등
- 지원자 준비사항 : 호구(호면, 호완, 갑, 갑상), 죽도, 도복

3 방역 및 안전관리 대책

- 방역관리
- 시험장 및 대기실 소독 방역 실시
- 손 소독제 준비 및 세면장 청결 상태 확인
- 수험생 동선 이탈 방지를 위한 안내선 설치 및 운영

- 안전관리
  보험가입 : 주최자 배상책임 보험가입을 통해 사고 대비
- 의무체계 : 관할 보건소 병원 등과 연계 대응, 비상 약품 상시 비치
- 부상자 및 환자 발생시 대응체계 : 구급약 배치 및 현장 구급차 항시 대기 및 119 구급대 적극 활용
- 사전점검 : 시험용구 및 시설물 사전 점검 의무화로 안전사고 예방
- 안전교육 : 응시생 대상 안전사고 예방교육, 사고 시 비상연락체계 안내
- 보고체계 : 심성기관 간 신속한 보고체제 운영

4 실기평가 영역

■ 기술분류

평가대상	대분류	세부 기술		
2급 전문 등	기본 실기	연격	• 기세 : 충실한 기세와 태세 • 격자 : 정면, 좌우면 격자의 정확도 및 타격의 강도 등	
	응용 실기 (대련)	유효 격자	공격	• 머리, 손목 • 찌름, 허리	"태세(기세) - 공세 - 격자 - 잔심"의 일치
			반격	• 머리, 손목 • 허리	"태세 - 격자 - 잔심"의 일치
		기타	• 임기응변의 공격과 반격 • 수련의 성숙도 및 응용기술의 실행력	

■ 실기평가 영역

영역	내용	평가기준
기본 실기	연격	① 충실한 기세와 기합의 발성 ② 정면 및 좌우면의 정확한 타격 ③ 대(大), 강(强), 속(速), 경(輕)의 원리로서 행하여지는가? ④ 타격 후 잔심의 자세를 취하는가?
응용 실기	유효격자	공격	① 태세(기세)-공세로 이어지는 공격 과정 ② 유효격자의 정확성과 기검체(氣劍體) 일치 ③ 잔심의 유무 ④ 응용기술의 숙련도와 실행능력
		반격	① 태세 – 반격으로 이어지는 과정 ② 유효격자의 정확성과 기검체(氣劍體) 일치 ③ 잔심의 유무

* 평가기준에 따른 세부 배점표

5 구술평가 영역

■ 시행방법 : 규정 2문제(50점), 지도방법 2문제(50점)
 - 지원자가 영역별로 문제지를 추첨하여 실시

영역	배점	분야		
규정	50점	경기 및 심판규칙	• 유효격자의 조건 • 합의사항 • 유효격자의 취소 • 경기장 규격	• 심판원의 자세 • 금지행위 • 죽도의 규격 • 격자부위
지도 방법	50점	연격	• 연격의 효과 및 유의점	
		거리	• 검도의 "거리" 개념 3가지	
		검도 실기	• 검도 이론 및 실기에 대한 설명	

영역	배점	분야	
		지도자 자질	• 지도자가 갖춰야 할 기본적인 요건
		유소년/노인	• 스포츠의 효과 및 필요성 • 유소년 발육·발달 단계에 따른 지도방법 • 노인의 신체적·정신적 변화에 따른 운동 역할 및 효과

* 지도자로서의 표현력, 전달력, 답변태도 등은 규정 및 지도방법에 포함하여 평가

6 기타 안내사항

- 시험영상은 시험 모니터링과 안전사고 예방을 위해 녹화하는 것으로 응시자에게 열람하거나 제공하지 않습니다.
- 시험의 공정성을 훼손하는 사례가 있는 경우 당일 시험이 종료되기 전까지 주관단체에 이의신청을 하여 주시기 바랍니다.

주관단체	연락처	홈페이지	서류제출처
대한검도회	02-420-4258	http://www.kumdo.org	서울시 송파구 올림픽로 424 올림픽회관 신관 325호

02 게이트볼

1 시험 일시 및 장소

- 시험 일시 및 장소   * 매년 시험 일시 및 장소는 변경될 수 있음

구분	지역	검정일시	장소	연락처	주소
1급 생활	경기	6.19.(목) 10:00~18:00	수원시 여기산 전천후구장	031-298-2597	경기도 수원시 권선구 여기산로 26번길 30
2급 생활	경기	6.19.(목) 10:00~18:00	수원시 여기산 전천후구장	031-298-2597	경기도 수원시 권선구 여기산로 26번길 30
	대전	6.25.(수) 10:00~18:00	대전광역시 전천후구장	042-863-7330	대전 유성구 문지동 66
노인	경기	6.20.(금) 10:00~18:00	수원시 여기산 전천후구장	031-298-2597	경기도 수원시 권선구 여기산로 26번길 30
	대전	6.26.(목) 10:00~18:00	대전광역시 전천후구장	042-863-7330	대전 유성구 문지동 66
유소년	대전	6.27.(금) 10:00~18:00	대전광역시 전천후구장	042-863-7330	대전 유성구 문지동 66

- 장소운영 예상 도식도 : 조별 코트규격 20m×15m, 실기/구술 운영
- 실기/구술 장소(게이트볼 전용구장 이용, 고사장 사정에 따라 다소 차이가 있을 수 있음)

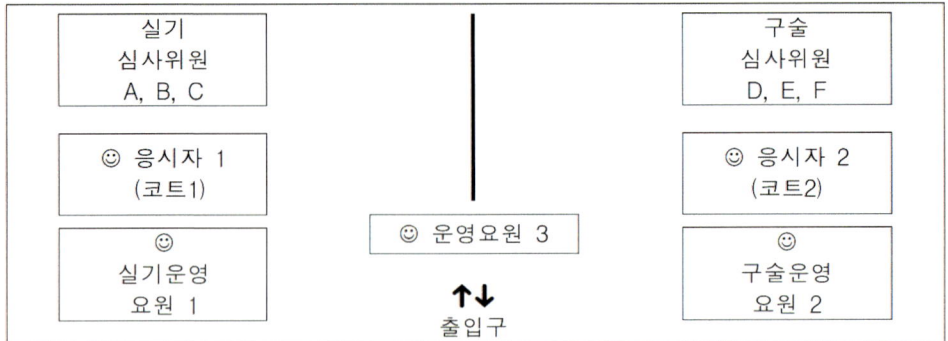

2 실기검정 소요장비

- 주관단체 준비사항 : 게이트, 공, 음향시설, 채점표, 책상, 의자 등
- 지원자 준비사항 : 스틱, 운동복, 운동화, 신분증 등

3 방역 및 안전관리 대책

■ 방역관리
- (감염 관리) 감염병 관리 관련 법령 및 시험방역지침에 따라 의무 격리가 필요한 감염병 확진자의 경우 시험응시가 제한될 수 있음

■ 안전관리
- (보험가입) 전 종목 주최자 배상책임 보험가입을 통한 사고 대비
- (의무체계) 지역별 보건소, 병원 등과 연계 대응, 비상 약품 상시 비치, 구급차/구급인력 배치
- (부상자 및 환자 발생 시 대응체계) 해당 기관 이용, 응급처치 등 1차 대응 → 인근 지정병원 연계 후송 → 자격검정기관 담당자 연락
- (사전점검) 시험용구 및 시설물 사전 점검 의무화로 안전사고 예방
- (안전교육) 응시생 대상 안전사고 예방교육, 사고 시 비상연락체계 안내
- (보고체계) 검정기관 간 신속한 보고체계 운영

4 실기평가 영역

☐ 실기검정 : 1·2급 생활스포츠지도사, 유소년·노인지도사

- 기술분류

대분류	세부 기술
스탠스	스퀘어 스탠스(크로즈드 스탠스, 오픈 스탠스, 팔자형 스탠스), 삼각 스탠스
그립	오버랩핑 그립, 인터록킹 그립, 베이스볼 그립
타격법	점프타법, 스파크타격, 슬라이드(각도치기), 커브타법, 수평타법, 커트타법
게임기술	개인기본기술, 개인응용기술, 팀작전기술

- 실기평가 영역

영역	내용		평가기준
기초 기술 (20)	스탠스	스퀘어 스탠스	① 어깨 폭의 넓이로 다리를 벌리고, 양발의 끝을 연결하는 선과 볼을 보내는 지점과의 연결한 선이 평행이 되고 있는가? ② 볼의 위치는 왼쪽발의 중앙 5~10cm 앞에 놓고 있는가?
		크로즈드 스탠스	① 우타자의 경우 왼발의 위치가 볼의 타격방향에 직각으로 놓여 있고 오른발은 비스듬히 뒤쪽에 위치하며 볼을 보내는 지점과의 연결한 선이 평행이 되고 있는가? ② 볼의 위치는 왼쪽발의 중앙 5~10cm 앞에 놓고 있는가?
	그립	오버랩핑 그립	① 왼손의 인지의 제2관절의 부분에 오른손의 새끼손가락을 감아 같이 잡고 있는가? ② 왼손의 엄지와 오른손의 손바닥으로 싸잡아 양엄지의 끝을 똑바로 샤프트 위에 얹어 놓고 있는가?
		인터록킹 그립	① 왼손의 검지와 중지 사이에 오른손의 약지와 소지의 사이에 끼우고 있는가? ② 새끼손가락을 왼손 검지위에 살짝올려놓고 있는가?
		베이스볼 그립	① 샤프트의 끝 부분을 왼손으로 잡고 그것에 이어지는 부분을 오른손으로 잡고 있는가? ② 양 손의 주먹이 접촉되어 있는가?
	타격법	스파크 타격	① 타자가 자구를 타격하여 다른 사람의 볼을 정확히 맞추고 있는가? ② 왼쪽 발 뒤꿈치를 지면에 닿은 채 자신의 볼을 밟고 있는가? ③ 터치한 볼을 자신의 볼과 접촉시키고 밟고 있는가? ④ 오른쪽 발은 몸의 균형을 잡기 위하여 반보 정도 뒤로 옮기고 있는가? ⑤ 자구와 타구의 중심은 목표와 일직선인가? ⑥ 10초 이내에 타격을 하고 있는가?
		슬라이드 타법 (각도치기)	① 무릎을 굽히고 있는가? ② 시선은 볼이나 목표 선을 주시하고 있는가? ③ 타구에 맞는 각도의 소설을 잘 하고 있는가? ④ 타구의 반 정도 면에 터치하는 것 같은 방향으로 약간 비켜서 치고 있는가?
		커트 타법	① 무릎을 굽히고 있는가? ② 시선은 볼이나 목표 선을 주시하고 있는가? ③ 손목만을 이용하고 있는가? ④ 자신의 볼이 타구만을 쳐서 정지시키고 있는가?

		종목	평가기준			참고
게임 기술 (80)	게임기술 중 4가지 종목실시 (종목 당 2회 시도)	1. 1게이트 통과 후 바로 2게이트 통과하기	① 타격 시 시선이 타격할 볼을 주시하고 있는가? ② 자구를 정확하게 타격하고 있는가? ③ 제한시간(10초)이내에 동작을 수행하는가? ④ 게이트볼 규칙을 정확하게 이해하고 있는가? ⑤ 몇 회 성공하였는가? 　　(2회 성공 : 4점, 1회 성공 : 2점, 0회 성공 : 0점)			1게이트 통과 성립 후 정지한 위치
			평가	배점	득점	
			① 타격 시 시선이 타격할 볼을 주시하고 있는가?	4		
			② 자구를 정확하게 타격하고 있는가?	4		
			③ 제한시간(10초)이내에 동작을 수행하는가?	4		
			④ 게이트볼 규칙을 정확하게 이해하고 있는가?	4		
			⑤ 몇 회 성공하였는가? (2회 성공 : 4점, 1회 성공 : 2점, 0회 성공 : 0점)	4		
			합계	20		
		2. 6m거리 볼터치 하기	① 타격 시 시선이 타격할 볼을 주시하고 있는가? ② 자구를 정확하게 타격하고 있는가? ③ 제한시간(10초)이내에 동작을 수행하는가? ④ 게이트볼 규칙을 정확하게 이해하고 있는가? ⑤ 몇 회 성공하였는가? 　　(2회 성공 : 4점, 1회 성공 : 2점, 0회 성공 : 0점)			볼의 위치는 자유
			평가	배점	득점	
			① 타격 시 시선이 타격할 볼을 주시하고 있는가?	4		
			② 자구를 정확하게 타격하고 있는가?	4		
			③ 제한시간(10초)이내에 동작을 수행하는가?	4		
			④ 게이트볼 규칙을 정확하게 이해하고 있는가?	4		
			⑤ 몇 회 성공하였는가? (2회 성공 : 4점, 1회 성공 : 2점, 0회 성공 : 0점)	4		
			합계	20		
		3. 선옆에 있는 볼을 3m 거리에서 터치아웃 시키기 (희생타)	① 타격 시 시선이 타격할 볼을 주시하고 있는가? ② 자구를 정확하게 타격하고 있는가? ③ 제한시간(10초)이내에 동작을 수행하는가? ④ 게이트볼 규칙을 정확하게 이해하고 있는가? ⑤ 몇 회 성공하였는가? 　　(2회 성공 : 4점, 1회 성공 : 2점, 0회 성공 : 0점)			볼의 위치는 선옆 15cm
			평가	배점	득점	
			① 타격 시 시선이 타격할 볼을 주시하고 있는가?	4		
			② 자구를 정확하게 타격하고 있는가?	4		
			③ 제한시간(10초)이내에 동작을 수행하는가?	4		
			④ 게이트볼 규칙을 정확하게 이해하고 있는가?	4		
			⑤ 몇 회 성공하였는가? (2회 성공 : 4점, 1회 성공 : 2점, 0회 성공 : 0점)	4		
			합계	20		

과제	평가 항목	비고
4. 자구를 타격하여 7m 거리의 박스 안에 넣기 (박스크기 : 30cm*30cm, 라인 폭 포함)	① 타격 시 시선이 타격할 볼을 주시하고 있는가? ② 자구를 정확하게 타격하고 있는가? ③ 제한시간(10초)이내에 동작을 수행하는가? ④ 게이트볼 규칙을 정확하게 이해하고 있는가? ⑤ 몇 회 성공하였는가? 　(2회 성공 : 4점, 1회 성공 : 2점, 0회 성공 : 0점) 	평가	배점	득점
① 타격 시 시선이 타격할 볼을 주시하고 있는가?	4	
② 자구를 정확하게 타격하고 있는가?	4	
③ 제한시간(10초)이내에 동작을 수행하는가?	4	
④ 게이트볼 규칙을 정확하게 이해하고 있는가?	4	
⑤ 몇 회 성공하였는가? (2회 성공 : 4점, 1회 성공 : 2점, 0회 성공 : 0점)	4	
합계	20			볼의 위치는 자유, 선에 걸쳐도 성공
5. 인사이드라인 옆의 볼을 2m 거리에서 스파크 타격하여 아웃시키기	① 타격 시 시선이 타격할 볼을 주시하고 있는가? ② 자구를 정확하게 타격하고 있는가? ③ 제한시간(10초)이내에 동작을 수행하는가? ④ 게이트볼 규칙을 정확하게 이해하고 있는가? ⑤ 몇 회 성공하였는가? 　(2회 성공 : 4점, 1회 성공 : 2점, 0회 성공 : 0점) 	평가	배점	득점
① 타격 시 시선이 타격할 볼을 주시하고 있는가?	4	
② 자구를 정확하게 타격하고 있는가?	4	
③ 제한시간(10초)이내에 동작을 수행하는가?	4	
④ 게이트볼 규칙을 정확하게 이해하고 있는가?	4	
⑤ 몇 회 성공하였는가? (2회 성공 : 4점, 1회 성공 : 2점, 0회 성공 : 0점)	4	
합계	20			볼의 위치는 선옆 15cm, 스파크 타격한 타구가 아웃되면 안됨
6. 30도 각도에서 스파크 타격으로 게이트 통과시키기	① 타격 시 시선이 타격할 볼을 주시하고 있는가? ② 자구를 정확하게 타격하고 있는가? ③ 제한시간(10초)이내에 동작을 수행하는가? ④ 게이트볼 규칙을 정확하게 이해하고 있는가? ⑤ 몇 회 성공하였는가? 　(2회 성공 : 4점, 1회 성공 : 2점, 0회 성공 : 0점) 	평가	배점	득점
① 타격 시 시선이 타격할 볼을 주시하고 있는가?	4	
② 자구를 정확하게 타격하고 있는가?	4	
③ 제한시간(10초)이내에 동작을 수행하는가?	4	
④ 게이트볼 규칙을 정확하게 이해하고 있는가?	4	
⑤ 몇 회 성공하였는가? (2회 성공 : 4점, 1회 성공 : 2점, 0회 성공 : 0점)	4	
합계	20			게이트까지의 거리는 2m

① 타격 시 시선이 타격할 볼을 주시하고 있는가?
② 자구를 정확하게 타격하고 있는가?
③ 제한시간(10초)이내에 동작을 수행하는가?
④ 게이트볼 규칙을 정확하게 이해하고 있는가?
⑤ 몇 회 성공하였는가?
   (2회 성공 : 4점, 1회 성공 : 2점, 0회 성공 : 0점)

7. 20cm 거리의 볼을 점프 터치하여 자구가 6m 이상 가기

평가	배점	득점
① 타격 시 시선이 타격할 볼을 주시하고 있는가?	4	
② 자구를 정확하게 타격하고 있는가?	4	
③ 제한시간(10초)이내에 동작을 수행하는가?	4	
④ 게이트볼 규칙을 정확하게 이해하고 있는가?	4	
⑤ 몇 회 성공하였는가? (2회 성공 : 4점, 1회 성공 : 2점, 0회 성공 : 0점)	4	
합계	20	

자·타구 아웃볼 되면 안됨

① 타격 시 시선이 타격할 볼을 주시하고 있는가?
② 자구를 정확하게 타격하고 있는가?
③ 제한시간(10초)이내에 동작을 수행하는가?
④ 게이트볼 규칙을 정확하게 이해하고 있는가?
⑤ 몇 회 성공하였는가?
   (2회 성공 : 4점, 1회 성공 : 2점, 0회 성공 : 0점)

8. 게이트와의 각이 30도, 2m 위치에서 게이트 통과하기

평가	배점	득점
① 타격 시 시선이 타격할 볼을 주시하고 있는가?	4	
② 자구를 정확하게 타격하고 있는가?	4	
③ 제한시간(10초)이내에 동작을 수행하는가?	4	
④ 게이트볼 규칙을 정확하게 이해하고 있는가?	4	
⑤ 몇 회 성공하였는가? (2회 성공 : 4점, 1회 성공 : 2점, 0회 성공 : 0점)	4	
합계	20	

게이트까지의 거리는 2m

① 타격 시 시선이 타격할 볼을 주시하고 있는가?
② 자구를 정확하게 타격하고 있는가?
③ 제한시간(10초)이내에 동작을 수행하는가?
④ 게이트볼 규칙을 정확하게 이해하고 있는가?
⑤ 몇 회 성공하였는가?
   (2회 성공 : 4점, 1회 성공 : 2점, 0회 성공 : 0점)

9. 6m 거리에서 완료하기

평가	배점	득점
① 타격 시 시선이 타격할 볼을 주시하고 있는가?	4	
② 자구를 정확하게 타격하고 있는가?	4	
③ 제한시간(10초)이내에 동작을 수행하는가?	4	
④ 게이트볼 규칙을 정확하게 이해하고 있는가?	4	
⑤ 몇 회 성공하였는가? (2회 성공 : 4점, 1회 성공 : 2점, 0회 성공 : 0점)	4	
합계	20	

볼의 위치는 자유

		10. 30cm 앞의 볼 슬라이드 터치하여 6m 이상 가기	① 타격 시 시선이 타격할 볼을 주시하고 있는가? ② 자구를 정확하게 타격하고 있는가? ③ 제한시간(10초)이내에 동작을 수행하는가? ④ 게이트볼 규칙을 정확하게 이해하고 있는가? ⑤ 몇 회 성공하였는가? (2회 성공 : 4점, 1회 성공 : 2점, 0회 성공 : 0점)	자·타구 아웃볼 되면 안됨

평가	배점	득점
① 타격 시 시선이 타격할 볼을 주시하고 있는가?	4	
② 자구를 정확하게 타격하고 있는가?	4	
③ 제한시간(10초)이내에 동작을 수행하는가?	4	
④ 게이트볼 규칙을 정확하게 이해하고 있는가?	4	
⑤ 몇 회 성공하였는가? (2회 성공 : 4점, 1회 성공 : 2점, 0회 성공 : 0점)	4	
합계	20	

* 위 내용은 실기 검정 준비에 도움을 주기 위한 범위이며, 위 내용 외에 더 추가로 범위를 선정하여 검정할 수 있음.

5 구술평가 영역

- 시행방법 : 규정 2문제(50점), 지도방법 2문제(50점)
- 합격기준 : 70점 이상(100점 만점)

영 역	배 점	분 야
규정	50점	시설/도구, 경기운영, 반칙/페널티
지도방법	50점	지도방법

* 위 내용은 구술 검정 준비에 도움을 주기 위한 범위이며, 위 내용 외에 더 추가로 범위를 선정하여 검정할 수 있음

6 기타 안내사항

- 시험영상은 시험 모니터링과 안전사고 예방을 위해 녹화하는 것으로 응시자에게 열람하거나 제공하지 않습니다.
- 시험의 공정성을 훼손하는 사례가 있는 경우 당일 시험이 종료되기 전까지 주관단체에 이의신청을 하여 주시기 바랍니다.

주관단체	연락처	홈페이지	서류제출처
(사)대한 게이트볼협회	02-415-7331	www.gateball.or.kr	서울특별시 송파구 올림픽로 424, 올림픽회관 신관 142호

03 골프

1 시험 일시 및 장소

■ 시험 일시 및 장소 *매년 시험 일시 및 장소는 변경될 수 있음

구분	지역	검정일시	장소	연락처	주소
2급전문	강원	6.16.(월)~6.27.(금) 12일간 07:00~20:00	센추리21 컨트리클럽 (마운틴코스)	033-733-1000	강원도 원주시 문막읍 궁말길 193
1급생활					
2급생활					
유소년					
노인					

ㄱ. 실기검정 일정(6.16-6.27.) 중 골프종목에 응시하고자 하는 모든 응시생을 수용할 수 없는 경우 예비일정(6.28-29.)을 포함하여 검정을 진행한다.

ㄴ. 실기검정 일정(6.16-6.27.) 중 천재지변으로 인해 검정이 불가할 경우 예비일(6.28-6.29.) 중 별도의 일정을 지정하여 실기검정을 진행한다. 단, 예비일에도 응시자의 규모 및 천재지변으로 인해 검정이 불가할 경우 추후 별도의 일정을 정하여 실기검정을 진행한다.

ㄷ. 골프 종목의 본질적 특성에 따라 천재지변은 당일 시험장의 상황에 따라 실기검정위원회 회의를 통해 검정 진행 여부가 결정되며, 미리 천재지변을 예측하여 사전에 응시자에게 통지할 수 없음을 양지하여 주시기 바랍니다.

■ 장소운영 예상 도식도 : 마운틴코스 9홀 중 6홀 사용(1, 3, 4, 5, 6, 8번홀)
- 실기 시험장 : 센추리21컨트리클럽(마운틴 코스)

- 구술 시험장 : 응시자 대기실은 클럽하우스 외부 설치(연습그린 옆 주차장)

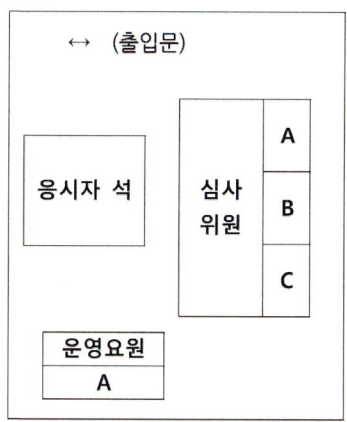
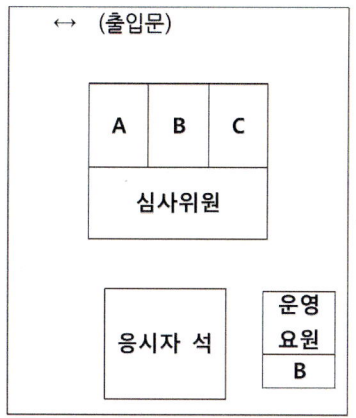
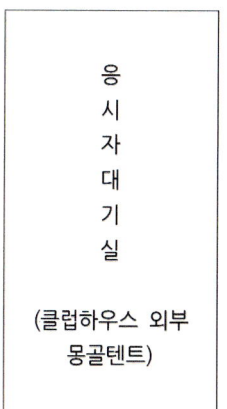

2 실기검정 소요장비

- 주관단체 준비사항 : 조편성표, 스코어카드, 연필, 마이크, 앰프, 텐트, 현수막, X-배너, 공지사항보드, 노트북, 프린터, 무전기, 응급처치키트, 녹화장비 등
- 지원자 준비사항
  • 골프용품(골프클럽, 볼, 장갑 등)
  • 응시서류(미소지자 시험장 입장 불가)
  • 신분증 : 주민등록증(주민등록증발급신청확인서 포함), 여권, 운전면허증, 장애인등록증(복지카드), 공무원증, 국가보훈등록증, 외국인등록증, 체육지도자자격증(전자증명서포함)[1], 모바일신분증[2]만 가능

  [1] 정식 발급(출력)된 자격증 또는 정부24 전자문서지갑 서비스 또는 네이버 모바일 자격증 서비스를 통해 발급받은 체육지도자 자격증 전자 증명서로서, 민간 앱(네이버, 카카오, 토스 등)의 전자지갑을 통해 확인 가능한 모바일 전자증명서(자격증)에 한하여 인정(앱 실행단계부터 확인, 캡처 등 사본은 불인정)

  [2] 공무원증, 국가보훈등록증, 운전면허증, 주민등록증에 한하여 인정하며, 전자기기 제출 전 앱을 통해 실시간으로 표출되는 모바일 신분증만 인정(캡처 등 사본은 불인정). 신원확인 완료 시 해당 응시자의 수험표에 '신원확인필' 등의 도장을 찍어 이후 신분확인 시 신분증 제시 면제 가능

※ 추가 검정료(1인)

종목명	추가비용		사용 명목 및 구체적 사유
골프	60,000원	사용명목	• 시설사용료
		구체적사유	• 골프장 시설물(코스 및 카트 등) 임대 및 사용에 대한 시설 사용료 발생

※ 상기 내용은 추후 변경될 수 있음.

3 안전관리 대책

■ 방역관리
- (감염 관리) 감염병 관리 관련 법령 및 시험방역지침에 따라 의무 격리가 필요한 감염병 확진자의 경우 시험응시가 제한될 수 있음

- 안전관리
- (안전요원배치) 응시자 안내 및 비상 상황 발생 시 불법행위 저지 등 응시자 안전을 위한 대책을 추진 마련으로 안전요원 배치 지원
- (보험가입) 전 종목 주최자 배상책임 보험가입을 통한 사고 대비
- (의무체계) 지역별 보건소, 병원 등과 연계 대응, 비상 약품 상시 비치, 구급차/구급인력 배치
- (부상자 및 환자 발생 시 대응체계) 해당 기관 이용, 응급처지 등 1차 대응
  → 인근지정병원 연계 후송 → 자격검정기관담당자연락
- (사전점검) 시험용구 및 시설물 사전 점검 의무화로 안전사고 예방
- (안전교육) 응시생 대상 안전사고 예방교육, 사고 시 비상연락체계 안내
- (보고체계) 검정기관 간 신속한 보고체계 운영

4 실기평가 영역

- 기술분류

평가대상	대분류	세부 기술
2급 전문·1/2급 생활·유소년·노인	경기운영	6홀 스트로크 플레이(규정타수)

- 실기평가 영역
- 2급 전문스포츠지도사

영역	내용	평가기준
스트로크 플레이 (100)	① 6홀 Par23 스트로크 플레이를 통한 규정 타수	① 6홀 Par23 기준 24타 이하 합격 ② R&A 골프규칙, 실기검정위원회가 채택하는 로컬룰 적용 ③ 응시생 4인(3인) 1조 1팀 6홀 스트로크 플레이 ④ 컷오프 타수 적용, 　1번홀 6타[+3] 이상 / 1번홀+3번홀 13타[+5] 이상 ⑤ 마지막홀(8번홀) 도착 시 27타 이상 응시생 검정 중단 ※ 검정 홀은 1, 3, 4, 5, 6, 8번홀로 총 6홀

- 1급 생활스포츠지도사

영역	내용	평가기준
스트로크 플레이 (100)	① 6홀 Par23 스트로크 플레이를 통한 규정 타수 6홀 Par23 스트로크 플레이	① 6홀 Par23 기준 25타 이하 합격 ② R&A 골프규칙, 실기검정위원회가 채택하는 로컬룰 적용 ③ 응시생 4인(3인) 1조 1팀 6홀 스트로크 플레이 ④ 컷오프 타수 적용, 　1번홀 6타[+3] 이상 / 1번홀+3번홀 13타[+5] 이상 ⑤ 마지막홀(8번홀) 도착 시 28타 이상 응시생 검정 중단 ※ 검정 홀은 1, 3, 4, 5, 6, 8번홀로 총 6홀

- 2급 생활, 유소년, 노인스포츠지도사

영역	내용	평가기준
스트로크 플레이 (100)	① 6홀 Par23 스트로크 플레이를 통한 규정 타수 6홀 Par23 스트로크 플레이	① 6홀 Par23 기준 26타 이하 합격 ② R&A 골프규칙, 실기검정위원회가 채택하는 로컬룰 적용 ③ 응시생 4인(3인) 1조 1팀 6홀 스트로크 플레이 ④ 컷오프 타수 적용, 　1번홀 6타[+3] 이상 / 1번홀+3번홀 13타[+5] 이상 ⑤ 마지막홀(8번홀) 도착 시 29타 이상 응시생 검정 중단 ※ 검정 홀은 1, 3, 4, 5, 6, 8번홀로 총 6홀

※ 원활한 검정 운영 및 안전사고 대비를 위해 1, 3번 홀 컷오프 탈락응시생과 마지막홀 도착 시 각 자격등급 합격 기준의 +3타 이상의 응시생은 검정이 중단됨.

5 구술평가 영역

- 평가항목 : 규정 2개(50점), 지도방법 2개(50점)
- 합격기준 : 70점 이상(100점 만점)

영 역	배 점	분 야
규정	50점	규칙, 용어
지도방법	50점	기술, 이론(각 자격등급 관련 내용)

- 평가문항 및 모범답안 예시

영역	평가문항 및 모범답안
규정 (50) / 규칙	Q1. 집어 올린 볼을 닦을 수 없는 경우는? ☞ 1) 볼이 갈라지거나 금이 갔는지 확인하기 위하여 집어올린 경우 　2) 자신의 볼인지 확인하기 위하여 집어올린 경우 　3) 플레이에 방해가 되기 때문에 집어올린 경우 　4) 구제가 허용되는 상태에 놓인 볼인지 확인하기 위하여 집어 올린 경우(구제를 받을 수 없는 경우) Q2. 일반구역에 있는 비정상적인 코스 상태에서의 구제방법은? ☞ 가장 가까운 완전한 구제지점을 기준점으로 원래의 볼이나 다른 볼로 드롭하여 페널티 없는 구제를 받을 수 있다. 　• 기준점 : 일반구역에 있는 가장 가까운 완전한 구제지점 　• 구제구역의 크기 : 기준점으로부터 1클럽 이내의 구역・구제구역의 위치 제한 : 구제구역은 반드시 일반구역에 있어야 하고, 기준점보다 홀에 더 가깝지 않아야 하며, 비정상적인 코스 상태로 인한 방해로부터 완전한 구제를 받는 구역이어야 한다.
규정 (50) / 용어	Q1. 개선이란? ☞ 플레이어가 스트로크를 위한 잠재적인 이익을 얻기 위하여 스트로크에 영향을 미치는 상태 또는 플레이어에 영향을 미치는 그 밖의 물리적인 상태를 하나라도 변경하는 것을 말한다. Q2. 프로비저널 볼이란? ☞ 프로비저널볼이란 플레이가 방금 플레이힌 볼이 다음과 같이 된 경우에 플레이한 다른 볼을 말한다. 　• 아웃오브바운즈로 갔을 수도 있는 경우 　• 페널티구역밖에서 분실되었을 수도 있는 경우

지도방법 (50)		프로비저널볼이 규칙18.3c에 따라 인플레이볼이 되지 않는 한, 그 볼은 플레이어의 인플레이볼이 아니다.
	2급 전문	Q1. 전문스포츠지도사의 주요업무에 대해 설명하세요. ☞ 선수 대상 특정 스포츠 지도, 경기력 향상을 위한 훈련프로그램 개발 및 운영, 체육영재 육성 및 관리 등을 함 Q2. 기술훈련의 기본조건에 대해 설명하세요. ☞ 스포츠 기술을 배우고 숙달시키려는 기술훈련을 효과적인 실시를 위해서는 ① 이미지, ② 기능수준, ③ 연습과 피드백, ④ 동기유 발 등의 기본조건을 고려해야 함.
	1급 생활	Q1. 생활체육의 기능에 대하여 설명하세요. ☞ ① 생리적 기능으로 인간은 필연적으로 운동부족을 일으키게 되고 인간의 육체는 사용하지 않으면 기능이 약해질 수밖에 없으므로 생활체육 활동을 통한 운동을 통해 건강한 신체를 유지, 증진시킨다. ② 심리적 기능으로 긴장 및 갈등을 해소 시킨다. 유대감을 생성시킨다. ③ 사회적 기능으로 사회체제를 유지 시킨다. 국민 화합을 창출시킨다.
	2급 생활	Q1. 생활체육 지도사의 자질에 대해 설명하세요. ☞ ① 의사전달능력, ② 투철한 사명감, ③ 활달하고 강인한 성격, ④ 도덕적 품성, ⑤ 칭찬의 미덕, ⑥ 공정성
	유소년	Q1. 국민체육진흥법에서 명시한 유소년 스포츠지도사의 정의에 대해 설명하세요. ☞ 유소년(만 3세부터 중학교 취학 전까지를 말함)의 행동양식, 신체 발달 등에 대한 지식을 갖추고 자격종목에 대하여 유소년을 대상으로 체육을 지도하는 사람을 말함 Q2. 유소년 지도시, 준비운동을 하는 이유에 대해 설명하세요. ☞ 준비운동은 운동 전 미리 체온을 높여 호흡계, 순환계, 근육, 관절 등을 정적 상태로부터 운동에 적합한 동적 상태로 유도하는 것임.
	노인	Q1. 노인이 규칙적인 스포츠활동에 참여함으로써 기대되는 효과에 대해 설명하세요. ☞ 규칙적인 스포츠 활동은 심리적 행복감, 기능적 능력 저하의 예방 및 능력 향상, 체력 증진, 노화로 인한 질병의 예방 및 회복, 긴장 완화, 사회적 인간관계망 확대, 건강 수명 연장 등 긍정적인 측면에서 복합적인 역할을 담당함. Q2. 스포츠 활동 지도 시 노인과의 효과적인 의사소통 방법에 대해 설명하세요. ☞ 노인의 질문이나 의견을 경청한다, 소통의 방해요소를 제거한다, 불필요한 언행을 조절한다, 눈을 자주 마주친다, 안정된 어조와 정확한 발음, 품위있는 언어를 사용한다, 적절한 속도로 새로운 정보를 제공함.

6 기타 안내사항

- 영상은 시험 모니터링과 안전사고 예방을 위해 녹화하는 것으로 응시생에게 열람하거나 제공하지 않습니다.
- 시험의 공정성을 훼손하는 사례가 있는 경우 당일 시험이 종료되기 전까지 주관단체에 이의신청을 하여 주시기 바랍니다.
- 전자통신기기(휴대폰 등) 사용금지 안내
- 시험장 전 구역에서 어떠한 통신기기(휴대전화, 스마트폰, 스마트워치, 스마트밴드, 블루투스 이어폰, 태블릿PC 등)도 사용 및 지참할 수 없으며 발견될 시 부정행위로 간주됨. 따라서, 응시자 확인 이후에 전자통신기기를 지참 및 사용할 시 즉시 퇴장조치되며, 실기 및 구술시험 종료 후 전 자통신기기(휴대폰

등)을 시험장내에서 지참 및 사용할시 그 시험은 무효로 처리된다. 또한, 시험장 전 구역의 동영상 및 사진 촬영도 금지하고 있으며 발견시 부정행위로 처리됩니다.

주1) : 시험장 전 구역 전자통신기기(휴대폰, 스마트워치, 스마트밴드, 블루투스 이어폰, 태블릿PC 등) 지참 금지. 단, 통신기능 없는 워치형 거리측정기는 사용 가능
주2) : 시험장 전구역 = 클럽하우스, 실기시험코스(연습그린 포함). 구술검정장, 구술 대기장, 카트, 스타트 광장 등

주관단체	연락처	홈페이지	서류제출처
(사)대한골프협회	031-540-5734	www.kgagolf.or.kr	경기도 파주시 회동길 174 대한골프협회

04 국학기공

1 시험 일시 및 장소

■ 시험 일시 및 장소　　　　　　　　　　　　　　　* 매년 시험 일시 및 장소는 변경될 수 있음

구분	지역	검정기간	장소	연락처	주소
1급/2급 생활	경기	6. 28. (토) 9:00~18:00	교원 가평비젼센터	031-585-6114	경기 가평군 설악면 유명로 2182
노인	경기	6.29. (일) 9:00~18:00	교원 가평비젼센터	031-585-6114	경기 가평군 설악면 유명로 2182

■ 장소운영 예상 도식도

- 실기 시험장 : 교원 가평비젼센터 연수동 (지하 1층)

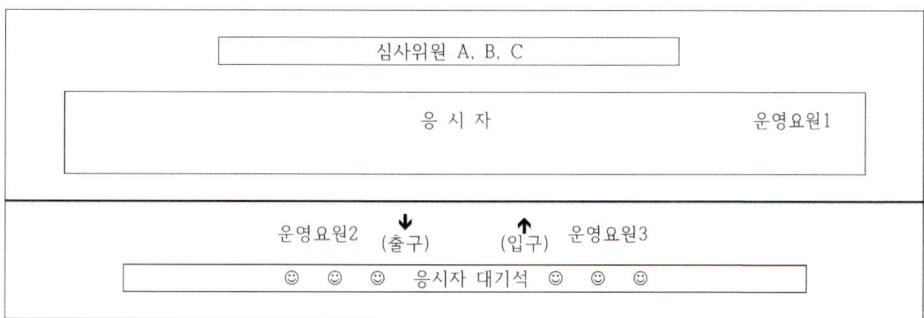

- 구술 시험장 : 교원 가평비젼센터 연수동 (지하 1층)

2 실기검정 소요장비

- 주관단체 준비사항 : 책상, 의자, 테이블보, 스톱워치, 채점표, 심사위원복, 방역물품 등
- 지원자 준비사항 : 실내화, 운동복
  * 국학기공 이외 다른 단체 수련복 착용 금지

3 방역 및 안전관리 대책

■ 방역관리
- 중앙방역대책본부의 『코로나바이러스감염증-19 예방을 위한 시험 방역관리 안내』를 참고하여 각 자격검정기관은 시험의 특성과 사정에 따라 안전대책 수립 및 적용

■ 안전관리
- (보험가입) 전 종목 주최자 배상책임 보험가입을 통한 사고 대비
- (의무체계) 지역별 보건소, 병원 등과 연계 대응, 비상 약품 상시 비치
- (부상자 및 환자 발생 시 대응체계) 해당 기관 이용, 응급처지 등 1차 대응 → 인근 지정병원 연계 후송 → 자격검정기관 담당자 연락
- (사전점검) 시험용구 및 시설물 사전 점검 의무화로 안전사고 예방
- (안전교육) 응시생 대상 안전사고 예방교육, 사고 시 비상연락체계 안내
- (보고체계) 검정기관 간 신속한 보고체계 운영

4 실기평가 영역

❑ 실기검정 : 1급, 2급 생활스포츠지도사, 노인스포츠지도사
■ 평가 방법 : 지정한 기공의 지도 시연을 평가하여 지도 능력 검증
■ 지도 시연 기공
  - 1급/2급 생활스포츠지도사 : 지기공 인형
  - 노인스포츠지도사 : 지구기공
■ 평가항목 : 전달성(30점), 지도 내용(70점)
■ 실기 평가 영역

평가대상	대분류	세부 내용
1/2급 생활·노인	전달성	- 시선 처리, 발음 등 지도 내용의 효과적 전달 정확성 평가
	지도 내용	- 자세 정확도, 지도 멘트 등 지도 내용의 적정성 평가
	태도	- 자신감 및 긍정적인 지도 태도를 전달성과 지도 내용에 포함하여 평가

- 실기평가 세부 내용

영역	내용	평가 기준
전달성 (30점)	시선 처리 (10점)	1. 시선이 불안정하고 자신감이 없으며, 부자연스러운 경우
		2. 자신감과 안정감이 있고, 지도 대상과 교감이 되는 경우
	발음 (20점)	1. 발음이 부정확하고 전달성이 떨어지는 경우
		2. 발음이 정확하고 안정감이 있는 경우
지도 내용 (70점)	자세 정확도 (40점)	1. 자세가 부정확하고 몸의 균형이 안 맞는 경우
		2. 자세 및 균형이 맞는 경우
		3. 자세와 균형이 맞지만 연결 동작이 부자연스러운 경우
		4. 자세와 균형이 정확하고 연결 동작이 자연스러운 경우
	지도 멘트 (30점)	1. 지도 멘트가 적절하지 않고 부자연스러워 전달성이 떨어지는 경우
		2. 지도 멘트가 적절하지만 부자연스러워 전달성이 떨어지는 경우
		3. 지도 멘트가 적절하고 자연스러우며, 전달성이 좋은 경우

* 평가기준에 따른 세부 배점표

6 구술평가 영역

- 평가 항목 : 규정 2문제(50점), 지도방법 2문제(50점)
- 평가 방법 : 각 평가 영역별로 추첨 방식으로 선택한 2문제에 대해 지원자가 답변하는 방식으로 평가
- 구술평가 영역

영 역	배 점	분 야
규정	50점	경기운영, 반칙/페널티, 최신규정
지도방법	50점	도구, 기술, 지도방법

* 위 내용은 구술 검정 준비에 도움을 주기 위한 범위이며, 위 내용 외에 더 추가로 범위를 선정하여 검정할 수 있음

7 기타 안내사항

- 영상은 시험 모니터링과 안전사고 예방을 위해 녹화하는 것으로 응시생에게 열람하거나 제공하지 않습니다.
- 시험의 공정성을 훼손하는 사례가 있는 경우 당일 시험이 종료되기 전까지 주관단체에 이의신청을 하여 주시기 바랍니다.

주관단체	연락처	홈페이지	서류제출처
(사)대한국학기공협회	02-416-7330	www.sportskigong.org	서울시 송파구 올림픽로 424, 올림픽회관 신관 141호

05 그라운드골프

1 시험 일시 및 장소

■ 시험 일시 및 장소

구분	지역	검정기간	장소	연락처	주소
노인	충북	6.17(화)~ 6.18(수) 10:00~18:00	영동생활체육공원 내 돔구장	055-761-7336	충청북도 영동군 영동읍 영동천1길 112

■ 장소운영 예상 도식도 :

```
┌─────────────────────────────────────────┐
│              응시자 대기실                │
├───┬───────────────────┬───┬──────────┬───┤
│출 │                   │칸 │          │출 │
│입 │    실기 시험장     │막 │ 구술 시험장│입 │
│구 │                   │이 │          │구 │
└───┴───────────────────┴───┴──────────┴───┘
```

2 실기검정 소요장비

- 주관단체 준비사항 : 홀포스트, 코스표지판, 스타트매트, 타수기록카드, 필기구
- 지원자 준비사항 : 클럽, 공, 볼마크, 운동화(골프화)

3 방역 및 안전관리 대책

■ 방역관리 : 방역물품 (손 소독제, 마스크, 체온계) 현장 비치
■ 안전관리 : 구급차 및 구급용품 현장 비치

4 실기평가 영역

■ 기술분류
- 기술 분류표에서 평가에 필요한 필수 세부기술(5개 이상) 선정
  (단, 종목특성에 따라 3~10개 항목 평가 가능)

- 선정된 평가항목별 평가기준 작성

대분류	세부 기술
타 수	24타 내 만점 초과 1타 당 -5점
타격방법	정확한 자세로 타격하기
수신호	상황에 맞는 알맞은 수신호 사용하기

■ 실기평가 영역

영역	내용	평가기준		
1. 8홀 실기 타수 (40)	표준코스 8홀 코리안 매치 실기 시험	24타 내 만점, 초과 1타 당 5점 감점 (32타 초과 시, 0점) 표준코스 8홀을 32타수를 초과하면 감점을 부여한다. 초과타수 1타 당 5점 감점 0점이 되면 종료한다.		

평가	등급	득점
표준코스 8홀을 32타수 안에 종료한다.	A	40
	B	35
	C	30
	D	25
	E	20
	F	15
	G	10
	H	5
	I	0

영역	내용	평가기준
2. 타격 방법 (30)		① 그라운드 골프채를 잡는 손 모양새 ② 볼과 발의 위치

평가	등급	득점
손 그립 방법 3가지 숙지상태, 볼과 발의 위치 3가지가 정확함	A	0
	B	25
손 그립 방법 3가지, 볼과 발의 위치 3가지 중 한 개씩 틀릴 때마다 5점을 감점한다.	C	20
	D	15
	E	10
	F	5
	G	0

영역	평가기준
3. 수신호 (30)	① 티 샷 수신호 ② 볼 마크 지시 수신호 ③ 홀인원 수신호 ④ 애매한 볼 수신호 ⑤ 아웃 볼 수신호 ⑥ 정지 수신호

제1편 하계 50 종목 실기 및 구술 시험 세부시행 기준(가나다순)

영역	내용	평가기준		
		평가	등급	득점
		수신호 숙지 상태가 정확함	A	30
		수신호를 함에 있어 상황과 맞지 않는 수신호를 할 경우에 5점을 감점한다.	B	25
			C	20
			D	15
			E	10
			F	5
			G	0

5 구술평가 영역

- 평가항목 : 규정 2개(50점), 지도방법 2개(50점)
- 구술평가 영역

영역	배점	분야
규정	50점	경기특성과 시설개요, 기본적인 경기운영방법
지도방법	50점	운동효과, 경기방법

6 기타 안내사항

- 시험영상은 시험 모니터링과 안전사고 예방을 위해 녹화하는 것으로 응시자에게 열람하거나 제공하지 않습니다.
- 시험의 공정성을 훼손하는 사례가 있는 경우 당일 시험이 종료되기 전까지 주관단체에 이의신청을 하여 주시기 바랍니다.

주관단체	연락처	홈페이지	서류제출처
(사)대한그라운드 골프협회	055-761-7336	http://www.kgga7330.or.kr/	경남 진주시 동진로415. 진주종합경기장 B-18

06 농구

1 시험 일시 및 장소

■ 시험 일시 및 장소　　　　　　　　　　　　　　* 매년 시험 일시 및 장소는 변경될 수 있음

구분	지역	검정일시	장소	연락처	주소
2급 전문	서울	6.21.(토) 09:00~16:00	우리은행 체육관	김무순 010-2656-1018	서울 성북구 돌곶이로34길 12 우리은행 체육관
1급 생활	서울	6.14.(토) 10:00~14:00	은평구민 체육관	이지민 010-8501-0759	서울 은평구 진관1로 40 은평구민체육관
2급 생활/ 유소년/ 노인	서울	6.14.(토) 10:00~14:00	은평구민 체육관	이지민 010-8501-0759	서울 은평구 진관1로 40 은평구민체육관
	서울	6.15.(일) 09:00~18:00	은평다목적 체육관	이지민 010-8501-0759	서울 은평구 진관1로 52 은평다목적체육관
	경기	6.6.(금) 09:00~18:00 6.7.(토) 09:00~18:00	당정중학교 체육관	석희광 010-6208-2669	경기 군포시 이당로 152 당정중학교 체육관
	부산	6.29.(일) 09:00~18:00	부산광역시 체육회관	염은미 010-7184-5280	부산 동래구 사직로 77 부산광역시체육회관
	인천	6.21.(토) 09:00~17:00	송도고등학교 체육관	박일룡 010-5212-5602	인천 연수구 독배로 91 송도고등학교 체육관

■ 장소운영 예상 도식도 : 조별 코트규격 15m×14m, 현장에 맞게 운영

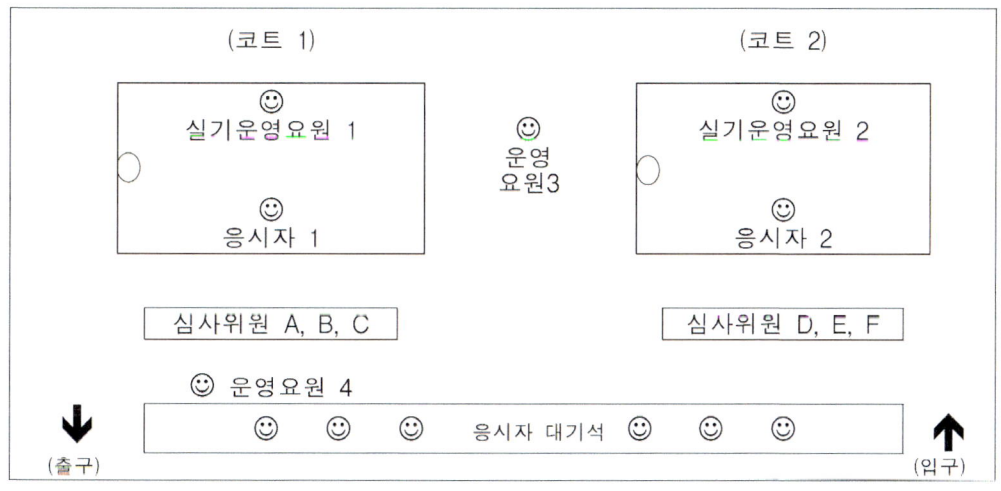

※ 실기 응시 인원에 따라 1개~2개 코트로 탄력적 운영

- 구술 시험장 : 6개 지역

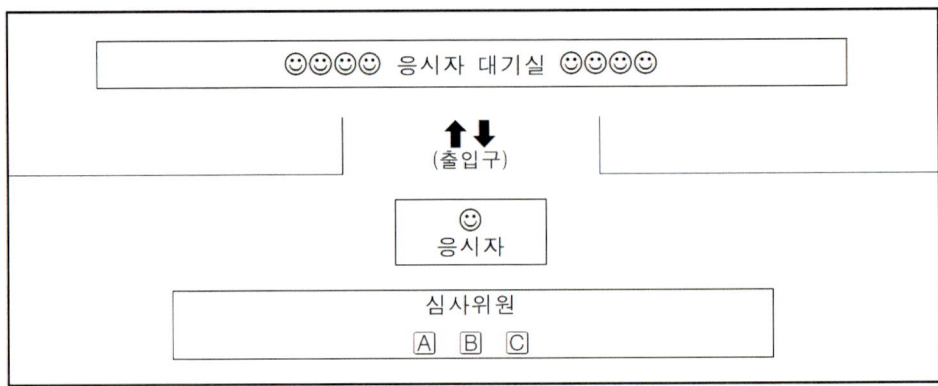

2 실기검정 소요장비

- 주관단체 준비사항 : 농구공, 책상, 의자, 테이블보, 스톱워치, 채점표 등
- 지원자 준비사항 : 실내용 농구화, 운동복

3 방역 및 안전관리 대책

- (방역관리) 중앙방역대책본부의 『코로나바이러스감염증-19 예방을 위한 시험 방역관리 안내』를 참고하여 각 자격검정기관은 시험의 특성과 사정에 따라 안전대책 수립 및 적용
- (보험가입) 전 종목 주최자 배상책임 보험가입을 통한 사고 대비
- (의무체계) 지역별 보건소, 병원 등과 연계 대응, 비상 약품 상시 비치
- (부상자 및 환자 발생 시 대응체계) 해당 기관 이용, 응급처치 등 1차 대응 → 인근 지정병원 연계 후송 → 자격검정기관 담당자 연락
- (사전점검) 시험용구 및 시설물 사전 점검 의무화로 안전사고 예방
- (안전교육) 응시생 대상 안전사고 예방교육, 사고 시 비상연락체계 안내
- (보고체계) 검정기관 간 신속한 보고체계 운영

4 실기평가 영역

- 기술분류
- 2급 전문스포츠지도사
- 1, 2급 생활, 유소년, 노인 스포츠지도사

대분류	세부 기술
기본	드리블, 피벗, 패스, 슛, 리바운드
공격	스크린 플레이, 아이솔레이션
수비	위험지역 내 개인 수비능력, 지역방어, 대인방어

■ 실기평가 영역
- 2급 전문스포츠지도사

영 역	평가항목	평가기준(포인트)
패스 (20)	바운드 패스	① 볼의 회전 ② 바운드 위치 ③ 바운드 볼의 높이
	체스트 패스	① 리시빙 기술 ② 팔과 팔꿈치 위치 ③ 볼의 회전
슈팅 (20)	점프슛	① 중심이동 ② 자세 ③ 슛팅폼
	3점슛	① 볼의 회전 ② 중심이동 ③ 슛팅 폼
공격 (20)	3인 크로스 속공	① 러닝속도 ② 볼핸들링 ③ 협력
	컷트인	① 스텝이용 ② 중심이동 ③ 속도
수비 (20)	맨 투 맨	① 포워드 스텝 ② 백스텝 ③ 수비자세
	존 디펜스	① 슬라이드 스텝 ② 손의 사용 ③ 수비자세
리바운드 (20)	착지 후 공격	① 점프력 ② 양손의 사용 ③ 볼보호 능력

- 1급·2급 생활, 유소년, 노인스포츠지도사

영역	내용	평가기준
기본	드리블	① 무릎은 굽히고 머리는 들고 있는가? ② 시선은 링을 바라보고 있는가? ③ 드리블을 하지 않는 손과 몸은 드리블이 안전하게 이루어지도록 막아주고 있는가?
	피벗	① 무릎을 약간 구부리고 상대선수를 응시하고 있는가? ② 피벗 동작에서 자세는 낮추고 있는가? ③ 수비자의 위치를 적절하게 활용하여 돌아 나오고 있는가? ④ 중심이동이 자연스럽게 이행되고 있는가?
	체스트패스	① 시선은 패스하려는 목표지점을 향하고 있는가? ② 손가락을 자연스럽게 펴서 공의 양면을 잡고 있는가?

제1편 하계 50 종목 실기 및 구술 시험 세부시행 기준(가나다순)

영역	내용	평가기준
		③ 양 팔꿈치는 몸에 붙이고 있는가? ④ 무릎은 적당히 굽히고 있는가? ⑤ 패스하는 방향으로 한쪽 발을 내딛고 있는가? ⑤ 공을 가슴에 끌어당기고 있는가? ⑥ 패스 받을 사람의 가슴 쪽으로 정확하게 패스하고 있는가?
	언더패스	① 시선은 패스하려는 목표지점을 향하고 있는가? ② 패스하는 쪽의 팔꿈치는 몸 쪽에 붙이고 있는가? ③ 패스하는 방향으로 한쪽 발을 내딛고 있는가? ④ 공을 어깨 쪽으로 끌어당기고 있는가? ⑤ 무릎은 적당히 굽히고 있는가?
	오버패스	① 시선은 패스하려는 목표지점을 향하고 있는가? ② 양손으로 볼을 잡고, 머리 위에서 준비 자세를 갖추고 있는가? ③ 팔을 가볍게 펴고 있는가? ④ 패스하는 방향으로 가슴을 펴고 한발을 내딛고 있는가?
	바운드패스	① 시선은 패스하려는 목표지점을 향하고 있는가? ② 공을 상대의 전방에 정확히 바운드 시키고 있는가? ③ 손은 패스해야 될 목표지점으로 향하고 있는가?
	점프슛	① 두 다리는 어깨 넓이로 서 있는가? ② 무릎은 굽히고 있는가? ③ 슛을 하지 않는 손은 볼 아래에서 보조하고 있는가? ④ 팔꿈치는 몸 중심 쪽으로 향해 있는가? ⑤ 시선은 링을 주시하고 있는가? ⑥ 점프 후에 슛을 던지고 있는가? ⑦ 팔꿈치는 펴져 있는가?
	레이업슛	① 양쪽 팔꿈치를 몸 옆에 붙이고 있는가? ② 공을 배 쪽으로 당기면서 중심을 잡고 있는가? ③ 점프 시 몸의 방향이 바스켓 쪽을 향하고 있는가? ④ 점프 시 공을 손바닥 위에 얹고 있는가? ⑤ 점프 시 팔꿈치가 바스켓을 향하고 가볍게 펴고 있는가?
	리바운드	① 슛 방향에 따른 위치 선정이 적정한가? ② 리바운더는 공을 잡는 동작이 스틸당하지 않도록 잘 보호하면서 내려오고 있는가? ③ 리바운드 후 다음 동작을 민첩하게 잘 취하고 있는가?
	대인방어	① 무릎을 가볍게 굽히고 양 발을 어깨넓이로 벌리고 있는가? ② 한쪽 손을 위로 들어서 슛을 못하도록 견제하고 있는가? ② 자신이 맡은 선수가 볼이 손에서 떠나기 전까지 끝까지 마크 하고 있는가? ③ 상대 페인팅에 따라 뛰지 않고 있는가? ④ 드리블을 하지 않는 선수에게 간격을 두며 수비하고 있는가? ⑤ 드리블이 끝난 선수에게 접근해서 수비하고 있는가?
	지역방어	① 자신의 지역에서 공격자를 끝까지 마크하고 있는가? ② 볼의 위치를 중심으로 상대를 마크하고 있는가? ③ 자신의 책임지역에서 벗어나지 않고 있는가? ④ 자신의 구역 내에서의 외곽 슛은 적극적으로 방어하고 있는가? ⑤ 양 팔을 넓게 벌려 자신의 구역 내에 볼이 투입되지 않도록 하고 있는가?

영역	내용	평가기준
공격	그룹플레이	① 시선은 패스하려는 목표지점을 향하고 있는가? ② 각 패스의 종류들을 정확히 구별하여 하고 있는가? ③ 각 슛 동작들을 정확히 구별하여 하고 있는가? ▶ 2인 1조로 시행하여 1인은 다른 한명에게 각 기술 패스를 하고, 다른 한명은 볼을 받아 레이업 및 점프 슛을 한다.
수비	위험지역내 개인수비 능력	① 자신이 맡은 선수가 볼이 손에서 떠나기 전까지 끝까지 마크하고 있는가? ② 볼의 위치를 중심으로 상대를 마크하고 있는가? ③ 자신의 구역 내에서의 외곽 슛을 적극적으로 방어하고 있는가? ▶ 2인 1조로 시행하여 응시자는 처음에 볼을 들고 있다가 심사위원 휘슬에 의하여 다른 한명에게 볼을 주는 동시에 각 수비동작을 실시한다.

❏ 구술영역

- 시행방법 : 규정 2문제(50점), 지도방법 2문제(50점)
- 합격기준 : 70점 이상(100점 만점)

영 역	배 점	분 야
규정	50점	시설/도구, 경기운영, 반칙/페널티, 최신규정 등 농구지식 전반
지도방법	50점	도구, 기술, 지도방법

* 위 내용은 구술시험 평가 준비에 도움을 주기 위한 범위이며, 위 내용 외에 더 추가로 범위를 선정하여 검정할 수 있음
* 지도자로서의 표현력, 전달력, 답변태도 등은 규정 및 지도방법에 포함하여 평가

5 기타 안내사항

- 시험영상은 시험 모니터링과 안전사고 예방을 위해 녹화하는 것으로 응시자에게 열람하거나 제공하지 않습니다.
- 시험의 공정성을 훼손하는 사례가 있는 경우 당일 시험이 종료되기 전까지 주관단체에 이의신청을 하여 주시기 바랍니다.

주관단체	연락처	홈페이지	서류제출처
(사)대한민국 농구협회	02-422-4917	www.koreabasketball.or.kr	서울특별시 송파구 올림픽로 424 테니스경기장 2층

07 당구

1 시험 일시 및 장소

■ 시험 일시 및 장소 *매년 시험 일시 및 장소는 변경될 수 있음

구분	지역	검정일시	장소	연락처	주소
2급 전문	경기	6.28.(토)~29.(일)	플러스당구장	031-932-6646	경기 고양시 일산동구 정발산로 31-10
1급 생활					
2급 생활					
유소년					
노인					

■ 장소운영 예상 도식도 :

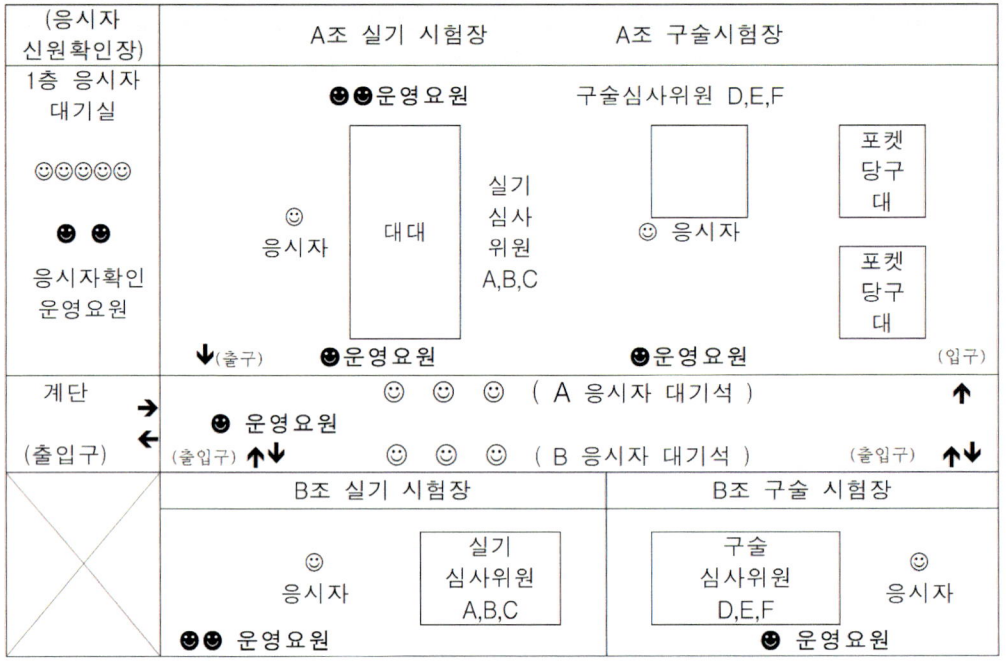

2 실기검정 소요장비

- 주관단체 준비사항 : 당구공, 큐, 테이블, 테이블보, 책상, 의자, 전자시계, 녹화 장비(카메라, 삼각대), 심판 장갑, 현수막, 배너, 필기도구, 안내문, 채점표, 노트북, 프린터, 심사위원 명찰 등
- 지원자 준비사항
  - 개인장비(큐, 초크, 장갑 등) * 개인 큐가 없을 경우 시험장 내 큐 사용 가능.
  - 수험표 (미소지자 시험장 입장 불가)

- 신분증 : 주민등록증(주민등록증발급신청확인서 포함), 기간만료 전의 여권·운전면허증, 장애인등록증(복지카드), 공무원증, 국가유공자증, 외국인등록증(유효기간 내), 모바일 운전면허증[*1], 모바일 공무원증[*1], 체육지도자 자격증(전자증명서 포함)[*2]

  ※ 미소지자 시험 응시 제한

  * 위 신분증 이외의 신분증은 인정하지 않으며, 모든 신분증은 유효기간 내의 것만 인정하며, 본인 얼굴 사진이 아니거나 사진이 등록되지 않은 경우 시험 응시 불가

  [*1] 전자기기 제출 전 앱을 통해 실시간으로 표출되는 모바일 신분증만 인정(캡처 등 사본은 불인정). 신원 확인 완료 시 해당 응시생의 수험표에 '신원확인 필' 등의 도장을 찍어 이후 신분확인 시 신분증 제시 면제 가능

  [*2] 정식 발급(출력)된 자격증 또는 정부24 전자문서지갑 서비스를 통해 발급 받은 체육지도자 자격증 전자 증명서로써 민간 앱(네이버, 카카오, 토스 등)의 전자지갑을 통해 확인가능 모바일 전자증명서에 한하여 인정

3 방역 및 안전관리 대책

- 방역관리
- 중앙방역대책본부의 『코로나바이러스감염증-19 예방을 위한 시험 방역관리 안내』를 참고하여 각 자격검정기관은 시험의 특성과 사정에 따라 안전대책 수립 및 적용
- 안전관리
- (보험가입) 전 종목 주최자 배상책임 보험가입을 통한 사고 대비
- (의무체계) 지역별 보건소, 병원 등과 연계 대응, 비상 약품 상시 비치
- (부상자 및 환자 발생 시 대응체계) 해당 기관 이용, 응급처지 등 1차 대응 → 인근 지정병원 연계 후송 → 자격검정기관 담당자 연락
- (사전점검) 시험용구 및 시설물 사전 점검 의무화로 안전사고 예방
- (안전교육) 응시생 대상 안전사고 예방교육, 사고 시 비상연락체계 안내
- (보고체계) 검정기관 간 신속한 보고체계 운영

4 실기평가 영역

- 기술분류

평가대상	내분류	세부 기술
2급 전문·1/2급 생활·유소년·노인	기본	스탠스, 브릿지, 그립, 에이밍, 균형
	샷	끌어치기, 밀어치기, 팔로우샷
	공의 원리	당점과 스트로크에 대한 이해 올바른 선택과 정확도

- 실기평가 영역
- 합격기준 : 70점 이상 (100점 만점)
- 응시자는 캐롬과 포켓 중 한가지 종목을 선택해야 함
- 선택한 종목 중 무작위 시험문제 2가지를 선택하여 시험에 응시

제1편 하계 50 종목 실기 및 구술 시험 세부시행 기준(가나다순)

평가대상	종목 (택1)	기본 기술문제
2급 전문	캐롬	• 난이도(중) : 밀어치기(초구), 끌어치기1(옆돌리기), 끌어치기2(뒤돌리기), 비껴치기, 더블쿠션 • 난이도(상) : 밀어치기, 리버스, 횡단, 비껴치기, 세워치기
	포켓	끌어치기(3가지), 밀어치기(3가지), 점프샷(2가지)
1급 생활	캐롬	• 난이도(하) : 밀어치기, 끌어치기, 비껴치기, 앞 돌리기, 옆 돌리기 • 난이도(중) : 밀어치기(초구), 끌어치기1(옆돌리기), 끌어치기2(뒤돌리기), 비껴치기, 더블쿠션 • 난이도(상) : 밀어치기, 리버스, 횡단, 비껴치기, 세워치기
	포켓	끌어치기(3가지), 밀어치기(3가지), 점프샷(2가지)
2급 생활, 유소년, 노인	캐롬	• 난이도(하) : 밀어치기, 끌어치기, 비껴치기, 앞 돌리기, 옆 돌리기, • 난이도(중) : 밀어치기(초구), 끌어치기1(옆돌리기), 끌어치기2(뒤돌리기), 비껴치기, 더블쿠션
	포켓	끌어치기(3가지), 밀어치기(3가지), 점프샷(2가지)

* 위 내용은 대한당구연맹 홈페이지 공지사항에 게시되므로 공지사항에서 시험문제를 확인할 수 있음

5 구술평가 영역

- 평가항목 : 규정 2문제(50점), 지도 방법 2문제(50점)
- 합격기준 : 70점 이상(100점 만점)
- 지원자가 평가 대상별로 문제지를 추첨하여 실시
- 구술평가 영역
- 시험 출제 기준

영 역	배 점	분 야
규정	50점	• 개요 및 역사 • 특성 및 효과 • 규칙 및 용어
지도 방법	50점	• 준비 자세에 대한 지도요령 • 시스템(5와 1/2, 플러스, 노잉글리쉬) • 기초기술의 원리 • 훈련 프로그램의 구성 원칙 • 루틴의 정의와 훈련 효과 • 심상의 정의와 심상 훈련 효과 • 개별문항(생활, 전문, 노인, 유소년)

* 위 내용은 구술 검정 준비에 도움을 주기 위한 범위이며, 위 내용 외에 더 추가로 범위를 선정하여 검정할 수 있음

6 기타 안내사항

- 시험영상은 시험 모니터링과 안전사고 예방을 위해 녹화하는 것으로 응시자에게 열람하거나 제공하지 않습니다.

- 시험의 공정성을 훼손하는 사례가 있는 경우 당일 시험이 종료되기 전까지 주관단체에 이의신청을 하여 주시기 바랍니다.

주관단체	연락처	홈페이지	서류제출처
대한당구연맹	02-2203-4674	www.kbfsports.or.kr	서울특별시 송파구 올림픽로 424 SK핸드볼경기장 108호

08 댄스스포츠

1 검정기간 및 장소

- 검정시설   ※ 응시종목과 검정일정 확인 필수   * 매년 시험 일시 및 장소는 변경될 수 있음

구분	지역	검정일시	장소	연락처	주소
2급전문S&L 1급생활S 2급생활S	서울	6.25(수) 10:00~18:00	한국체육대학교 필승관 2층 다목적실습실	02-415-2090	서울 송파구 양재대로 1239
1급생활L 2급생활L	서울	6.26(목) 10:00~18:00			
유소년/노인 S&L	서울	6.27(금) 10:00~18:00			

- 장소운영 예상 도식도 : 마루가 깔린 실내공간 (최소 80m² 이상)
- 실기, 구술 시험장 : 필승관 다목적실습실

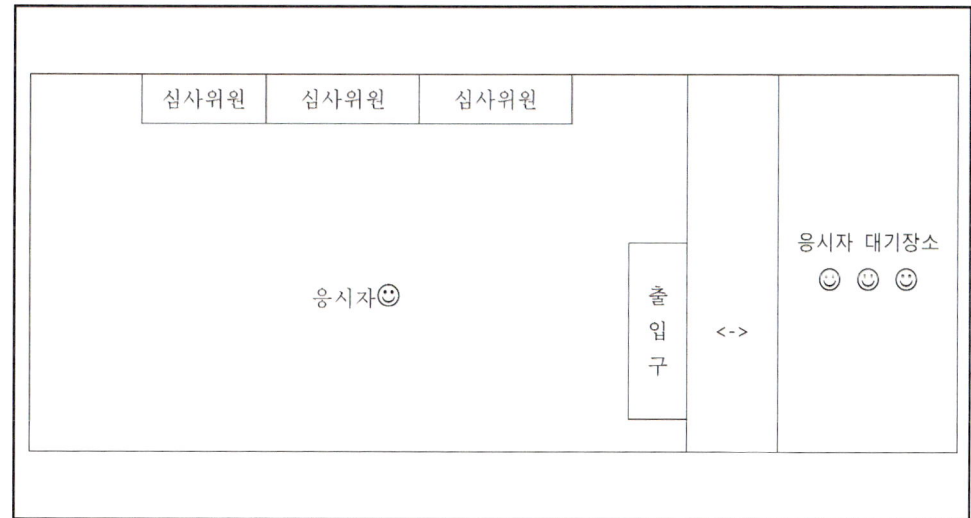

2 실기검정 소요장비

- 주관단체 준비사항 : 시험장소, 음향시설
- 지원자 준비사항 : 실기복장, 댄스화, 수험표

3 시험위원 및 운영요원

■ 방역관리
- 중앙방역대책본부의 『코로나바이러스감염증-19 예방을 위한 시험 방역관리 안내』를 참고하여 각 자격검정기관은 시험의 특성과 사정에 따라 안전대책 수립 및 적용

■ 안전관리
- (보험가입) 전 종목 주최자 배상책임 보험가입을 통한 사고 대비
- (의무체계) 지역별 보건소, 병원 등과 연계 대응, 비상 약품 상시 비치
- (부상자 및 환자 발생 시 대응체계) 해당 기관 이용, 응급처치 등 1차 대응 → 인근 지정병원 연계 후송 → 자격검정기관 담당자 연락
- (사전점검) 시험용구 및 시설물 사전 점검 의무화로 안전사고 예방
- (안전교육) 응시생 대상 안전사고 예방교육, 사고 시 비상연락체계 안내
- (보고체계) 검정기관 간 신속한 보고체계 운영

4 실기평가 영역

■ 합격기준 : 70점 이상 (100점 만점)
■ 파트너 없이 독무로 하고 음악은 주관 측에서 준비
■ 응시자는 5종목 중 [남자스텝 1종목, 여자스텝 1종목]을 무작위로 추첨하여 두 가지 종목 40초~1분간 각각 시연
※ 붙임자료에 있는 정해진 실기루틴에 따라 시연 (*붙임 : 댄스스포츠 실기루틴)

평가대상	대분류	세부 종목
2급전문 1급생활	라틴	① 삼바 ② 차차차 ③ 룸바 ④ 파소도브레 ⑤ 자이브
	스탠다드	① 왈츠 ② 탱고 ③ 폭스트로트 ④ 비엔나왈츠 ⑤ 퀵스텝
2급생활 유소년 노인	라틴	① 삼바 ② 차차차 ③ 룸바 ④ 자이브
	스탠다드	① 왈츠 ② 탱고 ③ 폭스트로트 ④ 퀵스텝

- 응시자는 라틴과 스탠다드 중 한 가지를 선택하여 응시함
- 붙임자료에 있는 정해진 실기루틴에 따라 시연
- 반드시 남자스텝으로 1종목, 여자스텝으로 1종목을 시연해야 함

- 평가 기준

검정요소		배점					사유
		매우정확 10점	정확 8점	보통 6점	미흡 4점	매우미흡 2점	
1	자세를 알고있는가?						
2	박자를 알고있는가?						
3	균형을 알고있는가?						
4	풋워크를 알고있는가?						
5	스텝 및 표현이 적정한가?						

5 구술평가 영역

- 합격기준 : 70점 이상(100점 만점)
- 평가항목 : 지도방법(50점), 규정(50점)
- 지원자가 문제지를 무작위로 추첨하여 응시(음악없음)

영 역	배 점	분 야
지도방법	50점	• 스텝(figure) • 전반적인 댄스 기술 및 이론 • 음악, 체육학 이론 등 • 구술문제 중 스텝(Figure)은 실기루틴을 준용함 • 질문이해, 내용표현(목소리), 자세, 신념 등
규정	50점	• 경기 규칙(종목, 음악 및 템포, 대회 의상 등)

- 평가 기준

영 역		매우정확		정확		보통		미흡		매우미흡	
지도방법 (50)	기술 및 이론(1)	25	22.5	20	17.5	15	12.5	10	7.5	5	2.5
	기술 및 이론(2)	25	22.5	20	17.5	15	12.5	10	7.5	5	2.5
규정 (50)	경기 규칙(1)	25	22.5	20	17.5	15	12.5	10	7.5	5	2.5
	경기 규칙(2)	25	22.5	20	17.5	15	12.5	10	7.5	5	2.5

6 기타 안내사항

- 시험영상은 시험 모니터링과 안전사고 예방을 위해 녹화하는 것으로 응시자에게 열람하거나 제공하지 않습니다.
- 시험의 공정성을 훼손하는 사례가 있는 경우 당일 시험이 종료되기 전까지 주관단체에 이의신청을 하여 주시기 바랍니다.

주관단체	연락처	홈페이지	서류제출처
대한민국댄스스포츠연맹	02-415-2090	www.kfd.or.kr	서울특별시 송파구 올림픽로 424 핸드볼경기장 115호

(*붙임 : 댄스스포츠 실기루틴)

붙임자료 〈댄스스포츠 실기 루틴〉

〈 SAMBA 〉

구분	루틴
노인 유소년	1. outside basic movement (1a2 3a4 5a6 7 a 8) 2. samba whisk to Right (1 a 2) 3. samba whisk to Left (1 a 2) 4. samba whisk to Right (1a2) #finished in P.P 5. promenade samba walk *3 (1a2 3a4 5 a 6) 6. side samba walk (1a2) 7. criss cross botafogo (1a2 3a4 5a6 7 a 8) 8. criss cross volta to Right (1 a2a3a 4) 9. criss cross volta to Left (1a2a3a4) 10. stationary samba walk (1a2 3a4 5a6 7 a 8) 11. under arm turning to Right (1a2) 12. samba whisk to Right (1 a 2) 13. samba whisk to Left (1 a 2) 14. under arm turning to Left (1a2) 15. side samba chasse (1&2& 3 4) 16. reverse basic 1/4 turn to Left (1a2 3 a 4) 17. reverse turn (1a2 3 a 4)
2급생활	1. Samba Whisk to Left (1a2) 2. Samba Whisk to Right (1a2) #finish in PP 3. Promenade Samba Walk (1a2) 4. Methods of changing feet(2) (1a2) 5. Circular Volta Turning Right (1a2a3a4) 6. Same Foot Botafogo (1a2 3a4) 7. Circular Volta Turning Left (1a2a3a4) 8. Methods of changing feet(3) (1a2) 9. side samba walk (1a2) 10. Promenade Samba Walk (1a2) 11. side samba walk (1a2) 12. Samba Locks Lady on Right Side 1-9 (QQS QQS QQS) 13. Maypole Lady Turning Left(6,7 man Botafogo) (1a2a3a4) 14. Maypole Lady Turning Right (1a2a3a4) 15. Samba Whisk to Right (1a2) #finished in P.P 16. Methods of changing feet(4) (Lady Three Step Turn to Left) (1 2) 17. Cruzados Walk & Lock (SS QQS SS QQS QQS) 18. Methods of changing feet(1) (1 a 2) 19. Side Samba Walk (1 a 2) 20. Drop Volta (&12)
1급생활 2급전문	1. samba whisk to Right (1 a 2) 2. samba whisk to Left (1 a 2) 3. samba whisk to Right (1 a 2) 4. ㄴunder arm turning to Right (1a2) 5. Corta Jaca *2 (SQQQQQQ SQQQQQQ) #over turn (3/4 turn to R) 6. Natural Roll (SQQ SQQ) #facing LOD

40

	⟨ SAMBA ⟩
	7. Close Rocks (SQQ SQQ) 8. Open Rocks (SQQ) 9. Reverse Roll (SQQ SQQ SQQ) 10. Backward Rocks (SQQ SQQ) 11. Plait (SSQQS SSQQS) 12. reverse turn 4-6 (1a2) #open position to close hold 13. samba whisk to Left (1 a 2) 14. samba whisk to Right (1 a 2) 15. samba whisk to Left (1 a 2) 16. Argentine Crosses 1-12 (1a2 3a4 5a6 7a8) 17. Promenade to Counter Promenade Runs (123 223 323) 18. Double Spiral Turn for Lady (Man : 1a2, Lady : 1&2) 19. Samba Lock Lady on Left Side (QQS QQS QQS) 20. Maypole Lady Turning Right (1 a2a3a 4)

	⟨CHA CHA CHA⟩
노인 유소년	1. close basic movement (234&1 234&1 234&1) 2. under arm turn to Right (234&1) 3. new york Right (234&1) 4. new york Left (234&1) 5. spot turn Right (234&1) 6. hand to hand Right (234&1) 7. hand to hand Left (234&1) 8. tree cha cha chas to left (2&3 4&1) 9. hand to hand Right (234&1) 10. tree cha cha chas to Right (2&3 4&1) 11. new york Right (234&1) 12. spot turn to Left (234&1) 13. shoulder to shoulder (234&1 234&1 234&1) 14. spot turn to Left (234&1) 15. time step *3 (234&1 234&1 234&1) 16. spot turn to Left (234&1) 17. open hip twist (234&1 234&1) 18. hockey stick (234&1 234&1) 19. open basic movement (234&1) #chasse 20. under arm turn Right (234&1) 21. close hip twist (234&1 234&1)
2급생활	1. Open Hip Twist (234&1 234&1) 2. Alemana (234&1 234&1) 3. Close Hip Twist (234&1 234&1) 4. Hockey Stick (234&1 234&1) 5. Open Basic Movement (234&1) #chasse 6. Natural Top (234&1 234&1 234&1) 7. Close Hip Twist to Chasse (234&1 234&1)

	⟨CHA CHA CHA⟩
	8. Split Cuban break to Right & Left (2&3 4 & 1)
	9. Cuban break to Right (2 &3&4& 1)
	10. Cuban break to Left (2 &3&4& 1)
	11. New York to Right (234&1)
	12. Spot Turn to Left (234&1)
	13. Method 1 - Chasse to side link (234&1)
	14. Ronde Chasse (234&1)
	15. Method 3 - link to Open Opposing Position (남-2341 234&1 / 여-234&1 234&1)
	16. Open Basic Movement (234&1) #chasse
	17. Underarm Turn Turning Right (234&1)
	18. Cross Basic (234&1 234&1)
	19. Cross Basic with Turn (234&1 234&1)
	20. Cross Basic to Open Opposing Position (234&1 234&1)
	21. Alemana from Open Opposing Position (234&1 234&1)
1급생활 2급전문	1. Turkish Tower (234&1 234&1 234&1 234&1 234&1) 2. Follow My Leader (234&1 234&1 234&1 234&1 2 &34& 1) 3. Syncopated Open Hip Twist (234&1 234&1) 4. Alemana (234&1 234&1) 5. Rope Spinning (234&1 234&1) 6. Closed Hip Twist Spiral (234&1 234&1) 7. Sweetheart (234&1 234&1 234&1 234&1) 8. Curl 1-7(234&1 23) 9. Overturned Lock Ending (4&1) #note 참고 10. Continuous Overturned Lock 2(&)3&4&1 11. Swivel from Overturned Lock (234&1) 12. Open Basic Movement (234&1) 13. Open Hip Twist to Chasse (234&1 234&1) 14. Walk and Whisks (234&1 2&3 4 & 1)

	⟨ RUMBA ⟩
노인 유소년	1. close basic movement (2341 2341 2341) 2. under arm turn to Right (2341) 3. new york Right (2341) 4. new york Left (2341) 5. spot turn Right (2341) 6. hand to hand Right (2341) 7. hand to hand Left (2341) 8. spot turn to Left (2341) 9. shoulder to shoulder (2341 2341 2341) 10. spot turn to Left (2341) 11. side walk and cucarachas (2341 2341 2341 2341) 12. open basic movement (2341 2341)

	〈 RUMBA 〉
	13. open hip twist (2341 2341) 14. hockey stick (2341 2341) 15. open basic movement (2341) #side walk 16. under arm turn to Right (2341) 17. opening out (2341 2341 2341) 18. Fan (2341)
2급생활	1. Open Hip Twist (2341 2341) 2. Alemana (2341 2341) 3. Close Hip Twist Finished to Side (2341 2341) 4. New York to Right (2341) 5. New York to Left (2341) 6. New York to Right (2341) 7. Aida (2341 2341 2341) 8. Hand to Hand to Left (2341) 9. Progressive Forward Walks to Fan (2341 2341 2341) 10. Alemana (2341 2341) 11. Continuous Hip Twist (2341 2341) 12. Close Hip Twist (2341 2341) 13. Fencing to Spin (2341 2341 2341)
1급생활 2급전문	1. Syncopated Open Hip Twist (2341 2341) 2. Three Alemana (2341 2341 2341 2341) 3. Spiral (2341 2341) 4. Open Basic Movement (2341) #side walk 5. Natural Top (2341 2341 2341) 6. Closed Hip Twist (2341 2341) 7. Reverse Top (2341 2341) 8. Fan (2341) 9. Sliding doors (2341 2341 2341 2341) 10. Advanced Sliding (2341 2341) 11. Spiral Ending (2341 2341) 12. Three Threes to Fan (2341 2341 2341 2341) 13. Alemana (2341 2341) 14. Rope Spinning (2341 2341) 15. Continuous Circular Hip Twist (2341 2341 2341 2341)

	〈PASO DOBLE〉
노인 유소년	자격검정 범위 제외
2급생활	자격검정 범위 제외
1급생활 2급전문	1. Sur Place (1234) 2. Chasses to Left (1234) 3. Promenade Close (1234) 4. Sixteen (12345678 12345678)

⟨PASO DOBLE⟩
5. Attack (1234)
6. Sur Place (1234)
7. Separation (12345678)
8. Syncopated Separation (12345678 &1&2 3&4 5678)
9. Syncopated Chasse-Methods of Changing Feet 3 (12&34)
10. Basic Movement (12345678)
11. Promenade to Count Promenade (12345678)
12. Grand Circle (12345678)
13. Fallaway Reverse (12345678)
14. Spanish Line (12345678)
15. Flamenco Taps (12&34)
16. Closed Promenade (1234)

	⟨ JIVE ⟩
노인 유소년	1. BASIC IN PLACE (QQ QaQ QaQ) 2. BASIC IN FALLAWAY (QQ QaQ QaQ) 3. CHANGE OF PLACE FROM RIGHT TO LEFT (QQ QaQ QaQ) 4. CHANGE OF PLACE FROM LEFT TO RIGHT (QQ QaQ QaQ) 5. AMERICAN SPIN (QQ QaQ QaQ) 6. CHANGE OF PLACE BEHIND THE BACK (QQ QaQ QaQ) 7. LINK 1/2 (QQ QaQ) 8. WHIP (QQ QaQ) 9. PROMENADE WALKS-SLOW (QQ QaQ QaQ) 10. PROMENADE WALKS-QUICK (QQQQ) 11. CHANGE OF PLACE FROM RIGHT TO LEFT (QQ QaQ QaQ)
2급생활	1. BASIC IN FALLAWAY (QQ QaQ QaQ) 2. REVERSE WHIP (QQ QaQ QQ QaQ) 3. FALLAWAY THROWAWAY (QQ QaQ QaQ) 4. LINK 1/2 (QQ QaQ) 5. DOUBLE CROSS WHIP (QQQQ QaQ) 6. CURLY WHIP 1/2 turn (QQ QaQ QaQ) 7. MOOCH (QQQQQQQQ QaQ QQQQQQQQ QaQ) 8. CHANGE OF PLACE FROM RIGHT TO LEFT WITH DOUBLE SPIN (QQ QaQ QaQ) 9. HIP BUMP (QQQQ QaQ) 10. LINK 1/2 (QQ QaQ) 11. THROWAWAY WHIP (QQ QaQ) 12. CHANGE OF PLACE FROM LEFT TO RIGHT (QQ QaQ QaQ) 13. WINDMILL (QQ QaQ QaQ) 14. STOP AND GO (QQ QaQ QQ QaQ) 15. 15. Link (QQ QaQ QaQ)
1급생활 2급전문	1. BASIC IN FALLAWAY (QQ QaQ QaQ) 2. FALLAWAY THROWAWAY (QQ QaQ QaQ) 3. SPANISH ARMS (QQ QaQ QaQ)

〈 JIVE 〉
4. LINK (QQ QaQ QaQ) 5. OVERTURNED FALLAWAY THROWAWAY (QQ QaQ QaQ) 6. CHICKEN WALKS (SSSS) 7. ROCK TO SIMPLE SPIN (QQQQ) 8. TOE HEEL SWAIVELS (QQ QQS QQS) 9. FLICKS INTO BREAK (QQQQQQQ QaQ Q QaQ) 10. FALLAWAY THROWAWAY (QQ QaQ QaQ) 11. ROLLING OFF THE ARM (QQ QaQ QaQ) 12. MIAMI SPECIAL (QQ QaQ QaQ) 13. SUGAR PUSH (QaQ QQ QaQ) 14. SHOULDER SPIN (QQ QaQ QaQ) 15. CHUGGING (QQ QaQ QaQ QaQ QaQ QaQ QaQ) 16. CATAPULT (QQ QaQ QaQ QQ QaQ QaQ)

	Waltz
노인 유소년	Natural turn(123223) – (★)Closed change on right foot(123) – Reverse turn(123223)– Whisk(123) – Chasse from pp(12&3) – Natural turn(123) –Impetus(123) – Reverse turn(123223) – Basic weave(123456) –Natural turn(123<u>223</u>)(*223 스텝은 1/8 회전 NEW LOD중앙사면으로 끝남) – **(★)부터 반복**
2급생활	Natural spin turn(123123) – Reverse turn(123) – Progressive chasse to right(12&3) – backward lock(12&3) – **(★)Impetus(123)** – Reverse turn(123) – Telemark to pp(123) –Open Natural turn(123) – Outside spin(123) – Natural spin turn(123123)(*Over turned LOD 배면으로 마침) – Natural turning lock(1&23) – Weave from pp(123456) – Natural turn – **(★)부터 반복**
1급생활 2급전문	Natural spin turn(123123)(*Over turned LOD 배면으로 마침) – Natural turning lock(1&23) – Running weave from pp(1&23456) – Fallaway reverse and slip pivot(1&23) – Contra check(123) – Chasse from pp(12&3) – Natural turn(123) – **(★)Impetus(123)** – Reverse turn(123) – Telemark to pp(123) –Open Natural turn(123) – Outside spin(123)–Running spin turn(123 1&23)– Outside change(123)– Running cross chasse(1&23) – Natural turn(123) – **(★)부터 반복**

	Tango
노인 유소년	Progressive link(QQ) – Closed promenade(SQQS) – Back corte(SQQS) – Brush tap(QQ&S) – 2 Walks(SS) – Open reverse turn(QQSQQS) – Progressive link(QQ) – Natural turn from pp(SQQS) – Natural twist turn from pp(SQQSQQ) – Closed promenade(SQQS) – 2Walks(SS)(*NEW LOD 벽사면으로 마침) – **처음부터 반복**
2급생활	Progressive link(QQ) – Closed promenade(SQQS) – Back corte(SQQS) – Brush tap(QQ&S) – 2 Walks(SS) – Open reverse turn(QQSQQS) – Progressive link(QQ) – **(★)**Natural turn from pp(SQQS) – Natural twist turn from pp(SQQSQQ) – Open promenade(SQQS) – Outside swivel method 1(SQQ) – Fallaway four step(QQQQ) – Prromenade link turned to L(SQQ) – 2 Walks(SS) –Progressive side step reverse turn(QQSSQQSQQS) –Progressive link(QQ) – Back open promenade(SQQS) – Four step(QQQQ) – **(★)부터 반복**

	Tango
1급생활 2급전문	Open natural turn(SQQS) – Outside spin(QQS) – Natural twist turn (ending closed positiom)(SQ&QS) – Back corte(SQQS) – Open reverse turn(QQSQQS) – Progressive link(QQ) – Back open promenade(SQQS) – whisk(QQS) – Natural turn from pp(QQS) – (★)**Natural twist turn from pp(SQQSQQ)** – Open promenade(SQQS) – Outside swivel method 1(SQQ) – Fallaway four step(QQQQ) – Prromenade link turned to L(SQQ) – 2 Walks(SS) –Fallaway reverse and slip pivot(QQQQ) – Telemark to pp(QQS) – Chase(QQQQS) – (★)부터 반복

	Viennese waltz
노인 유소년	자격검정 범위 제외
2급생활	자격검정 범위 제외
1급생활 2급전문	Natural turn(123,223,323) – Lf backward change step natural to reverse(123) – Reverse turn(123,223,323) – Lf forward change step reverse to natural (123) – Chasse change step (123456) – Reverse turn(123) – Telemark(123456) – Natural turn(123,223,323) – Natural spin turn reverse pivot(123456) – Reverse turn(123,223) – Checked reverse turn(123456) – Continuous spin (123) Running feather(123456) – Checked natural turn(123456)– Reverse turn(123,223) – Lf forward change step reverse to natural(123) – Chasse change step(123456) – **From reverse turn, Natural turn 연결**

	Slow foxtrot
노인 유소년	Feather step(SQQ) – Reverse turn(SQQ) – Feather finish(SQQ) – (★)**Three step(SQQ)** – Natural weave(SQQQQQQ) – Change of direction(SSSS) – Feather step(SQQ) – Reverse turn(SQQ) – Feather finish(SQQ) – Reverse turn(SQQ) – Basic weave(SQQQQQQ) – (★) 반복
2급생활	Feather step(SQQ) – (★)**Reverse turn(SQQ)** – Feather finish(SQQ) – Three step(SQQ) – Natural weave(SQQQQQQ) – Top spin(QQQQ – Telemark(SQQ) – Feather step(SQQ) – Change of direction(SSSS) – Feather step(SQQ) – Telemark to pp(SQQ) – Feather ending(SQQ) – Three step(SQQ) – Natural telemark(SQQQQ) – Telemark(SQQ) – Hover cross(SQQQQQQ) – Double reverse spin(SQQ) – Hover telemark to p.p(SQQ) – feather ending(SQQ) – (★)부터 반복
1급생활 2급전문	Feather step(SQQ) – (★)**Telemark(SQQ)** – Natural twist turn with impetus and feather finish(SQ&QQQSQQ) – Bounce fallaway with weave ending(S&QQQQQQ) – Hover telemark to pp(SQQ) – Running weave from pp(SQ&QSQQ) – Hover telemark(SQQ) – Curved feather(SQQ) – Back feather(SQQ) – Reverse wave(4-9, SQQQSQ) – Feather step(SQQ) – Quick open reverse turn(start from step2, Q&QSQQ) – Three step(SQQ) – Hover cross(SQQQQQQ) – Double reverse spin(SQQ) – Hover telemark to p.p(SQQ) – feather ending (SQQ) (★)부터 반복

	Quick step
노인 유소년	Basic movement-quarter turn and progressive chasse(SQQSSQQS) – (★)Forward lock(SQQS)– Natural turn(SQQ) – Backward lock(SQQS) – Running finish(SQQ) – Quarter turn to right(SQQS) – Quarter turn to left(SQQ) – Cross chasse(SQQ) – Forward lock(SQQS) – Natural spin turn(SQQSSS)– Progressive Chasse(SQQS) – **(★)부터 반복**
2급생활	Basic movement-quarter turn and progressive chasse(SQQSSQQS) – (★)Forward lock(SQQS)– Natural turn(SQQ) – Backward lock(SQQS) – Running finish(SQQ) – Quarter turn to right(SQQS) – Quarter turn to left(SQQ) – Cross chasse(SQQ) – Forward lock(SQQS) – Natural turn(SQQ) – Tipple chasse to right at the corner(SQQS) – Forward lock(2-4, QQS) – Natural turn(SQQ) – Hesitation change(SSS) – Double reverse spin(SSS) – Telemark to pp(SQQ) – Open natural turn(SQQ) – Outside spin(SSS) – Natural spin turn(SQQSSS) – V6(start from step2, QQSQQS) – Natural spin turn(SQQSSS) – Progressive chasse(SQQS) **(★)부터 반복**
1급생활 2급전문	Running natural turn(SQQSSSSQQS) – Forward lock(SQQS) – Fishtail(SQQQQS) – Forward lock(SQQS) – Natural turn(SQQ) – Impetus(SSS) – Progressive chasse to left(SQQS) – Running cross chasse(SQQS) – Natural spin turn(SQQSSS) – Six quick run(QQQQQQ) – Natural turn(SQQ) – Hesitation change(SSS) – Double reverse spin(SSS) – Telemark(SQQ) – Forward lock(SQQS) – Natural turn(SQQ) – Tipple chasse to right at the corner(SQQS) – Rumba cross(QQS) – Natural spin turn(SQQSSS) – Reverse pivot(S) – Telemark(SQQ)– **처음부터 반복**

6 기타 안내사항

- 시험영상은 시험 모니터링과 안전사고 예방을 위해 녹화하는 것으로 응시자에게 열람하거나 제공하지 않습니다.
- 시험의 공정성을 훼손하는 사례가 있는 경우 당일 시험이 종료되기 전까지 주관단체에 이의신청을 하여 주시기 바랍니다.

주관단체	연락처	홈페이지	서류제출처
대한민국댄스스포츠 연맹	02-415-2090	kfd2090@hanmail.net	서울특별시 송파구 올림픽로 424 올림픽공원 SK핸드볼경기장 115호

09 레슬링

1 시험 일시 및 장소

■ 시험 일시 및 장소   * 매년 시험 일시 및 장소는 변경될 수 있음

구분	지역	검정일시	장소	연락처	주소
2급 전문	서울	6.28(토) 10:00~18:00	상명고등학교 레슬링장	02-420-4255	서울시 노원구 덕릉로 553 상명고등학교 레슬링장
1급 생활					
2급 생활					
유소년					
노인					

■ 장소운영 예상 도식도 : 코트규격 12m×12m, 1조 운영 및 연습매트 운영
- 실기 시험장 : 상명고등학교 레슬링장

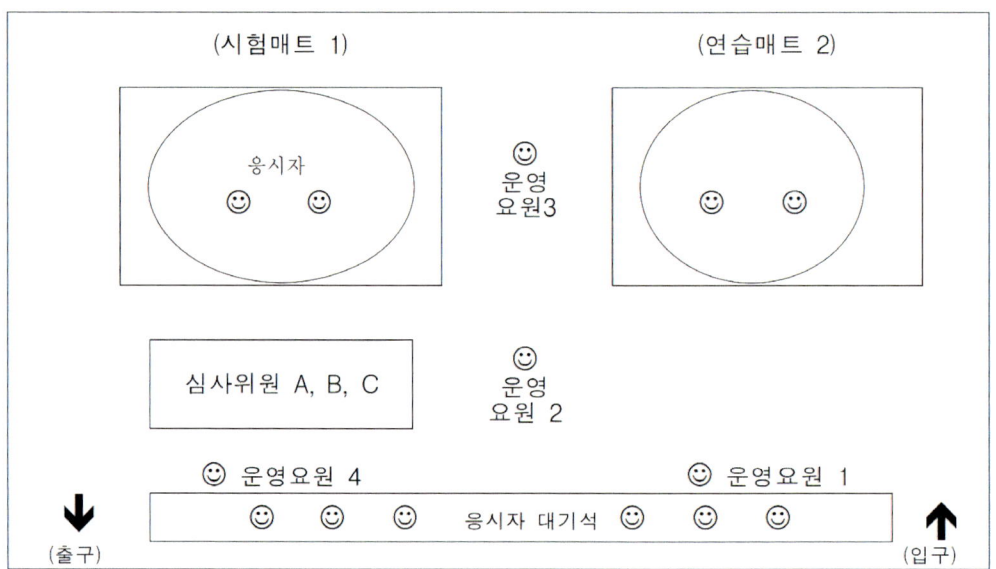

2 실기검정 소요장비

- 주관단체 준비사항 : 책상, 의자, 채점표, 안내판, 추첨함, 명찰, 핸드폰수거함 등
- 지원자 준비사항 : 경기복 또는 트레이닝복, 레슬링화, 수험표, 신분증

3 방역 및 안전관리 대책

■ 방역관리 : 거리두기 완화로 인한 방역 미시행

4 실기평가 영역

■ 기술분류

대분류		세부 기술
필수	기본자세	방어자세(좌, 우, 정면), 좌측방어자세, 정면방어자세, 우측방어자세
	자유형 자세	맞잡기, 틀어잡기, 옆으로의 이동
	잡기	목과 손목, 목과 상완 내측잡기, 목과 전완잡기, 목과 상완 외측 잡기, 목과 손몬 맞잡기, 정면 맞잡기, 끼우기와 손목, 겨드랑 끼우기
	그립	손가락 전체를 맞잡는다, 잘 사용하는 손을 위로해서 손목을 잡는다, 손바닥을 맞잡는다, 잘 사용하는 손목을 위로해서 잡고 옆으로 무너뜨리기가 유리하도록 상대의 손목을 잡는다, 손바닥, 손목, 주먹 쥐고 손목, 전완 잡고 팔 감싸기
그레고로만	스텐드	정면 허리 태클, 정면 허리 태클 반격, 팔 끌기로 뒤로 돌아가기, 목과 팔 싸잡고 굴리기, 메어넘기기, 엉치걸이, 업어 넘기기, 한 팔 감아 넘기기, 안아 넘기기, 양 팔 끼고 안아 넘기기, 목·팔 잡혔을 때 허리 태클로 반격
	공격	몸통 잡고 뒤집기, 허리 잡고 옆굴리기, 정면에서 목·팔 싸잡고 들어 돌리기, 가로들기, 세로 들어 넘기기
	방어	팔·허리 싸잡혔을 때 반격, 가로들어 넘기기 반격, 옆굴리기 방어 동작
자유형	스텐드	정면 양 다리 태클, 양 다리 태클에서 뒤로 돌기, 양 다리 태클의 반격, 정면 한 다리 태클에서 가슴으로 눌러 제압, 한 다리 태클의 반격, 한 다리 태클에서 중심 무너뜨려 넘기기, 한 다리 태클에서 다리 걸어 뒤로 돌아가기, 한 다리 태클에서 무릎 꿇고 처리 동작, 발목 태클로 뒤로 돌아가기, 태클 방어하고 뒤집기, 메어 넘기기, 목 팔 잡고 굴리기, 목 싸잡혔을 때 반격, 등 뒤에서 다리 걸기
	공격	발목 잡고 무너뜨리기, 넬슨, 옆 굴리기, 슈가프, 다리 빗지르기, 십자 돌리기, 하체 돌리기
	방어	십자 돌리기의 방어, 허리 잡혔을 때 반격

■ 실기평가 영역
- 2급 전문스포츠지도사, 1급·2급 생활, 유소년, 노인스포츠지도사

영 역	평가항목	평가기준(포인트)
잡기	겨드랑 끼우기	① 밀착 후 한손 겨드랑 파기 ② 밀착 후 양손 겨드랑 파기 ③ 밀착 후 양손 겨드랑 파서 중심 무너뜨리기
그립	전완 잡고 팔 감싸기	① 전완잡고 끌기 ② 전완잡고 끌면서 태클연결

영역	평가항목	평가기준(포인트)
스텐드 (자유)	한다리 태클의 반격	① 태클 공격시 다리를 잡히는가? ② 태클 공격시 다리를 빼고 스위치를 하는가? ③ 스위치후 빽잡기로 연결하는가?
스텐드 (자유)	발목 태클로 뒤로 돌아가기	① 중심 무너뜨린 후 발목잡기 ② 발목잡고 빽잡기로 연결
스텐드 (그레고로만)	목, 팔잡고 굴리기	① 팔과 목을 잡고 끈다음 제압하는가? ② 제압 후 기술 포인트로 연결
스텐드 (그레고로만)	안아 넘기기	① 한 팔잡고 허리태클 후 허리잡기 ② 잡은 후 안아넘기기 기술연결
공격 (자유)	슈가프	① 다리 기술자세가 정확한가? ② 슈가프로 득점 연결이 되는가?
공격 (그레고로만)	세로 들어넘기기	① 정확한 그립 후 잘 들어올리는가? ② 들어올린 후 기술연결 자세
방어 (자유)	십자 돌리기 방어	① 상대방의 십자공격시 한다리를 뺀 후 방어를 시도하는가?
방어 (그레고로만)	옆굴리기 방어동작	① 상대방의 옆굴리기 공격시 적절한 방어를 하는가?

5 구술평가 영역

- 시행방법 : 규정 2문제(50점), 지도방법 2문제(50점)
- 지원자가 영역별로 문제지를 추첨하여 실시
- 합격기준 : 70점 이상(100점 만점)

영역	배점		분야
규정	50점	시설규정	• 경기장 정식 규격 등
		경기규칙	• 반칙/패널티, 챌린지 규정, 경기시간 등
지도방법	50점	경기운영	• 경기 기술의 종류, 점수 판정 방법
		지도자 자질	• 다양한 훈련 방법 구성 • 자유형/그레고로만형 차이에 따른 지도 방법 • 그라운드 연결동작 지도방법
		유소년/노인지도	• 유소년, 노인의 특수성을 고려한 지도 방법

* 지도자로서의 표현력, 전달력, 답변태도 등은 규정 및 지도방법에 포함하여 평가
* 위 내용은 구술 검정 준비에 도움을 주기 위한 범위이며, 위 내용 외에 더 추가로 범위를 선정하여 검정할 수 있음

6 기타 안내사항

- 영상은 시험 모니터링과 안전사고 예방을 위해 녹화하는 것으로 응시생에게 열람하거나 제공하지 않습니다.
- 시험관련 제반지침, 절차 미준수 등 시험의 공정성을 훼손하는 사례가 있는 경우 당일 시험이 종료되기 전까지 주관단체에 이의신청을 하여 주시기 바랍니다.

주관단체	연락처	홈페이지	응시자격요건 서류제출처	이메일 주소 (채점관련 질의서 제출용)
(사)대한레슬링협회	02-420-4255	www.kor-wrestling.or.kr	서울시 송파구 올림픽로 424 올림픽공원내 올림픽회관 본관 406호	wrestling@sports.or.kr

10 레크리에이션

1 시험 일시 및 장소

* 매년 시험 일시 및 장소는 변경될 수 있음

구분	지역	검정일시	장소	연락처	주소
1,2급생활/ 유소년/ 노인	서울	6.14.(토) 09:00-18:00	동서울대학교 8호관	02-416-4347	경기도 성남시 수정구 복정로76
	서울	6.15.(일) 09:00-18:00	동서울대학교 8호관	02-416-4347	경기도 성남시 수정구 복정로76
	충청	6.21.(토) 09:00-18:00	천안축구센터 본관동	02-416-4347	충청남도 천안시 서북구 성정동 축구센터로 150
	충청	6.22.(일) 09:00-18:00	천안축구센터 본관동	02-416-4347	충청남도 천안시 서북구 성정동 축구센터로 150
	경상	6.28.(토) 09:00-18:00	수성대학교 마티아관	02-416-4347	대구광역시 수성구 달구벌대로528길 15

■ 장소운영 예상 도식도 : 실기, 구술

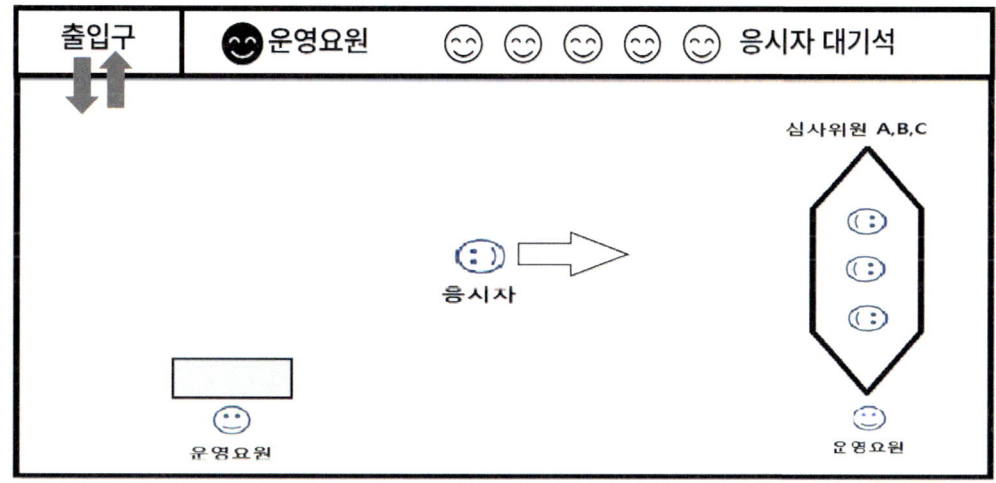

제1편 하계 50 종목 실기 및 구술 시험 세부시행 기준(가나다순)

2 실기검정 소요장비

- 주관단체 준비사항 : 노트북, 스피커, 영상촬영장비 등
- 지원자 준비사항 : 개인 음악, 실기에 필요한 도구 자유지참

(음악은 USB만 가능합니다. *CD, 휴대폰 사용불가*)

3 방역 및 안전관리 대책

■ 방역관리
- 중앙방역대책본부의 『코로나바이러스감염증-19 예방을 위한 시험 방역관리 안내』를 참고하여 각 자격검정기관은 시험의 특성과 사정에 따라 안전대책 수립 및 적용

■ 안전관리
- (보험가입) 전 종목 주최자 배상책임 보험가입을 통한 사고 대비
- (의무체계) 지역별 보건소, 병원 등과 연계 대응, 비상 약품 상시 비치
- (부상자 및 환자 발생 시 대응체계) 해당 기관 이용, 응급처치 등 1차 대응 → 인근 지정병원 연계 후송 → 자격검정기관 담당자 연락
- (사전점검) 시험용구 및 시설물 사전 점검 의무화로 안전사고 예방
- (안전교육) 응시생 대상 안전사고 예방교육, 사고 시 비상연락체계 안내
- (보고체계) 검정기관 간 신속한 보고체계 운영

4 실기평가 영역

■ 기술분류

대분류	세부 기술
진행 기술	스피치(강약, 속도, 고저, 쉼, 발음, 발성, 호흡), 음성, 발음, 언어구사능력, 복장, 도구(용구) 활용
운용 기술	아이스 브레이킹, 실내게임, 실외게임, 율동노래 지도, 레크댄스 지도, 게임지도

■ 실기평가 영역 : 1·2급 생활스포츠지도사, 유소년·노인지도사

영역	내용	평가기준
진행기술 (50)	1. 스피치 기본(15점)	① 강약, 속도, 고저, 쉼의 변화가 적절한가? ② 시선처리, 제스처, 표정은 적절한가? ③ 대상에 어울리는 어조로 스피치를 했는가?
	2. 음성(10점)	① 적당한 톤과 자신감 있는 목소리인가? ② 호흡과 발성은 적절한가?
	3. 발음(10점)	① 발음은 분명한가? ② 의사전달력은 좋은가?
	4. 언어구사능력(15점)	① 대상에 맞는 언어구사가 잘 되었는가? ② 표현은 명료하며, 간결하게 표현되었는가? ③ 참여자의 이해를 높이는 언어구사를 했는가?

영역	내용	평가기준
운용기술 (50)	게임 율동노래 3. 댄스 무작위(제비뽑기)로 한가지의 실기 유형 선택	① 준비성(복장, 태도, 음악, 기타 기자재 등) ② 참여 유도성(분위기조성 - 아이스브레이킹 등) <u>(아이스 브레이킹 필수) 생략 시 감점</u> ③ 실기 시연성(대상에 맞는 지도법 등) ④ 실기 능숙성(지도원리, 표현력, 프로그램 연계성 등) ⑤ 마무리 및 정리(참여자 피드백 형성 등)

★음악(mp3파일) 사용 시 수험자 USB 준비. <u>CD, 휴대폰 사용 절대불가</u>★

5 구술평가 영역

- 평가 항목 : 공통 2개(50점), 지도방법(유형별) 2개(50점)
- 합격 기준 : 70점 이상(100점 만점)

영 역	배 점	분 야
공 통	50점	여가레크에이션, 현대사회와 여가레크리에이션, 미래사회의 여가, 레크리에이션 리더십, 프로그램 작성법, 지도자의 스피치, 놀이와 게임 등
지도방법	50점	유형별 특징 및 지도 방법 (예 : 유형별 특징, 지도 방법, 게임 지도방법, 댄스 지도방법, 표현력, 전달력, 답변태도 등)

* 위 내용은 구술시험 평가 준비에 도움을 주기 위한 범위이며, 위 내용 외에 더 추가로 범위를 선정하여 검정할 수 있음
* 지도자로서의 표현력, 전달력, 답변태도 등은 규정 및 지도방법에 포함하여 평가

6 기타 안내사항

- 시험영상은 시험 모니터링과 안전사고 예방을 위해 녹화하는 것으로 응시자에게 열람하거나 제공하지 않습니다.
- 시험의 공정성을 훼손하는 사례가 있는 경우 당일 시험이 종료되기 전까지 주관단체에 이의신청을 하여 주시기 바랍니다.

주관단체	연락처	홈페이지	서류제출처
(사)한국여가레크리에이션협회	02-416-4347	www.rec1960.or.kr	서울시 송파구 올림픽로 424 벨로드롬 B-1호

11 배구

1 시험 일시 및 장소

■ 시험 일시 및 장소   *매년 시험 일시 및 장소는 변경될 수 있음

구분	지역	검정기간	장소	연락처	주소
1급 생활 2급 생활	서울	6.28(토) 09:00~18:00	서울중앙여자 고등학교	02-578-9025 (내선2)	서울 서대문구 북아현로11가길 7
유소년 노인 2급 전문	서울	6.29(일) 09:00~18:00	서울중앙여자 고등학교	02-578-9025 (내선2)	서울 서대문구 북아현로11가길 7

■ 장소운영 예상 도식도 : 조별 코트규격 9m×9m, 5명~10명 1조 운영
– 실기 시험장 : 서울 중앙여자고등학교 체육관

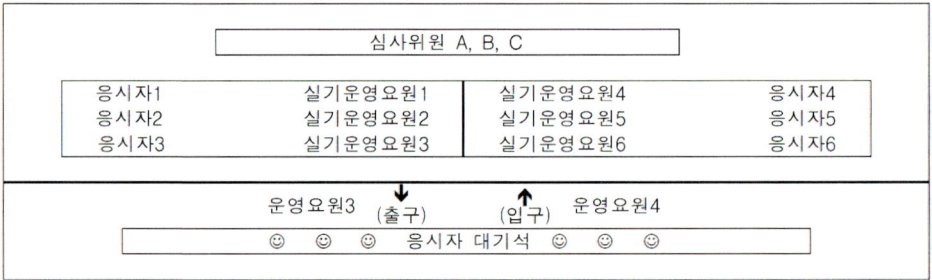

– 구술 시험장 :

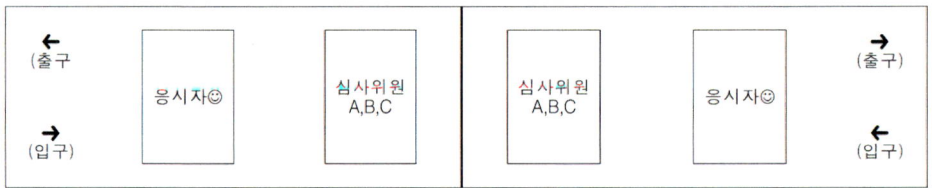

2 실기검정 소요장비

– 주관단체 준비사항 : 배구지주, 네트, 배구공, 안테나, 사이드밴드, 지주커버, 배구공, 책상, 의자, 호각, 채점표 등
– 지원자 준비사항 : 수험표 및 신분증, 코트화, 운동복

3 방역 및 안전관리 대책

■ 방역관리 : 응시생 사용구 수시 소독실시
■ 안전관리 : 구급차 및 구급요원 상시 대기, 주최자배상책임보험 가입

4 실기평가 영역

- 기술분류
- 기술 분류표에서 평가에 필요한 필수 세부기술(5개 이상) 선정
  (단, 종목특성에 따라 3~10개 항목 평가 가능)
- 선정된 평가항목별 평가기준 작성

평가대상	대분류	세부 기술
2급 전문 1/2급 생활 유소년·노인	패스(토스)	언더핸드, 오버핸드
	서브	플로터, 스파이크
	스파이크	오픈, 시간차, 퀵
	리시브	맨투맨, 디그(수비)
	블로킹	제자리, 이동 블로킹(원스텝, 투스텝)

- 실기평가 영역

영역	내용	평가기준
패스 (20)	1. 언더핸드	① 손모양 ② 자세 ③ 볼 구질 ④ 볼의 높이 ⑤ 정확성
	2. 오버핸드	① 손모양 ② 자세 ③ 볼 구질 ④ 볼의 높이 ⑤ 정확성
서브 (20)	1. 플로터	① 자세 ② 목적타 ③ 강타 ④ 성공률 ⑤ 정확성
	2. 스파이크	① 자세 ② 목적타 ③ 강타 ④ 성공률 ⑤ 정확성
스파이크 (20)	1. 오픈	① 자세 ② 코스공략(대각선, 직선) ③ 강타 ④ 성공률 ⑤ 착지(중심이동)
	2. 퀵	① 자세 ② 코스공략(대각선, 직선) ③ 강타 ④ 성공률 ⑤ 착지(중심이동)
리시브 (20)	1. 서브리시브	① 자세 ② 볼의 구질 ③ 정확성(세터연결) ④ 볼의 높이 ⑤ 준비
	2. 디그	① 자세 ② 볼의 구질 ③ 정확성(세터연결) ④ 볼의 높이 ⑤ 준비
블로킹 (20)	1. 제자리 블로킹	① 손모양 ② 자세 ③ 점프력 ④ 타이밍 ⑤ 준비
	2. 이동 블로킹	① 손모양 ② 자세 ③ 점프력 ④ 타이밍 ⑤ 준비

5 구술평가 영역

- 시행방법 : 규정 2문제(50점), 지도방법 2문제(50점)
- 합격기준 : 70점 이상(100점 만점)

영 역	배 점	분 야
규정	50점	배구경기규칙, 시설/도구, 경기운영, 반칙/페널티
지도방법	50점	배구 기술 지도방법(언더, 토스, 스파이크, 블로킹) 준비운동 중요성, 지도자 역할 및 응급처치 방법 등

* 위 내용은 구술 검정 준비에 도움을 주기 위한 범위이며, 위 내용 외에 더 추가로 범위를 선정하여 검정할 수 있음

제1편 하계 50 종목 실기 및 구술 시험 세부시행 기준(가나다순)

6 기타 안내사항

- 시험 응시 순서는 시험 전 협회 홈페이지를 통해 게시될 예정입니다.
  *마지막 조 시험종료 후 모든 시험종료
- 영상은 시험 모니터링과 안전사고 예방을 위해 녹화하는 것으로 응시생에게 열람하거나 제공하지 않습니다.
- 시험의 공정성을 훼손하는 사례가 있는 경우 당일 시험이 종료되기 전까지 주관단체에 이의신청을 하여 주시기 바랍니다.

주관단체	연락처	홈페이지	서류제출처
대한배구협회	02-578-9025 (내선2)	www.kva.or.kr	서울시 송파구 올림픽로 424 올림픽회관 신관 224호

12 배드민턴

1 검정기간 및 장소

* 매년 시험 일시 및 장소는 변경될 수 있음

구분	지역	검정일시	장소	연락처	주소
2급 전문	전북	6. 22(일) 09:00~18:00	군산대학교 체육관	063-469-4113	전북특별자치도 군산시 대학로 558
	충남	6. 29(일) 09:00~18:00	백석대학교 체육관	041-550-2948	충청남도 천안시 동남구 백석대학로 1
1급 생활	충남	6. 28(토) 09:00~12:00	백석대학교 체육관	041-550-2948	충청남도 천안시 동남구 백석대학로 1
2급 생활, 유소년, 노인	전북	6.21(토)~22(일) 09:00~18:00	군산대학교 체육관	063-469-4113	전북특별자치도 군산시 대학로 558
	충남	6.27(금)~29(일) 09:00~18:00	백석대학교 체육관	041-550-2948	충청남도 천안시 동남구 백석대학로 1

※ 상기일정 및 장소는 특별한 사유 등에 의하여 조정될 수 있습니다.

❑ 수험자 협조요청 사항

① <u>수험자의 대기시간 절감과 안전한 시험운영을 위하여 오전, 오후 분리 운영.</u>
- 수험자 인원에 따라 수험번호로 오전과 오후로 분리 하여 운영되며, 검정료 납부 마감 이후 체육지도자연수원 및 대한배드민턴협회 홈페이지를 통하여 공지 예정.
※ 2급 생활체육 지도사 추가취득 및 특별과정, 유소년 및 노인 지도사는 오후 예정 (단, 수험자 인원에 따라 변동 가능)

② 시험시간 : 오전 09:00 ~ 12:00 / 오후 14:00 ~ 18:00 예정, 본인의 수험번호에 따라 오전 또는 오후에 해당하는지 확인하여 수험장으로 시험시간 30분 전 입실 협조.
　- 수험표에 시험시간 09:00 ~ 18:00으로 출력 되도 본인이 오전인 경우 08:30까지 오후인 경우 13:30분까지 입실.
③ 수험자는 시험 전 핸드폰 제출 협조. (시험장에서 별도 안내)
④ 일자별 시험 종료 시간은 수험인원에 따라 변동 될 수 있습니다.
⑤ 수험자 외에는 수험장 및 대기장소 입실 등이 제한되오니 협조바랍니다.

■ 장소운영 예상 도식도 (2급 전문 / 1급생활 / 2급 생활 / 유청소년 / 노인)
- 코트규격 6.1m×13.4m, 실기 및 구술

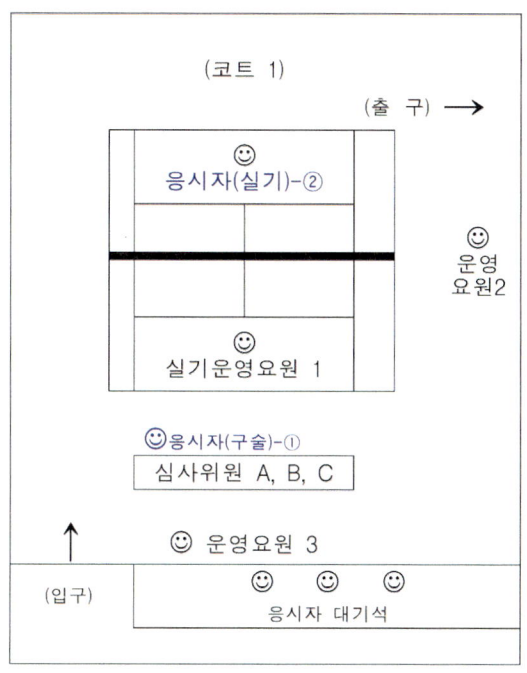

❑ 시험 진행 순서 안내
- 수험자 인원에 따라 코트별로 구분하여 운영 됨.
- 수험장 입장하여 심사위원 앞에서 구술시험(①) 후 실기시험(②)실시 - 시험장 입장 시 개인소지품 모두 가지고 입실.
- 수험자 대기 장소에서 출석체크 후 순서에 따라 체육관 입구 응시자 대기석으로 이동하여 대기 후 시험 진행. (실제 운영 시 상기 예상 도식도와 차이 있을 수 있음)
- 시험 후 대기 장소 등으로 입장 불가하며 귀가 협조.

2 실기검정 소요장비

- 주관단체 준비사항 : 셔틀콕, 시험문제, 필기구, 채점표, 수험자명부, 명찰, 녹화용 카메라 등
- 지원자 준비사항 : 라켓, 전용운동화, 운동복, 신분증, 수험표

3 안전관리 대책

- 방역관리
- (감염관리) 감염병 관리 관련 법령 및 시험방역지침에 따라 의무 격리가 필요한 감염병 확진자의 경우 시험응시가 제한될 수 있음.
- 안전관리
- (보험가입) 전 종목 주최자 배상책임 보험가입을 통한 사고 대비
- (의무체계) 지역별 보건소, 병원 등과 연계 대응, 비상 약품 상시 비치, 구급차/구급인력 배치

※ 방역 지침에 따라 방역관리 내용은 변동될 수 있음.

4 시험문제 관리

- 실기검정
- 기술분류

평가대상	대분류	세부 기술
2급 전문· 1급/2급 생활· 유소년·노인	서비스	쇼트서브, 롱서브(포핸드/백핸드)
	스트록	헤어핀, 드롭샷, 드라이브, 푸시, 커트
	클리어	포핸드 하이클리어, 백핸드 하이클리어
	스매시	점프스매시, 백핸드 스매시
	종합평가	공격 및 수비동작 연결/스텝, 리커버리 능력

- 실기평가 영역
- 2급 전문스포츠지도사

평가 영역	평가내용	평가기준
서비스 (20점)	• 쇼트서비스 롱서비스 (포핸드/백핸드) (20점)	• 쇼트서비스 ① 가까운 코스 정확성 ② 상대편 몸에 붙이는 정확성 ③ 사이드 먼 코스의 정확성 • 롱서비스 ① 복식 롱서비스 라인의 정확성 | 평가	등급	득점 | |---|---|---| | 정확한 자세로 정확한 서비스 위치에 따라 차등 | A | 20 / 18 | | 정확한 자세로 정확한 서비스 위치에 따라 차등 | B | 16 / 14 | | 정확한 자세로 정확한 서비스 위치에 따라 차등 | C | 12 / 10 | | 정확한 자세로 정확한 서비스 위치에 따라 차등 | D | 8 / 6 | | 정확한 자세로 정확한 서비스 위치에 따라 차등 | E | 4 / 2 | ※ 정확한 자세와 타구 방향 등에 따라 동일 등급 내 득점 차등
스트록 (20점)	• 헤어핀, 드롭샷,	• 헤어핀 : 정상적인 헤어핀과 스핀 헤어핀 • 드롭샷 : 양쪽 사이드라인의 정확성 및 스피드

평가 영역	평가내용	평가기준		
드라이브, 커트	드라이브, 커트 (20점)	• 드라이브 : 빠른 타점에서 오는 스피드 • 커트 : 낮은 자세에서 상대방의 공격을 네트 양쪽 정확성		
		평가	등급	득점
		정확한 자세로 스트록 시행 - 아주능숙	A	20 / 18
		정확한 자세로 스트록 시행 - 능숙	B	16 / 14
		정확한 자세로 스트록 시행 - 보통	C	12 / 10
		정확한 자세로 스트록 시행 - 약간 미숙	D	8 / 6
		정확한 자세로 스트록 시행 - 미숙	E	4 / 2
		※ 정확한 자세와 타구 방향 등에 따라 동일 등급 내 득점 차등		
클리어	• 포핸드 하이클리어 • 백핸드 하이클리어 (20점)	• 포핸드・백핸드 하이클리어 : 양쪽의 코너로 정확성		
		평가	등급	득점
		정확한 자세로 클리어 시행 - 아주능숙	A	20 / 18
		정확한 자세로 클리어 시행 - 능숙	B	16 / 14
		정확한 자세로 클리어 시행 - 보통	C	12 / 10
		정확한 자세로 클리어 시행 - 약간 미숙	D	8 / 6
		정확한 자세로 클리어 시행 - 미숙	E	4 / 2
		※ 정확한 자세와 타구 방향 등에 따라 동일 등급 내 득점 차등		
스매시	• 점프스매시 • 백핸드스매시 (20점)	• 점프스매시 : 높은 점프로의 사이드 정확성 • 백핸드스매시 : 사이드 정확성		
		평가	등급	득점
		정확한 자세로 스매시 시행 - 아주능숙	A	20 / 18
		정확한 자세로 스매시 시행 - 능숙	B	16 / 14
		정확한 자세로 스매시 시행 - 보통	C	12 / 10
		정확한 자세로 스매시 시행 - 약간 미숙	D	8 / 6
		정확한 자세로 스매시 시행 - 미숙	E	4 / 2
		※ 정확한 자세와 타구 방향 등에 따라 동일 등급 내 득점 차등		
종합 평가	• 모든 기술 적용 능력 (20점)	• 종합평가 - 스텝과 공격, 수비동작 연결 능력 - 리커버리 능력		
		평가	등급	득점
		정확한 자세로 스트록 및 스텝 시행 - 아주 능숙	A	20 / 18
		정확한 자세로 스트록 및 스텝 시행 - 능숙	B	16 / 14
		정확한 자세로 스트록 및 스텝 시행 - 보통	C	12 / 10
		정확한 자세로 스트록 및 스텝 시행 - 약간 미숙	D	8 / 6
		정확한 자세로 스트록 및 스텝 시행 - 미숙	E	4 / 2
		※ 정확한 자세와 타구 방향 등에 따라 동일 등급 내 득점 차등		

제1편 하계 50 종목 실기 및 구술 시험 세부시행 기준(가나다순)

- 1급 생활스포츠지도사

평가 영역	평가내용	평가기준
서비스 (20점)	• 서비스 - 쇼트서비스 - 롱서비스 (각 2회/ 롱서비스는 단식/복식 각 1회)	• 쇼트서비스 (20점) ① 가까운 코스 정확성 ② 상대편 몸에 붙이는 정확성 • 롱서비스 ③ 복식 롱서비스 라인의 정확성 ④ 공통 : 자세의 정확성 | 평가	등급	득점 | |---|---|---| | 정확한 자세로 정확한 서비스 위치에 따라 차등 | A | 20 / 18 | | 정확한 자세로 정확한 서비스 위치에 따라 차등 | B | 16 / 14 | | 정확한 자세로 정확한 서비스 위치에 따라 차등 | C | 12 / 10 | | 정확한 자세로 정확한 서비스 위치에 따라 차등 | D | 8 / 6 | | 정확한 자세로 정확한 서비스 위치에 따라 차등 | E | 4 / 2 | ※ 정확한 자세와 정확한 서비스위치에 따라 동일 등급 내 득점 차등 - 정확한 자세 : 서비스를 위한 라켓 그립법, 서비스 동작높이, 서비스 자세 등 평가 - 서비스위치 : 셔틀콕 방향·코스 및 타구 높이의 정확성 등 평가
종합 평가 (80점)	1. 헤어핀 및 푸시 2. 헤어핀 또는 푸시 3. 하이클리어 4. 스매시 또는 드롭 5. 하이클리어 6. 스매시 또는 드롭 7. 하이클리어 * 진행순서 1 → 2 → 3 → 4 → 1 → 5 → 6 → 7 * 총2회 반복 : 로테이션 (파트너와 같이 하며, 파트너는 운영요원)	• 타구자세 평가 (20점) ① 타구는 정확했는가? ② 불필요한 동작은 없는가? ③ 보다 높이, 빨리 앞에서 타격하고 있는지? ④ 강약 조절은 좋은지? | 평가 | 등급 | 득점 | |---|---|---| | 정확한 자세로 스트록 시행 - 아주 능숙 | A | 20 / 18 | | 정확한 자세로 스트록 시행 - 능숙 | B | 16 / 14 | | 정확한 자세로 스트록 시행 - 보통 | C | 12 / 10 | | 정확한 자세로 스트록 시행 - 약간 미숙 | D | 8 / 6 | | 정확한 자세로 스트록 시행 - 미숙 | E | 4 / 2 | ※ 정확한 자세와 스트록에 따라 동일 등급 내 득점 차등 - 정확한 자세 : 동작을 위한 그립법, 스텝 및 자세의 정확성 등 평가 - 정확한 스트록 : 셔틀콕 방향 코스 및 타점 등 평가 • 풋워크 평가 (20점) ① 불필요한 동작은 없는지? ② 충격흡수는 충분히 하고 있는지? ③ 적당한 이동 방법인지? ④ 타이밍은 어떤지? | 평가 | 등급 | 득점 | |---|---|---| | 정확한 자세로 풋워크 시행 - 아주능숙 | A | 20 / 18 | | 정확한 자세로 풋워크 시행 - 능숙 | B | 16 / 14 | | 정확한 자세로 풋워크 시행 - 보통 | C | 12 / 10 | | 정확한 자세로 풋워크 시행 - 약간 미숙 | D | 8 / 6 | | 정확한 자세로 풋워크 시행 - 미숙 | E | 4 / 2 | ※ 정확한 자세와 타구 방향 등에 따라 동일 등급 내 득점 차등

평가 영역	평가내용	평가기준
		• 타구 후 이동 평가 (20점) ① 타구 후 이동방향은 맞는지? ② 이동과 준비방법은 어떤지? ③ 이동과 준비하는 동작은 정확한지? ④ 이동 후 준비자세는 정확한지? | 평가	등급	득점
정확한 자세로 연결동작 시행 - 아주능숙	A	20 / 18
정확한 자세로 연결동작 시행 - 능숙	B	16 / 14
정확한 자세로 연결동작 시행 - 보통	C	12 / 10
정확한 자세로 연결동작 시행 - 약간 미숙	D	8 / 6
정확한 자세로 연결동작 시행 - 미숙	E	4 / 2 | ※ 정확한 자세와 타구 방향 등에 따라 동일 등급 내 득점 차등 • 비타구 시 이동 평가 (20점) ① 셔틀이 올 때 이동은 정확한지? ② 파트너가 타구할 때 멈추어 있는지? ③ 파트너 타구 후 이동방향은 정확한지? ④ 이동 후 준비자세는 정확한지? | 평가	등급	득점
정확한 자세로 응용동작 시행 - 아주능숙	A	20 / 18
정확한 자세로 응용동작 시행 - 능숙	B	16 / 14
정확한 자세로 응용동작 시행 - 보통	C	12 / 10
정확한 자세로 응용동작 시행 - 약간 미숙	D	8 / 6
정확한 자세로 응용동작 시행 - 미숙	E	4 / 2 | ※ 정확한 자세와 타구 방향 등에 따라 동일 등급 내 득점 차등

- 2급 생활·유소년·노인 스포츠지도사

평가 영역	평가내용	평가기준
서비스 (20점)	• 서비스 - 쇼트서비스 - 롱서비스 (단식·복식) (각 2회/ 롱서비스는 단식/복식 각 1회)	• 쇼트서비스 ① 가까운 코스 정확성 ② 타구의 정확성 (걸리지 않고 낮게) ③ 공통 : 자세의 정확성 • 롱서비스 ① 백핸드 복식 롱서비스 라인의 정확성 ② 포핸드 단식 롱서비스 라인의 정확성 ③ 공통 : 자세의 정확성 | 평가	등급	득점
정확한 자세로 정확한 서비스 위치에 따라 차등	A	20 / 18
정확한 자세로 정확한 서비스 위치에 따라 차등	B	16 / 14
정확한 자세로 정확한 서비스 위치에 따라 차등	C	12 / 10
정확한 자세로 정확한 서비스 위치에 따라 차등	D	8 / 6
정확한 자세로 정확한 서비스 위치에 따라 차등	E	4 / 2	

평가 영역	평가내용	평가기준
종합 평가 (80점)		※ 정확한 자세와 정확한 서비스 위치에 따라 동일 등급 내 득점 차등 - 정확한 자세 : 서비스를 위한 라켓 그립법, 서비스 동작 높이, 서비스 자세 평가 등 평가 - 서비스 위치 : 셔틀콕 방향·코스 및 타구 높이의 정확성 등 평가
	가. 전위 기술 ①포핸드 헤어핀 → ②백핸드 헤어핀 → ③포핸드 대각 헤어핀 → ④백핸드 대각 헤어핀 → ⑤포핸드 언더클리어 → ⑥백핸드 언더클리어 → ⑦포핸드언 더클리어 대각 → ⑧백핸드 언더클리어 대각 → ⑨포핸드 푸시 → ⑩백핸드 푸시 전체 1회 연결	• 전위 기술 평가 (40점) ① 기술의 정확성 ② 자세의 정확성(런지 자세) ③ 타구 후 이동의 풋워크 연결 동작 능숙함 ④ 이동 시 라켓의 위치 선정 ⑤ 타점의 정확성 ⑥ 코스의 정확성 | 평가	등급	득점
정확한 자세로 스트록 풋워크 시행 - 아주능숙	A	40 / 36
정확한 자세로 스트록과 풋워크 시행 - 능숙	B	32 / 28
정확한 자세로 스트록과 풋워크 시행 - 보통	C	24 / 20
정확한 자세로 스트록과 풋워크 시행 - 약간 미숙	D	16 / 12
정확한 자세로 스트록과 풋워크 시행 - 미숙	E	8 / 4 | ※ 정확한 자세와 스트록에 따라 동일 등급 내 득점 차등 - 정확한 자세 : 동작을 위한 그립법, 스텝 및 자세의 정확성 등을 평가 - 정확한 스트록 : 셔틀콕 방향 코스 및 타점 등 평가
	나. 후위 기술 ①포핸드 드롭샷 직선 → ②라운드 드롭샷 직선 → ③포핸드 드롭샷 대각선 → ④라운드 드롭샷 대각선 → ⑤포핸드 하이 클리어 직선 → ⑥라운드 하이클리어 직선 → ⑦포핸드 하이클리어 대각선 → ⑧라운드 하이 클리어 대각선 → ⑨포핸드 스매시 직선 → ⑩라운드 스매시 직선 → ⑪포핸드 스매시 대각선 → ⑫라운드 스매시 대각선 전체 1회 연결	• 후위 기술 평가 (40점) ① 기술의 정확성 ② 자세의 정확성(런지 자세) ③ 타구 후 이동의 풋워크 연결 동작 능숙함 ④ 이동 시 라켓의 위치 ⑤ 타점의 정확성 ⑥ 코스의 정확성 | 평가	등급	득점
정확한 자세로 스트록 풋워크 시행 - 아주능숙	A	40 / 36
정확한 자세로 스트록과 풋워크 시행 - 능숙	B	32 / 28
정확한 자세로 스트록과 풋워크 시행 - 보통	C	24 / 20
정확한 자세로 스트록과 풋워크 시행 - 약간 미숙	D	16 / 12
정확한 자세로 정확한 서비스 위치에 따라 차등	E	8 / 4 | ※ 정확한 자세와 스트록에 (백핸드 구사 시) 따라 동일 등급 내 득점 차등 - 정확한 자세 : 동작을 위한 그립법, 스텝 및 자세의 정확성 등 평가 - 정확한 스트록 : 셔틀콕 방향 코스 및 타점 등 평가

5 구술평가 영역

- 시행방법 : 규정 2문제(50점), 지도방법 2문제(50점)
- 지원자가 영역별로 문제지를 추첨하여 실시
- 합격기준 : 70점 이상(100점 만점)
- 2급 전문스포츠지도사

영 역	배 점	분 야
규정	50점	시설/도구, 경기규칙, 반칙/페널티, 심판규정, 최신규정
지도방법	50점	단식전술, 복식전술, 기술, 지도방법

* 위 내용은 구술 검정 준비에 도움을 주기 위한 범위이며, 위 내용 외에 더 추가로 범위를 선정하여 검정할 수 있음.
* 지도자로서의 표현력, 전달력, 답변태도 등은 규정 및 지도방법에 포함하여 평가

- 1급·2급 생활스포츠지도사, 유소년, 노인스포츠지도사

영 역	배 점	분 야
규정	50점	시설/도구, 경기규칙, 반칙/페널티, 심판규정, 최신규정
지도방법	50점	경기에티켓, 복식전술, 기술, 지도방법

* 위 내용은 구술 검정 준비에 도움을 주기 위한 범위이며, 위 내용 외에 더 추가로 범위를 선정하여 검정할 수 있음.
* 지도자로서의 표현력, 전달력, 답변태도 등은 규정 및 지도방법에 포함하여 평가

6 기타 안내사항

- 시험영상은 시험 모니터링과 안전사고 예방을 위해 녹화하는 것으로 응시자에게 열람하거나 제공하지 않습니다.
- 시험의 공정성을 훼손하는 사례가 있는 경우 당일 시험이 종료되기 전까지 주관단체에 이의신청을 하여 주시기 바랍니다.

주관단체	연락처	홈페이지	서류제출처
(사)대한배드민턴협회	02-421-2724	http://www.bka.kr/	우) 05540 서울시 송파구 올림픽로 424(방이동), 올림픽회관 본관 301호

13 보디빌딩

1 시험 일시 및 장소

■ 시험 일시 및 장소 *매년 시험 일시 및 장소는 변경될 수 있음

구분	지역	검정일시	장소	연락처	주소
2급 전문, 1급 생활	서울	6. 14.(토) ~ 15.(일)	한국체육대학교 본관	02-3431-4523	서울특별시 송파구 양재대로 1239
2급 생활, 노인, 유소년	서울	6. 14.(토) ~ 15.(일) 6. 21.(토) ~ 22.(일)			
	광주	6. 14.(토) ~ 15.(일)	광주대학교 호심관	02-3431-4523	광주광역시 남구 효덕로 277
	경기	6. 24.(화) ~ 26.(목) 6. 28.(토) ~ 30.(월)	신한대학교 말씀관	02-3431-4523	경기 의정부시 호암로 95
	강원	6. 14.(토) ~ 15.(일)	가톨릭관동대 창조관	02-3431-4523	강원 강릉시 범일로579번길 24
	충남	6. 21.(토) ~ 24.(화) 6. 26.(목) ~ 30.(월)	단국대학교 천안캠퍼스 체육관	02-3431-4523	충남 천안시 동남구 안서동 522
	경북	6. 25.(수) ~ 30.(월)	경운대학교 13호관	02-3431-4523	경북 구미시 강동로 730
	경남	6. 21.(토) ~ 25.(수) 6. 27.(금) ~ 30.(월)	경남대학교 문무관	02-3431-4523	경남 창원시 마산합포구 경남대학로 7

■ 시험장소 선정 기준
- 전국 각지의 보디빌딩 종목 응시 인원과 응시자들의 접근성을 고려하여 7개 시·도 7개 대학교 선정

■ 장소운영 예상 도식도

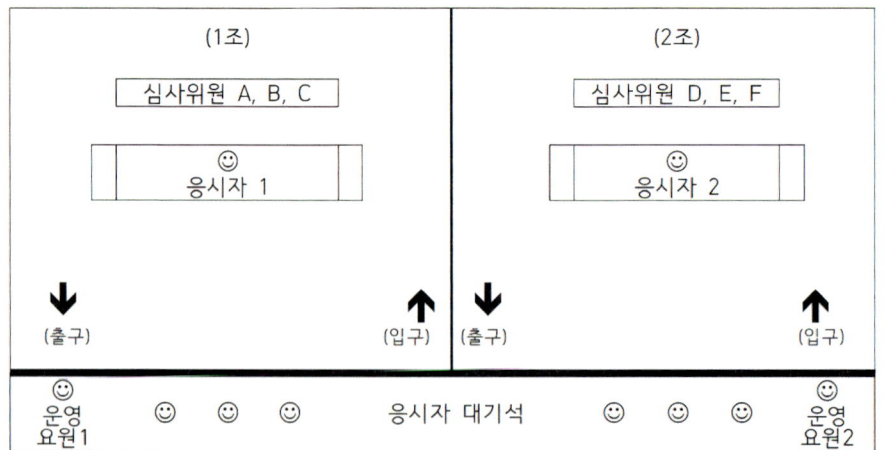

※ 실기·구술 응시 인원에 따라 4개 ~ 7개의 조로 탄력적 운영

2 실기검정 소요장비

- 주관단체 준비사항
    ① 덤벨 – 2~3kg, 5kg
    ② 바벨 – 중량봉 (긴봉 15kg, 짧은봉 8kg)
    ③ 요가 매트
    ④ 벤치
- 지원자 준비사항 (일반과정, 추가취득, 특별과정 응시자 복장 동일)
    ① 상의 – 민소매 런닝, 탑 (상의 색상 자유)
    ② 하의 – 허벅지가 보이는 반바지 (하의 색상 자유)
    ③ 운동화
    ④ 신분증, 수험표 및 준비서류

3 방역 및 안전관리 대책

■ 방역관리
- 감염병 관리 관련 법령 및 시험방역지침에 따라 의무 격리가 필요한 감염병 확진자의 경우 시험 응시가 제한될 수 있음

■ 안전관리
- (안전요원 배치) 응시자 대상 안전사고 예방교육 및 비상 상황 발생 시 불법 행위 저지 등의 응시자 안전을 위한 안전요원 배치 지원
- (사전점검) 시험용구 및 시설물 사전 점검으로 안전사고 예방
- (보험가입) 상해 발생을 대비하여 응시자 및 운영인력 전원 주최자배상책 임보험 가입을 통한 사고 대비
- (의무체계) 검정장소마다 구급차/구급인력 배치 후 지역별 보건소, 병원 등을 사전 파악하여 사고시 연계 대응. 비상 약품 상시 비치

4 실기평가 영역

※ 장애인 응시자와 비장애인 응시자 모두 동일한 평가 기준으로 평가 됨
※ '대한보디빌딩협회 홈페이지 – 규정포즈/종목소개'의 2025년도 규정 확인 요망.

■ 기술분류(2급 전문, 1급 생활, 2급 생활, 노인, 유소년 스포츠지도사)

대분류		세부 기술
상체, 가슴/팔	(80)	바벨 벤치 프레스, 덤벨 벤치 프레스, 덤벨 플라이, 덤벨 풀오버, 클로즈 그립 푸쉬업, 덤벨 컬, 해머 컬(덤벨 해머 컬), 미벨 컬, 컨센트레이션 컬, 리버스 바벨 컬,
		얼터네이트 덤벨 컬, 얼터네이트 해머 컬, 덤벨 리스트 컬, 바벨 리스트 컬, 스탠딩 바벨 트라이셉스 익스텐션, 라잉 바벨 트라이셉스 익스텐션, 원암 덤벨 오버헤드 트라이셉스 익스텐션, 시티드 트라이셉스 익스텐션, 덤벨 킥백, 벤치 딥, 덤벨 리버스 리스트 컬, 바벨 리버스 리스트 컬, 푸쉬업

대분류	세부 기술
상체, 등, 어깨	벤트오버 원암 덤벨 로우, 벤트오버 바벨 로우, 언더그립 바벨 로우, 뉴트럴그립 투암 덤벨 로우, 바벨 굿모닝 엑서사이즈, 백 익스텐션, 밀리터리 프레스(바벨 오버헤드 프레스), 비하인드 넥 프레스, 덤벨 숄더 프레스, 덤벨 레터럴 레이즈, 덤벨 프런트 레이즈, 벤트오버 레터럴 레이즈, 바벨 프런트 레이즈, 바벨 업라이트 로우, 덤벨 쉬러그, 바벨 쉬러그
하체, 복근, 전신	백 스쿼트(바벨 스쿼트), 프런트 스쿼트, 바벨 런지, 덤벨 런지, 시티드 카프 레이즈, 스탠딩 카프 레이즈, 힙 브릿지, 덩키 킥, 업도미널 힙 트러스트 (주동근 : 하복부), 루마니안 데드리프트, 스티프 레그 데드리프트, 컨벤셔널 데드리프트, 와이드 스탠스 스쿼트, 스쿼팅 바벨컬, 풀(딥) 스쿼트, 덤벨 사이드 밴드, 크런치, 레그레이즈, 오블리크 크런치, 시티드 니업, 리버스 크런치, V-싯업, 플랭크, 사이드플랭크
실전기술 (20)	(남녀공통) 남자 보디빌딩, 남자 클래식보디빌딩, 남자 피지크, 남자 클래식 피지크, 여자 피지크, 여자 보디피트니스, 여자 비키니 * 실전기술 페이지 참고

■ 실기평가 영역

영역			내용	평가문항 및 모범답안
기초 기술 (80)	상체	가슴 · 팔	바벨 벤치 프레스	① 바벨은 어깨너비보다 넓게 잡았는가? ② 벤치에 머리, 어깨, 엉덩이가 밀착되어 있는가? ③ 허리를 아치 형태로 만들었는가? ④ 그립은 와이드 오버핸드 그립으로 정확히 잡고 있는가? ⑤ 바가 수직으로 보이도록 눕고 턱을 가슴으로 당겨 고정되어 있는가? ⑥ 바를 밀어 올렸을 때 호흡은 내쉬고 팔은 완전히 펴지 않았는가? ⑦ 팔꿈치와 어깨가 일직선이 되게 옆으로 펴고 손목이 뒤로 꺾이지 않았는가?
			덤벨 벤치 프레스	① 양발은 바닥에 고정시켰는가? ② 머리, 어깨, 엉덩이가 벤치에 닿은 상태에서 허리를 아치 형태로 만들었는가? ③ 어깨는 고정되어 있는가? ④ 덤벨을 올릴 때 가슴을 수축하고 있는가? ⑤ 팔은 정확히 밀고 있는가? ⑥ 호흡은 덤벨을 내릴 때 들이마시고 올릴 때 내뱉고 있는가? ⑦ 동작 내내 양팔의 전완이 지면과 수직을 이루는 상태를 유지하도록 하는가?
			덤벨 플라이	① 양발은 바닥에 고정시켰는가? ② 머리, 어깨, 엉덩이가 벤치에 닿은 상태에서 허리를 아치 형태로 만들었는가? ③ 뉴트럴 그립으로 덤벨을 들어 올려 가슴 중앙에 위치했는가? ④ 덤벨을 가슴 옆으로 큰 원을 그리듯이 내렸는가? ⑤ 덤벨이 올릴 때 가슴을 수축하고 있는가? ⑥ 하위 구간에서 덤벨이 몸통보다 아래로 내려가지 않도록 하였는가? ⑦ 주관절의 굽힘 정도가 적정한가?
			덤벨 풀오버	① 양발이 어깨너비로 고정이 되어 있는가? ② 양손을 모아 잡은 덤벨을 들어 올려 가슴 위쪽에 위치시켰는가? ③ 덤벨을 머리 뒤로 큰 원을 그리듯이 내렸는가? ④ 팔꿈치 관절을 충분히 편 상태에서 수직이 되도록 팔을 올렸는가? ⑤ 하위 구간에서 엉덩이가 들리지 않도록 주의하였는가? ⑥ 덤벨을 천천히 가슴 앞으로 들어 올리고 엉덩이도 함께 들어 올렸는가?

영역	내용	평가문항 및 모범답안
		⑦ 덤벨이 가슴 앞쪽으로 오면서 호흡을 내쉬는가? ⑧ 동작 중 팔이 굽혀지지 않도록 주의하였는가?
	클로즈 그립 푸쉬업	① 그립은 어깨너비보다 좁게 위치하였는가? ② 내리는 단계에 팔꿈치가 몸통에서 멀어지지 않았는가? ③ 올리는 단계에 삼두근의 수축이 일어나는가? ④ 운동하는 동안에 몸통이 고정되어 있었는가? ⑤ 머리, 어깨, 골반, 무릎, 발목 일직선을 유지했는가?
	덤벨 컬	① 팔꿈치가 어깨 뒤로 빠지지 않게 하고 있는가? ② 팔꿈치가 움직이지 않도록 고정시켰는가? ③ 덤벨을 올릴 때 호흡을 내쉬고 있는가?
	해머 컬 (덤벨 해머 컬)	① 덤벨을 뉴트럴 그립으로 잡았는가? ② 상완근이 최대로 수축할 수 있도록 양팔을 동시에 굽혀 덤벨을 들어 올렸는가? ③ 팔꿈치가 어깨 뒤로 빠지지 않게 하고 있는가? ④ 팔꿈치가 움직이지 않도록 고정시켰는가? ⑤ 덤벨을 올릴 때 상체가 앞뒤로 움직이지 않도록 고정시켰는가? ⑥ 덤벨을 올릴 때 호흡을 내쉬고 있는가?
	바벨 컬	① 스탠다드 언더핸드 그립으로 바벨을 잡았는가? ② 바를 잡는 양손의 간격이 어깨너비 정도인가? ③ 팔꿈치가 어깨 뒤로 빠지지 않게 하고 있는가? ④ 팔꿈치가 움직이지 않도록 고정시켰는가? ⑤ 바를 들어 올릴 때 호흡을 내쉬고 있는가?
	컨센트 레이션 컬	① 덤벨을 잡고 벤치에 앉아있는가? ② 뉴트럴 그립으로 덤벨을 잡았는가? ③ 팔꿈치를 대퇴부 안쪽에 고정하였는가? ④ 반대편 손을 대퇴부에 고정시켜 상체를 안정적으로 지지하였는가? ⑤ 숨을 내쉬면서 팔꿈치를 구부려 전완을 들어 올리며 다시 시작 자세로 돌아오며 숨을 들이마시는가?
	리버스 바벨 컬	① 서서 오버 그립으로 바벨을 잡았는가? ② 숨을 내쉬면서 팔꿈치를 굽혀 바벨을 들어 올리고 다시 내리면서 숨을 들이마시는가? ③ 팔꿈치가 움직이지 않도록 고정시켰는가? ④ 상위 구간에서 손목이 아래로 굽혀지지 않도록 주의하였는가?
	얼터네이트 덤벨 컬	① 덤벨을 최대로 들어 올리며 손목을 외전하여 이두박근의 수축을 유도하였는가? ② 덤벨을 올릴 때 상체가 앞뒤로 움직이지 않도록 고정시켰는가? ③ 팔꿈치가 어깨 뒤로 빠지지 않게 하고 있는가? ④ 팔꿈치가 움직이지 않도록 고정시켰는가? ⑤ 덤벨을 올릴 때 호흡을 하고 있는가? ⑥ 양팔을 교대로 들어 올리는가?
	얼터네이트 해머 컬	① 덤벨을 뉴트럴그립으로 잡았는가? ② 팔꿈치가 어깨 뒤로 빠지지 않게 하고 있는가? ③ 팔꿈치가 움직이지 않도록 고정시키고 있는가? ④ 덤벨을 올릴 때 호흡을 하고 있는가? ⑤ 양팔을 교대로 들어 올리는가?

영역	내용	평가문항 및 모범답안
	덤벨 리스트 컬	① 벤치에 앉아서 대퇴부에 전완부를 위치했는가? 또는 벤치에 전완부를 위치했는가? ② 언더그립으로 덤벨을 잡았는가? ③ 숨을 내쉬며 손목을 올리고, 손목을 내리면서 숨을 들이쉬는가? ④ 팔꿈치가 움직이지 않도록 고정시키고 있는가?
	바벨 리스트 컬	① 벤치에 앉아서 대퇴부에 전완부를 위치했는가? 또는 벤치에 전완부를 위치했는가? ② 언더그립으로 바벨을 잡았는가? ③ 숨을 내쉬며 손목을 올리고, 손목을 내리면서 숨을 들이쉬는가? ④ 팔꿈치가 움직이지 않도록 고정시키고 있는가?
	스탠딩 바벨 트라이셉스 익스텐션	① 양발은 골반 너비로 벌리고 서서 몸의 중심을 잡았는가? ② 서서 허리는 곧게 세우며 펴고 있는가? ③ 양손의 간격을 어깨너비보다 좁게 하고 있는가? ④ 바벨을 머리 뒤쪽으로 내리고 있는가? ⑤ 바벨을 잡은 상완이 지면과 수직이 되도록 하는가? ⑥ 동작 중에 양쪽 팔꿈치가 벌어지지 않도록 주의했는가? ⑦ 바벨을 내릴 때 숨을 들이마시고 올릴 때 내뱉고 있는가?
	라잉 바벨 트라이셉스 익스텐션	① 가슴은 들고 척추는 정상 만곡을 유지하고 있는가? ② 양손의 간격을 어깨너비보다 좁게 하고 있는가? ③ 바벨을 머리 쪽으로 내리고 있는가? ④ 바벨을 잡은 팔이 지면과 수직이 되도록 하는가? ⑤ 바를 내릴 때 숨을 들이마시고 올릴 때 내뱉고 있는가?
	원암 덤벨 오버헤드 트라이셉스 익스텐션	① 팔꿈치가 고정되어 있는가? ② 덤벨이 내려갈 때 팔꿈치의 각도가 90도까지 내리는가? ③ 팔꿈치를 펼 때 호흡을 내쉬는가? ④ 동작 중에 팔꿈치가 벌어지지 않도록 주의하였는가?
	시티드 트라이셉스 익스텐션	① 앉아서 허리는 곧게 세우며 펴고 있는가? ② 양손의 간격을 어깨너비보다 좁게 하고 있는가? ③ 바벨을 머리 뒤쪽으로 내리고 있는가? ④ 바벨을 잡은 상완이 지면과 수직이 되도록 하는가? ⑤ 바벨을 내릴 때 숨을 들이마시고 올릴 때 내뱉고 있는가?
	덤벨 킥백	① 운동 중 상완은 바닥과 수평인 상태를 유지했는가? ② 팔꿈치는 몸통에서 붙인 상태를 유지했는가? ③ 덤벨을 잡은 팔은 90도로 굽혔는가? ④ 등은 곧게 편 상태를 유지했는가? ⑤ 발은 바닥에 밀착시켰는가?
	벤치 딥	① 다리를 펴 양발을 몸에서 먼 곳에 위치시켰는가? ② 허리는 곧게 편 자세를 유지했는가? ③ 내리는 단계에 팔꿈치가 직각으로 내려가는가? ④ 하위 구간에서 팔꿈치가 몸 바깥쪽으로 벌어지지 않도록 주의하는가? ⑤ 올리는 단계에 팔꿈치가 완전히 펴지는가? ⑥ 호흡을 똑바로 하고 있는가?
	덤벨 리버스 리스트 컬	① 벤치에 앉아서 대퇴부에 전완부를 위치했는가? 또는 벤치에 전완부를 위치했는가? ② 오버그립으로 덤벨을 잡았는가? ③ 숨을 내쉬며 손목을 올리고, 손목을 내리면서 숨을 들이쉬는가?

영역	내용	평가문항 및 모범답안
		④ 운동 중 전완부가 움직이지 않도록 안정적으로 고정되어 있는가?
	바벨 리버스 리스트 컬	① 벤치에 앉아서 대퇴부에 전완부를 위치했는가? 또는 벤치에 전완부를 위치했는가? ② 오버그립으로 바벨을 잡았는가? ③ 숨을 내쉬며 손목을 올리고, 손목을 내리면서 숨을 들이쉬는가? ④ 운동 중 전완부가 움직이지 않도록 안정적으로 고정되어 있는가?
	푸쉬 업	① 그립을 어깨너비에 위치하였는가? ② 밀어 올리는 단계에 대흉근의 수축이 일어나는가? ③ 운동하는 동안에 몸통이 고정되어 있는가? ④ 머리, 어깨, 골반, 무릎, 발목을 일직선으로 유지했는가?
등·어깨	벤트오버 원암 덤벨 로우	① 뉴트럴그립으로 덤벨을 잡았는가? ② 팔꿈치를 몸통(의 옆구리 쪽으로) 가까이 들어 올렸는가? ③ 손목은 구부리지 않고 편 상태를 유지했는가? ④ 덤벨을 위로 당기는 단계에서 반동을 이용하지 않고 진행했는가? ⑤ 몸통이 회전하지 않도록 주의했는가? ⑥ 머리, 몸통, 손, 발의 위치 무릎 각도를 유지했는가?
	벤트오버 바벨 로우	① 스탠다드 오버핸드 그립으로 바벨을 잡았는가? ② 상체는 수평보다 약간 높은 각도를 유지하는가? ③ 수축 시 견갑골이 서로 가까워지도록 어깨를 후방으로 모았는가? ④ 바벨을 당김과 동시에 상체를 세우지 않도록 주의했는가? ⑤ 바벨이 하복부에 닿을 만큼 당겼을 때 호흡을 내쉬는가? ⑥ 허리는 곧게 펴져 있는가? ⑦ 엉덩이를 심하게 뒤로 빼지 않고 있는가?
	언더그립 바벨 로우	① 바벨을 언더그립으로 잡고 몸통은 곧게 편 자세를 유지했는가? ② 양발을 어깨너비보다 약간 좁게 벌렸는가? ③ 상체는 수평보다 약간 높은 각도를 유지했는가? ④ 수축 시 견갑골이 서로 가까워지도록 어깨를 후방으로 모았는가? ⑤ 바벨이 하복부에 닿을 만큼 당겼을 때 호흡을 내쉬는가? ⑥ 바벨을 당김과 동시에 상체를 세우지 않도록 주의했는가? ⑦ 몸의 무게중심이 균형적으로 고르게 유지하는가? ⑧ 바를 올리는 단계에서 손목을 펴고 올리는가?
	뉴트럴 그립 투암 덤벨 로우	① 덤벨은 뉴트럴 그립으로 잡고 팔꿈치를 몸통 가까이 들어 올렸는가? ② 손목은 구부리지 않고 편 상태를 유지했는가? ③ 덤벨을 위로 당기는 단계에서 반동을 이용하지 않았는가? ④ 머리, 몸통, 손, 발의 위치 무릎 각도를 유지했는가?
	바벨 굿모닝 엑서사이즈	① 양발은 내로우 스탠스로 평행하게 위치시켰는가? ② 바벨을 승모근에 올리고 있는가? ③ 무릎과 허리를 펴고 내려갔는가? ④ 시선은 전방을 주시하는가? ⑤ 동작 중 허리가 굽혀지지 않도록 주의하는가? ⑥ 올라올 때 호흡을 내쉬고 있는가?
	백 익스텐션	① 매트에 배를 깔고 엎드려 있는가? ② 상체와 하체를 함께 올리고 있는가? ③ 호흡은 올리는 단계에 내쉬고 있는가?

영역	내용	평가문항 및 모범답안
	밀리터리 프레스 (바벨 오버헤드 프레스)	① 어깨너비 또는 그보다 약간 넓은 간격으로 바벨을 잡았는가? ② 바벨은 수평을 유지하며 머리 위로 밀어 올렸는가? ③ 반동 없이 얼굴 가까이 바닥과 수직으로 들어 올렸는가? ④ 올리는 단계에서 팔꿈치를 이용하지 않고 운동하였는가? ⑤ 운동 시 주동근의 긴장을 유지했는가? ⑥ 내리는 단계 시 갑자기 힘을 빼지 않고 팔꿈치를 천천히 굽혔는가?
	비하인드 넥 프레스	① 어깨너비보다 넓은 간격으로 바벨을 잡았는가? ② 바벨을 내릴 때 귓불의 위치까지 내렸는가? ③ 머리를 과도하게 숙이지 않았는가? ④ 반동 없이 머리 뒤쪽 가까이 바닥과 수직으로 들어 올렸는가? ⑤ 운동 시 주동근의 긴장을 유지했는가?
	덤벨 숄더 프레스	① 운동 중 덤벨이 움직이지 않도록 통제하였는가? ② 올리는 단계에서 팔꿈치를 이용하지 않고 운동하였는가? ③ 운동 시 주동근의 긴장을 유지했는가?
	덤벨 레터럴 레이즈	① 뉴트럴 그립으로 덤벨을 잡았는가? ② 옆으로 올리는 동작 시 상체를 곧게 펴고 시선은 정면을 유지했는가? ③ 덤벨을 잡은 손이 팔꿈치보다 아래에 있는가? ④ 덤벨을 들어 올릴 때 손목이 회전하지 않도록 고정했는가? ⑤ 몸통을 곧게 폈는가? ⑥ 올리는 단계에서 숨을 내쉬었는가? ⑦ 내리는 동작 시 몸통이 견고하게 지지하고 있는가?
	덤벨 프런트 레이즈	① 오버 그립으로 덤벨을 잡았는가? ② 양발은 골반너비로 벌렸는가? ③ 위로 올리는 동작 시 상체를 곧게 펴고 시선은 정면을 유지했는가? ④ 어깨보다 약간 높은 위치(눈높이)까지 팔을 들어 올렸는가? ⑤ 몸통을 곧게 폈는가? ⑥ 덤벨을 들어 올릴 때 손목이 회전하지 않도록 고정했는가? ⑦ 올리는 단계에서 숨을 내쉬었는가? ⑧ 내리는 동작 시 몸통이 견고히 지지하고 있는가?
	벤트오버 레터럴 레이즈	① 뉴트럴 그립으로 덤벨을 잡았는가? ② 양발은 어깨너비보다 약간 좁게 벌린 상태에서 평행하게 만들었는가? ③ 상체를 구부린 자세(수평보다 약간 높은 각도)에서 팔꿈치와 상완이 덤벨보다 높은 상태를 유지하고 있는가? ④ 몸통을 곧게 펴고 무릎은 약간 구부린 자세를 유지했는가? ⑤ 덤벨을 들어 올릴 때 손목이 회전하지 않도록 고정했는가? ⑥ 모든 동작의 단계에서 몸의 반동을 이용하지 않았는가?
	바벨 프런트 레이즈	① 위로 올리는 동작 시 상체를 곧게 펴고 시선은 정면을 유지했는가? ② 어깨보다 약간 높은 위치까지 팔을 들어 올렸는가? ③ 몸통을 곧게 폈는가? ④ 올리는 단계에서 숨을 내쉬었는가? ⑤ 내리는 동작 시 몸통이 견고하게 지지하고 있는가?
	바벨 업라이트	① 양손을 어깨너비 간격으로 벌린 후 오버 그립으로 바벨을 잡고 있는가? ② 바벨을 들어 올렸을 때 팔꿈치가 어깨와 평행이 되었는가?

영역		내용	평가문항 및 모범답안
		로우	③ 바벨을 쇄골 높이까지 들어 올렸는가? ④ 손이 팔꿈치보다 높이 올라가지 않도록 했는가? ⑤ 허리를 곧게 펴고 있는가? ⑥ 시선은 정면을 주시하고 있는가?
		덤벨 쉬러그	① 어깨너비로 서서 양손에 덤벨을 들고 있는가? ② 등을 곧게 펴고 있는가? ③ 천천히 어깨를 끌어올리고 내리는가?
		바벨 쉬러그	① 어깨너비로(어깨너비보다 약간 좁게) 서서 바벨을 어깨너비 스탠다드 그립으로 잡았는가? ② 등을 곧게 펴고 있는가? ③ 천천히 어깨를 끌어올리고 내렸는가?
하체	복근 · 전신	백 스쿼트 (바벨 스쿼트)	① 바벨이 승모근(상부)에 위치하고 있는가? ② 시선은 정면을 향하도록 했는가? ③ 발의 모양은 약간 V자로 발끝이 바깥을 향하도록 했는가? ④ 몸통과 바닥이 이루는 각도를 일정하게 유지하면서 서서히 앉았는가? ⑤ 무게중심을 양발과 중앙 부분에 놓이게 했는가? ⑥ 뒤꿈치가 바닥에서 떨어지지 않도록 했는가? ⑦ 대퇴가 바닥과 수평이 될 때까지 앉았는가? ⑧ 일어설 때 반동을 이용하거나 상체를 구부리지 않았는가?
		프런트 스쿼트	① 양발은 어깨너비로 했는가? ② 바벨은 쇄골과 어깨로 지탱하고 있는가? ③ 가슴과 팔꿈치를 들고 허리는 꼿꼿이 세우고 있는가? ④ 무릎이 발끝을 넘지 않고 있는가? ⑤ 시선은 정면을 주시하고 있는가?
		바벨 런지	① 앞으로 내딛는 다리의 발바닥이 바닥에 닿도록 했는가? ② 허리와 등을 곧게 편 상태로 유지하고 몸의 균형을 잡았는가? ③ 무릎이 발끝보다 나오지 않게 하였는가? ④ 올라오는 단계에서 숨을 내쉬었는가? ⑤ 동작 중 앞발과 무릎이 일직선을 유지하는가? ⑥ 바벨이 승모근에 위치하고 있는가?
		덤벨 런지	① 양발을 어깨너비보다 약간 좁게 벌린 상태에서 평행하게 만들었는가? ② 앞으로 내딛는 다리의 발바닥이 바닥에 닿도록 했는가? ③ 허리와 등을 곧게 편 상태로 유지하고 몸의 균형을 잡았는가? ④ 무릎이 발끝보다 나오지 않게 하였는가? ⑤ 올라오는 단계에서 숨을 내쉬었는가? ⑥ 덤벨을 양손에 들고 덤벨이 흔들리지 않게 유지하는가? ⑦ 시선은 정면을 향하도록 했는가?
		시티드 카프 레이즈	① 앉은 상태로 발뒤꿈치를 최대한 들어 올리고 있는가? ② 발뒤꿈치가 지면에 닿기 전에 다시 올리는가?
		스탠딩 카프 레이즈	① 운동할 수 있는 블록(스텝박스) 위에 올라섰는가? ② 어깨너비보다 약간 좁은 간격으로 서고, 양발은 평행하게 유지했는가? ③ 몸의 중심이 흔들리지 않게 기둥을 잡았는가? ④ 발뒤꿈치를 최대로 들어 올렸는가?

영역	내용	평가문항 및 모범답안
	힙 브릿지	① 천장을 바라보고 누워 양팔은 펴서 손바닥을 바닥에 대고 무릎은 세웠는가? ② 숨을 내쉬면서 엉덩이를 위로 올렸는가? ③ 동작 시 허리를 곧게 펴고 엉덩이에 긴장을 주고 있는가?
	덩키 킥	① 엎드린 자세로 한쪽 다리의 허벅지가 수평이 되도록 들어 올리는가? ② 골반이 바닥과 수평이 되도록 유지하였는가? ③ 골반이 틀어지지 않도록 중심을 잡고 있는가?
	업도미널 힙 트러스트 (주동근 :하복부)	① 바닥에 등을 대고 누워서 두 팔을 몸통 옆 바닥에 밀착시켰는가? ② 두 다리를 펴고 수직으로 올렸는가? ③ 무릎을 핀 상태로 천정을 향해 힙과 발바닥을 똑바로 들어 올렸는가? ④ 하복부를 위로 올리면서 호흡을 내쉬었는가?
	루마니안 데드리프트	① 바를 어깨너비 혹은 약간 넓게 잡고 있는가? ② 운동하는 동안 등이 굽지 않도록 곧게 편 자세를 유지하는가? ③ 바벨을 무릎을 살짝 지나는 지점까지만 내렸다가 올렸는가? ④ 올리는 동작 시 바벨이 대퇴부에 가까이 위치하여 올려지는가? ⑤ 내리는 동작에 시선은 정면을 향하고 있는가? ⑥ 내리는 동작에서 무릎이 고정되어 있는가? ⑦ 상체를 후방으로 과신전하지 않도록 주의했는가?
	스티프 레그 데드리프트	① 스탠다드 오버핸드 그립으로 바벨을 잡았는가? ② 양 발을 어깨너비보다 약간 좁은 간격으로 섰는가? ③ 고개는 들고 정면을 주시하며 동작을 실시하고 있는가? ④ 올리는 동작 시 바벨이 대퇴부에 가까이 위치하여 올려지는가? ⑤ 동작 수행 간 무릎의 관절은 구부러지지 않았는가? ⑥ 척추 기립근은 펴져 있는가?
	컨벤셔널 데드리프트	① 바를 어깨너비 혹은 약간 넓게 잡고 있는가? ② 바벨을 바닥에 완전히 내렸다가 올렸는가? ③ 운동하는 동안 등이 굽지 않도록 곧게 편 자세를 유지하는가? ④ 올리는 동작 시 바벨이 대퇴부에 가까이 위치하여 올려 지는가? ⑤ 바벨을 들어 올렸을 때 허리와 등을 과신전하지 않도록 주의했는가?
	와이드 스탠스 스쿼트	① 양발의 간격이 어깨너비보다 넓게 위치하고 있는가? ② 일어설 때 반동을 이용하거나 상체를 과하게 구부리지 않았는가? ③ 동작 실행 중 척추 전만을 유지하였는가? ④ 무릎의 방향과 발의 각도가 일치하는가?
	스쿼팅 바벨컬	① 발의 위치와 바벨을 잡은 양손 간격은 어깨너비 정도인가? ② 팔꿈치 뒷부분 위치가 양 무릎 위에 적당히 위치하는가? ③ 동작 시 앉은 스쿼트 자세와 상체 부분이 반동 없이 고정유지 하는가? ④ 바벨을 얼굴 쪽으로 당길 시 숨을 내쉬고 천천히 원위치로 내리는가?
	풀(딥) 스쿼트	① 양발의 간격이 어깨너비보다 좁게 위치하였는가? ② 일어설 때 반동을 이용하거나 상체를 과하게 구부리지 않았는가? ③ 엉덩이의 높이가 무릎보다 아래 위치하도록 깊이 앉았는가? ④ 동작 실행 중 척추 전만을 유지하였는가?
	덤벨 사이드 밴드	① 양발은 골반 너비로 벌렸는가? ② 덤벨을 옆구리에 밀착시키는가? ③ 엉덩이가 앞뒤로 흔들리지 않게 통제하는가?

영역	내용	평가문항 및 모범답안
		④ 덤벨이 몸에서 멀어지지 않도록 운동하고 있는가? ⑤ 엉덩이가 좌우로 과도하게 움직이지 않는가?
	크런치	① 목을 고정된 상태에서 상체를 숙였는가? ② 과도하게 목을 꺾지 않았는가? ③ 양어깨가 바닥에 닿지 않을 정도까지 내렸는가? ④ 들어 올리는 단계에서 몸통의 반동을 이용하지 않았는가? ⑤ 양손을 머리에서 떨어뜨리지 않고 운동을 실시하였는가? ⑥ 허리를 바닥에서 떨어뜨리지 않았는가? ⑦ 상체를 과하게 올리지 않았는가?
	레그레이즈	① 숨을 내쉬며 양발이 바닥과 90도를 이룰 때까지 올렸는가? ② 무릎이 고관절을 지나지 않도록 가동범위를 제한했는가? ③ 양어깨와 등 상부를 바닥과 밀착시켰는가? ④ 발끝이 바닥에 닿지 않을 정도까지 천천히 내렸는가? ⑤ 올리는 단계에 숨을 내쉬었는가?
	오블리크 크런치	① 목이 고정된 상태에서 상체를 숙였는가? ② 양어깨가 바닥에 닿지 않을 정도까지 내렸는가? ③ 들어 올리는 단계에서 몸통의 반동을 이용하지 않았는가? ④ 손을 머리에서 떨어트리지 않고 운동을 실시하였는가? ⑤ 근육이 최대로 수축하는 지점에서 호흡을 내쉬는가?
	시티드 니업	① 벤치나 바닥에 앉아 상체를 고정시키고 무릎을 구부렸는가? ② 발이 땅에 닿지 않게 운동하는가? ③ 발끝이 바닥에 닿지 않을 정도까지 천천히 내렸는가? ④ 올리는 단계에 숨을 내쉬었는가? ⑤ 무릎과 상체를 동시에 몸의 중심부로 당기며 복근을 수축시켰는가?
	리버스 크런치	① 숨을 내쉬며 엉덩이가 바닥에서 떨어질 때까지 올렸는가? ② 양어깨와 등 상부를 바닥과 밀착시켰는가? ③ 발끝이 바닥에 닿지 않을 정도까지 천천히 내렸는가? ④ 올리는 단계에서 숨을 내쉬었는가? ⑤ 무릎 관절을 90도 구부리며 하는가? ⑥ 다리를 가슴 방향으로 당기며 골반을 들어 올렸는가?
	V-싯업	① 다리와 상체를 동시에 올렸는가? ② 양다리와 양팔을 천천히 내렸는가? ③ 팔과 다리가 구부러지지 않고 펴져 있는가? ④ 올리는 단계에서 숨을 내쉬었는가? ⑤ 손이 바닥에 닿지 않게 위로 들었는가?
	플랭크	① 엎드린 자세에서 양팔의 전완부와 양발로 지지하며 자세를 유지하였는가? ② 몸통을 일직선으로 유지하였는가? ③ 자세를 유지하는 동안 몸통이 흔들리지 않았는가?
	사이드 플랭크	① 옆으로 누운 자세에서 한쪽 팔의 전완부와 한쪽 발로 자세를 취하였는가? ② 몸통을 일직선으로 유지하였는가? ③ 자세를 유지하는 동안 몸통이 흔들리지 않았는가?

- 실전기술

영역	내용		평가문항 및 모범답안
실전기술 (20)	남자 보디빌딩 규정포즈 · 남자 클래식 보디빌딩 규정포즈	Front Double Biceps	1. 심판을 향해 정면으로 서서 한 발을 40 – 50cm 바깥쪽 앞으로 내민다. 2. 두 팔을 들어 어깨와 수평을 이루게 한 후 팔꿈치를 구부린다. 3. 이두근과 전완근이 수축되도록 주먹을 꽉 쥔 채 아래를 향하게 한다. 4. 머리부터 발끝까지 가능한 한 많은 근육을 수축시킬 수 있도록 노력한다.
		Front Lat Spread	1. 심판을 향해 정면으로 선 채로 다리와 발의 안쪽 라인을 최대 15cm 까지 벌려준다. 2. 펼치거나 주먹을 쥔 손을 허리 하부 또는 복사근에 위치시킨 채 광배근을 펼쳐 보인다. 3. 동시에 가능한 한 많은 전면 근육의 수축을 시도한다.
		Side Chest	1. 우측이나 좌측을 바라보고 선 후, 심판을 향해 고개와 상체를 틀어준다. 2. 심판과 가까운 쪽 팔을 직각으로 구부리고 한 손은 주먹을 쥐고 다른 손은 주먹 쥔 손의 손목을 잡는다. 3. 심판과 가까운 쪽 다리의 무릎을 구부리고 발가락으로 지탱한다. 4. 가슴을 부풀게 하며 직각으로 구부린 팔의 상승 압력을 이용해 상완이두근을 최대한 수축한다. 5. 발가락에 하강 압력을 가해 허벅지 근육과 대퇴이두근, 비복근을 수축한다.
		Back Double Biceps	1. 뒷모습이 심판에게 보이게 서서 두 팔과 손목 자세를 Front Double Biceps 포즈와 동일하게 취한다. 2. 한 발을 뒤로 빼서 발가락으로 체중을 지탱한다. 3. 어깨, 상·하부 등 근육, 허벅지, 비복근뿐만 아니라 상완이두근까지 수축시킨다.
		Back Lat Spread	1. 뒷모습이 심판에게 보이게 선 채로 다리와 발의 안쪽 라인을 최대 15cm 까지 벌려준다. 2. 팔꿈치를 넓게 벌려 유지한 채로 손을 허리 위에 올린다. 3. 광배근을 최대한 넓게 펼쳐 보인다. 4. 심판이 양쪽 비복근을 동등하게 심사할 수 있도록 Back Double Biceps 포즈때 보여 주었던 종아리 근육의 반대쪽을 보여주도록 노력한다.
		Side Triceps	1. 우측이나 좌측을 바라보고 선 후, 심판을 향해 고개와 상체를 틀어준다. 2. 두 팔을 등 뒤에 놓고 깍지를 끼거나 앞쪽에 있는 팔의 손목을 다른 손으로 움켜잡는다. 3. 심판과 가까운쪽 다리의 무릎을 굽히고 발바닥을 바닥에 딱 붙인다. 4. 심판과 먼쪽 다리의 무릎을 굽히고 발가락으로 지탱한다. 5. 앞쪽 팔에 압력을 가하여 상완삼두근을 수축시킨다.
		Abdominal & Thighs	1. 심판을 향해 정면으로 서서 두 팔을 머리 뒤에 놓고 한쪽 발을 앞에 둔다. 2. 몸통을 약간 앞쪽으로 보내며 '크런칭(crunching)' 자세로 복부 근육을 수축시킨다. 3. 동시에 하체 전면 근육을 수축시킨다.
	남자 피지크 쿼터턴	Front Position	1. 몸에 긴장을 유지한 채 바르게 서서 머리와 눈이 몸과 같은 방향을 향하게 한다. 2. 네 손가락을 몸 앞쪽으로 둔 채 한 손을 엉덩이에 얹고, 한 다리는 약간 측면으로 뻗어준다. 3. 다른 손은 몸을 따라 아래로 늘어뜨린 상태에서 약간 몸에서 떨어지게

영역	내용	평가문항 및 모범답안
		하고, 팔꿈치를 살짝 구부린 후, 손바닥을 곧게 펴주며, 손가락은 보기 좋게 정렬해준다. 4. 무릎은 펴고, 복근과 광배근을 살짝 수축시킨 상태에서 고개를 들어준다.
	Quarter Turn Right -왼쪽 측면이 심판을 향함	1. 몸의 왼편이 심판을 향하게 선 상태에서, 상체를 약간 심판 쪽으로 돌려준다. 2. 왼손은 왼쪽 엉덩이에 얹는다. 3. 오른팔은 몸의 중심선보다 약간 앞에 두고, 손바닥을 편 채로 손가락을 보기 좋게 정렬해놓고, 팔꿈치는 약간 구부린다. 4. 왼쪽 다리의 무릎을 약간 구부리고, 발은 바닥에 딱 붙인다. 5. 오른쪽 다리의 무릎을 구부리고 뒤쪽으로 빼서 발가락으로 체중을 지탱한다.
	Quarter Turn Back	1. 몸에 긴장을 유지한 채 바르게 서서 머리와 눈이 몸과 같은 방향을 향하게 한다. 2. 네 손가락을 몸 앞쪽으로 둔 채 한 손을 엉덩이에 얹고, 한 다리는 약간 측면으로 뻗어준다. 3. 다른 손은 몸을 따라 아래로 늘어뜨린 상태에서 약간 몸에서 떨어지게 하고, 팔꿈치를 살짝 구부린 후, 손바닥을 곧게 펴주며, 손가락은 보기 좋게 정렬해준다. 4. 무릎은 펴고, 복근과 광배근을 살짝 수축시킨 상태에서 고개를 들어준다.
	Quarter Turn Right -오른쪽 측면이 심판을 향함	1. 몸의 오른편이 심판을 향하게 선 상태에서, 상체를 약간 심판 쪽으로 돌려준다. 2. 오른손은 오른쪽 엉덩이에 얹는다. 3. 왼팔은 몸의 중심선보다 약간 앞에 두고, 손바닥을 편 채로 손가락을 보기 좋게 정렬해놓고, 팔꿈치는 약간 구부린다. 4. 오른쪽 다리의 무릎을 약간 구부리고, 발은 바닥에 딱 붙인다. 5. 왼쪽 다리의 무릎을 구부리고 뒤쪽으로 빼서 발가락으로 체중을 지탱한다.
남자 클래식 피지크 규정포즈	Front Double Biceps	1. 심판을 향해 정면으로 서서 한 발을 40-50cm 바깥쪽 앞으로 내민다. 2. 두 팔을 들어 어깨와 수평을 이루게 한 후 팔꿈치를 구부린다. 3. 이두근과 전완근이 수축되도록 주먹을 꽉 쥔 채 아래를 향하게 한다. 4. 머리부터 발끝까지 가능한 한 많은 근육을 수축시킬 수 있도록 노력한다.
	Side Chest	1. 우측이나 좌측을 바라보고 선 후, 심판을 향해 고개와 상체를 틀어준다. 2. 심판과 가까운 쪽 팔을 직각으로 구부리고 한 손은 주먹을 쥐고 다른 손은 주먹 쥔 손의 손목을 잡는다. 3. 심판과 가까운 쪽 다리의 무릎을 구부리고 발가락으로 지탱한다. 4. 가슴을 부풀게하며 직각으로 구부린 팔의 상승 압력을 이용해 상완이두근을 최대한 수축한다. 5. 발가락에 하강 압력을 가해 허벅지 근육과 대퇴이두근, 비복근을 수축한다.
	Back Double Biceps	1. 뒷 모습이 심판에게 보이게 서서 두 팔과 손목 자세를 Front Double Biceps 포즈와 동일하게 취힌다. 2. 한 발을 뒤로 빼서 발가락으로 체중을 지탱한다. 3. 어깨, 상·하부 등 근육, 허벅지, 비복근분만 아니라 상완이두근까지 수축시킨다.
	Side Triceps	1. 우측이나 좌측을 바라보고 선 후, 심판을 향해 고개와 상체를 틀어준다. 2. 두 팔을 등 뒤에 놓고 깍지를 끼거나 앞쪽에 있는 팔의 손목을 다른 손으로 움켜잡는다.

영역	내용	평가문항 및 모범답안
		3. 심판과 가까운 쪽 다리의 무릎을 굽히고 발바닥을 바닥에 딱 붙인다. 4. 심판과 먼 쪽 다리의 무릎을 굽히고 발가락으로 지탱한다. 5. 앞쪽 팔에 압력을 가하여 상완삼두근을 수축시킨다.
	Vacuum Pose	1. 정면으로 서서 두 팔을 머리 뒤에 대고 두 발을 모은다. 2. 숨을 깊게 내쉬고, 배꼽을 척추에 갖다 대는 느낌으로 복부를 안쪽으로 당긴다. 3. 복횡근, 다리, 몸통 및 팔 근육을 수축시킨다.
	Abdominal & Thighs	1. 심판을 향해 정면으로 서서 두 팔을 머리 뒤에 놓고 한쪽 발을 앞에 둔다. 2. 몸통을 약간 앞쪽으로 보내며 '크런칭(crunching)' 자세로 복부 근육을 수축시킨다. 3. 동시에 하체 전면 근육을 수축시킨다.
	Classic Pose of Athlete's choice	1. 심판을 향해 바르게 서서 본인이 원하는 전면 클래식 포즈를 취한다. 2. 해당 포즈에서 드러나는 주요 근육군을 수축시킨다. 3. 머스큘러(Most Muscular) 포즈는 허용되지 않는다.
여자 피지크 규정포즈	Front Double Biceps	1. 오른쪽 또는 왼쪽 다리를 바깥쪽으로 빼고 다리와 발을 일직선상에 둔 채 정면을 바라보고 선다. 2. 두 팔을 들어 어깨 높이까지 올린 다음 팔꿈치를 구부린다. 3. 손을 편 상태에서 손가락이 하늘을 향하게 한다. 4. 머리부터 발끝까지 가능한 한 많은 근육을 수축시킬 수 있도록 노력한다.
	Side Chest	1. 우측이나 좌측을 바라보고 선 후, 심판을 향해 고개와 상체를 틀어준다. 2. 배를 안으로 집어넣은 상태에서, 심판과 가까운 쪽 다리를 곧게 펴고, 앞으로 뻗어 발가락으로 지탱한다. 3. 심판과 먼 쪽 다리는 발을 바닥에 딱 붙인 채, 무릎을 약간 구부린다. 4. 곧게 편 양팔을 몸의 약간 앞쪽에 위치시키고, 엄지손가락과 나머지 손가락들을 한 데 모아 약간 오므린다. 5. 손바닥이 아래쪽을 향하게 하고 양손의 깍지를 끼거나 한 손을 다른 손 위에 포갠다. 6. 가슴 근육, 삼두근, 대퇴사두근, 대퇴이두근 및 비복근을 수축한다.
	Back Double Biceps	1. 뒷모습이 심판에게 보이게 서서 두 팔과 손목 자세를 Front Double Biceps 포즈와 동일하게 취한다. 2. 한 발을 뒤로 빼서 발가락으로 체중을 지탱한다. 3. 어깨, 상·하부 등 근육, 허벅지, 비복근뿐만 아니라 상완이두근까지 수축시킨다.
	Side Triceps	1. 우측이나 좌측을 바라보고 선 후, 심판을 향해 고개와 상체를 틀어준다. 2. 심판을 바라보면서 가슴은 내밀고 복부는 안으로 집어넣은 상태에서 두 팔을 등 뒤에 위치시킨다. 3. 앞에 있는 손목을 뒤쪽 손으로 움켜잡는다. 4. 심판과 가까운 쪽 팔을 곧게 펴고, 엄지손가락과 나머지 손가락을 한데 모아 편 상태에서 손바닥이 지면과 평행을 이루도록 한다. 5. 앞쪽 팔에 압력을 가하여 상완삼두근을 수축시킨다. 6. 심판과 가까운 쪽 다리를 곧게 펴고 앞으로 뻗어 발가락으로 체중을 지탱하게 한다. 7. 심판과 먼 쪽 다리는 무릎을 구부리고 발을 바닥에 딱 붙인다.

영역	내용	평가문항 및 모범답안
여자 피지크 쿼터 턴, 여자 보디 피트니스 쿼터 턴	Front Position	1. 바르게 서서 머리와 눈이 몸과 같은 방향쪽을 향하게 한다. 2. 발뒤꿈치를 모은 상태에서 양발을 바깥쪽 30° 각도로 벌린다. 3. 양 무릎을 붙인 채로 펴고, 배는 안으로 집어넣고, 가슴을 내밀고 어깨를 뒤로 젖힌다. 4. 두 팔을 신체 중심선을 따라 측면으로 내리고 팔꿈치를 약간 구부린다. 5. 손바닥이 몸통을 바라보게 한 상태에서 엄지손가락과 나머지 손가락을 한데 모아 손을 살짝 오므린다.
	Quarter Turn Right -왼쪽 측면이 심판을 향함	1. 바르게 서서 머리와 눈이 몸과 같은 방향을 향하게 한다. 2. 양발을 바깥쪽 30° 각도로 벌린 채로 선다. 3. 무릎을 펴고, 배는 안으로 집어넣고, 가슴은 내민 채 어깨를 뒤로 젖힌다. 4. 왼 팔을 신체 중심선보다 약간 뒤로 두고 손바닥이 몸통을 바라보게 한 상태에서 손을 살짝 오므린다. 5. 팔꿈치를 살짝 구부린 오른팔을 신체 전방에 위치시키고 손바닥이 몸통을 바라보게 한 상태에서 손을 살짝 오므린다.
	Quarter Turn Back	1. 바르게 서서 머리와 눈이 몸과 같은 방향을 향하게 한다. 2. 발뒤꿈치를 모은 상태에서 양발을 바깥쪽 30° 각도로 벌린다. 3. 양 무릎을 붙인 채로 펴고, 배는 안으로 집어넣고, 가슴을 내밀고 어깨를 뒤로 젖힌다. 4. 두 팔을 신체 중심선을 따라 측면으로 내리고 팔꿈치를 약간 구부린다. 5. 손바닥이 몸통을 바라보게 한 상태에서 엄지손가락과 나머지 손가락을 한데 모아 손을 살짝 오므린다.
	Quarter Turn Right -오른쪽 측면이 심판을 향함	1. 바르게 서서 머리와 눈이 몸과 같은 방향을 향하게 한다. 2. 양발을 바깥쪽 30° 각도로 벌린 채로 선다. 3. 무릎을 펴고, 배는 안으로 집어넣고, 가슴은 내민 채 어깨를 뒤로 젖힌다. 4. 오른 팔을 신체 중심선보다 약간 뒤로 두고 손바닥이 몸통을 바라보게 한 상태에서 손을 살짝 오므린다. 5. 팔꿈치를 살짝 구부린 왼팔을 신체 전방에 위치시키고 손바닥이 몸통을 바라보게 한 상태에서 손을 살짝 오므린다.
여자 비키니 쿼터 턴	Front Position	1. 바르게 서서 머리와 눈이 몸과 같은 방향을 향하게 한다. 2. 한 손을 엉덩이에 얹고 한 발은 약간 옆으로 뻗어준다. 3. 다른 손은 몸을 따라 아래로 늘어뜨린 상태에서 약간 몸에서 떨어지게 하고, 손바닥을 곧게 펴주며, 손가락은 보기 좋게 정렬시킨다. 4. 무릎은 펴고, 배는 집어넣고, 가슴은 내밀고, 어깨는 뒤로 편다.
	Quarter Turn Right -왼쪽 측면이 심판을 향함	1. 몸의 왼편이 심판을 향하게 선 상태에서, 심판을 바라볼 수 있도록 상체를 약간 심판 쪽으로 돌려준다. 2. 오른손은 오른쪽 엉덩이에 얹고, 왼팔은 신체 중심선보다 약간 뒤로 둔 상태에서 아래로 내린다. 3. 왼손은 곧게 펴고, 손가락을 미적으로 가지런히 정렬시킨다. 4. 왼쪽 엉덩이를 약간 올리고, 왼쪽 다리(심판과 가까운 쪽)의 무릎을 약간 구부린다. 5. 왼발을 몸의 중심신 가까이에 둔 상태에서 발가락으로 체중을 지탱하며, 오른쪽 다리는 곧게 편다.
	Quarter Turn Back	1. 한 손은 엉덩이에 얹고 한 다리는 옆으로 살짝 뻗은 채, 상체를 똑바로 세운다.

영역	내용	평가문항 및 모범답안
		2. 다른 손은 몸을 따라 아래로 늘어뜨린 상태에서 약간 몸에서 떨어지게 하고, 손은 곧게 펴주며, 손가락은 보기 좋게 정렬시킨다. 3. 무릎은 펴고, 배는 집어넣고, 가슴은 내밀고, 어깨는 뒤로 편다. 4. 허리 아랫부분은 자연스럽게 굽히거나 약간의 척추전만 형태를 띠게 하며, 등 위쪽은 곧게 펴고, 고개는 들어준다.
	Quarter Turn Right -오른쪽 측면이 심판을 향함	1. 몸의 오른편이 심판을 향하게 선 상태에서, 심판을 바라볼 수 있도록 상체를 약간 심판 쪽으로 돌려준다. 2. 왼손은 왼쪽 엉덩이에 얹고, 오른 팔은 신체 중심선보다 약간 뒤로 둔 상태에서 아래로 내린다. 3. 오른손은 곧게 펴고, 손가락을 미적으로 가지런히 정렬시킨다. 4. 오른쪽 엉덩이를 약간 올리고, 오른쪽 다리(심판과 가까운 쪽)의 무릎을 약간 구부린다. 5. 오른발을 몸의 중심선 가까이에 둔 상태에서 발가락으로 체중을 지탱하며, 왼쪽 다리는 곧게 편다.

5 구술평가 영역

- 시행방법 : 규정 2문제(50점), 지도방법 2문제(50점)
- 합격기준 : 70점 이상(100점 만점)

영 역	배 점	분 야	내용
규정	50점	협회최신규정	경기인 등록규정, 도핑방지규정, 심판위원회규정
		종목소개 (운영, 규정, 진행)	보디빌딩, 클래식 보디빌딩, 남자 피지크, 클래식 피지크, 여자 피지크, 보디피트니스, 비키니
		스포츠 인권	스포츠폭력 및 성폭력
		생활체육 개요	목적과 기능, 지도력, Sport For All 운동, Fitness 운동, Aerobics 운동, Wellness 운동
지도방법	50점	웨이트트레이닝	기본자세, 훈련멀・부위별 지도방법
		과학적 지도방법	운동영양학, 운동생리학, 트레이닝방법, 기능해부학
		규정포즈	보디빌딩, 클래식 보디빌딩, 남자 피지크, 클래식 피지크, 여자 피지크, 보디피트니스, 비키니
		응급처치	First Aid & CPR, 자동심장충격기(AED), 응급상황 발생 시 대처요령

* 위 내용은 구술 검정 준비에 도움을 주기 위한 범위이며, 위 내용 외에 더 추가로 범위를 선정하여 검정할 수 있음

6 기타 안내사항

- 시험영상은 시험 모니터링과 안전사고 예방을 위해 녹화하는 것으로 응시자에게 열람하거나 제공하지 않습니다.
- 시험의 공정성을 훼손하는 사례가 있는 경우 당일 시험이 종료되기 전까지 주관단체에 이의신청을 하여 주시기 바랍니다.

주관단체	연락처	홈페이지	서류제출처
(사)대한보디빌딩협회	02-3431-4523	http://bodybuilding.or.kr	서울시 송파구 올림픽로 424 올림픽회관 신관 2층 206호

14 복싱

1 시험 일시 및 장소

- 검정시설

*매년 시험 일시 및 장소는 변경될 수 있음

구분	지역	검정일시	장소	연락처	주소
2급 전문	경북	6.14.(토) ~ 6.15(일) 10:00~17:00	대한복싱 훈련장	054-631-3992	경북 영주시 가흥로 109
1급 생활					
노인					
유소년					
2급 생활		6.13.(금) 10:00~17:00			
		6.14.(토) 10:00~17:00			
		6.15.(일) 10:00~17:00			
		6.16.(월) 10:00~15:00			

- 장소운영 예상 도식도 : 실기시험장 2실 운영, 구술시험장 2실 운영
- 실기 시험장

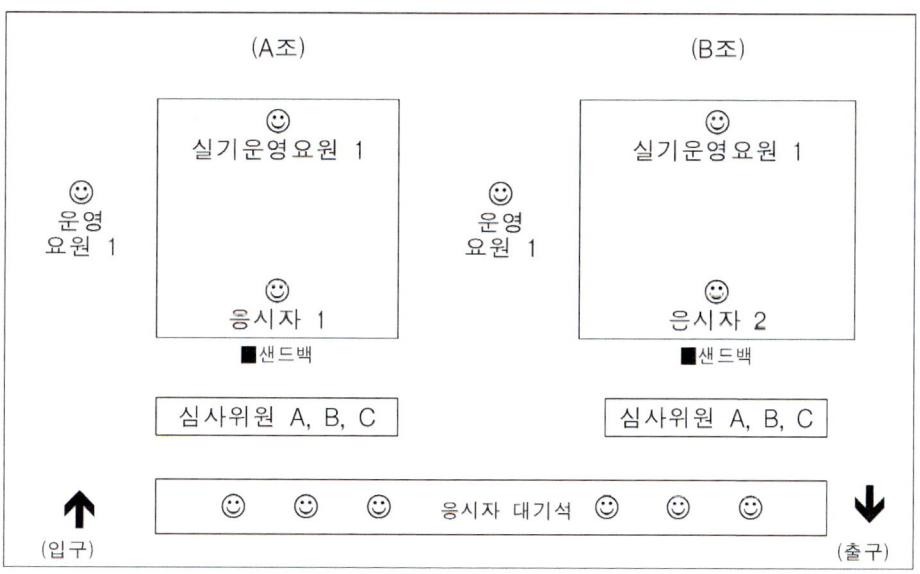

- 구술 시험장

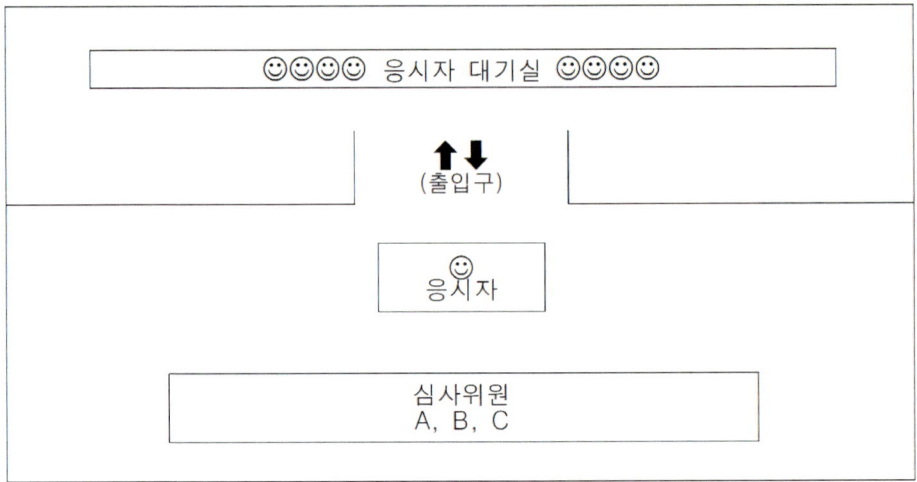

2 실기검정 소요장비

- 주관단체 준비사항 : 탁구공, 추첨함, 샌드백, 글러브, 미트, 음료, 프린터 현수막, 명찰, 필기도구, 안내문, 노트북, 줄넘기
- 지원자 준비사항 : 트레이닝복, 신분증, 증빙서류, 손 미트(스틱미트 불가), 글러브(10oz 또는 12oz), 복싱화(운동화 가능), 줄넘기
  * 글러브, 미트, 줄넘기는 시험장에 준비되어 있으나 희망 시 개인장비 사용 가능
- 샌드백 구성현황 * 임차시설의 유지보수 현황에 따라 변동될 수 있음

샌드백

3 방역 및 안전관리 대책

- 방역관리
- 중앙방역대책본부 및 지방자치단체의 방역 지침을 준수하며, 시험 당일 상황에 따라 유연하게 대처
- 안전관리
- (보험가입) 전 종목 주최자 배상책임 보험가입을 통한 사고 대비
- (의무체계) 지역별 보건소, 병원 등과 연계 대응, 비상 약품 상시 비치
- (부상자 및 환자 발생 시 대응체계) 해당 기관 이용, 응급처지 등 1차 대응 → 인근 지정병원 연계 후송 → 자격검정기관 담당자 연락
- (사전점검) 시험용구 및 시설물 사전 점검 의무화로 안전사고 예방
- (안전교육) 응시생 대상 안전사고 예방교육, 사고 시 비상연락체계 안내
- (보고체계) 검정기관 간 신속한 보고체계 운영

4 실기평가 영역

- 2급 전문스포츠지도사, 1·2급 생활스포츠지도사, 유소년·노인지도사

- 기술분류

평가대상	대분류		세부 기술
2급 전문 등	기본 실기	줄넘기 10점	· 양발모아뛰기 · 번갈아뛰기(무릎올려뛰기, 대쉬) · 2단뛰기 · 수련의 성숙도 및 기술의 실행력
		기본자세 15점	· 스타일(오소독스 또는 사우스포) · 기본자세
		섀도우복싱 (공격, 수비, 풋워크) 30점	· 전진스텝 · 백스텝 · 왼쪽 or 오른쪽 (사이드) 스텝 · 수련의 성숙도 및 기술의 실행력
			· 더킹 · 보빙 후 위빙 · 캐치/블록(페링 등) · 가딩(더블 암 커버) · 스웨잉 백 · 로테이션 · 페인트(손, 몸, 다리, 머리) · 수련의 성숙도 및 기술의 실행력 · 스트레이트 (레프트 & 라이트) · 훅(숏, 미들, 롱) (레프트 & 라이트) · 어퍼 컷(숏, 미들, 롱)

평가대상	대분류	세부 기술
		(레프트 & 라이트) • 수련의 성숙도 및 기술의 실행력
	펀치 (미트 치기 받기) 30점	• 스트레이트 (레프트 & 라이트) • 훅(숏, 롱) (레프트 & 라이트) • 어퍼컷(숏, 롱) (레프트 & 라이트) • 수련의 성숙도 및 기술의 실행력
응용 실기	샌드백 치기 15점	• 페인팅(손, 몸, 다리, 머리) • 직선공격(짧은 or 긴 연속펀치) • 풋 워크를 활용한 측면공격(짧은 or 긴 연속펀치) • 수련의 성숙도 및 응용기술의 실행력

■ 실기평가 영역 : 줄넘기(10점), 기본자세(15점), 섀도우복싱(30점), 펀치(30점), 응용기술(15점)

평가영역	평가기준		
	평가항목	배점	득점
줄넘기	① 양발모아뛰기 평가 간 자세가 정확하였는가?	2	
	② 번갈아뛰기 평가 간 자세가 정확하였는가?	2	
	③ 2단뛰기가 평가 간 자세가 정확하였는가?	2	
	④ 줄넘기 평가 종목 간 자유로운 전환이 가능한가?	2	
	⑤ 줄넘기 평가 수행 간 안정적인 수행을 하였는가?	2	
	합계	10	
	평가항목	배점	득점
기본 자세	① 발의 넓이가 적절하게 벌어져 있는가?	3	
	② 앞 손이 눈높이 만큼 올라와 있는가?	3	
	③ 뒷 손이 턱을 충분히 보호하고 있는가?	3	
	④ 허리를 곧게 펴고 손등이 팔뚝과 일직선상에 있는가?	3	
	⑤ 앞발과 뒷발의 정확한 자세를 취하고 있는가?	3	
	합계	15	
	평가항목	배점	득점
섀도우 복싱	① 전진스텝, (사이드)스텝(왼쪽 오른쪽), 백스텝이 숙달되어 있는가?	6	
	② 전체적인 리듬감, 페이스 조절 능력이 탁월한가?	6	
	③ 상대가 있다고 가정하고 거리조절, 공격/회피 타이밍 표현력이 탁월한가?	6	
	④ 더킹, 보빙 후 위빙, 캐치/블록(페링 등), 가딩(더블 암 커버), 스웨잉 백, 로테이션, 페인트(손, 몸, 다리, 머리)등을 활용한 수비자세가 정확하게 숙달되었는가?	6	
	⑤ 잽, 스트레이트, 훅, 어퍼 등을 활용한 공격 자세가 숙달되어 있는가?	6	
	합계	30	

평가영역	평가기준		
펀치 (미트치기 받기)	평가항목	배점	득점
	① 미트치기/받기 수행 중 안정적인 자세와 중심을 유지하였는가?	6	
	② 미트치기/받기 수행 중 타이밍과 리듬을 잘 맞추어 수행하였는가?	6	
	③ 미트치기/받기 수행 중 선수와 구두 또는 제스처를 통해 합을 잘 맞추었는가?	6	
	④ 미트치기/받기 수행 중 훅·스트레이트·어퍼컷 등을 활용한 동작을 정확히 수행하였는가?	6	
	⑤ 집중력을 유지하여 일관성 있게 미트를 치고 받았는가?	6	
	합계	30	
샌드백 치기	평가항목	배점	득점
	① 평가 수행 간 일관된 리듬을 유지하며 공격을 하였는가?	6	
	② 샌드백을 치면서도 스텝을 이용하고 신체의 균형을 잘 유지하였는가?	6	
	③ 단순 반복이 아닌 의미 있는 펀치 조합을 구성하였는가?	6	
	④ 직선공격(짧은 연속 공격과 긴 연속 공격)이 숙달되어있는가?	6	
	⑤ 풋워크를 이용한 측면 공격(짧은 공격과 긴 연속 공격)이 숙달되어있는가?	6	
	합계	30	

5 구술평가 영역

- 시행방법 : 경기규칙 2문제(50점), 지도방법 2문제(50점)
- 지원자가 영역별로 문제지를 추첨하여 실시
- 합격기준 : 70점 이상(100점 만점)

영 역	배 점	분 야
경기규칙	50점	대한복싱협회 경기규칙 일체
지도방법	50점	기술·지도방법

* 지도자로서의 표현력, 전달력, 답변태도 등은 규정 및 지도방법에 포함하여 평가

6 기타 안내사항

- 시험영상은 시험 모니터링과 안전사고 예방을 위해 녹화하는 것으로 응시자에게 열람하거나 제공하지 않습니다.
- 시험의 공정성을 훼손하는 사례가 있는 경우 당일 시험이 종료되기 전까지 주관단체에 이의신청을 하여 주시기 바랍니다.

주관단체	연락처	홈페이지	서류제출처
(사)대한복싱협회	02-420-4253	www.boxing.sports.or.kr	서울시 송파구 올림픽로 424 올림픽회관 신관 208호

15 볼링

1 검정기간 및 장소

■ 검정시설

*매년 시험 일시 및 장소는 변경될 수 있음

구분	지역	검정일시	장소	연락처	주소
2급 전문	서울	6. 26.(목) 10:00~18:00	굿모닝시티볼 볼링장	02-2268-0924	서울 중구 장충단로 247 5층
1급 생활	서울	6. 25.(수) 13:30~18:00	굿모닝시티볼 볼링장	02-2268-0924	서울 중구 장충단로 247 5층
2급 생활	대전	6. 24.(화) 10:00~18:00	JK레인즈 볼링장	042-623-1709	대전 동구 동대전로 67 B1
2급 생활	서울	6. 25.(수) 13:30~18:00	굿모닝시티볼 볼링장	02-2268-0924	서울 중구 장충단로 247 5층
유소년	서울	6. 25.(수) 10:00~12:30	굿모닝시티볼 볼링장	02-2268-0924	서울 중구 장충단로 247 5층
노인	서울	6. 25.(수) 10:00~12:30	굿모닝시티볼 볼링장	02-2268-0924	서울 중구 장충단로 247 5층

■ 장소운영 예상 도식도 : 12인 1개조로 구성하여 실기 시험 진행.

– 실기 시험장

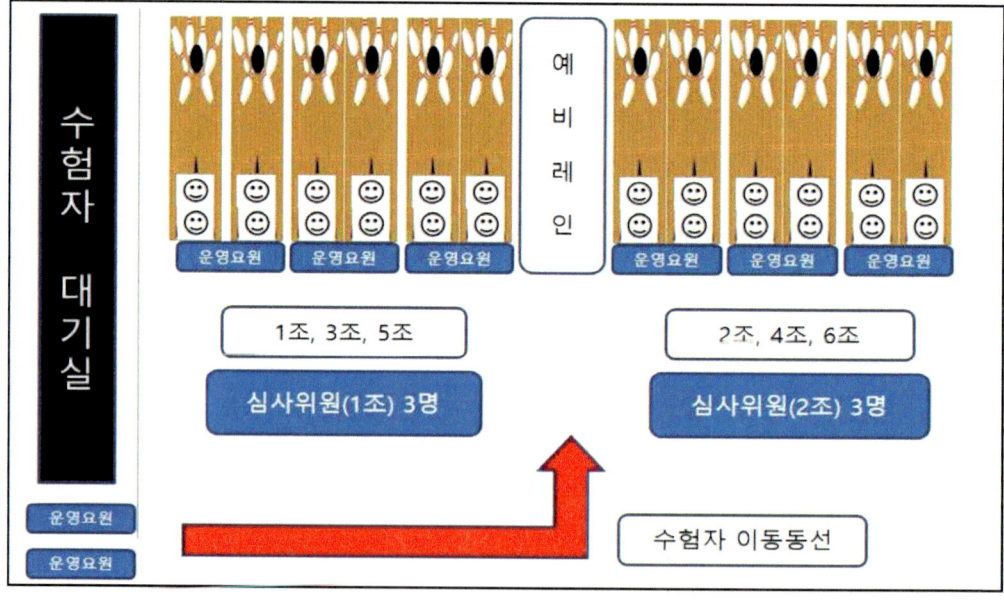

- 구술 시험장

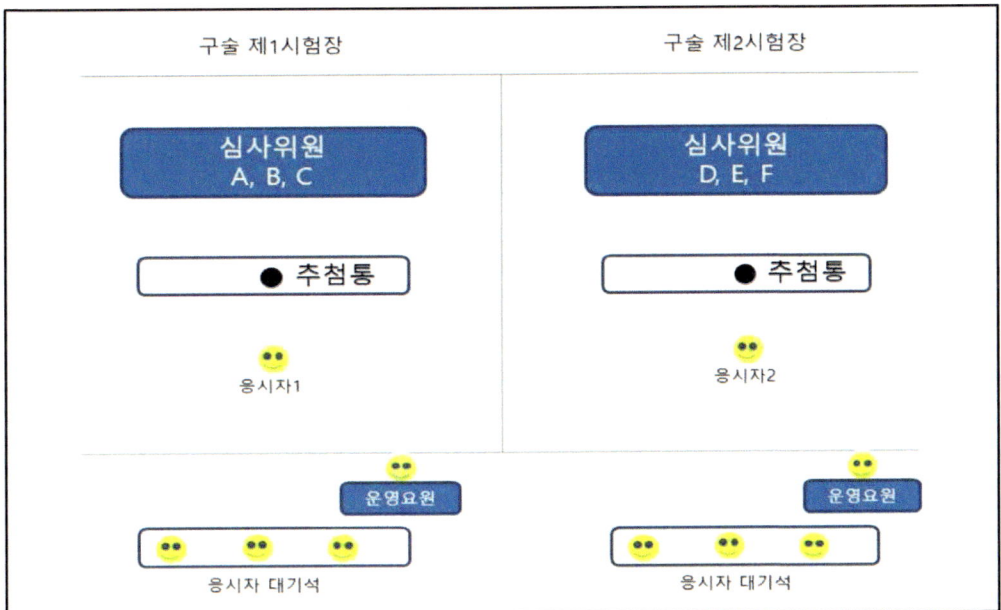

2 실기검정 소요장비

- 주관단체 준비사항 : 경기운영용품, 수험자 동선 표식, 수험자 이름표 등
- 지원자 준비사항 : 개인 볼링 장비, 소속이 표기되지 않은 실기 복장
  ※ 개인 장비가 없는 지원자는 볼링장에 비치되어있는 장비 이용

※ 추가 검정료(1인)

종목명	추가비용	사용 명목 및 구체적 사유	
볼링	5,000원 (직접납부)	사용명목	■ 볼링장 1게임 이용료
		구체적사유	■ 수험자들의 실기 1게임 게임이용료

3 방역 및 안전관리 대책

- 방역관리
- (감염 관리) 감염병 관리 관련 법령 및 시험방역지침에 따라 의무 격리가 필요한 감염병 확진자의 경우 시험응시가 제한될 수 있음
- 안전관리
- (보험 가입) 주최자 배상책임 보험 가입을 통한 사고 대비

4 실기평가 영역

■ 기술분류 (2급 전문스포츠지도사)

대분류	세부 기술
타겟 공략	타겟라인 설정 능력 / 스페어 처리 능력
어프로치	스텝과 스윙의 조화(리듬, 발란스, 타이밍) / 착지자세 안정성
볼러스타일	릴리스 테크닉

■ 기술분류 (1급·2급 생활, 유소년, 노인스포츠지도사)

대분류	세부 기술		
그립	컨벤셔널 그립 / 세미핑거 그립 / 핑거 팁 그립		
어드레스	볼 잡기와 출발지점 정하기 / 셋업 자세		
스텝	3스텝 / 4스텝 / 5스텝		
스윙	푸시어웨이 / 다운스윙 / 백스윙 / 릴리스 / 팔로우스루		
볼의 구질	스트레이트 / 훅 / 커브		
스페어처리	핀 처리 방법의 이해와 능력 검증		
실전게임	10프레임 합산 점수		
	170점 이상	A등급	
	160점-169점	B등급	
	150점-159점	C등급	
	140점-149점	D등급	
	140점 미만	E등급	

■ 실기평가 영역
- 2급 전문스포츠지도사

구분	영역	내용	평가기준		
			평가항목	배점	득점
기본 기술	타겟 공략 (60)	타겟라인 설정	① 타겟라인 설정의 적합성	20	
		투구의 정확도	② 타겟 공략의 정확성	20	
		타겟 라인의 조정	③ 타겟라인의 조정 능력	20	
			합계	60	
			*평가항목 수행 시 20점, 미수행 시 0점		
복합 응용 기술	어프 로치 (20)	스윙과 스텝의 조화	평가항목	배점	득점
			① 어프로칭의 리듬과 발란스	7	
			② 착지자세의 안정성		7
			③ 타겟라인의 조정 능력		6
			합계		20
			*평가항목 수행 시 각 7점 혹은 6점, 미수행 시 0		

구분	영역	내용	평가기준		
	동작 숙련도 (20)	릴리스 테크닉	평가항목	배점	득점
			① 타이밍의 조절	20	
			합계	20	
			*평가항목 수행 시 20점, 미수행 시 0점		

- 1급·2급 생활, 유소년, 노인스포츠지도사

구분	영역	평가내용	평가기준		
기본 기술	경기 시작 단계	그립 (5점)	평가항목	배점	득점
		1. 컨벤셔널 그립	① 엄지손가락을 충분히 넣었는가?	2	
			② 손가락 관절을 편하게 구부려 잡았는가?	2	
		2. 세미핑거 그립	③ 중지와 약지를 제2관절까지 넣었는가? (1. 컨벤셔널그립/ 3. 핑거 팁 그립)	1	
		3. 핑거 팁 그립	③ 중지와 약지를 1관절과 2관절($1\frac{1}{2}$) 사이에 넣었는가? (2. 세미핑거 그립)		
			합계		5
			*평가항목 수행 시 각 2점 혹은 1점, 미수행 시 0점		
		어드 레스 (10점)	평가항목	배점	득점
		1. 볼잡기와 출발 지점 정하기	① 들어올린 공을 왼손으로 안정되게 받치고 있는가?	2	
			② 스텝과 슬라이딩에 필요한 적당한 출발지점을 정하는가?	2	
			합계	4	
			*평가항목 수행 시 2점, 미수행 시 0점		
		2. 볼 쥐는 자세	평가항목	배점	득점
			① 적합한 위치에 자세를 취할 수 있는가?	1	
			② 적정한 방향으로 자세를 취할 수 있는가?	1	
			③ 편안한 자세를 취할 수 있는가?	1	
			합계	3	
			*평가항목 수행 시 1점, 미수행 시 0점		
		3. 볼 받치는 법과 상체와의 간격	평가항목	배점	득점
			① 볼을 들지 않은 손이 볼의 무게를 분산하여 주고 있는가?	2	
			② 볼을 쥔 팔을 옆구리에 밀착시켰는가?	1	
			합계	3	
			*평가항목 수행 시 각 2점 혹은 1점, 미수행 시 0점		

구분	영역	평가내용	평가기준		
기본 기술	전개 단계	스텝 (10점)	1. 3스텝 2. 4스텝 3. 5스텝	평가항목	배점	득점
			① 마지막 슬라이딩과 팔로우 스루 자세가 균형을 이루는가?	4	
			② 스텝과 슬라이딩이 함께 연결동작으로 이어지는가?	3	
			③ 각 스텝이 자연스러우며 연결동작이 안정적인가?	3	
			합계	10	
			*평가항목 수행 시 각 4점 혹은 3점, 미수행 시 0점		
		스윙 (15점)	1. 푸시어웨이 (Push-away) 2. 다운스윙 (Down-swing) 3. 백스윙 (Back-swing) 4. 릴리스 (Release) 5. 팔로우 스루 (Follow-through)	평가항목	배점	득점
			① 1부터 5까지의 동작까지 부드럽게 이루어지고 있는가?	3	
			② 어깨를 한 정점에 고정시킨 후 자연스러운 진자운동이 이루어지고 있는가?	3	
			③ 진자운동이 이루어지는 동안 팔꿈치는 자연스러운가?	3	
			④ 릴리스시 시선은 스팟트를 주시하고 있는가?	3	
			⑤ 마지막 동작의 발의 위치가 레인과 비교하여 항상 일정한가?	3	
			합계	15	
			*평가항목 수행 시 3점, 미수행 시 0점		
	마무리 단계	구질 (15점)	1. 스트레이트	평가항목	배점	득점
			① 스트레이트볼 구질 구사가 가능한가?	3	
			② 스트레이트볼 구사를 위한 릴리스 시 손가락의 각도와 방향이 적절한가?	2	
			합계	5	
			*평가항목 수행 시 각 3점 혹은 2점, 미수행 시 0점		
			2. 훅	평가항목	배점	득점
			① 훅볼 구질 구사가 가능한가?	3	
			② 훅볼 구사를 위한 릴리스 시 손가락의 각도와 방향이 적절한가?	2	
			합계	5	
			*평가항목 수행 시 각 3점 혹은 2점, 미수행 시 0점		
			3. 커브	평가항목	배점	득점
			① 커브볼 구질 구사가 가능한가?	3	
			② 커브볼 구사를 위한 릴리스 시 손가락의 각도와 방향이 적절한가?	2	
			합계	5	
			*평가항목 수행 시 각 3점 혹은 2점, 미수행 시 0점		

구분	영역	평가내용	평가기준		
경기 운영 기술	경기 운영 및 결과	스페어 처리 (15)	1. 2, 4, 7, 8번 핀 그룹		

평가항목	배점	득점
① 어느 쪽으로 이동하여 스탠스를 설정하는가?	2	
② 투구자와 가장 가까운 핀을 키 핀으로 설정하고 있는가?	2	
③ 마지막 스탠스의 위치가 일정하게 이동되어 스페어 처리를 하고 있는가?	1	
합계	5	

*평가항목 수행 시 각 2점 혹은 1점, 미수행 시 0점

2. 1, 5번 핀 그룹

평가항목	배점	득점
① 스탠스의 위치를 정확히 잡고 있는가?	2	
② 타겟라인을 어떻게 이동하여 처리하고 있는가?	2	
③ 스탠스의 위치를 어떻게 이동하여 스페어 처리를 하고 있는가?	1	
합계	5	

*평가항목 수행 시 각 2점 혹은 1점, 미수행 시 0점

3. 3, 6, 9, 10번 핀 그룹

평가항목	배점	득점
① 어느 쪽으로 이동하여 스탠스를 설정하는가?	2	
② 투구자와 가장 가까운 핀을 키 핀으로 설정하고 있는가?	2	
③ 마지막 스탠스의 위치가 일정하게 이동되어 스페어 처리를 하고 있는가?	1	
합계	5	

*평가항목 수행 시 각 2점 혹은 1점, 미수행 시 0점

실전게임 (30) — 1. 실전1게임 (10프레임)

① 실전게임 : 10프레임 합산 점수

합산 점수	등급	득점
170점 이상	A등급	30
160 - 169	B등급	25
150 - 159	C등급	20
140 - 149	D등급	15
140점 미만	E등급	10

제1편 하계 50 종목 실기 및 구술 시험 세부시행 기준(가나다순)

5 구술평가 영역

- 평가항목 : 규정 2개(50점), 지도방법 2개(50점)
- 지원자가 영역별로 문제지를 추첨하여 실시
- 합격기준 : 70점 이상(100점 만점)

영 역	배 점	분 야
규정	50점	시설/도구, 경기규정, 경기용어
지도방법	50점	지도방법

6 기타 안내사항

- 시험영상은 시험 모니터링과 안전사고 예방을 위해 녹화하는 것으로 응시자에게 열람하거나 제공하지 않습니다.
- 시험의 공정성을 훼손하는 사례가 있는 경우 당일 시험이 종료되기 전까지 주관단체에 이의신청을 하여 주시기 바랍니다.
- 소속(클럽, 학교, 팀)이 표시된 유니폼 및 피복은 착용할 수 없습니다.

주관단체	연락처	홈페이지	응시자격요건 서류제출처	이메일 주소 (채점관련 질의서 제출용)
(사)대한볼링협회	02-420-4280	www.bowling.or.kr	서울시 송파구 올림픽로 424 올림픽회관 신관 336호 대한볼링협회	kbabowling @naver.com

16 빙상

1 시험 일시 및 장소

- 시험 일시 및 장소

* 매년 시험 일시 및 장소는 변경될 수 있음

구분	지역	검정일시	장소	연락처	주소
2급 전문, 1급 생활, 2급 생활, 유소년, 노인	경기	- 스피드 : 2025. 6. 14.(토) 09:00~ - 쇼트트랙 : 2025. 6. 14.(토) 09:00~ - 피겨 : 2025. 6. 15.(일) 09:00~	태릉 국제스케이트장	02-970-0501	서울특별시 노원구 화랑로 681 태릉 국제스케이트장

■ 장소운영 예상 도식도 :

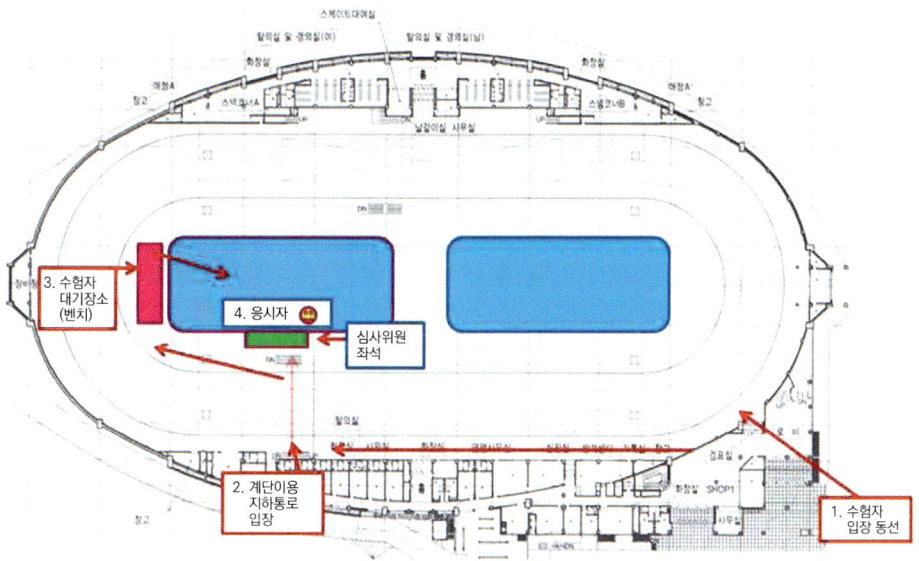

쇼트트랙/피겨 실기 고사장 배치도 : 국제스케이트장 보조링크

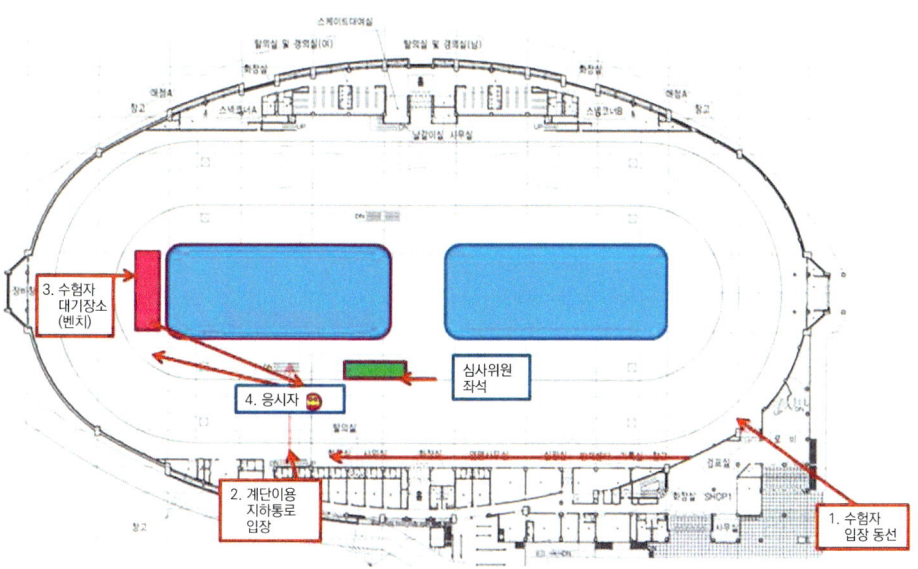

스피드스케이팅 실기 고사장 배치도 : 국제스케이트장 400m 트랙

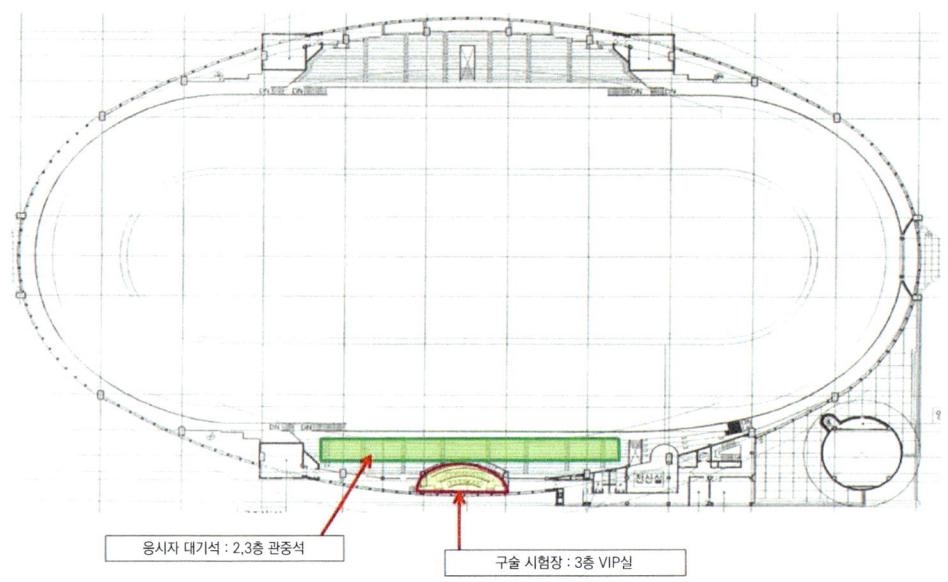

구술 시험장 배치도 : 국제스케이트장 3층 VIP실

2 실기검정 소요장비

- 주관단체 준비사항 : 링크장 대관, 카메라, 마이크, 책상, 의자, 스톱워치, 채점표 등
- 지원자 준비사항 : 신분증, 수험표, 마스크, 스케이트, 헬멧/장갑 등 개인물품, 스케이팅에 알맞은 복장
  (트리코 착용 의무X)
- 입장 전 휴대폰 및 전자기기 수거 후 입장 예정
- 입장 완료 후 시험 종료 시까지 경기장 퇴장 및 재입장 불가
  *시험 도중 경기장 퇴장 시 시험에 응시하지 않는 것으로 간주
- 세부 입장시간 및 안내사항은 추후 대한빙상경기연맹 홈페이지 연맹행정 배너 게시글 확인 요망
※ 신분증 및 수험표 지참 필수 *미 지참 시 입장 불가
※ 수험표 현장 출력 절대 불가

3 방역 및 안전관리 대책

■ 방역관리
- 경기장 입장 시 체온측정 예정
- 응시자 및 심사위원 일정 거리두기 실시
■ 안전관리
- 빙상장 인근 보건소 담당자 연락망 구축
- 부상자 발생 대비 주최자배상책임공제 보험 가입

4 실기평가 영역

❏ 실기검정 : 2급 전문스포츠지도사, 1·2급 생활스포츠지도사, 유소년·노인지도사
■ 기술분류

대분류	세부 기술
스피드	스타트, 직선활주, 코너활주
쇼트트랙	스타트, 직선활주, 코너활주
피 겨	스케이팅, 점프, 스핀

- 2급 전문스포츠지도사(스피드)

영역	내용	평가기준
스타트 (30)	1. 스타트 평가	① 스타트 출발선에서 낮은 자세를 유지하는가? ② 스타트 출발 시 뛰어서 출발하는가? ③ 스타트 후, 직선 활주의 손-발 동작이 자연스러운가?
직선활주 (30)	2. 직선활주 평가	① 킥과 팔 흔들기 동작은 협응이 잘 이루어지는가? ② 스케이팅 활주 시, 빠른 스피드를 유지하는가? ③ 스케이팅 활주 시, 한 발에 중심(체중)이 실리는가?
코너활주 (40)	3. 코너활주 평가	① 한팔/양팔 흔들기와 다리동작은 협응이 잘 되는가? ② 코너동작에서 신체 각 부위의 기울기가 잘 이루어지는가? ③ 코너활주 시 스케이팅 킥은 정확히 이루어지는가? ④ 밀기 동작 이후 몸의 밸런스를 잘 유지하는가?

- 2급 전문스포츠지도사 (쇼트트랙)

영역	내용	평가기준
스타트 (30)	1. 스타트 평가	① 스타트 라인에서 스타트 자세를 올바르게 수행하는가? ② 출발신호 후, 뛰면서 스타트를 수행하는가? ③ 스타트 후, 스케이팅 활주와 자연스럽게 연결되는가?
직선활수 (30)	2. 직선활주 평가	① 낮은 자세를 유지하는가? ② 중심이동이 잘 이루어지는가? ③ 직선 활주 시, 팔 동작과의 균형이 잘 이루어지는가?
코너활주 (40)	3. 코너활주 평가	① 코너활주 시, 원심력을 이용한 스케이팅이 가능한가? ② 코너활주 시, 외발 스케이팅이 가능한가? ③ 코너활주 시, 낮은 자세와 팔 동작 균형이 이루어지는가? ④ 코너활주 시, 빠른 스피드를 유지하는가?

- 2급 전문스포츠지도사 (피겨)

영역	내용	평가기준
스케이팅 (30)	1. 스텝시퀀스 평가	아래 다양한 스텝과 턴을 사용하여 구성 (빙면의 2/3활용) • twizzles, three turns, loops, mohawks, toe steps, curves with change of edge, counters, lockers, brackets
점프 (40)	2. 점프 평가	• 룹(1Lo) • 플립(1F) • 점프 컴비네이션 (1S+1T)
스핀 (30)	3. 스핀 평가	• 포워드 업라이트 스핀(Forward Upright Spin) 4회전 이상 • 백워드 업라이트 스핀(Backward Upright Spin) 3회전 이상 • 컴비네이션 스핀(Combination Spin) : 카멜(Camel), 싯 포지션(Sit position) 포함 각 2회전

- 1급·2급 생활, 유소년, 노인스포츠지도사 (스피드, 쇼트트랙)

종목	영역(배점)	내용	평가기준
스피드	스타트 (20)	1. 스타트 평가	① 정지 동작이 안정적인가? ② 스타트 동작 시 step 이동이 원활한가? ③ 왼쪽 stroking leg 및 오른쪽 recovery blade의 각도는 적정한가?
	직선활주 (40)	2. 직선활주 평가	① 몸의 무게중심이 스케이트 뒷부분의 1/3 지점에 위치하는가? ② 시선은 전방을 바라보고 있는가? ③ hip과 상체는 빙면과 평행되고 있는가? ④ 다리의 압력을 가해 kick하는 순간 몸의 중심을 유지하고 있는가? ⑤ kick이 스케이트날 전체로 이루어지며 마찰력이 정확하게 이루어지는가? ⑥ stroke arm swing과 leg stroke mechanics이 자연스러운가? ⑦ 경기종목에 맞는 swing을 구사할 수 있는가? ⑧ 전체적으로 중심이동이 원활하게 이루어지는 skating을 구사하고 있는가?
	곡선활주 (40)	3. 코너활주 평가	① 상체는 상하로 움직이지 않고 있는가? ② 머리위치가 안쪽이나 바깥쪽으로 치우쳐지지 않고 있는가? ③ 어깨는 빙면과 수평인 상태에 있는가? ④ 곡선 cross 동작 시 중심이동이 원활한가?
쇼트트랙	스타트 (20)	1. 스타트 평가	① 개정된 규정에 맞는 스타트 동작을 취하고 있는가? ② 정지 동작이 안정적인가? ③ 스타트 동작 시 step 이동이 원활한가? ④ 어깨는 얼음 표면에 평행하며 상체가 들리지 않고 있는가?
	직선활주 (40)	2. 직선활주 평가	① 코너 동작 후 종목의 특성에 맞는 직선+활주가 가능한가? ② 코너 진입이 원활하게 이루어지는 직선활주를 하고 있는가?
	코너활주 (40)	3. 코너활주 평가	① 코너 동작 시 3~5번 point를 우측 edge만을 이용하여 활주할 수 있는가? ② 균형과 스피드는 일정하게 유지되고 있는가? ③ 왼손을 point안쪽 빙면에 위치하고 활주할 수 있는가?

- 1급·2급 생활, 유소년, 노인스포츠지도사(피겨)

영역	내용	평가기준
스케이팅 (30)	1. 스케이팅 평가	• 전진크로스오버(Forward Crossover)와 후진크로스오버(Backward Crossover)를 포함한 스트로킹 (Stroking) : 빙상장 1바퀴
점프 (40)	2. 점프 평가	• 왈츠(Waltz) • 살코(1S) • 토룹(1T)
스핀 (30)	3. 스핀 평가	• 포워드 업라이트 스핀(Forward Upright Spin) 4회전 이상 • 백워드 업라이트 스핀(Backward Upright Spin) 3회전 이상 • 싯 스핀(Sit Spin) 2바퀴 이상

5 구술평가 영역

- 시행방법 : 규정 2문제(50점), 지도방법 2문제(50점)
- 합격기준 : 70점 이상(100점 만점)

영 역	배 점	분 야
규정	50점	시설/도구, 경기운영, 반칙/페널티, 규정 (2024 ISU 일반규정 및 종목별 특별규정)
지도방법	50점	도구, 기술, 지도방법, 질문이해, 내용표현 등

6 기타 안내사항

- 시험영상은 시험 모니터링과 안전사고 예방을 위해 녹화하는 것으로 응시자에게 열람하거나 제공하지 않습니다.
- 시험의 공정성을 훼손하는 사례가 있는 경우 당일 시험이 종료되기 전까지 주관단체에 이의신청을 하여 주시기 바랍니다.

주관단체	연락처	홈페이지	서류제출처
대한빙상경기연맹	02-2203-2018	www.skating.or.kr	서울시 송파구 올림픽로 424 우리금융아트홀 404호

17 사격

1 시험 일시 및 장소

- 시험 일시 및 장소

* 매년 시험 일시 및 장소는 변경될 수 있음

구분	지역	검정일시	장소	연락처	주소
1급 생활	대구	6. 21(토) 09:00~18:00	대구국제사격장 라이플 : 10M 사격장 산탄총 : 산탄총 경기장 *오후 구술대기자 10M결선장	053) 312-0000	대구광역시 북구 문주길 170 (금호동)
2급 생활	대구	6. 21(토) 09:00~18:00	대구국제사격장 라이플 : 10M 사격장 산탄총 : 산탄총 경기장 *오후 구술대기자 10M결선장	053) 312-0000	대구광역시 북구 문주길 170 (금호동)
유소년	대구	6. 21(토) 09:00~18:00	대구국제사격장 라이플 : 10M 사격장 산탄총 : 산탄총 경기장 *오후 구술대기자 10M결선장	053) 312-0000	대구광역시 북구 문주길 170 (금호동)
노인	대구	6. 21(토) 09:00~18:00	대구국제사격장 라이플 : 10M 사격장 산탄총 : 산탄총 경기장 *오후 구술대기자 10M결선장	053) 312-0000	대구광역시 북구 문주길 170 (금호동)
2급 전문	대구	6. 22(일) 09:00~18:00	대구국제사격장 라이플 : 10M 사격장 산탄총 : 산탄총 경기장 *오후 구술대기자 10M결선장	053) 312-0000	대구광역시 북구 문주길 170 (금호동)

■ 장소운영 예상 도식도 : 10m 사격장 (공기권총, 공기소총)
- 실기 시험장(2급 전문, 1·2급 생활, 유소년, 노인)

◉	◉	◉	◉	◉	(10M 표적지)
🖥	🖥	🖥	🖥	🖥	(표적모니터)
☺	☺	☺	☺	☺	(응시자)
심사위원 Ⓐ Ⓑ Ⓒ					대기자
☺ 운영요원	☺ 운영요원			☺☺☺☺☺ ☺☺☺☺☺	

※ 실기 응시 인원에 따라 5~10명으로 가용사대 탄력적 운영

■ 장소운영 예상 도식도 : 산탄총 사격장 (트랩, 스키트)
- 실기 시험장(2급 전문, 1·2급 생활, 유소년, 노인)

트랩					스키트
❶ ❷ ❸ ❹ ❺					H ❶ ❽ ❼ L / ❷ ❻ / ☺☺ ❸ ❹ ❺ 응시자 응시자 / ☺☺ 응시자 응시자
☺ ☺ ☺ ☺ ☺ 응시자 응시자 응시자 응시자 응시자					
☺ 운영요원	심사위원 Ⓐ Ⓑ Ⓒ			☺ 운영요원	☺ 운영요원 · 심사위원 Ⓐ Ⓑ Ⓒ · ☺ 운영요원
☺☺☺☺☺☺☺☺ 대기자					☺☺☺☺☺☺☺ 대기자

- 구술 시험장 : 대구국제격장 본관동 2층 강의실, 25M 사격장, 결선 사격장

	25M 사격장	
	(라이플) 심사위원 Ⓐ Ⓑ Ⓒ	(산탄총) 심사위원 Ⓐ Ⓑ Ⓒ
[결선 경기장] ⓒⓒⓒⓒⓒⓒⓒ ⓒⓒⓒⓒⓒⓒⓒ ⓒⓒⓒⓒⓒⓒⓒ ⓒⓒⓒⓒⓒⓒⓒ ⓒⓒⓒⓒⓒⓒⓒ 대기자 운영요원 [이동 통로]	응시자	응시자
	운영요원	운영요원

2 실기검정 소요장비

- 주관단체 준비사항 : 총기, 표적, 사격장 시설 협조, 응급차량, 상해보험
- 지원자 준비사항 : 사격을 할 수 있는 복장 및 개인 총기(개인총기 있을 경우) 추가 검정료 준비(총기 및 사대사용료)
    ※ 개인총기 사용할 경우 총기이동 허가 후 사용

[추가 검정료]

종목명	추가비용	사용 명목 및 구체적 사유	
사격 (1인 기준)	산탄총 24,000원 공기총 4,000원	사용명목	• 총기대여 및 사격장 사대사용료
		구체적 사유	• 사격장 이용 시 총기대여 및 사용료, 사대사 용료가 필수적으로 요구되며, 사격장 표적컨트롤 엔지니어 운영인력 필요 • 산탄총 24,000원/1인(총기 및 실탄사용, 사대사용료) • 공기총 4,000원/1인(총기 및 실탄사용, 사대사용료)

3 방역 및 안전관리 대책

- 방역관리 : 대기장소 소독제 사용 및 방역실시, 개인용 소독용품 지급
- 안전대책 : 주최자배상책임공제 가입, 응급차량 대기, 현장 상비약 준비

4 실기평가 영역

■ 기술분류

대분류		세부 기술
공기 소총	자세	준비 및 사격 표준자세
	호흡	사격 전 후 호흡관리
	조준	조준방법 및 조준선 정렬
	격발	1단, 2단 격발 및 의식 격발 판단
	추적 및 안전수칙	격발 후 반동 의식 여부 및 추적
공기 권총	자세	준비 및 사격 표준자세
	호흡	사격 전 후 호흡관리
	조준	조준방법 및 조준선 정렬
	격발	1단, 2단 격발 및 의식 격발 판단
	추적	격발 후 반동 의식 여부 및 추적
산탄총	자세	준비 및 사격 표준자세
	호출	표적의 호출방법
	조준	표적방출 시 견착 및 표적 추적
	격발	표적 추적 후 격발
	추적 및 안전수칙	격발 후 반동 자세 및 안전요소

■ 실기평가 영역

영역	내용	평가기준
사격자세 (25)	준비 및 사격자세	① 표적방향과 사대의 위치와 방향이 맞는가? ② 사격준비자세에 규정위반은 없는가? ③ 총을 잡고 파지 및 견착을 알맞게 하는가?
사격행위 (25)	조준, 표적호출, 격발, 추적	① 표적지와 총구의 조준방향이 맞는가? ② 표적 호출 및 조준선 정열을 맞게 하는가? ③ 사격 시 의식적으로 행동하는가? ④ 사격 후 추적을 하는가? ⑤ 분석하여 영점을 수정할 수 있는가?
사격결과 (40)	사격결과	• 라이플 – 10발 사격 평가 | 소총	A(40)	B(35)	C(30)	D(25)	E(20)
---	---	---	---	---	---
	100~96	95~91	90~86	86~81	80~76
	F(15)	G(10)	H(5)	I(0)	
	75~71	70~66	65~61	60 이하	
	대여 총기사용 시 탄착군 형싱 평가 실시 10발 사격, 탄착군이 일정한 범위 내에 형성					 * 대여 총기 사용 시 10발 탄착군 형성 평가 실시

영역	내용	평가기준				
		권총	A(40)	B(35)	C(30)	D(25)	E(20)
			100~91	90~86	85~81	80~76	75~71
			F(15)	G(10)	H(5)	I(0)	
			70~66	65~61	60~56	55 이하	
		대여 총기사용 시 탄착군 형성 평가 실시 10발 사격, 탄착군이 일정한 범위 내에 형성					
		• 산탄 총 - 25발 사격 평가 * 대여 총기 사용 시 10발 탄착군 형성 평가 실시					
		산탄총	A(40)	B(35)	C(30)	D(25)	E(20)
			25~23	22~21	20~19	18~17	16~15
			F(15)	G(10)	H(5)	I(0)	
			14~13	13~11	10~9	8 이하	
안전 (10)	총기취급 안전행위	① 사격행위 시 총구 방향은 안전했는가? ② 안전기 사용을 숙지하고 있는가? ③ 사격행위 시 안전에 문제는 없는가?					

5 구술평가 영역

- 시행방법 : 규정 4문제(50점), 지도방법 2문제(50점)
- 합격기준 : 70점 이상(100점 만점)

영 역	배 점	분 야	
규 정	50점	경기 및 심판규칙	• 사격 기술규칙 경기운영 분야 규정(국제연맹 기술규칙)
지도방법	50점	선수관리	• 지도선수의 대회참가 등 선수건강관리 및 도핑방지
		지도 전달력	• 표현력 및 구체적이고 명확한 전달력
		장비관리	• 종목특성에 규합된 장비 운영 및 조작방법 등
		지도자 자질	• 종목의 이해도와 스포츠 윤리 및 인권 보호 등

6 기타 안내사항

- 시험영상은 시험 모니터링과 안전사고 예방을 위해 녹화하는 것으로 응시자에게 열람하거나 제공하지 않습니다.
- 시험의 공정성을 훼손하는 사례가 있는 경우 당일 시험이 종료되기 전까지 주관단체에 이의신청을 하여 주시기 바랍니다.

주관단체	연락처	홈페이지	서류제출처
대한사격연맹	02-979-4408	www.shooting.or.kr	서울특별시 송파구 올림픽로 424 올림픽회관 신관 201호

18 소프트테니스

1 시험 일시 및 장소

■ 시험 일시 및 장소 * 매년 시험 일시 및 장소는 변경될 수 있음

구분	지역	검정일시	장소	연락처	주소
2급 전문	경북	6.6.(금) 10:00~18:00	문경 국제 소프트테니스장	054-555-5107	경북 문경시 점고길 20
1급 생활	경북	6.6.(금) 10:00~18:00	문경 국제 소프트테니스장	054-555-5107	경북 문경시 점고길 20
2급 생활	경북	6.6.(금) 10:00~18:00	문경 국제 소프트테니스장	054-555-5107	경북 문경시 점고길 20
	경북	6.6.(금) 10:00~18:00	문경 국제 소프트테니스장	054-555-5107	경북 문경시 점고길 20
유소년	경북	6.6.(금) 10:00~18:00	문경 국제 소프트테니스장	054-555-5107	경북 문경시 점고길 20
노인	경북	6.6.(금) 10:00~18:00	문경 국제 소프트테니스장	054-555-5107	경북 문경시 점고길 20

■ 장소운영 예상 도식도 : 조별 코트규격 40m×50m(해당 시험장 사정에 따라 다소 차이있을 수 있음)
- 실기 시험장

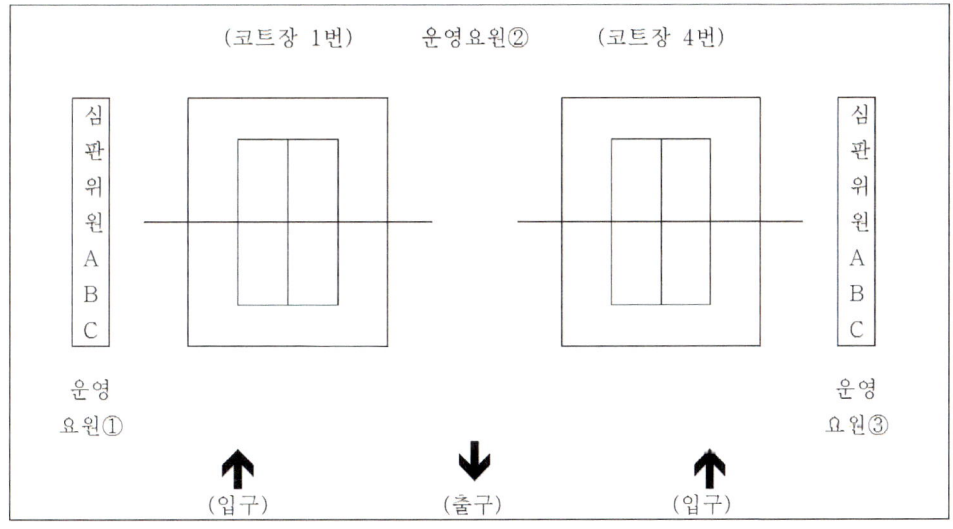

- 구술 시험장

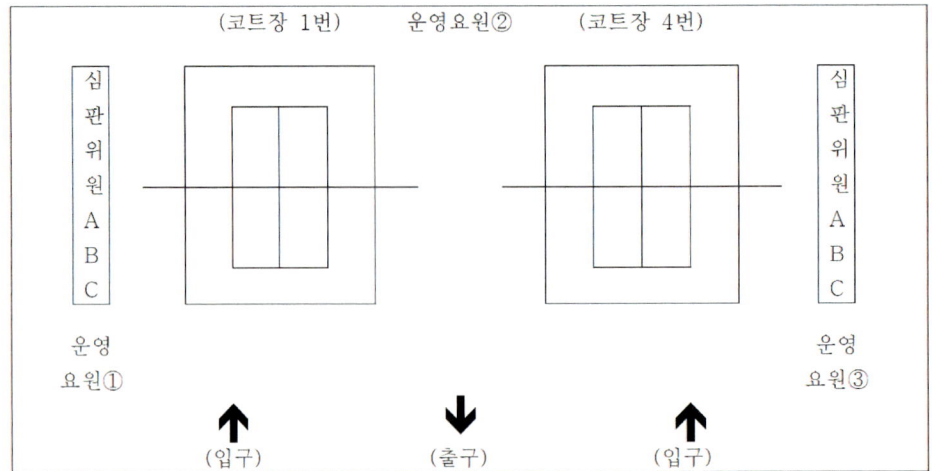

2 실기검정 소요장비

- 주관단체 준비사항 : 책상, 의자, 테이블보, 채점표, 소프트테니스공
- 지원자 준비사항 : 소프트테니스 라켓, 소프트테니스화, 운동복

3 방역 및 안전관리 대책

- 방역관리
- 방역업체 선정 후 시험 개시 전·후로 2회 방역 예정
- 응시대기자실 기존 1개에서 2개로 늘려 응시자 거리두기 철저
- 안전관리
- 구급차 및 응급요원 배치
- 안전요원 배치

4 실기평가 영역

- 기술분류

대분류	세부 기술
서비스	플랫 서비스(오버 핸드 서비스) 커트 서비스
스트로크	포핸드 스트로크 백핸드 스트로크
발리	하이 발리(포핸드/백핸드) 하프 발리(포핸드/백핸드) 로우 발리(포핸드/백핸드)

대분류	세부 기술
리시브	리시브(포핸드) 리시브(백핸드)
스매싱	오버헤드 스매싱
로브	중 로브(탑스핀 로브) 디펜시브 로브

- 실기평가 영역
- 2급 전문스포츠지도사

		영역	내용	평가기준
기본 기술	경기 시작 단계	서비스 (10점)	플랫 서비스 (오버 헤드) (5점)	① 두발의 위치가 신체의 안정과 중심 이동에 적합한 안정적인 스탠스를 취하고 있는가? ② 적합한 그립을 잡고 있는가? ③ 토스는 정확하게 일정한 위치와 몸의 핀 상태의 위치까지 던져지고 있는가? ④ 라켓 스윙이 정확하게 높은 타점에서 임팩이 되어 파워 있고 스피드한 스윙을 구사하고 있는가? ⑤ 서비스한 볼이 정확하게 상대 리시브 박스에 좌, 우측 코너-웍을 이용한 공격을 할 수 있는가? 평가요소 | ①항 | ②항 | ③항 | ④항 | ⑤항 | 총점 배점 | 1 | 1 | 1 | 1 | 1 | 5
			커트 서비스 (5점)	① 정확한 자세를 하고 있는가? ② 강약조절을 잘 하고 있는가? ③ 피니시 동작을 잘 하고 있는가? ④ 라켓 면을 이용한 볼의 회전을 주고 있는가? ⑤ 서비스한 볼이 정확한 위치에 보내어졌는가? 평가요소 | ①항 | ②항 | ③항 | ④항 | ⑤항 | 총점 배점 | 1 | 1 | 1 | 1 | 1 | 5
		리시브 (10점)	리시브 (포핸드) (5점)	① 서비스된 볼의 위치로 이동하는 풋워크가 잘 되고 있는가? ② 피니쉬 때 몸의 중심이동이 잘 되고 있는가? ③ 라켓의 피니시 농작이 잘 되고 있는가? ④ 볼의 이동경로가 상대 코트 코스를 향하고 있는가? ⑤ 볼의 낙하 지점이 코트 안쪽으로 떨어지는가? 평가요소 | ①항 | ②항 | ③항 | ④항 | ⑤항 | 총점 배점 | 1 | 1 | 1 | 1 | 1 | 5
			리시브 (백핸드) (5점)	① 서비스된 볼의 위치로 이동하는 풋워크가 질 되고 있는가? ② 피니쉬 때 몸의 중심이동이 잘 되고 있는가? ③ 라켓의 피니시 동작이 잘 되고 있는가? ④ 볼의 이동경로가 상대 코트 코스를 향하고 있는가? ⑤ 볼의 낙하 지점이 코트 안쪽으로 떨어지는가? 평가요소 | ①항 | ②항 | ③항 | ④항 | ⑤항 | 총점 배점 | 1 | 1 | 1 | 1 | 1 | 5

	영역	내용	평가기준						
경기 전개 단계	스트로크 (10점)	포핸드 스트로크 (5점)	① 그립을 제대로 잡고 있는가? ② 준비 자세가 안정적인가? ③ 포핸드 스트로크 시 신체 중심 이동과 타구할 때의 자세가 안정적인 풋-워크를 가지고 있는가? ④ 라켓 스윙이 제대로 이루어지는가? 테이크 백, 임팩트, 피니쉬 동작이 제대로 이루어지는가? ⑤ 상대 코트에 목표한 곳으로 정확하게 보낼 수 있는가?						
			평가요소	①항	②항	③항	④항	⑤항	총점
			배점	1	1	1	1	1	5
		백핸드 스트로크 (5점)	① 그립을 제대로 잡고 있는가? ② 기본자세가 안정적인가(공을 기다리는 자세) ③ 백핸드 스트로크 시 신체 중심 이동과 타구 할 때의 자세가 안정적인 풋-워크를 가지고 있는가? ④ 라켓 스윙이 제대로 이루어지는가? 테이크백, 임팩트, 피니쉬 동작이 제대로 이루어지는가? ⑤ 상대코트에 목표한 지점으로 정확하고 파워 있게 보낼 수(타구) 있는가?						
			평가요소	①항	②항	③항	④항	⑤항	총점
			배점	1	1	1	1	1	5
	로브 (10점)	중 로브 (탑스핀 로브) (5점)	① 높은 타점을 잡을 수 있는 풋-워크를 가지고 있는가? ② 간결하고 빠른 로브를 구사할 수 있는 스윙을 할 수 있는가? ③ 상대 전위플레이어를 견제할 수 있는 모션을 취하고 있는가? ④ 정확하고 빠른 중 로브를 구사하여 정확하게 상대 코트에 공격하고 있는가? ⑤ 볼의 낙하 지점이 코트 안쪽으로 떨어지는가?						
			평가요소	①항	②항	③항	④항	⑤항	총점
			배점	1	1	1	1	1	5
		디펜시브 로브 (수비형) (5점)	① 낮은 타점의 볼 처리의 라켓 면의 이동 위치가 올바른가? ② 볼의 스핀이 적당한가? ③ 상대 코트의 엔드라인 방향으로 볼이 떨어지고 있는가? ④ 볼의 이동경로가 포물선을 그리고 있는가? ⑤ 볼의 낙하 지점이 코트 안쪽으로 떨어지는가?						
			평가요소	①항	②항	③항	④항	⑤항	총점
			배점	1	1	1	1	1	5
경기 마무리 단계	발리 (20점)	발리 (포핸드) (5점)	① 공을 기다리는 자세와 라켓 파지가 정확한가? ② 발리 풋-워크가 정확한가? ③ 공의 임팩트가 잘 이루어지는가? ④ 볼의 타점 높이가 적당하고 볼의 타점을 정확하게 잡는가? ⑤ 발리 후 다음 동작으로의 전환 연결성이 좋은가?						
			평가요소	①항	②항	③항	④항	⑤항	총점
			배점	1	1	1	1	1	5

		영역	내용	평가기준
			발리 (백핸드) (5점)	① 공을 기다리는 자세와 라켓 파지가 정확한가? ② 발리 풋-워크가 정확한가? ③ 공의 임팩트가 잘 이루어지는가? ④ 볼의 타점 높이가 적당하고 볼의 타점을 정확하게 잡는가? ⑤ 발리 후 다음 동작으로의 전환 연결성이 좋은가? | 평가요소 | ①항 | ②항 | ③항 | ④항 | ⑤항 | 총점 | | 배점 | 1 | 1 | 1 | 1 | 1 | 5 |
			포치 발리 (포핸드) (5점)	① 공을 기다리는 자세와 라켓 파지가 정확한가? ② 발리 풋-워크가 정확한가? ③ 공의 임팩트가 몸의 중심 앞에서 잘 이루어지는가? ④ 볼의 타점과 높이가 적당하고 볼의 타점을 정확하게 잡을 수 있는가? ⑤ 발리 후 다음 동작으로의 전환 연결성이 좋은가? | 평가요소 | ①항 | ②항 | ③항 | ④항 | ⑤항 | 총점 | | 배점 | 1 | 1 | 1 | 1 | 1 | 5 |
			포치 발리 (백핸드) (5점)	① 공을 기다리는 자세와 라켓 파지가 정확한가? ② 발리 풋-워크가 정확한가? ③ 공의 임팩트가 몸의 중심 앞에서 잘 이루어지는가? ④ 볼의 타점과 높이가 적당하고 볼의 타점을 정확하게 잡는가? ⑤ 발리 후 다음 동작으로의 전환 연결성이 좋은가? | 평가요소 | ①항 | ②항 | ③항 | ④항 | ⑤항 | 총점 | | 배점 | 1 | 1 | 1 | 1 | 1 | 5 |
		스매싱 (10점)	오버헤드 스매싱 (10점)	① 발리 자세에서 스매싱 자세로의 전환이 잘 이루어지는가? ② 볼의 낙하 지점을 정확하게 판단하고 타구 지점으로의 재빠른 이동 풋-워크가 잘 되는가? ③ 라켓이 닿는 범위 내에서 가급적 높은 타점에서 여유 있는 자세로 적절한 타이밍을 잘 포착하는가? ④ 볼에 스피드를 가하여 상대 코트에 강하고 정확하게 쳐 넣을 수 있는 안정적인 스윙을 하는가? ⑤ 스매싱 후 로우발리 전환 동작이 용이하게 잘 연결이 되어 있는가? | 평가요소 | ①항 | ②항 | ③항 | ④항 | ⑤항 | 총점 | | 배점 | 2 | 2 | 2 | 2 | 2 | 10 |
복합· 응용 기술	전략/ 패턴	종합 (30점)	하이 발리 (포핸드) (5점)	① 공을 기다리는 자세와 라켓 파지가 정확한가? ② 발리 풋-워크가 정확한가? ③ 공의 임팩트가 잘 이루어지는가? ④ 볼의 타점 높이가 적당하고 볼의 타점을 정확하게 잡는가? ⑤ 발리 후 다음 동작으로의 전환 연결성이 좋은가? | 평가요소 | ①항 | ②항 | ③항 | ④항 | ⑤항 | 총점 | | 배점 | 1 | 1 | 1 | 1 | 1 | 5 |

		영역	내용	평가기준
			하이 발리 (백핸드) (5점)	① 공을 기다리는 자세와 라켓 파지가 정확한가? ② 발리 풋-워크가 정확한가? ③ 공의 임팩트가 잘 이루어지는가? ④ 볼의 타점 높이가 적당하고 볼의 타점을 정확하게 잡는가? ⑤ 발리 후 다음 동작으로의 전환 연결성이 좋은가? | 평가요소	①항	②항	③항	④항	⑤항	총점 | |---|---|---|---|---|---|---| | 배점 | 1 | 1 | 1 | 1 | 1 | 5 |
			하프 발리 (포핸드) (5점)	① 공을 기다리는 자세와 라켓 파지가 정확한가? ② 발리 풋-워크가 정확한가? ③ 공의 임팩트가 몸의 중심 앞에서 잘 이루어지는가? ④ 볼의 타점과 높이가 적당하고 볼의 타점을 정확하게 잡을 수 있는가? ⑤ 발리 후 다음 동작으로의 전환 연결성이 좋은가? 평가요소: ①항 1, ②항 1, ③항 1, ④항 1, ⑤항 1, 총점 5
			하프 발리 (백핸드) (5점)	① 공을 기다리는 자세와 라켓 파지가 정확한가? ② 발리 풋-워크가 정확한가? ③ 공의 임팩트가 몸의 중심 앞에서 잘 이루어지는가? ④ 볼의 타점과 높이가 적당하고 볼의 타점을 정확하게 잡는가? ⑤ 발리 후 다음 동작으로의 전환 연결성이 좋은가? 평가요소: ①항 1, ②항 1, ③항 1, ④항 1, ⑤항 1, 총점 5
			로우 발리 (포핸드) (5점)	① 공을 기다리는 자세와 라켓 파지가 정확한가? ② 발리 풋-워크가 정확한가? ③ 공의 임팩트가 잘 이루어지는가? ④ 볼의 타점과 높이가 적당하고 볼의 타점을 정확하게 잡는가? ⑤ 발리 후 다음 동작으로의 전환 연결성이 좋은가? 평가요소: ①항 1, ②항 1, ③항 1, ④항 1, ⑤항 1, 총점 5
			로우 발리 (백핸드) (5점)	① 공을 기다리는 자세와 라켓 파지가 정확한가? ② 발리 풋-워크가 정확한가? ③ 공의 임팩트가 잘 이루어지는가? ④ 볼의 타점과 높이가 적당하고 볼의 타점을 정확하게 잡는가? ⑤ 발리 후 다음 동작으로의 전환 연결성이 좋은가? 평가요소: ①항 1, ②항 1, ③항 1, ④항 1, ⑤항 1, 총점 5

- 1급 생활스포츠지도사

		영역	내용	평가기준
기본 기술	경기 시작 단계	서비스 (10점)	플랫 서비스 (5점)	① 두발의 위치가 신체의 안정과 중심 이동에 적합한 안정적인 스탠스를 취하고 있는가? ② 적합한 그립을 잡고 있는가? ③ 토스는 정확하게 일정한 위치와 몸의 핀 상태의 위치까지 던져지고 있는가? ④ 라켓 스윙이 정확하게 높은 타점에서 임팩이 되어 파워 있고 스피드한 스윙을 구사하고 있는가? ⑤ 서비스한 볼이 정확하게 상대 리시브 박스에 좌, 우측 코너-웍을 이용한 공격을 할 수 있는가? | 평가요소 | ①항 | ②항 | ③항 | ④항 | ⑤항 | 총점 | | 배점 | 1 | 1 | 1 | 1 | 1 | 5 |
			커트 서비스 (5점)	① 정확한 자세를 하고 있는가? ② 강약조절을 잘 하고 있는가? ③ 피니시 동작을 잘 하고 있는가? ④ 라켓 면을 이용한 볼의 회전을 주고 있는가? ⑤ 서비스한 볼이 정확한 위치에 보내어졌는가? | 평가요소 | ①항 | ②항 | ③항 | ④항 | ⑤항 | 총점 | | 배점 | 1 | 1 | 1 | 1 | 1 | 5 |
		리시브 (10점)	리시브 (포핸드) (5점)	① 서비스된 볼의 위치로 이동하는 풋워크가 잘 되고 있는가? ② 피니쉬 때 몸의 중심이동이 잘 되고 있는가? ③ 라켓의 피니시 동작이 잘 되고 있는가? ④ 볼의 이동경로가 상대 코트 코스를 향하고 있는가? ⑤ 볼의 낙하 지점이 코트 안쪽으로 떨어지는가? | 평가요소 | ①항 | ②항 | ③항 | ④항 | ⑤항 | 총점 | | 배점 | 1 | 1 | 1 | 1 | 1 | 5 |
			리시브 (백핸드) (5점)	① 서비스된 볼의 위치로 이동하는 풋워크가 잘 되고 있는가? ② 피니쉬 때 몸의 중심이동이 잘 되고 있는가? ③ 라켓의 피니시 동작이 잘 되고 있는가? ④ 볼의 이동경로가 상대 코트 코스를 향하고 있는가? ⑤ 볼의 낙하 지점이 코트 안쪽으로 떨어지는가? | 평가요소 | ①항 | ②항 | ③항 | ④항 | ⑤항 | 총점 | | 배점 | 1 | 1 | 1 | 1 | 1 | 5 |
	경기 전개 단계	스트 로크 (10점)	포핸드 스트로크 (5점)	① 그립을 제대로 잡고 있는가? ② 준비 사세가 안정적인가? ③ 포핸드 스트로크 시 신체 중심 이동과 타구할 때의 자세가 안정적인 풋-워크를 가지고 있는가? ④ 라켓 스윙이 제대로 이루어지는가? 테이크 백, 임팩트, 피니쉬 동작이 제대로 이루어지는가? ⑤ 상대 코트에 목표한 곳으로 정확하게 보낼 수 있는가?

		영역	내용	평가기준						
				평가요소	①항	②항	③항	④항	⑤항	총점
				배점	1	1	1	1	1	5
		로브 (10점)	백핸드 스트로크 (5점)	① 그립을 제대로 잡고 있는가? ② 기본자세가 안정적인가? (공을 기다리는 자세) ③ 백핸드 스트로크 시 신체 중심 이동과 타구 할 때의 자세가 안정적인 풋-워크를 가지고 있는가? ④ 라켓 스윙이 제대로 이루어지는가? 테이크백, 임팩트, 피니쉬 동작이 제대로 이루어지는가? ⑤ 상대코트에 목표한 지점으로 정확하고 파워 있게 보낼 수(타구) 있는가?						
				평가요소	①항	②항	③항	④항	⑤항	총점
				배점	1	1	1	1	1	5
			중 로브 (탑스핀 로브) (5점)	① 높은 타점을 잡을 수 있는 풋-워크를 가지고 있는가? ② 간결하고 빠른 로브를 구사할 수 있는 스윙을 할 수 있는가? ③ 상대 전위플레이어를 견제할 수 있는 모션을 취하고 있는가? ④ 정확하고 빠른 중 로브를 구사하여 정확하게 상대 코트에 공격하고 있는가? ⑤ 볼의 낙하 지점이 코트 안쪽으로 떨어지는가?						
				평가요소	①항	②항	③항	④항	⑤항	총점
				배점	1	1	1	1	1	5
			디펜시브 로브 (수비형) (5점)	① 낮은 타점의 볼 처리의 라켓 면의 이동 위치가 올바른가? ② 볼의 스핀이 적당한가? ③ 상대 코트의 엔드라인 방향으로 볼이 떨어지고 있는가? ④ 볼의 이동경로가 포물선을 그리고 있는가? ⑤ 볼의 낙하 지점이 코트 안쪽으로 떨어지는가?						
				평가요소	①항	②항	③항	④항	⑤항	총점
				배점	1	1	1	1	1	5
	경기 마무리 단계	발리 (20점)	발리 (포핸드) (5점)	① 공을 기다리는 자세와 라켓 파지가 정확한가? ② 발리 풋-워크가 정확한가? ③ 공의 임팩트가 잘 이루어지는가? ④ 볼의 타점 높이가 적당하고 볼의 타점을 정확하게 잡는가? ⑤ 발리 후 다음 동작으로의 전환 연결성이 좋은가?						
				평가요소	①항	②항	③항	④항	⑤항	총점
				배점	1	1	1	1	1	5
			발리 (백핸드) (5점)	① 공을 기다리는 자세와 라켓 파지가 정확한가? ② 발리 풋-워크가 정확한가? ③ 공의 임팩트가 잘 이루어지는가? ④ 볼의 타점 높이가 적당하고 볼의 타점을 정확하게 잡는가? ⑤ 발리 후 다음 동작으로의 전환 연결성이 좋은가?						
				평가요소	①항	②항	③항	④항	⑤항	총점
				배점	1	1	1	1	1	5

		영역	내용	평가기준
			포치 발리 (포핸드) (5점)	① 공을 기다리는 자세와 라켓 파지가 정확한가? ② 발리 풋-워크가 정확한가? ③ 공의 임팩트가 몸의 중심 앞에서 잘 이루어지는가? ④ 볼의 타점과 높이가 적당하고 볼의 타점을 정확하게 잡을 수 있는가? ⑤ 발리 후 다음 동작으로의 전환 연결성이 좋은가? | 평가요소 | ①항 | ②항 | ③항 | ④항 | ⑤항 | 총점 | |---|---|---|---|---|---|---| | 배점 | 1 | 1 | 1 | 1 | 1 | 5 |
			포치 발리 (백핸드) (5점)	① 공을 기다리는 자세와 라켓 파지가 정확한가? ② 발리 풋-워크가 정확한가? ③ 공의 임팩트가 몸의 중심 앞에서 잘 이루어지는가? ④ 볼의 타점과 높이가 적당하고 볼의 타점을 정확하게 잡는가? ⑤ 발리 후 다음 동작으로의 전환 연결성이 좋은가? | 평가요소 | ①항 | ②항 | ③항 | ④항 | ⑤항 | 총점 | |---|---|---|---|---|---|---| | 배점 | 1 | 1 | 1 | 1 | 1 | 5 |
		스매싱 (10점)	오버헤드 스매싱 (10점)	① 발리 자세에서 스매싱 자세로의 전환이 잘 이루어지는가? ② 볼의 낙하 지점을 정확하게 판단하고 타구 지점으로의 재빠른 이동 풋-워크가 잘 되는가? ③ 라켓이 닿는 범위 내에서 가급적 높은 타점에서 여유 있는 자세로 적절한 타이밍을 잘 포착하는가? ④ 볼에 스피드를 가하여 상대 코트에 강하고 정확하게 쳐 넣을 수 있는 안정적인 스윙을 하는가? ⑤ 스매싱 후 로우발리 전환 동작이 용이하게 잘 연결이 되어 있는가? | 평가요소 | ①항 | ②항 | ③항 | ④항 | ⑤항 | 총점 | |---|---|---|---|---|---|---| | 배점 | 2 | 2 | 2 | 2 | 2 | 10 |
복합· 응용 기술	전략/ 패턴	종합 (30점)	하이 발리 (포핸드) (5점)	① 공을 기다리는 자세와 라켓 파지가 정확한가? ② 발리 풋-워크가 정확한가? ③ 공의 임팩트가 잘 이루어지는가? ④ 볼의 타점 높이가 적당하고 볼의 타점을 정확하게 잡는가? ⑤ 발리 후 다음 동작으로의 전환 연결성이 좋은가? | 평가요소 | ①항 | ②항 | ③항 | ④항 | ⑤항 | 총점 | |---|---|---|---|---|---|---| | 배점 | 1 | 1 | 1 | 1 | 1 | 5 |
			하이 발리 (백핸드) (5점)	① 공을 기다리는 자세와 라켓 파지가 정확한가? ② 발리 풋-워크가 정확한가? ③ 공의 임팩트가 잘 이루어지는가? ④ 볼의 타점 높이가 적당하고 볼의 타점을 정확하게 잡는가? ⑤ 발리 후 다음 동작으로의 전환 연결성이 좋은가? | 평가요소 | ①항 | ②항 | ③항 | ④항 | ⑤항 | 총점 | |---|---|---|---|---|---|---| | 배점 | 1 | 1 | 1 | 1 | 1 | 5 |
			하프 발리 (포핸드)	① 공을 기다리는 자세와 라켓 파지가 정확한가? ② 발리 풋-워크가 정확한가?

영역	내용	평가기준					
	(5점)	③ 공의 임팩트가 몸의 중심 앞에서 잘 이루어지는가? ④ 볼의 타점과 높이가 적당하고 볼의 타점을 정확하게 잡을 수 있는가? ⑤ 발리 후 다음 동작으로의 전환 연결성이 좋은가?					
		평가요소	①항	②항	③항	④항	⑤항	총점
		배점	1	1	1	1	1	5
하프 발리 (백핸드) (5점)		① 공을 기다리는 자세와 라켓 파지가 정확한가? ② 발리 풋-워크가 정확한가? ③ 공의 임팩트가 몸의 중심 앞에서 잘 이루어지는가? ④ 볼의 타점과 높이가 적당하고 볼의 타점을 정확하게 잡는가? ⑤ 발리 후 다음 동작으로의 전환 연결성이 좋은가?					
		평가요소	①항	②항	③항	④항	⑤항	총점
		배점	1	1	1	1	1	5
로우 발리 (포핸드) (5점)		① 공을 기다리는 자세와 라켓 파지가 정확한가? ② 발리 풋-워크가 정확한가? ③ 공의 임팩트가 잘 이루어지는가? ④ 볼의 타점과 높이가 적당하고 볼의 타점을 정확하게 잡는가? ⑤ 발리 후 다음 동작으로의 전환 연결성이 좋은가?					
		평가요소	①항	②항	③항	④항	⑤항	총점
		배점	1	1	1	1	1	5
로우 발리 (백핸드) (5점)		① 공을 기다리는 자세와 라켓 파지가 정확한가? ② 발리 풋-워크가 정확한가? ③ 공의 임팩트가 잘 이루어지는가? ④ 볼의 타점과 높이가 적당하고 볼의 타점을 정확하게 잡는가? ⑤ 발리 후 다음 동작으로의 전환 연결성이 좋은가?					
		평가요소	①항	②항	③항	④항	⑤항	총점
		배점	1	1	1	1	1	5

* 평가기준에 따른 세부 배점표 – 2급 생활, 유소년, 노인스포츠지도사

– 2급 생활, 유소년, 노인스포츠지도사

		영역	내용	평가기준
기본 기술	경기 시작 단계	서비스 (10점)	플랫 서비스 (5점)	① 두발의 위치가 신체의 안정과 중심 이동에 적합한 안정적인 스탠스를 취하고 있는가? ② 적합한 그립을 잡고 있는가? ③ 토스는 정확하게 일정한 위치와 몸의 핀 상태의 위치까지 던져지고 있는가? ④ 라켓 스윙이 정확하게 높은 타점에서 임팩이 되어 파워 있고 스피드한 스윙을 구사하고 있는가? ⑤ 서비스한 볼이 정확하게 상대 리시브 박스에 좌, 우측 코너-웍을 이용한 공격을 할 수 있는가?

		영역	내용	평가기준						
				평가요소	①항	②항	③항	④항	⑤항	총점
				배점	1	1	1	1	1	5
			커트 서비스 (5점)	① 정확한 자세를 하고 있는가? ② 강약조절을 잘 하고 있는가? ③ 피니시 동작을 잘 하고 있는가? ④ 라켓 면을 이용한 볼의 회전을 주고 있는가? ⑤ 서비스한 볼이 정확한 위치에 보내어졌는가?						
				평가요소	①항	②항	③항	④항	⑤항	총점
				배점	1	1	1	1	1	5
		리시브 (10점)	리시브 (포핸드) (5점)	① 서비스된 볼의 위치로 이동하는 풋워크가 잘 되고 있는가? ② 피니쉬 때 몸의 중심이동이 잘 되고 있는가? ③ 라켓의 피니시 동작이 잘 되고 있는가? ④ 볼의 이동경로가 상대 코트 코스를 향하고 있는가? ⑤ 볼의 낙하 지점이 코트 안쪽으로 떨어지는가?						
				평가요소	①항	②항	③항	④항	⑤항	총점
				배점	1	1	1	1	1	5
			리시브 (백핸드) (5점)	① 서비스된 볼의 위치로 이동하는 풋워크가 잘 되고 있는가? ② 피니쉬 때 몸의 중심이동이 잘 되고 있는가? ③ 라켓의 피니시 동작이 잘 되고 있는가? ④ 볼의 이동경로가 상대 코트 코스를 향하고 있는가? ⑤ 볼의 낙하 지점이 코트 안쪽으로 떨어지는가?						
				평가요소	①항	②항	③항	④항	⑤항	총점
				배점	1	1	1	1	1	5
경기 전개 단계		스트 로크 (10점)	포핸드 스트로크 (5점)	① 그립을 제대로 잡고 있는가? ② 준비 자세가 안정적인가? ③ 포핸드 스트로크 시 신체 중심 이동과 타구할 때의 자세가 안정적인 풋-워크를 가지고 있는가? ④ 라켓 스윙이 제대로 이루어지는가? 테이크 백, 임팩트, 피니쉬 동작이 제대로 이루어지는가? ⑤ 상대 코트에 목표한 곳으로 정확하게 보낼 수 있는가?						
				평가요소	①항	②항	③항	④항	⑤항	총점
				배점	1	1	1	1	1	5
			백핸드 스트로크 (5점)	① 그립을 제대로 잡고 있는가? ② 기본자세가 안정적인가? (공을 기다리는 자세) ③ 백핸드 스트로크 시 신체 중심 이동과 타구 할 때의 자세가 안정적인 풋-워크를 가지고 있는가? ④ 라켓 스윙이 제대로 이루어지는가? 태이크백, 임팩트, 피니쉬 동작이 제대로 이루어지는가? ⑤ 상대코트에 목표한 지점으로 정확하고 파워 있게 보낼 수 있는가?						

		영역	내용	평가기준						
				평가요소	①항	②항	③항	④항	⑤항	총점
				배점	1	1	1	1	1	5
경기 마무리 단계		로브 (10점)	로브 (10점)	① 낮은 타점의 볼 처리의 라켓 면의 이동 위치가 올바른가? ② 볼의 스핀이 적당한가? ③ 상대 코트의 엔드라인 방향으로 볼이 떨어지고 있는가? ④ 볼의 이동경로가 포물선을 그리고 있는가? ⑤ 볼의 낙하 지점이 코트 안쪽으로 떨어지는가?						
				평가요소	①항	②항	③항	④항	⑤항	총점
				배점	1	1	1	1	1	5
	발리 (20점)		발리 (포핸드) (5점)	① 공을 기다리는 자세와 라켓 파지가 정확한가? ② 발리 풋-워크가 정확한가? ③ 공의 임팩트가 잘 이루어지는가? ④ 볼의 타점 높이가 적당하고 볼의 타점을 정확하게 잡는가? ⑤ 발리 후 다음 동작으로의 전환 연결성이 좋은가?						
				평가요소	①항	②항	③항	④항	⑤항	총점
				배점	1	1	1	1	1	5
			발리 (백핸드) (5점)	① 공을 기다리는 자세와 라켓 파지가 정확한가? ② 발리 풋-워크가 정확한가? ③ 공의 임팩트가 잘 이루어지는가? ④ 볼의 타점 높이가 적당하고 볼의 타점을 정확하게 잡는가? ⑤ 발리 후 다음 동작으로의 전환 연결성이 좋은가?						
				평가요소	①항	②항	③항	④항	⑤항	총점
				배점	1	1	1	1	1	5
			포치 발리 (포핸드) (5점)	① 공을 기다리는 자세와 라켓 파지가 정확한가? ② 발리 풋-워크가 정확한가? ③ 공의 임팩트가 몸의 중심 앞에서 잘 이루어지는가? ④ 볼의 타점과 높이가 적당하고 볼의 타점을 정확하게 잡을 수 있는가? ⑤ 발리 후 다음 동작으로의 전환 연결성이 좋은가?						
				평가요소	①항	②항	③항	④항	⑤항	총점
				배점	1	1	1	1	1	5
			포치 발리 (백핸드) (5점)	① 공을 기다리는 자세와 라켓 파지가 정확한가? ② 발리 풋-워크가 정확한가? ③ 공의 임팩트가 몸의 중심 앞에서 잘 이루어지는가? ④ 볼의 타점과 높이가 적당하고 볼의 타점을 정확하게 잡는가? ⑤ 발리 후 다음 동작으로의 전환 연결성이 좋은가?						
				평가요소	①항	②항	③항	④항	⑤항	총점
				배점	1	1	1	1	1	5

		영역	내용	평가기준
		스매싱 (10점)	스매싱 (10점)	① 발리 자세에서 스매싱 자세로의 전환이 잘 이루어지는가? ② 볼의 낙하 지점을 정확하게 판단하고 타구 지점으로의 재빠른 이동 풋-워크가 잘 되는가? ③ 라켓이 닿는 범위 내에서 가급적 높은 타점에서 여유 있는 자세로 적절한 타이밍을 잘 포착하는가? ④ 볼에 스피드를 가하여 상대 코트에 강하고 정확하게 쳐 넣을 수 있는 안정적인 스윙을 하는가? ⑤ 스매싱 후 로우발리 전환 동작이 용이하게 잘 연결이 되어 있는가? | 평가요소 | ①항 | ②항 | ③항 | ④항 | ⑤항 | 총점 | | 배점 | 2 | 2 | 2 | 2 | 2 | 10 |
복합·응용 기술	전략/ 패턴	종합 (30점)	하이 발리 (포핸드) (5점)	① 공을 기다리는 자세와 라켓 파지가 정확한가? ② 발리 풋-워크가 정확한가? ③ 공의 임팩트가 잘 이루어지는가? ④ 볼의 타점 높이가 적당하고 볼의 타점을 정확하게 잡는가? ⑤ 발리 후 다음 동작으로의 전환 연결성이 좋은가? | 평가요소 | ①항 | ②항 | ③항 | ④항 | ⑤항 | 총점 | | 배점 | 1 | 1 | 1 | 1 | 1 | 5 |
			하이 발리 (백핸드) (5점)	① 공을 기다리는 자세와 라켓 파지가 정확한가? ② 발리 풋-워크가 정확한가? ③ 공의 임팩트가 잘 이루어지는가? ④ 볼의 타점 높이가 적당하고 볼의 타점을 정확하게 잡는가? ⑤ 발리 후 다음 동작으로의 전환 연결성이 좋은가? | 평가요소 | ①항 | ②항 | ③항 | ④항 | ⑤항 | 총점 | | 배점 | 1 | 1 | 1 | 1 | 1 | 5 |
			하프 발리 (포핸드) (5점)	① 공을 기다리는 자세와 라켓 파지가 정확한가? ② 발리 풋-워크가 정확한가? ③ 공의 임팩트가 잘 이루어지는가? ④ 볼의 타점 높이가 적당하고 볼의 타점을 정확하게 잡는가? ⑤ 발리 후 다음 동작으로의 전환 연결성이 좋은가? | 평가요소 | ①항 | ②항 | ③항 | ④항 | ⑤항 | 총점 | | 배점 | 1 | 1 | 1 | 1 | 1 | 5 |
			하프 발리 (백핸드) (5점)	① 공을 기다리는 자세와 라켓 파지가 정확한가? ② 발리 풋-워크가 정확한가? ③ 공의 임팩트가 몸의 중심 앞에서 잘 이루어지는가? ④ 볼의 타점과 높이가 적당하고 볼의 타점을 정확하게 잡을 수 있는가? ⑤ 발리 후 다음 동작으로의 전환 연결싱이 좋은가? | 평가요소 | ①항 | ②항 | ③항 | ④항 | ⑤항 | 총점 | | 배점 | 1 | 1 | 1 | 1 | 1 | 5 |

영역	내용	평가기준
	로우 발리 (포핸드) (5점)	① 공을 기다리는 자세와 라켓 파지가 정확한가? ② 발리 풋-워크가 정확한가? ③ 공의 임팩트가 몸의 중심 앞에서 잘 이루어지는가? ④ 볼의 타점과 높이가 적당하고 볼의 타점을 정확하게 잡는가? ⑤ 발리 후 다음 동작으로의 전환 연결성이 좋은가?
	로우 발리 (백핸드) (5점)	① 공을 기다리는 자세와 라켓 파지가 정확한가? ② 발리 풋-워크가 정확한가? ③ 공의 임팩트가 잘 이루어지는가? ④ 볼의 타점과 높이가 적당하고 볼의 타점을 정확하게 잡는가? ⑤ 발리 후 다음 동작으로의 전환 연결성이 좋은가?

평가요소	①항	②항	③항	④항	⑤항	총점
배점	1	1	1	1	1	5

평가요소	①항	②항	③항	④항	⑤항	총점
배점	1	1	1	1	1	5

5 구술평가 영역

- 시행방법 : 규정 2문제(50점), 지도방법 2문제(50점)
- 합격기준 : 70점 이상(100점 만점)
- 구술평가 영역

영역	배점		분야
규정	50	시설/도구	코트 규격 및 네트 관련, 넷 포스트 관련, 아웃코트규격, 심판대 관련 규정 및 기타
		경기운영	- 사이드 체인지를 위한 게임의 수 - 서비스의 위치 - 파이널의 경우 사이드 체인지 시기 - 게임승패, 서비스와 리시브 교대 방법, - 서브 리시브 순번 및 사이드 착오 시 해결방법 - 노카운트가 되는 경우 - 서비스 폴트란? - 선수가 경기에 있어 유의 사항 - 서비스의 시작과 종료되는 상황에 대하여 설명 - 서비스의 시기 설명
		반칙/패널티	- 폴트, 풋 폴트 - 네트터치, 보디터치, 네트오버, 스루, 팁 용어, 기타
		최신규정	- 서비스 렛이란? - 서비스 렛과 서비스 폴트의 차이점은? - 리스브의 실 포인트는? - 서비스 렛과 노카운트의 차이점은? - 기타

영역	배점	분야	
지도방법	50	지도방법(1) (전문스포츠)	- 포핸드 스트로크 시, 파워를 높이는 스윙 지도방법은? - 전위 플레이어의 기량을 높일 수 있는 지도법은? - 폭언, 폭행이 아닌 방법으로 효율성 있는 지도법이란? - 선수 지도 시, 기간별 훈련방법은? - 체력강화와 유연성 강화 방법은? - 선수의 슬럼프 극복을 위한 지도법은? - 매치포인트를 당하고 있을 경우 지도법은? - 이기고 있다가 역전을 당했을 때 지도법은? - 기타 지도방법
		지도방법(2) (생활, 유소년, 노인)	- 포핸드 스트로크의 파워를 높이는 스윙 지도방법은? - 생활체육 선수의 프로그램 지도방향? - 유소년 발육・발달 단계에 따른 지도방법 - 남녀 성별에 따른 지도방법은? - 선수가 운동을 그만 두려고 할 때 지도방법 - 부상방지를 위한 최선의 지도 방법 - 노인의 신체적・정신적 변화에 다른 지도방법 - 기타 지도방법

6 기타 안내사항

- 시험영상은 시험 모니터링과 안전사고 예방을 위해 녹화하는 것으로 응시자에게 열람하거나 제공하지 않습니다.
- 시험의 공정성을 훼손하는 사례가 있는 경우 당일 시험이 종료되기 전까지 주관단체에 이의신청을 하여 주시기 바랍니다.

주관단체	연락처	홈페이지	서류제출처
(사)대한소프트테니스협회	02-420-4057	softtennis.sports.or.kr	서울시 송파구 올림픽로 424 올림픽회관 본관 304호 (우) 05540

제1편 하계 50 종목 실기 및 구술 시험 세부시행 기준(가나다순)

19 수영

1 시험 일시 및 장소

■ 시험 일시 및 장소

* 매년 시험 일시 및 장소는 변경될 수 있음

구분	지역	검정일시	장소	연락처	주소
1급생활 2급생활 유소년 노인	충북	6.6(금) 09:00~18:00	충청북도, 청주시 영운국민체육센터	043-820-7217	충북 청주시 상당구 수영로 101번길 63 영운국민체육센터
1급생활 2급생활 유소년 노인	경남	6.7(토) 09:00~18:00	경상남도, 창원시 창원실내수영장	055-712-0114	경상남도 창원시 성산구 원이대로 450 창원실내수영장
1급생활 2급생활 유소년 노인	경남	6.8(일) 09:00~18:00	경상남도, 창원시 성산스포츠센터	055-712-0114	경상남도 창원시 성산구 원이대로 450 성산스포츠센터
전문	경북	6.9(월) 14:00~18:00	경상북도, 김천시 김천실내수영장	054-420-7900	경북 김천시 운동장길 1 김천종합스포츠타운
1급생활 2급생활 유소년 노인	서울	6.21(토) 09:00~18:00	상경스포츠센터	02-930-2800	서울시 노원구 동일로 227길 61 상경중학교 내
1급생활 2급생활 유소년 노인	경기	6.22(일) 09:00~18:00	고양어울림누리	031-960-0300	경기도 고양시 덕양구 어울림로 33(성사동) 고양어울림누리체육센터

※ 상황에 따라 상기 장소 및 시간은 변경될 수 있음
※ 각 지역별 수영장 사정으로(입장정원 등) 접수인원이 선착순 마감 될 수 있음

- 장소운영 예상 도식도(예, 수영장별 상이, 4개~8개 레인)
- 실기 시험장(50m×25m / 25m×15m)

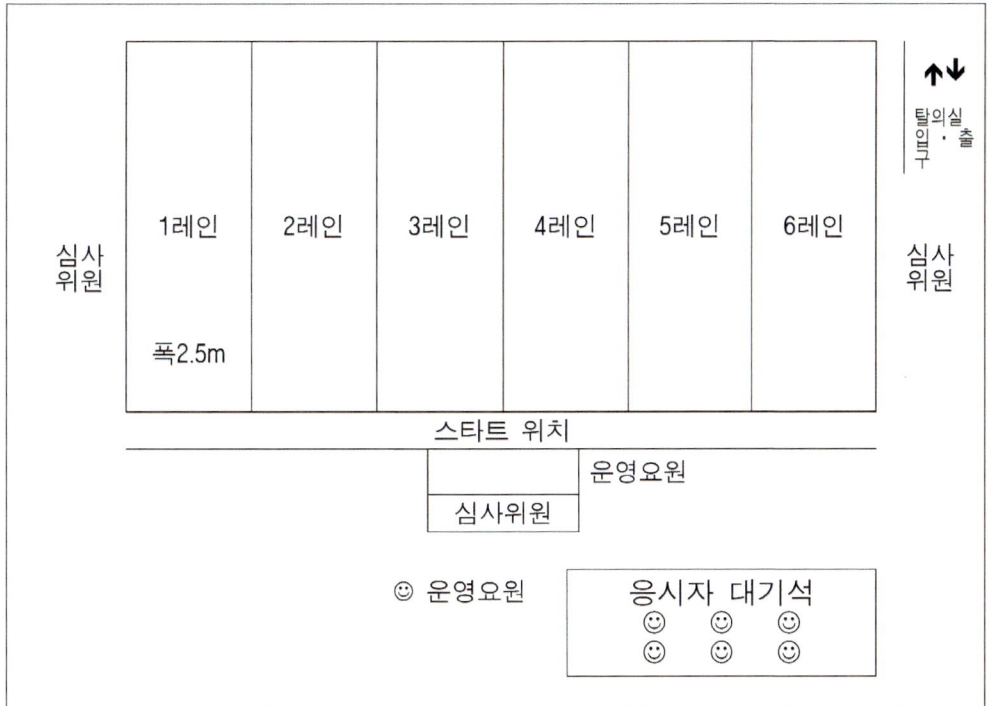

※ 상기 위치는 상황에 따라 변경될 수 있음

- 구술 시험장

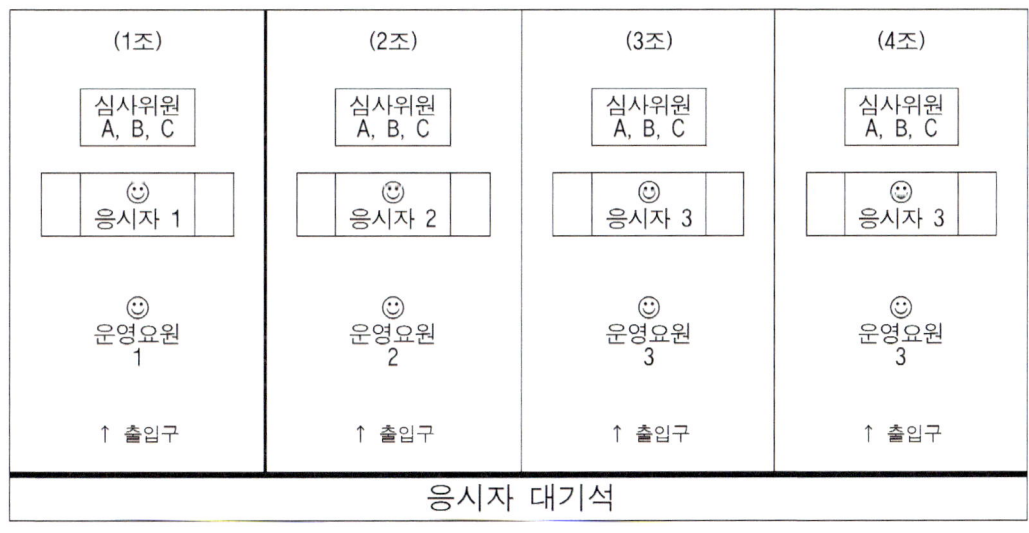

※ 상기 위치는 상황에 따라 변경될 수 있음

제1편 하계 50 종목 실기 및 구술 시험 세부시행 기준(가나다순)

2 실기검정 소요장비

- 주관단체 준비사항 : 초시계, 필기도구, 테이블, 휘슬, 영상장비 등
- 지원자 준비사항 : 지정된 신분증, 수험표, 수영복, 수모, 수경, 수건 등 실기시험 준비물품

3 안전관리 대책

- (보험가입) 주최자 배상책임 보험가입을 통한 사고 대비
- (의무체계) 지역별 보건소, 병원 등과 연계 대응, 비상 약품 상시 비치
- (부상자 및 환자 발생 시 대응체계) 해당 기관 이용, 응급처치 등 1차 대응 → 인근 지정병원 연계 후송 → 자격검정기관 담당자 연락
- (사전점검) 시험용구 및 시설물 사전 점검 의무화로 안전사고 예방
- (안전교육) 시험위원 / 운영요원 / 응시자 대상 안전사고 예방교육, 사고 발생 시 비상연락체계 안내
- (감염병 관리) 감염병 관리 관련 법령 및 시험방역지침에 따라 의무 격리가 필요한 감염병 확진자의 경우 시험응시가 제한될 수 있음.

4 실기평가 영역

- 기술분류

대분류	세부 기술
경영	접영, 배영, 평영, 자유형(크롤)
다이빙	스프링 3m, 플랫폼 5m
수구	1대1 대면패스
아티스틱스위밍	에그비터 킥, 상체부스트, 벤니 버티컬, 버티컬, 싱글 발렛레그

- 실기평가 영역
- 2급 전문스포츠지도사(경영) : 당일 응시자가 영법 2종목을 선택하여 평가함.

영역	내용	평가기준
경영 (접영50M)	1. 스타트 및 영법	① 스타트 동작과 영법이 정확하게 이루어지고 있으며, 모든 동작이 자연스럽다. (10점) ② 스타트 동작과 영법 자체도 우수하지만 어딘가 조금은 부자연스러운 동작을 보이고 있다. (7점) ③ 모든 동작에 있어 정확히 하려고 하고 있으나 조금은 어설프게 영법동작이 이루어지고 있다. (5점) ④ 스타트 동작이 어설프고 영법동작도 부자연스럽게 이루어지고 있어 종합동작 자체가 불안하게 이루어지고 있다. (3점) ⑤ 스타트 및 영법동작이 아주 불안하게 이루어지고 있다. (1점)

영역	내용	평가기준		
		구분	남자	여자
	2. 기록	40점	31.50 이내	33.00 이내
		35점	31.51 - 32.00	33.01 - 33.50
		30점	32.01 - 32.50	33.51 - 34.00
		25점	32.51 - 33.00	34.01 - 34.50
		20점	33.01 이상	34.51 이상
경영 (배영50M)	1. 스타트 및 영법	① 스타트 동작과 영법이 정확하게 이루어지고 있으며, 모든 동작이 자연스럽다 (10점) ② 스타트 동작이 조금 어설프나 영법은 자연스럽게 이루어지고 있다. (7점) ③ 모든 동작에 있어 정확히 하려고 하고 있으나 팔꿈치 각도 및 물잡는 동작이 조금은 어설프게 이루어지고 있다. (5점) ④ 스타트 동작이 어설프고 영법동작도 부자연스럽게 이루어지고 있어 종합동작 자체가 불안하게 이루어지고 있다. (3점) ⑤ 스타트 및 영법동작이 아주 불안하게 이루어지고 있다. (1점)		
	2. 기록	구분	남자	여자
		40점	32.50 이내	34.00 이내
		35점	32.51 - 33.50	34.01 - 35.00
		30점	33.51 - 34.50	35.01 - 36.00
		25점	34.51 - 35.00	36.01 - 37.00
		20점	35.01 이상	37.01 이상
경영 (평영50M)	1. 스타트 및 영법	① 스타트 동작과 영법이 정확하게 이루어지고 있으며, 모든 동작이 자연스럽다. (10점) ② 스타트 동작과 평영 영법이 자연스럽게 이루어지고 있지만 글라이딩 시 팔동작이 조금 어설프게 보이고 있다. (7점) ③ 모든 동작에 있어 글라이딩 및 발동작에서 정확히 하려고 하고 있으나 조금은 어설프게 영법동작이 이루어지고 있다. (5점) ④ 스타트 동작이 어설프고 영법동작도 부자연스럽게 이루어지고 있으며 호흡동작도 부자연스러워 종합동작 자체가 불안하다. (3점) ⑤ 스타트 및 영법동작이 아주 불안하게 이루어지고 있다. (1점)		
	2. 기록	구분	남자	여자
		40점	38.50 이내	40.00 이내
		35점	38.51 - 39.00	40.01 - 41.00
		30점	39.01 - 39.50	41.01 - 42.00
		25점	39.51 - 40.00	42.01 - 43.00
		20점	40.01 이상	43.01 이상

영역	내용	평가기준	
경영(자유형50M)	1. 스타트 및 영법	① 스타트 동작과 영법이 정확하게 이루어지고 있으며, 모든 동작이 자연스럽다. (10점) ② 스타트 동작이 조금 어설프나 영법은 자연스럽게 이루어지고 있다. (7점) ③ 모든 동작에 있어 정확히 하려고 하고 있으나 호흡동작 및 팔꿈치 각도가 미흡하게 이루어지고 있다. (5점) ④ 스타트 동작이 어설프고 영법동작도 부자연스럽게 이루어지고 있어 자유형 종합동작 자체가 불안하다. (3점) ⑤ 스타트 및 영법동작이 아주 불안하게 이루어지고 있다. (1점)	
	2. 기록	구분 | 남자 | 여자	

		구분	남자	여자
		40점	30.00 이내	31.50 이내
		35점	30.01 - 31.00	31.51 - 32.50
		30점	31.01 - 32.00	32.51 - 33.50
		25점	32.01 - 32.99	33.51 - 34.50
		20점	33.00 이상	34.51 이상

- 2급 전문스포츠지도사(다이빙) : 스프링 3m와 플랫폼 5m 4개의 그룹종목(forward, back, reverse, inward)중 각각 2그룹 종목을 선택하여 평가하며 종목구성에 dive를 포함함.(take-off, 공중자세, 입수까지의 자세 평가)

영역	내용	평가기준
다이빙 (Forward)	시작자세	손끝부터 발끝까지 자세에 따라 점수 부여 (6점)
	도약	높이와 거리에 따라 점수를 부여 (6점)
	공중자세	정확한 자세에 따라 점수를 부여 (6점)
	입수	입수 각도에 따라 점수를 부여 (7점)
다이빙 (Back)	시작자세	손끝부터 발끝까지 자세에 따라 점수 부여 (6점)
	도약	높이와 거리에 따라 점수를 부여 (6점)
	공중자세	정확한 자세에 따라 점수를 부여 (6점)
	입수	입수 각도에 따라 점수를 부여 (7점)
다이빙 (Reverse)	시작자세	손끝부터 발끝까지 자세에 따라 점수 부여 (6점)
	도약	높이와 거리에 따라 점수를 부여 (6점)
	공중자세	정확한 자세에 따라 점수를 부여 (6점)
	입수	입수 각도에 따라 점수를 부여 (7점)
다이빙 (Inrward)	시작자세	손끝부터 발끝까지 자세에 따라 점수 부여 (6점)
	도약	높이와 거리에 따라 점수를 부여 (6점)
	공중자세	정확한 자세에 따라 점수를 부여 (6점)
	입수	입수 각도에 따라 점수를 부여 (7점)

- 2급 전문스포츠지도사(수구) : 멈춤이 없는 한 번의 팔 움직임으로 1대1 대면패스(3회)

영역	내용	평가기준
수구	멈춤이 없는 한 번의 팔 움직임으로 1대1 대면패스 (3번 기회)	① 3분 이상 (100점) ② 2분 30초 이상 - 2분 59초 이내 (90점) ③ 2분 이상 - 2분 29초 이내 (80점) ④ 1분 30초 이상 - 1분 59초 이내 (70점)

- 2급 전문스포츠지도사(아티스틱스위밍) : 당일 응시자가 2종목을 선택하여 평가함

영역	내용	평가기준
아티스틱스위밍	백 레이아웃 자세 (Back Layout Position)	① 자세가 매우 정확하다. 몸을 얼굴, 가슴, 허벅지 그리고 발끝과 함께 수면 위에 곧게 편다. 일직선 안에 머리, 엉덩이, 발목이 위치한다. (50점) ② 자세가 정확한 편이지만 엉덩이가 파이크 되어 있다. (45점) ③ 자세가 전반적으로 불안정하고 발끝이 가라앉아 있다. (40점) ④ 머리를 제외하고 몸의 대부분이 수면 아래로 가라앉아 있다. (35점) ⑤ 백 레이아웃 자세를 제대로 취할 수 없다. (30점)
아티스틱스위밍	벤니 버티컬포지션 (Bent Knee Vertical Position)	① 몸을 곧게 벋어 일직선 안에 귀, 엉덩이, 발목이 위치한다. 구부린 다리의 발 끝은 무릎 또는 허벅지에 놓는다. 수위는 무릎 바로 위 (50점) ② 벤니 포지션의 버티컬 자세가 정확하지 않다. 수위는 무릎 위 (45점) ③ 벤니 포지션의 버티컬 자세가 정확하지 않다. 수위는 무릎 바로 밑 (40점) ④ 벤니 포지션의 버티컬 자세가 매우 불안정하다. 수위는 종아리 이하 (35점) ⑤ 벤니 포지션이 매우 불안정하고 수위는 발목에서 종아리 이하 (30점)
아티스틱스위밍	싱글 발렛레그(Ballet Leg Position)	① 머리, 몸통 그리고 수평다리를 수면으로부터 평평하게 한다. 한쪽 다리는 발목과 무릎 사이의 수위와 함께 수면으로부터 수직이 되게 한다. 수위 무릎 바로 위 (50점) ② 자세가 정확하지만 수위가 낮다. 수위 무릎 (45점) ③ 자세가 부정확하고 수위도 낮다. 수위 무릎 밑 (40점) ④ 자세가 불안정하고 수위가 매우 낮다. 수위 종아리 (35점) ⑤ 매우 불안정한 자세로 수위를 알 수 없다 (30점)
아티스틱스위밍	한팔 상체 부스트	① 자세가 매우 정확하고 수위가 허리 (50점) ② 자세가 정확한 편이고 수위가 가슴 밑 (45점) ③ 자세가 부정확하지만 잘함. 수위가 가슴 밑 (40점) ④ 자세가 부정확하고 수위가 가슴 (35점) ⑤ 한 팔을 들고 상체 부스트 하기가 어렵다. (30점)
아티스틱스위밍	에그비터 상체	① 양팔을 들고 가슴을 쭉 편 자세에서 겨드랑이가 보인다. (50점) ② 양팔을 들 수 있고 자세가 정확하지만 가슴을 쭉 펴지 못한다. 수위는 겨드랑이가 보인다. (45점) ③ 양팔을 들 수는 있고 자세는 정확한 편이지만 수위가 어깨성도이다. (40점) ④ 양팔을 들 수 있고 불안정하고 수위는 목 (35점) ⑤ 자세가 불안정하고 양팔을 들기 어려운 정도이다. (30점)

- 1급 생활스포츠지도사

영역	내용	평가기준
영법 동작기술 (스타트/턴)	출발자세(10점) / 턴자세(10점)	① 출발 규정에 의해 - 출발대 위 오르기 전 준비정도 - 출발예비 신호에 따르는 정도 - 출발신호에 따른 입수 동작 ② 턴 동작에 의해 - 접영과 평영에서 양손 터치 평가 - 배영과 평영으로 연결되는 턴 동작 평가 - 턴을 시작하여 완료하는 자세를 평가 	채점기준	득점
---	---
아주능숙	10
능숙	8
보통	6
약간 미숙	4
미숙	2	

영법 동작기술 (접영, 배영, 평영, 자유형)	영법자세(20점)	① 영법 동작에 의해
		- 킥동작에 대한 평가
		- 팔동작에 대한 평가
		- 호흡법에 대한 평가
		※ 접영 : 발끝 모음과 구부림
		   배영 : 팔꿈치 각도, 물 잡는 동작
		   평영 : 글라이딩
		   자유형 : 적절한 회전 반경, 팔꿈치 높이
		
			채점기준	득점

---	---
아주능숙	20
능숙	17
보통	14
약간 미숙	10
미숙	5	
기본기술	수영 능력 평가(60점)	① 개인혼영 100M 기록 측정을 통해 - 완영 능력으로 체력 평가 - 완영 기록으로 체력우수 평가 ※ 4개 종목(접, 배, 평, 자) 25M씩 완주 남자 1'30"00, 여자 1'40"00 이내에 완주하지 못하면 영법동작기술에 상관없이 불합격 처리 | 구분	남자	여자
60점	~1'10"00	~1'20"00
57점	1'10"01~1'15"00	1'20"01~1'25"00
54점	1'15"01~1'20"00	1'25"01~1'30"00
51점	1'20"01~1'23"00	1'30"01~1'33"00
48점	1'23"01~1'25"00	1'33"01~1'35"00	

- 2급 생활, 유소년, 노인스포츠지도사

영역	내용	평가기준
영법 동작기술 (스타트/턴)	출발자세(10점) / 턴자세(10점)	① 출발 규정에 의해 - 출발대 위 오르기 전 준비정도 - 출발예비 신호에 따르는 정도 - 출발신호에 따른 입수 동작 ② 턴 동작에 의해 - 접영과 평영에서 양손 터치 평가 - 배영과 평영으로 연결되는 턴 동작 평가 - 턴을 시작하여 완료하는 자세를 평가 	채점기준	득점
---	---
아주능숙	10
능숙	8
보통	6
약간 미숙	4
미숙	2	

영법 동작기술 (접영, 배영, 평영, 자유형)	영법자세(20점)	① 영법 동작에 의해
		- 킥동작에 대한 평가
		- 팔동작에 대한 평가
		- 호흡법에 대한 평가
		※ 접영 : 발끝 모음과 구부림
		   배영 : 팔꿈치 각도, 물 잡는 동작
		   평영 : 글라이딩
		   자유형 : 적절한 회전 반경, 팔꿈치 높이
		
			채점기준	득점

---	---
아주능숙	20
능숙	17
보통	14
약간 미숙	10
미숙	5	
기본기술	수영 능력 평가(60점)	① 개인혼영 100M 기록 측정을 통해 - 완영 능력으로 체력 평가 - 완영 기록으로 체력우수 평가 ※ 4개 종목(접, 배, 평, 자) 25M씩 완주 남자 1'30"00, 여자 1'40"00 이내에 완주하지 못하면 영법동작기술에 상관없이 불합격 처리 | 구분	남자	여자
60점	~1'15"00	~1'25"00
57점	1'15"01~1'20"00	1'25"01~1'30"00
54점	1'20"01~1'25"00	1'30"01~1'35"00
51점	1'25"01~1'28"00	1'35"01~1'38"00
48점	1'28"01~1'30"00	1'38"01~1'40"00	

5 구술평가 영역

- 평가항목 : 규정 2개(50점), 지도방법 1개(50점) – 지원자가 영역별로 문제지를 추첨하여 실시
- 합격기준 : 70점 이상(100점 만점)

영 역	배 점	분 야
규정	50점	시설, 도구, 경기운영
지도방법	50점	도구, 스트로크, 지도대상별 지도방법 질문이해, 내용표현(목소리), 자세·신념, 복장·용모

6 기타 안내사항

- 영상은 시험 모니터링과 안전사고 예방을 위해 녹화하는 것으로 응시생에게 열람하거나 제공하지 않습니다.
- 시험관련 제반지침, 절차 미준수 등 시험의 공정성을 훼손하는 사례가 있는 경우 당일 시험이 종료되기 전까지 주관단체에 이의신청을 하여 주시기 바랍니다.
- 합격자 발표 후 5일 이내(발표일 포함, 18시까지) ① 점수 산출과정 중 전산오류 ② 합격여부에 대한 오류 ③ 불합격 사유에 대한 확인요청이 가능합니다.
  * 체육지도자 연수원 홈페이지 – 자료실 '채점관련 질의서' 작성하여 연맹 이메일로 제출
  * 유선문의 또는 방문 시, 주관단체 업무수행 불가

주관단체	연락처	홈페이지	응시자격요건 서류제출처	이메일 주소 (채점관련 질의서 제출용)
(사)대한수영연맹	02-420-4236	www.korswim.co.kr	서울시 송파구 올림픽로424 올림픽회관 신관 210호	bonita70 @sports.or.kr

20 스쿼시

1 시험 일시 및 장소

- 시험 일시 및 장소   * 매년 시험 일시 및 장소는 변경될 수 있음

구분	지역	검정일시	장소	연락처	주소
2급 전문	충북 청주	6.14(토) 10:00~12:30	청주 국민체육센터 및 스쿼시경기장	☎경기장 043-270-7395	충청북도 청주시상당구 다리실로 255
1급 생활					
2급 생활		6.14(토) 14:00~18:00			
유소년					
노인					

- 장소운영 예상 도식도 : 조별 코트규격 6.4m×9.75m, 1조 동시운영
- 실기 시험장 : 청주 국민체육센터 및 스쿼시경기장
- 2급 전문, 1급 생활

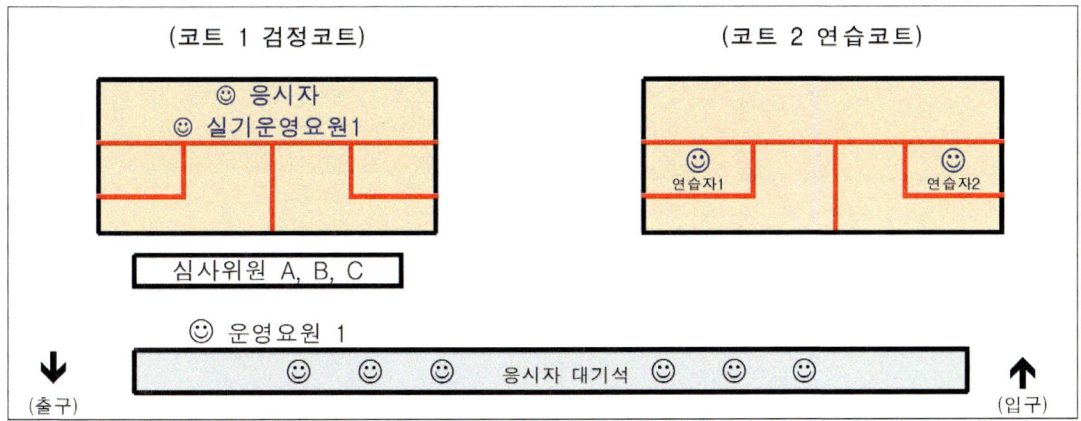

※ 실기 응시 인원에 따라 1개~3개 코트로 탄력적 운영

- 장소운영 예상 도식도 : 조별 코트규격 6.4m×9.75m, 1조 운영
- 실기 시험장 : 청주 국민체육센터 및 스쿼시경기장
- 2급생활, 유소년, 노인스포츠지도자

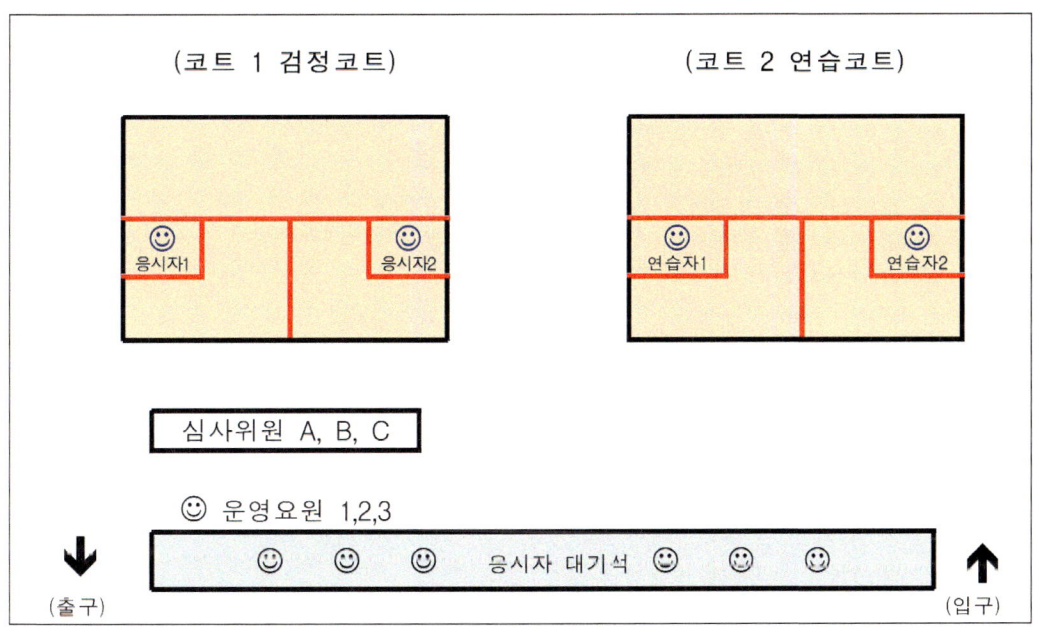

※ 실기 응시 인원에 따라 1개~3개 코트로 탄력적 운영

- 구술 시험장 : 청주 국민체육센터 및 스쿼시경기장

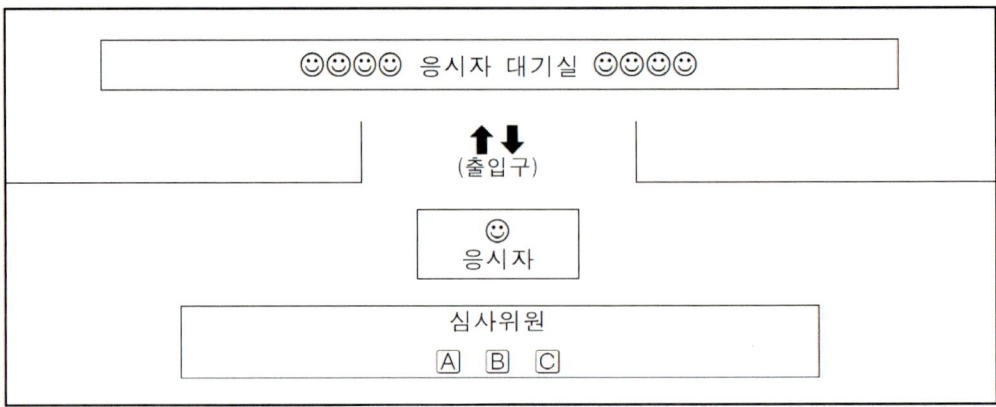

2 실기검정 소요장비

- 주관단체 준비사항 : 스쿼시볼, 안전관련 녹화장비 등
- 지원자 준비사항 : 수험표, 신분증, 운동복장(반팔/반바지등), 스쿼시 전용화, 스쿼시 라켓, 개인음료 등

3 방역 및 안전관리 대책

- 방역관리
- (감염 관리) 감염병 관리 관련 법령 및 시험방역지침에 따라 의무 격리가 필요한 감염병 확진자의 경우 시험응시가 제한될 수 있음
- 안전관리
- (안전요원배치) 응시자 안내 및 비상 상황 발생 시 불법행위 저지 등 응시자 안전을 위한 대책을 추진 마련으로 안전요원 배치
- (보험가입) 전 종목 주최자 배상책임 보험가입을 통한 사고 대비
- (의무체계) 지역별 보건소, 병원 등과 연계 대응, 비상 약품 상시 비치, 구급차/구급인력 배치
- (부상자 및 환자 발생 시 대응체계) 해당 기관 이용, 응급처지 등 1차 대응 → 인근 지정병원 연계 후송 → 자격검정기관 담당자 연락
- (사전점검) 시험용구 및 시설물 사전 점검 의무화로 안전사고 예방
- (안전교육) 응시생 대상 안전사고 예방교육, 사고 시 비상연락체계 안내
- (보고체계) 검정기관 간 신속한 보고체계 운영

4 실기평가 영역

- 시행방법 : 4~10개 영역 실기능력 평가
- 합격기준 : 70점 이상(100점 만점)

■ 기술분류

평가 대상	대분류	세부 기술
2급 전문	드라이브	포핸드 드라이브(스트레이트, 크로스코트) 백핸드 드라이브(스트레이트, 크로스코트)
	서브	로브 서브, 세미로브 서브, 스매싱 서브, 드라이브 서브
	리턴	오른쪽 리턴(왼쪽 서브), 왼쪽 리턴(오른쪽 서브)
	발리	포핸드 발리, 백핸드 발리
	보스트	포핸드 보스트, 백핸드 보스트
	드롭	포핸드 드롭, 백핸드 드롭
	로브	포핸드 로브, 백핸드 로브
	킬샷	포핸드 킬샷, 백핸드 킬샷
	코너샷 처리	오른쪽 코너(포핸드), 왼쪽 코너(백핸드)
	풋 워크	코트 앞쪽으로 풋워크, 코트 중앙에서 풋워크, 코트 뒤쪽으로 풋워크
1급생활 2급생활 유소년 노인	기본샷	드라이브, 발리, 드롭
	공격	패턴 플레이를 통한 공격 평가
	수비	패턴 플레이를 통한 수비 평가
	경기운영	경기를 통한 경기 운영 평가

■ 실기평가 영역(2급 전문)

영역	내용	평가기준
드라이브 (10)	1. 백핸드 드라이브	① 서비스박스 안에 연속적으로 볼을 칠 수 있는가? ② 옆벽에 맞지 않고 직선으로 컨트롤 할 수 있는가? ③ 연속적으로 원바운드에 컨트롤이 되는가?
서브 (10)	2. 드라이브 서브	① 리시버 코트의 서비스박스 상단의 옆벽으로 컨트롤이 되는가? ② 풋폴트를 하지 않는가? ③ 발의 방향과 몸의 방향이 일치하여 T존으로 자연스러운 체중이동이 되는가?
리턴 (10)	3. 오른쪽 서브, 왼쪽 리턴	① 서비스박스 뒤쪽으로 스트레이트 리턴을 할 수 있는가? ② 반대편 서비스박스 뒤쪽으로 크로스 리턴을 할 수 있는가? ③ 반대편 앞코너로 보내는 보스트 리턴을 할 수 있는가?
발리 (10)	4. 포핸드 발리	① 서비스박스 뒤쪽으로 떨어지는 스트레이트 발리를 할 수 있는가? ② 반대편 서비스박스 뒤쪽으로 떨어지는 크로스 발리를 할 수 있는가? ③ 스트레이트 발리를 혼자서 지속적으로 컨트롤 할 수 있는가?
보스트 (10)	5. 백핸드 보스트	① 쓰리월 보스트를 구사할 수 있는가? ② 투월 보스트를 구사할 수 있는가? ③ 리버스 보스트를 구사할 수 있는가?
드롭 (10)	6. 포핸드 드롭	① 스트레이트 드롭을 할 수 있는가? ② 크로스 드롭을 할 수 있는가? ③ T존에서 오른쪽 앞코너의 닉으로 향하는 각도있는 드롭샷을 구사할 수 있는가?
로브 (10)	7. 백핸드 로브	① 서비스박스 뒤쪽으로 스트레이트 로브를 할 수 있는가? ② 반대편 서비스박스 뒤쪽으로 크로스 리턴을 할 수 있는가? ③ 코트 앞벽의 상단으로 볼을 컨트롤 할 수 있는가?

영역	내용	평가기준
킬샷 (10)	8. 포핸드 킬샷	① 낮게 컨트롤 되는 스트레이트 킬샷을 할 수 있는가? ② 왼쪽 앞코너의 닉을 향하는 크로스 킬샷을 할 수 있는가? ③ T존에서 오른쪽 앞코너의 닉으로 향하는 킬샷을 구사 할 수 있는가?
코너샷 처리(10)	9. 왼쪽 코너(백핸드)	① 원바운드 후에 백월에 도달하도록 정확한 컨트롤이 되는가? ② 옆벽에 맞지 않고 직선으로 컨트롤 할 수 있는가? ③ 연속적으로 원바운드에 컨트롤이 되는가?
풋워크 (10)	10. 코트 뒤쪽으로 풋워크	① 클로우즈 스탠스를 실시할 수 있는가? ② 오픈스탠스를 실시할 수 있는가? ③ 효율적으로 T존으로 이동하는가?

* 평가기준에 따른 세부 배점표

■ 실기평가 영역(1급 생활)

영역	내용	평가기준
기본 (30)	1. 기본샷	① 포핸드, 백핸드 백월(back wall) 드라이브 10회 연속구사(기회 3회) ② 포핸드, 백핸드 발리 10회 연속구사(기회 3회) ③ 포핸드, 백핸드 드롭 10회 연속구사(기회 3회)
공격 (20)	2. 공격(패턴플레이)	① 약속된 패턴 플레이를 통한 드롭 자세 및 정확도 평가 ② 약속된 패턴 플레이를 통한 로브 자세 및 정확도 평가 ③ 약속된 패턴 플레이를 통한 발리드롭 자세 및 정확도 평가
수비 (20)	3. 수비(패턴플레이)	① 약속된 패턴 플레이를 통한 보스트 자세 및 정확도 평가 ② 약속된 패턴 플레이를 통한 드라이브 자세 및 정확도 평가
경기운영 (30)	4. 단식 경기	① 11점 포인트어랠리 1세트 경기를 통한 샷의 구사능력과 경기운영 전반 평가

* 평가기준에 따른 세부 배점표

■ 실기평가 영역(2급 생활, 유소년, 노인)

영역	내용	평가기준
기본 (30)	1. 기본샷	① 포핸드, 백핸드 백월(back wall) 드라이브 5회 연속구사(기회 3회) ② 포핸드, 백핸드 발리 5회 연속구사(기회 3회) ③ 포핸드, 백핸드 드롭 5회 연속구사(기회 3회)
공격 (20)	2. 공격(패턴플레이)	① 2인1조 토스된 공을 움직이며 드롭 자세 및 정확도 평가 ② 2인1조 토스된 공을 움직이며 로브 자세 및 정확도 평가 ③ 2인1조 토스된 공을 움직이며 발리드롭 자세 및 정확도 평가
수비 (20)	3. 수비(패턴플레이)	① 2인1조 드롭에 대한 수비 및 토스 자세 및 정확도 평가 ② 2인1조 로브에 대한 수비 및 토스 자세 및 정확도 평가 ③ 2인1조 발리드롭에 대한 수비 및 토스 자세 및 정확도 평가
경기운영 (30)	4. 단식 경기	① 11점 포인트어랠리 1세트 경기를 통한 샷의 구사능력과 경기운영 전반 평가

* 평가기준에 따른 세부 배점표

5 구술평가 영역

- 시행방법 : 규정 2문제(50점), 지도방법 2문제(50점)
- 합격기준 : 70점 이상(100점 만점)

영 역	배 점	분 야
규정	50점	시설/도구, 경기운영, 반칙/페널티, 복장
지도방법	50점	지도방법

* 위 내용은 구술시험 평가 준비에 도움을 주기 위한 범위이며, 위 내용 외에 더 추가로 범위를 선정하여 검정할 수 있음
* 지도자로서의 표현력, 전달력, 답변태도 등은 규정 및 지도방법에 포함하여 평가

6 기타 안내사항

- 시험영상은 시험 모니터링과 안전사고 예방을 위해 녹화하는 것으로 응시자에게 열람하거나 제공하지 않습니다.
- 시험의 공정성을 훼손하는 사례가 있는 경우 당일 시험이 종료되기 전까지 주관단체에 이의신청을 하여 주시기 바랍니다.

주관단체	연락처	홈페이지	서류제출처
(사)대한스쿼시연맹	02-419-6454	http://www.koreasquash.or.kr/	서울특별시 송파구 올림픽로 424 올림픽회관 213호

21 승마

1 시험 일시 및 장소

- 시험일시 및 장소(내륙)

* 매년 시험 일시 및 장소는 변경될 수 있음

구분	지역	검정일시	장소	연락처	주소
2급 생활	내륙(전북)	6. 18(수)~19(목) 08:30~08:50(본인확인) 09:10-12:00(검정시행) / 13:30~13:50(본인확인) 14:10~17:00(검정시행)	장수승마장	010-8674-4632	전북 장수군 천천면 승마1로 152
1급 생활	내륙(전북)	6. 20(금) 08:30~08:50(본인확인) 09:10~13:00(검정시행)			
유소년	내륙(전북)				
노인	내륙(전북)				
2급 전문	내륙(전북)				

■ 시험일시 및 장소(제주)

구분	지역	검정일시	장소	연락처	주소
2급 생활	제주	6. 22(일) 08:30~08:50(본인확인) 09:10~13:00(검정시행)	제주 한라대학교 마사학부 실습목장 내 실내마장	064-741-6724/ 010-7722-9145	제주시 애월읍 산록서로 678-207 (광령리 산182)
유소년	제주				
노인	제주				

※ 상기 시험일시는 응시인원 및 검정(시험)장 사정에 따라 변동될 수 있음

■ 장소운영 예상 도식도
- 실기 시험장 : (생활체육·노인·유소년지도사 기준) 30m×60m, 2개소 동시운영
  (단, 참가인원에 따라 1개소만 운영가능)

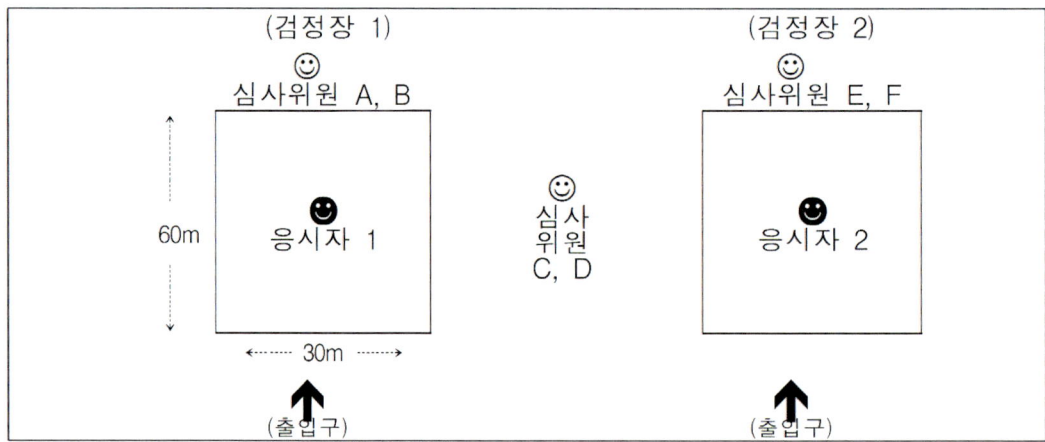

- 구술 시험장

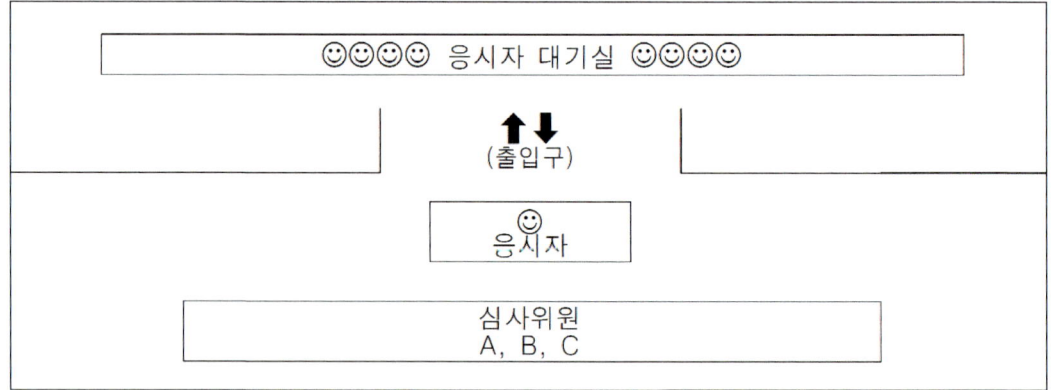

2 실기검정 소요장비

- 주관단체 준비사항

장비명	설명	개수
마장마술 목책 set	목책과 연결바, 지점판 등으로 구성	3set
장애물비월 세트	소대, 횡목, 안전컵, 깃발, 번호판 등으로 구성	1set
마방	검정에 필요한 말의 수용을 위하여 필요	150칸
살수 시설 및 트렉터	검정장의 바닥컨디션을 유지하기 위하여 필요	1개
구급차 운영	실기검정 시 안전사고 대비	1대
기타물품	기타 검정을 위한 물품	

- 지원자 복장 및 장구류 제한사항 등

구분	설명
생활체육지도사, 유소년·노인지도사	장애물용 채찍은 가능, 박차 및 재갈은 제한없으며 음성부조 가능, 반부츠에 챕 가능, 장갑에 대한 제한없으며 마르팅 게일(런닝 마르팅게일에 한함)은 가능하지만 드로우레인은 불가 복장은 시합복장으로 참가(학생은 교복, 군경은 정복, 일반인은 정장 흰셔츠 가능), 안전조끼 착용 권장
공통사항	실기검정 동영상 촬영 불가(검정본부를 제외한 응시자 및 관계자 전체)

- 지원자 준비사항

장비명	설명	비고
검정용 말	실기 검정 시 기승할 말(본인에게 적합한 말을 직접 준비)	
안전장구	삼점식 헬멧, 승마부츠(반부츠+챕 가능), 장갑, 승마복 등	
박차 / 채찍	실기 검정 시 착용할 용품	
마필 사양을 위한 마구 용품	깔짚, 사료, 마방굴레. 물통 등	
신분증	주민등록증(주민등록증발급신청확인서 포함), 기간만료 전의 여권·운전면허증, 장애인등록증(복지카드), 공무원증, 국가유공자증, 외국인등록증(유효기간 내), 체육지도자 자격증 (전자 증명서 포함), 모바일 운전면허증, 모바일 공무원증	

※ 그 외 응시자 및 말을 위한 용품은 개인이 준비하여야 합니다.
마필학대 방지 및 복지를 위하여 기승 횟수 산정에 유념하시기 바랍니다.

※ 추가 검정료(1인)

종목명	추가비용		사용명목및구체적사유
승 마	30,000원	사용명목	• 마장 사용료 : 실기검정 응시자 전원(내륙/제주)
	50,000원	사용명목	• 마방 사용료 : 마방 사용자에 한함(내륙지역 (전북) 1일기준, 제주지역 마방 입사 불가하며 검정 당일운송)
	-	구체적 사유	• 승마장(경기장)을 선체이용해야 힘에 따라 장수군 승마장 운영관련 조례에 의거 실기검정장 이용에 따른 마장사용료(실기응시자 전원), 마방사용료(해당자)의 추가비용이 필수적으로 요구됨

- 마방입사를 희망하는 응시자(내륙(장수)지역에 한함)는 개최지 사무소에 반드시 <u>사전 개별 신청</u>하여 배정받아야함 (말 입사시 마방사용료 <u>개최지 사무소</u>에 별도 납부)
- 마장사용료는 전체 실기검정 응시자에 해당하며 검정당일 본인 확인시 <u>개최지 사무소 직원</u>에게 납부 요망

3 방역 및 안전관리 대책

- 방역관리 : 관련법령에 따른 사전 소독 등 시행 등
- 안전관리 : 구급차 상시 대기 및 안전요원 배치 등

4 실기평가 영역

□ 실기검정

- 기술분류(세부내용 심사지 참조)

평가대상	대분류	세부기술
2급 전문· 1/2급 생활· 유소년·노인	기승 자세	기본자세, 내방자세
	평보	보통평보, 중간평보
	속보	보통속보, 중간속보
	구보	보통구보, 중간구보
	구보 기술	구보 – 평보 – 구보의 이행
	장애물비월	자세와 안정성, 통제능력 등

- 실기평가 영역
- 2급 전문스포츠지도사

영역	내용	평가기준
마장마술 또는 장애물	2025년 대한승마협회가 시행 하는 A Class 마장마술 또는 장애물 종목을 응시 자가 <u>사전 선택</u>하여 응시	(장애물) A-Class 장애물 종목 일정 감점 이내 경로 완주여부 (마장마술) A-Class 마장마술 종목(Advanced)을 평균비율로 계산

- 1급·2급 생활, 유소년, 노인스포츠지도사

영역	내용	평가기준
종합평가	기승 자세	기본자세, 내방자세
	평보	보통평보, 중간평보
	속보	보통속보, 중간속보
	구보	보통구보, 중간구보
	구보 기술	구보 – 평보 – 구보의 이행
	장애물비월	자세와 안정성, 통제능력 등

* 평가기준에 따른 세부 배점표(1급·2급 생활, 유소년, 노인스포츠지도사)

순서		운동과목	배점	계수	채점	심사주안점
1	A X	보통속보 입장 정지, 부동 경례 보통속보로 출발				진직성, 말의 통제능력
2	C HXF FAK	좌로회전 비스듬히 방향을 바꾸며 경속보 (X에서 반동바꿈) 보통속보				말의 통제능력, 좌·우 경속보의 정확성
3	K KB	중간속보로 이행 중간속보				규칙성, 균형, 연계, 그라운드커버, 마체의 늘림, 진직
4	B BMC	보통속보로 이행 보통속보				이행의 유창함과 균형, 속보의 규칙성
5	C	보통평보				말의 통제능력, 균형, 정확한 평보로의 이행
6	H HB	중간평보로 이행 중간평보		2		말의 통제능력, 균형, 정확한 평보리듬의 유창함, 자유로운 어깨의 움직임, 오버트랙(마체의 늘림), 진직성
7	B BF	보통속보로 15m 윤승 보통속보		2		규칙성, 균형, 원의 크기와 모양
8	F	우구보 발진				이행의 유창함과 균형, 구보의 수준
9	FAKX X XM	보통구보 심플 체인지 (평보3~5보) 좌구보 발진		2		구보의 수준, 진직성, 명확한 이행 명확 3~5보 평보
10	MCHE	보통구보				규칙성과 균형, 코너에서 정확한 이행
11	E	15m 윤승		2		구보의 수준, 균형, 원의 크기와 모양
12	EKAF	보통구보				규칙성과 균형, 코너에서 정확한 이행
13	FX X XH HCM	보통구보 심플 체인지 (평보3~5보) 우구보 발진 보통구보		2		신속함, 이행의 유창함과 균형, 진직, 명확한 3~5보 평보, 구보의 수준
14	MF	중간구보		2		마체의 걸음의 늘림, 균형, 전진하는듯한 인상, 진직
15	F FA	보통구보로 이행 보통구보				정확한 이행 규칙성과 균형
16	Between A&K	A 와 K 사이 쿼터라인으로 우로 회전, 수직 장애물 비월		2		장애물비월과 통제능력, 진직성
17	Between C&M	C 와 M 사이 쿼터라인으로 우로 회전, 옥사 장애물 비월		2		장애물비월과 통제능력, 진직성
18	F A	보통속보 이행 중앙선 회전				이행의 유창함과 균형, 속보의 규칙성
19	X	정지, 부동, 경례				속보의 수준, 정지상의 진직과 균형
종합관찰		복종성(Submission)				주의력 및 신뢰감, 하모니, 경쾌성 및 동작의 유연성, 고삐의 받아들임, 전구의 가벼움
		기수의 자세(Rider)				기수의 자세와 부조의 올바른 사용법 및 부조의 효과적 사용
		코너이용의 정확성				코너이용의 정확성

경로위반과 운동과목의 불실시(장애물 통과포함)
1회시 감점 2점(총점에서 감점) / 2회시 감점 4점(총점에서 감점) / 3회시 실권
*검정장 규격 : 30m X 60m
*장애물 최대높이 : 1m / 장애물 비월시 낙하는 직접적인 감점요인이 아님(과목별 심사주안점 참고)

	항목점수				
	종합관찰				
	총점				

제1편 하계 50 종목 실기 및 구술 시험 세부시행 기준(가나다순)

☐ 구술검정
- 평가항목 : 규정 2개(50점), 지도방법 2개(50점)
- 지원자가 영역별로 문제지를 추첨하여 실시
- 구술평가 영역

영역	배점	분야
규정	50점	시설/도구, 경기운영, 세부 종목별 경기규정 등
지도방법	50점	세부종목 및 지도대상별 지도방법 등

* 위 내용은 구술 검정 준비에 도움을 주기 위한 범위이며, 위 내용 외에 추가로 범위를 선정하여 검정할 수 있음

6 기타 안내사항

- 시험영상은 시험 모니터링과 안전사고 예방을 위해 녹화하는 것으로 응시자에게 열람하거나 제공하지 않습니다.
- 시험의 공정성을 훼손하는 사례가 있는 경우 당일 시험이 종료되기 전까지 주관 단체에 이의신청을 하여 주시기 바랍니다.

주관단체	연락처	홈페이지	서류제출처
대한승마협회	02-422-7563	https://www.koreaequestrian.com	서울시 송파구 올림픽로 424 올림픽회관 신관 214호

22 씨름

1 시험 일시 및 장소

- 시험 일시 및 장소 * 매년 시험 일시 및 장소는 변경될 수 있음

구분	지역	검정일시	장소	연락처	주소
2급 전문	경기	6.20.(금) 10:00~12:00	경기대학교 씨름장/실기 배구장/구술	02-420-4256	경기 수원시 영통구 광교산로 154-42
1급 생활					
2급 생활					
유소년					
노인					

■ 장소운영 예상 도식도 : 실기검정(시험장) 및 구술검정(시험장) 동시운영
- 실기 시험장 : 경기대학교 씨름장

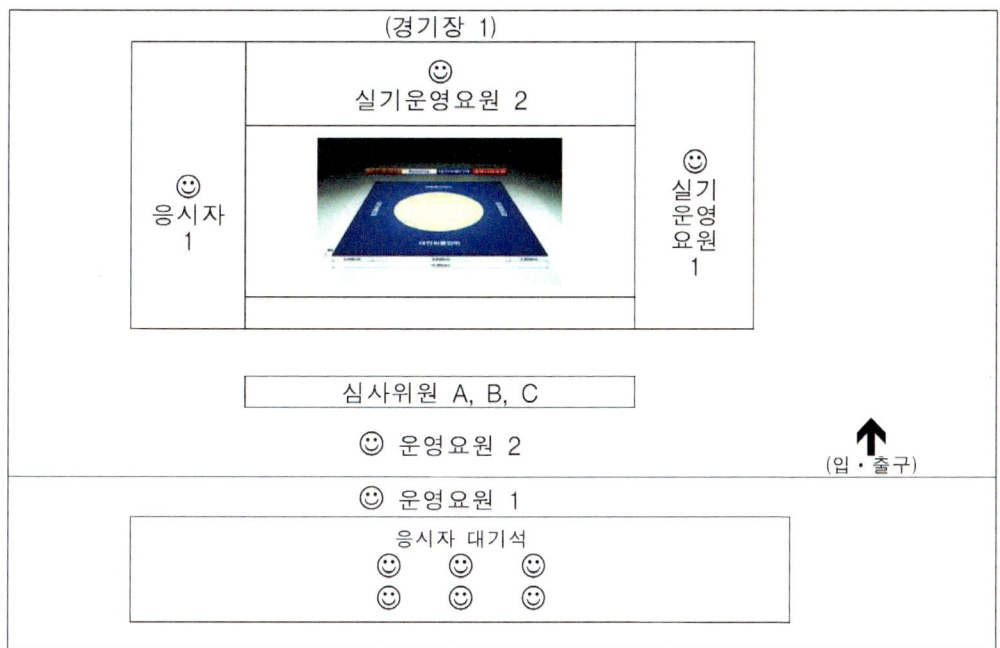

- 구술 시험장 : 경기대학교 배구장

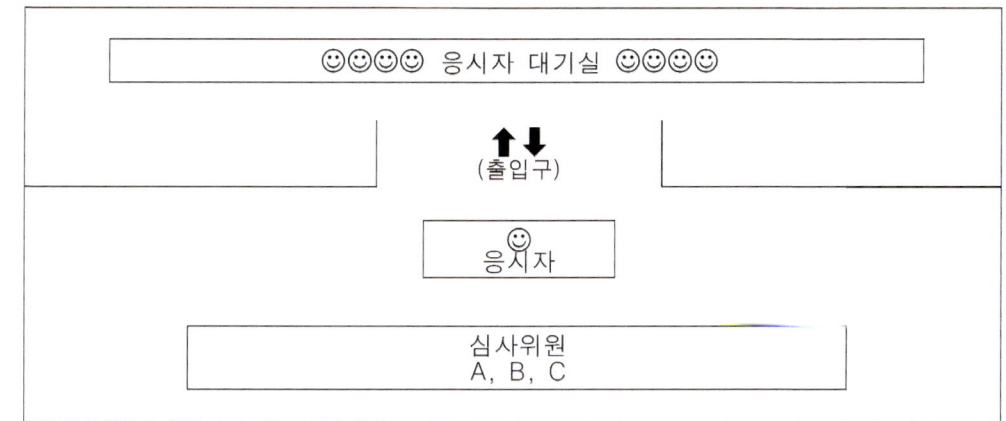

2 실기검정 소요장비

- 주관단체 준비사항 : 샅바, 샅바 규격 측정기, 스톱워치, 테이블보, 책상, 의자, 캠코더, 채점표 등
- 지원자 준비사항 : 수험표, 신분증, 운동복(반바지 및 씨름경기복), 개인수건 및 물병

3 방역 및 안전관리 대책

- 방역관리
- (감염 관리) 감염병 관리 관련 법령 및 시험방역지침에 따라 의무 격리가 필요한 감염병 확진자의 경우 시험응시가 제한될 수 있음
- 안전관리
- (보험가입) 전 종목 주최자 배상책임 보험가입을 통한 사고 대비
- (의무체계) 지역별 보건소, 병원 등과 연계 대응, 비상 약품 상시 비치, 구급차/구급인력 배치
- (부상자 및 환자 발생 시 대응체계) 해당 기관 이용, 응급처치 등 1차 대응 → 인근 지정병원 연계 후송 → 자격검정기관 담당자 연락
- (사전점검) 시험용구 및 시설물 사전 점검 의무화로 안전사고 예방
- (안전교육) 응시생 대상 안전사고 예방교육, 사고 시 비상연락체계 안내
- (보고체계) 검정기관 간 신속한 보고체계 운영

4 실기평가 영역

- 기술분류

평가대상	대분류	세부기술
	기본	샅바 매는 방법, 샅바 잡는 방법, 씨름 기본자세 잡는 법, 경기예절
	손기술	앞무릎치기, 앞무릎짚기, 모둠앞무릎치기, 앞무릎뒤집기, 앞무릎 짚고밀기, 뒷무릎치기, 옆무릎치기, 꽁꺽기, 앞다리들기, 손짚이기
	다리 기술	밭다리걸기, 밭다리치기, 밭다리감아돌리기, 안다리걸기, 왼안다리걸기, 덧걸이, 오금걸이
	발기술	호미걸이, 낚시걸이, 뒤축걸이, 뒷발목걸이, 앞다리차기, 무릎대어돌리기, 연장걸이, 빗장걸이
	허리 기술	왼배지기, 오른배지기, 엉덩배지기, 돌림배지기, 차돌리기, 어깨 걸어치기, 업어던지기
	들기술	들어팅겨배지기, 들며차내어배지기, 들며팅겨배지기, 들어잡채기, 후려던지기, 들어찧기, 들안아놓기, 들어낚시걸이, 들어호미걸이
	혼합 기술	잡채기, 부려치기, 밀어치기, 등채기, 등쳐감아돌리기, 애목잡채기, 자반뒤집기, 측면뒤집기, 목감아뒤집기, 끌어치기, 꼭뒤집기, 앞으로누르기, 통안아넘기기, 허리꺾기
	되치기	안다리되치기, 밭다리되치기, 들배지기되치기, 왼배지기되치기, 잡채기되치기

- 실기평가 영역

영역	평가항목	평가기준(포인트)
손기술	앞무릎치기	① 샅바를 이용하여 상대의 중심을 잘 빼앗는가? ② 손의 위치와 잡는 방법이 정확한가? ③ 기술에 맞게 내 중심이 잘 이동되는가? ④ 샅바 당김이 잘 이루어지는가? ⑤ 상대를 정확한 방향으로 넘기는가?
	뒷무릎치기	① 상대의 왼다리가 가까워지도록 잘 유도하는가? ② 손의 위치와 잡는 방법이 정확한가?

영역	평가항목	평가기준(포인트)
		③ 기술에 맞게 내 중심이 잘 이동되는가? ④ 샅바 당김이 잘 이루어지는가? ⑤ 상대를 정확한 방향으로 넘기는가?
다리기술	안다리걸기	① 기술수행이 가능한 거리를 잘 확보하는가? ② 다리의 위치와 거는 방법이 정확한가? ③ 기술에 맞게 내 중심이 잘 이동 되는가? ④ 샅바 당김이 잘 이루어지는가? ⑤ 상대를 정확한 방향으로 넘기는가?
	밭다리걸기	① 허리샅바를 이용하여 상대 상체를 잘 기울이는가? ② 다리의 위치와 거는 방법이 정확한가? ③ 기술에 맞게 내 중심이 잘 이동 되는가? ④ 샅바의 당김이 잘 이루어지는가? ⑤ 상대를 정확한 방향으로 넘기는가?
발기술	빗장걸이	① 기술수행이 가능한 거리를 잘 확보하는가? ② 발의 위치와 거는 방법이 정확한가? ③ 기술에 맞게 내 중심이 잘 이동되는가? ④ 샅바 당김이 잘 이루어지는가? ⑤ 상대를 정확한 방향으로 넘기는가?
허리 기술	왼배지기	① 왼다리가 정확한 위치로 이동되는가? ② 엉덩이가 낮은 자세로 정확하게 회전되는가? ③ 기술에 맞게 내 중심이 잘 이동되는가? ④ 샅바 당김이 잘 이루어지는가? ⑤ 상대를 정확한 방향으로 넘기는가?
	돌림배지기	① 상대의 우측으로 정확하게 회전을 하는가? ② 기술이 가능할 만큼 회전력을 잘 이용하는가? ③ 기술에 맞게 내 중심이 잘 이동되는가? ④ 샅바 당김이 잘 이루어지는가? ⑤ 상대를 정확한 방향으로 넘기는가?
	차돌리기	① 샅바를 이용하여 상대의 중심을 잘 빼앗는가? ② 오른다리가 상대의 왼다리의 정확한 위치에 놓이는가? ③ 기술에 맞게 내 중심이 잘 이동되는가? ④ 샅바 당김이 잘 이루어지는가? ⑤ 상대를 정확한 방향으로 넘기는가?
들기술	들어뒹거배지기	① 샅바를 이용하여 상대의 중심을 잘 밀착시키는가? ② 내 중심이 안정적으로 잘 낮추어지는가? ③ 샅바 당김이 잘 이루어지는가? ④ 상대를 들어 올리며 정확히 튕겨내는가? ⑤ 배지기 자세가 정확하게 마무리되는가?
	들며차내어배지기	① 샅바를 이용하여 상대의 중심을 잘 밀착시키는가? ② 내 중심이 안정적으로 잘 낮추어지는가? ③ 샅바 당김이 잘 이루어지는가? ④ 상대를 들어 올리며 정확하게 다리를 차내는가? ⑤ 배지기 자세가 정확하게 마무리되는가?

제1편 하계 50 종목 실기 및 구술 시험 세부시행 기준(가나다순)

영역	평가항목	평가기준(포인트)
혼합 기술	잡채기	① 샅바를 이용하여 상대의 중심을 잘 밀착시키는가? ② 상대 중심을 잡채기 방향으로 잘 기울이는가? ③ 기술에 맞게 내 중심이 잘 이동되는가? ④ 샅바 당김이 잘 이루어지는가? ⑤ 상대를 정확한 방향으로 넘기는가?
	뿌려치기	① 뿌려치기가 가능한 위치의 샅바를 정확히 잡는가? ② 상대 중심을 뿌려치기 방향으로 잘 기울이는가? ③ 기술에 맞게 내 중심이 잘 이동되는가? ④ 샅바 당김이 잘 이루어지는가? ⑤ 상대를 정확한 방향으로 넘기는가?
되치기 기술	안다리 되치기	① 허리중심을 안정적으로 잘 확보하는가? ② 하체 중심을 안정적으로 잘 확보하는가? ③ 되치기 기술에 맞게 내 중심이 잘 이동되는가? ④ 샅바 당김이 잘 이루어지는가? ⑤ 상대를 정확한 방향으로 넘기는가?
	밭다리 되치기	① 허리중심을 안정적으로 잘 확보하는가? ② 하체 중심을 안정적으로 잘 확보하는가? ③ 되치기 기술에 맞게 내 중심이 잘 이동되는가? ④ 샅바 당김이 잘 이루어지는가? ⑤ 상대를 정확한 방향으로 넘기는가?
	왼배지기 되치기	① 중심을 안정적으로 잘 낮게 유지하는가? ② 하체 중심을 안정적으로 잘 확보하는가? ③ 되치기 기술에 맞게 내 중심이 잘 이동되는가? ④ 샅바 당김이 잘 이루어지는가? ⑤ 상대를 정확한 방향으로 넘기는가?
	들배지기 되치기	① 들린 상태에서 중심을 안정적으로 잘 확보하는가? ② 들렸다가 내려올 때 중심을 안정적으로 잘 확보하는가? ③ 되치기 기술에 맞게 내 중심이 잘 이동되는가? ④ 샅바 당김이 잘 이루어지는가? ⑤ 상대를 정확한 방향으로 넘기는가?
	잡채기 되치기	① 허리중심을 안정적으로 잘 확보하는가? ② 하체 중심을 안정적으로 잘 확보하는가? ③ 되치기 기술에 맞게 내 중심이 잘 이동되는가? ④ 샅바 당김이 잘 이루어지는가? ⑤ 상대를 정확한 방향으로 넘기는가?

* 평가기준에 따른 세부 배점표

□ 구술검정

■ 평가항목 : 규정 2개(50점), 지도방법 2개(50점)

- 지원자가 영역별로 문제지를 추첨하여 실시

- 구술평가 영역

영역		내용
규정 (40)	시설/도구	1. 경기장 규격
		2. 샅바규격
	경기운영	3. 선수자격규정
		4. 지도자 복장규정
		5. 단체전 구성
		6. 경기시간
		7. 경기진행순서
	반칙/페널티	8. 승패결정 기본 기준
		9. 경고, 패, 무효경기 기준
	최신규정	10. 반칙의 종류와 처벌
지도방법 (40)	최신규정	12. 씨름경기규정(민속(리그)대회 체급)
		13. 씨름경기규정(민속(리그)대회 시드)
		14. 씨름경기규정(비디오 판독)
		15. 지도철학과 지도목적
		16. 지도계획
		17. 의사소통
전문(2급)		18. 동기유발

5 기타 안내사항

- 시험영상은 시험 모니터링과 안전사고 예방을 위해 녹화하는 것으로 응시자에게 열람하거나 제공하지 않습니다.
- 시험의 공정성을 훼손하는 사례가 있는 경우 당일 시험이 종료되기 전까지 주관단체에 이의신청을 하여 주시기 바랍니다.

주관단체	연락처	홈페이지	서류제출처
(사)대한씨름협회	02-420-1471	http://ssireum.sports.or.kr	서울시 송파구 올림픽로 424, 올림픽회관 (신관 222호) 대한씨름협회

23 야구

1 시험 일시 및 장소

■ 시험 일시 및 장소　　　　　　　　　　　　　　* 매년 시험 일시 및 장소는 변경될 수 있음

구분	지역	검정일시	장소	연락처	주소
2급전문 (특별)	서울	6.16(월) 오전 09:00~12:00 오후 12:00~18:00	목동야구장	02-2652-3888	서울시 양천구 안양천로 939
2급전문 (일반, 추가)	서울	6.17(화) 오전 09:00~12:00 오후 12:00~18:00	목동야구장	02-2652-3888	서울시 양천구 안양천로 939
2급전문 (일반, 추가)	서울	6.18(수) 오전 09:00~12:00 오후 12:00~18:00	목동야구장	02-2652-3888	서울시 양천구 안양천로 939
2급생활	서울	6.19(목) 오전 09:00~12:00 오후 12:00~18:00	목동야구장	02-2652-3888	서울시 양천구 안양천로 939
1급생활 유소년 노인	서울	6.20(금) 오전 09:00~12:00 오후 12:00~18:00	목동야구장	02-2652-3888	서울시 양천구 안양천로 939

* 2급전문 특별과정 중 실기를 보는 자격요건의 경우 6.17(화)로 일정 변경될 수 있음
* 우천으로 운동장에서 실기 시험이 어려운 경우 당일 구술시험만 진행(실기시험은 추가 일정 확정 후 진행 예정이며, 수험자들에게 별도 안내)

■ 장소운영 예상 도식도 :
- 실기 시험장 : 목동야구장

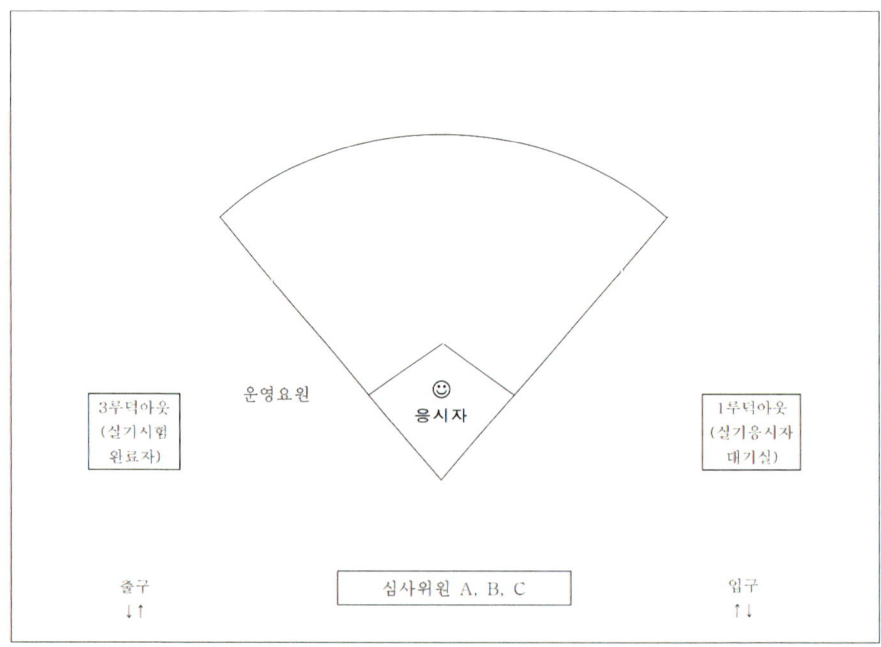

- 구술 시험장 : 목동야구장 내 공실 *응시인원에 따라 1개소 이상 동시 운영

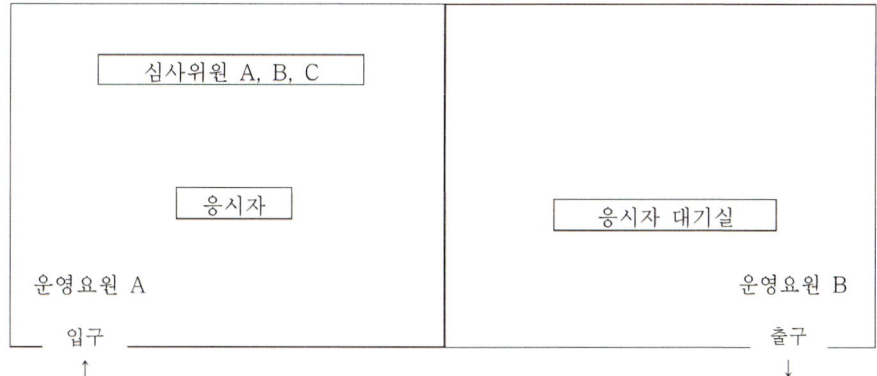

2 실기검정 소요장비

- 주관단체 준비사항 : 야구공, 배트, 헬멧, 캠코더
- 지원자 준비사항 : 글러브, 개인배트 사용 가능, 개인헬멧 사용 가능, 물 (주관단체에서 제공하지 않음), 운동복(야구복), 운동화(야구화)

3 방역 및 안전관리 대책

- 방역관리
- (감염 관리) 감염병 관리 관련 법령 및 시험방역지침에 따라 의무 격리가 필요한 감염병 확진자의 경우 시험응시가 제한될 수 있음
- 안전관리
- (안전요원배치) 응시자 안내 및 비상 상황 발생 시 불법행위 저지 등 응시자 안전을 위한 대책을 추진 마련으로 안전요원 배치 지원
- (보험가입) 전 종목 주최자 배상책임 보험가입을 통한 사고 대비
- (의무체계) 지역별 보건소, 병원 등과 연계 대응, 비상 약품 상시 비치, 구급차/구급인력 배치
- (부상자 및 환자 발생 시 대응체계) 해당 기관 이용, 응급처지 등 1차 대응 → 인근 지정병원 연계 후송 → 자격검정기관 담당자 연락
- (사전점검) 시험용구 및 시설물 사전 점검 의무화로 안전사고 예방

4 실기평가 영역

- 기술분류

평가대상	대분류	세부기술
2급 전문 등	던지기/받기	• 캐치볼(긴 토스 - 받기, 오버 드로우 - 받기, 그라운드 볼 받기, 플라이 볼 받기)
	번트/ 타격	• 배팅박스위치, 그립, 스탠스, 스윙, 팔로우 드로우, 번트, 히트 앤 런

평가대상	대분류		세부기술
	주루		• 빠른 턴으로 베이스 돌기, 타격 후 1루로 달리기 • 1루에서 달리기 : 리드, 브레이크, 스틸 • 1루에서 3루로 달리기 : 더블스틸 • 2루에서 달리기 : 리드, 브레이크, 스틸 • 3루에서 달리기 : 리드, 스퀴즈, 벤트 레그 슬라이드,
	수비	내야	• 위치 잡기, 땅볼 잡기/처리, 팝 플라이 잡기/처리, 더블 플레이
		외야	• 위치 잡기, 플라이 볼 잡기/처리, 땅볼 잡기/처리, 던지기 : 릴레이, 컷오프

■ 실기평가 영역

영역	내용	평가기준
던지고/ 받기 (20)	던지고 / 받기	• 던지고/받기를 정확하게 수행할 수 있는가? ① 무릎을 가볍게 구부려 가슴 앞쪽에서 글러브를 쥐고 한쪽 손은 옆에 갖다 댄 후 중심을 조금 낮추어서 포구하는가? ② 중심 발을 반걸음 앞에 내밈과 동시에 오른(왼)손을 내고 양손으로 포구하는가? ③ 중심 발을 반걸음 앞으로 내밀고 송구 방향을 똑바로 보고 있는가? ④ 앞다리로 중심을 옮기고 가슴을 펴 송구방향으로 정확히 송구하는가? [평가점수] – A등급(20점), B등급(16점), C등급(12점), D등급(8점), E등급(4점)
타격 (20)	타격	• 타격을 정확하게 수행할 수 있는가? ① 배트는 오른(왼)손으로 잡고 왼(오른)손을 밑에 놓고 있는가? ② 다리를 어깨보다 약간 넓게 벌리고 무릎을 약간 굽혀 투수 쪽을 바라보고 있는가? ③ 백스윙은 오른발(왼발)에 중심을 두고 약간 허리를 비트는가? ④ 스윙 시 왼쪽(오른쪽) 어깨는 벌어지지 않고 허리를 날카롭게 회전시키는가? ⑤ 스윙 시 오른쪽(왼쪽) 겨드랑이를 단단히 좁히고 배트의 헤드가 늦게 나오는가? ⑥ 임팩트 순간까지 볼에서 눈을 떼지 않는가? [평가점수] – A등급(20점), B등급(16점), C등급(12점), D등급(8점), E등급(4점)
달리기/ 주루 슬라이드 (20)	1루 주루 플레이	• 타구에 따라 적절한 베이스런닝을 하는가? • 1루 주루 플레이를 적절하게 수행할 수 있는가? ① 베이스를 밟은 채 심사위원의 사인을 보는가? ② 약 2m~2m 50cm 정도의 세이프티리드(일반적으로 보폭 한발, 신장, 팔의 길이 합산)를 취하고 있는가? ③ 오른발을 약간 구부려 앞으로 기운 자세를 취하고 있는가? [평가점수] – A등급(20점), B등급(16점), C등급(12점), D등급(8점), E등급(4점)
내야수 (20)	땅 볼 잡기 / 처리	• 땅 볼 잡기/처리를 적절하게 수행할 수 있는가? ① 약간 앞으로 기울인 자세로 무릎을 굽히고 허리를 낮추고 있는가? ② 엄지손가락이 글러브 중심에 걸쳐 있는가? ③ 한쪽 무릎을 땅에 대고 충분히 허리를 낮추어 글러브 지면에 낮게 떨어뜨려 포구하는가?

영역	내용	평가기준
		④ 바운드가 정점이거나 그 정점을 지나 내려올 때 또는 큰 바운드를 지나 짧은 바운드로 전환될 때 포구하는가? ⑤ 포구 시 나머지 손을 글러브에 갖다 대고 허리를 드는가? ⑥ 포구 후 재빨리 팔꿈치를 구부리면서 들어 올려 볼을 귀 뒤로 가져오는가? ⑦ 왼(오른)발을 송구 방향으로 내어밟고 송구하는가? ⑧ 송구 방향으로 정확히 송구하는가? [평가점수] – A등급(20점), B등급(16점), C등급(12점), D등급(8점), E등급(4점)
외야수 (20)	플라이 볼잡기/ 처리	• 플라이볼 잡기/처리를 적절하게 수행할 수 있는가? ① 글러브쪽 다리를 약간 앞으로 가져가는가? ② 양발을 약간 벌리고 중심은 약간 앞쪽으로 기울어져 있는가? ③ 상대 타자의 타격과 동시에 재빨리 몸을 공이 날아오는 방향으로 선회하는가? ④ 타구가 후방일 때 타구가 날아가는 방향의 발을 후방으로 내딛는가? ⑤ 타구에서 눈을 떼지 않고 어깨 너머로 보면서 낙하지점으로 달리는가? [평가점수] – A등급(20점), B등급(16점), C등급(12점), D등급(8점), E등급(4점)

5 구술평가 영역

- 시행방법 : 규정 2문제(50점), 지도방법 2문제(50점)
- 합격기준 : 70점 이상(100점 만점)

영역	배점	분야
규정	50점	시설/도구, 경기운영, 반칙/페널티, 최신규정
지도방법	50점	도구, 기술, 지도방법

* 위 내용은 구술시험 평가 준비에 도움을 주기 위한 범위이며, 위 내용 외에 더 추가로 범위를 선정하여 검정할 수 있음
* 지도자로서의 표현력, 전달력, 답변태도 등은 규정 및 지도방법에 포함하여 평가

6 기타 안내사항

- 시험영상은 시험 모니터링과 안전사고 예방을 위해 녹화하는 것으로 응시자에게 열람하거나 제공하지 않습니다.
- 시험의 공정성을 훼손하는 사례가 있는 경우 당일 시험이 종료되기 전까지 주관단체에 이의신청을 하여 주시기 바랍니다.

주관단체	연락처	홈페이지	서류제출처
대한야구소프트볼협회	02-572-8411 (내선260)	www.korea-baseball.com	서울특별시 송파구 올림픽로 424 올림픽회관 신관 205호

24 양궁

1 검정기간 및 장소

■ 검정시설　　　　　　　　　　　　　　　　　　　　　* 매년 시험 일시 및 장소는 변경될 수 있음

구분	지역	검정기간	장소	연락처	주소
2급 전문	인천	6.5.(목) 특별과정 10:00-12:00 일반과정 추가취득 14:00-18:00	현대제철 양궁장	02-420-4263	인천시 서구 파랑로 268(원창동 209번지), 현대제철 종합운동장 내 양궁장
1급 생활					
2급 생활					
유소년					
노인					

* 오전 : 특별과정 및 2급 생활(실기/구술)
  오후 : 2급 전문(실기/구술)

■ 장소운영 예상 도식도

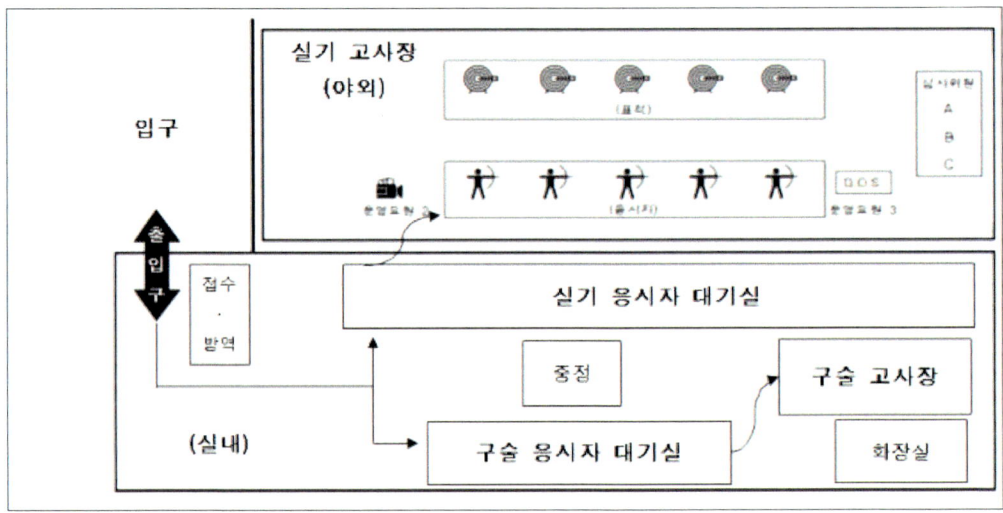

※ 실제 운영시 상기 예상 도식도와 차이 있을 수 있음.

2 실기검정 소요장비

- 주관단체 준비사항 : 표적판, 연습용활, 화살 등 실기검정 기초장비 시험문제, 채점표, 수험자명부, 녹화용 카메라 등
- 지원자 준비사항 : 운동복, 신분증, 수험표, 개인장비
  (※실기평가 응시자는 모두 개인장비 지참하며, 개인장비로 응용실기 진행)

3 방역 및 안전관리 대책

- 방역관리
- 수험자간 거리 두기 실행 (대기 장소 등에서 대화 자제 협조)
- 수험장 관할 보건소와 연락체계구축
- 수험자, 시험위원, 운영요원 외 외부인 시험장 및 시험장 주변참여 불가

- 안전관리
- 실기시험 발사통제관 / 기록원 별도 운영
- 운영 요원을 통한 실기시험장 동선통제 및 참가자 안전교육
- 실기시험 전 응시자 준비운동 실시
- 의료 지원팀 검정장소 상시 배치(간호사, 차량)
- 응시자 및 시험위원 포함 주최자배상책임공제 보험 가입

4 실기평가 영역

- 기술분류
- 기술 분류표에서 평가에 필요한 필수 세부기술(5개 내외) 선정
  (단, 종목특성에 따라 3~10개 항목 평가 가능)
- 선정된 평가항목별 평가기준 작성

평가대상	대분류	세부기술
2급 전문· 1/2급 생활· 유소년·노인	기본실기 (50점)	① 기본자세 - 스탠스, 그립, 후킹, 앵커, 에이밍, 풀드로우, 익스텐션 ② 슈팅 - 릴리즈, 팔로우드로우
	응용실기 (50점)	① 제한 시간 내에 득점한 점수로 평가 - 2급 전문 : 30M 거리 1인당 총 6발 발사(180초) - 1, 2급 생활/유소년/노인 : 20M거리 1인당 총 6발 발사(180초)

- 실기평가 영역

영역	내용	평가기준
기본실기	① 기본자세 - 스탠스 - 그립, 후킹 - 앵커, 에이밍 - 풀드로우, 익스팬션 ② 슈팅 - 릴리즈, 팔로스루	① 기본자세 - 안정된 몸의 중심과 균형 유지 - 그립과 후킹의 모양과 위치 - 정확한 앵커위치와 에이밍 - 안정된 풀드로우와 홀딩타임 ② 슈팅 - 빠르고 강한 릴리즈와 안정된 팔로스루

영역	내용	평가기준		
응용실기	① 제한시간 내에 득점한 점수로 평가 - 2급 전문 : 30M 거리 1인당 총 6발 발사(180초) - 1,2급 생활/유소년/노인 : 20M거리 1인당 총 6발 발사(180초) ※ 시험 응시자는 모두 개인 장비 지참하여 개인장비로 응용실기 진행	평가	등급	점수
		화살 6발 발사 후 총점이 56점~60점	A	50점
		화살 6발 발사 후 총점이 51점~55점	B	45점
		화살 6발 발사 후 총점이 46점~50점	C	40점
		화살 6발 발사 후 총점이 41점~45점	D	35점
		화살 6발 발사 후 총점이 36점~40점	E	30점
		화살 6발 발사 후 총점이 31점~35점	F	25점
		화살 6발 발사 후 총점이 21점~30점	G	20점
		화살 6발 발사 후 총점이 11점~20점	H	15점
		화살 6발 발사 후 총점이 0점~10점	I	10점

5 구술평가 영역

- 시행방법 : 규정 2문제(50점), 지도방법 2문제(50점)
- 지원자가 영역별(A/B형)로 문제지를 추첨하여 실시
- 합격기준 : 70점 이상(100점 만점)

영역	배 점	분야
규정	50점	- 경기규정(20점) - 경기운영(20점) - 시설/도구(10점)
지도방법	50점	- 양궁기술(20점) - 체력훈련(10점) - 선수입문 및 발굴(10점) - 연령별 지도(10점)

* 위 내용은 구술 검정 준비에 도움을 주기 위한 범위이며, 위 내용 외에 더 추가로 범위를 선정하여 검정할 수 있음

6 기타 안내사항

- 영상은 시험 모니터링과 안전사고 예방을 위해 녹화하는 것으로 응시생에게 열람하거나 제공하지 않습니다.
- 시험의 공정성을 훼손하는 사례가 있는 경우 당일 시험이 종료되기 전까지 주관단체에 이의신청을 하여 주시기 바랍니다.
- 시험에 응시하는 수험생들 대상으로 왕복 셔틀버스 운영
  (청라국제도시역 1번 출구 앞 ↔ 시험장)

주관단체	연락처	홈페이지	서류제출처
(사)대한양궁협회	02-420-4263	www.archery.or.kr	서울시 강동구 강동대로 199 다성빌딩 6층

25 에어로빅

1 시험 일시 및 장소

■ 시험 일시 및 장소　　　　　　　　　　　　　　　　　　* 매년 시험 일시 및 장소는 변경될 수 있음

구분	지역	검정기간	장소	연락처	주소
2급 전문	서울	6.28.(토) 09:00~18:00	동덕여자대학교 동인관		서울특별시 성북구 화랑로 13길 60
1급 생활	서울	6.23.(월) 09:00~18:00	에어로빅 선수훈련원	02-742-8782	서울특별시 종로구 성균관로 3길 16
2급 생활 유소년 노인	서울	6.23.(월)~24.(화) 09:00~18:00	에어로빅 선수훈련원	02-742-8782	서울특별시 종로구 성균관로 3길 16
	광주	6.25.(수) 09:00~18:00	조선이공대학교 3호관 대강당	062-230-8114	광주광역시동구팔문대로309-1 조선이공대학교 3호관 대강당
	부산	6.26.(목) 09:00~18:00	부산여자대학교 예술관	051-852-0081	부산광역시 부산진구 진남로 506

■ 시험장소 선정 기준
- 공공기관, 학교
- 실기시험 공간과 대기실 및 연습실, 회의실 등의 충분한 공간을 갖추고 있는 장소로 응시생들의 접근 경로가 용이한 곳

■ 장소운영 예상 도식도 : 지원자 수, 장소의 특성을 고려하여 진행
- 실기 시험장

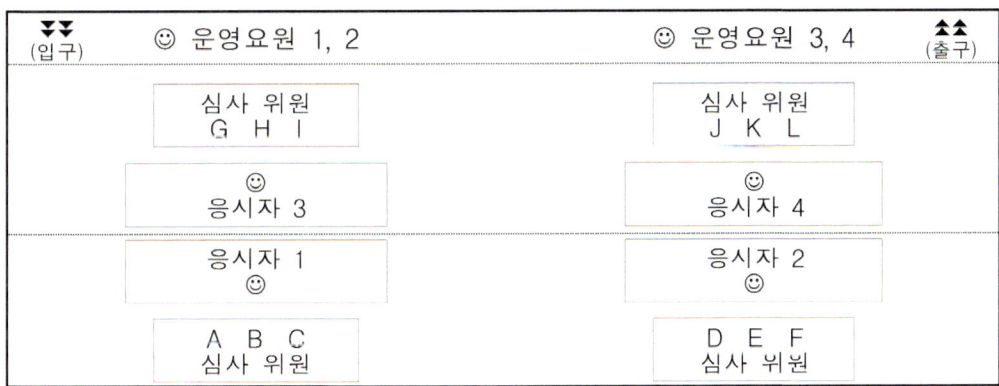

※ 실기 시험은 4개조의 심사패널을 준비하고 시험위원은 각 3명씩 배치함
- 시험은 4개의 패널에서 동시에 시작함
- 실기 시험장 및 수험생 규모에 따라 2~3개조로 편성 가능함
- 시험의 원활한 진행과 수험생들의 이동을 최소화하기 위함

- 구술 시험장

```
┌─────────────────────────────────────────────────────────┐
│ ▼▼                                                   ▲▲│
│(입구)   ☺ 운영요원 1, 2          ☺ 운영요원 3, 4   (출구)│
├─────────────────────────────────────────────────────────┤
│       ┌─────────┐                    ┌─────────┐        │
│       │ 심사 위원│                    │ 심사 위원│        │
│       │  G H I  │                    │  J K L  │        │
│       └─────────┘                    └─────────┘        │
│       ┌─────────┐                    ┌─────────┐        │
│       │    ☺    │                    │    ☺    │        │
│       │ 응시자 3 │                    │ 응시자 4 │        │
│       └─────────┘                    └─────────┘        │
├─────────────────────────────────────────────────────────┤
│       ┌─────────┐                    ┌─────────┐        │
│       │ 응시자 1 │                    │ 응시자 2 │        │
│       │    ☺    │                    │    ☺    │        │
│       └─────────┘                    └─────────┘        │
│       ┌─────────┐                    ┌─────────┐        │
│       │  A B C  │                    │  D E F  │        │
│       │ 심사 위원│                    │ 심사 위원│        │
│       └─────────┘                    └─────────┘        │
└─────────────────────────────────────────────────────────┘
```

- 응시자의 이동 동선과 응시자 간 접촉을 최소화하기 위하여 실기시험 후 이어서 구술시험 진행
- 구술시험만 응시하는 경우 구술시험장을 별도로 배정하여 진행

2 실기검정 소요장비

- 주관단체 준비사항 : 심사용 테이블, 의자, 정수기, 음향, 현수막, 배너, 안내문, 일정표, 노트북, 프린터, 심판명패, 명찰, 문구류, 채점표, 비디오 카메라, 손소독제, 체온계, 비상용 마스크 등
- 지원자 준비사항 : 에어로빅 운동화 및 복장, 신분증, 수험표
  - 여성 : 에어로빅 레오타드 착용시 반드시 타이즈 착용, 유니타드(상하분리 가능), 스포츠양말
  - 남성 : 유니타드(상하분리 가능), 몸에 잘 맞는 반바지, T-셔츠, 스포츠양말
  - ※ 신체노출이 심한 의상 금지

3 방역 및 안전관리 대책

- 방역관리
- (감염 관리) 감염병 관리 관련 법령 및 시험방역지침에 따라 의무 격리가 필요한 감염병 확진자의 경우 시험응시가 제한될 수 있음
- 안전관리
- (보험가입) 전 종목 주최자 배상책임 보험가입을 통한 사고 대비
- (의무체계) 지역별 보건소, 병원 등과 연계 대응, 비상 약품 상시 비치, 구급차/구급인력 배치
- (부상자 및 환자 발생 시 대응체계) 해당 기관 이용, 응급처지 등 1차 대응 → 인근 지정병원 연계 후송 → 자격검정기관 담당자 연락
- (사전점검) 시험용구 및 시설물 사전 점검 의무화로 안전사고 예방
- (안전교육) 응시생 대상 안전사고 예방교육, 사고 시 비상연락체계 안내
- (보고체계) 검정기관 간 신속한 보고체계 운영

4 실기평가 영역

■ 기술분류

- 2급 전문스포츠지도사

대분류	세부기술
에어로빅스동작 (AMP : Aerobics Movement Pattens) 16#	AMP에 대한 이해와 안무능력
난도(Difficulty) 지도법	• 난도의 A·B·C 그룹과 패밀리에 대한 이해 • 난도에 대한 이해와 지도·훈련법
기초체력(Conditioning) 지도법	• 난도 기술 향상을 위한 기초체력 구성과 지도법

- 1·2급 생활/유소년/노인스포츠지도사

대분류	세부기술
기본 스텝	• Low Impact : March / Knee-Lifts / Lunge • High Impact : Jumping-Jack / Skip / Running / Kick ※ 노인스포츠지도사 : March / Knee-Lifts / Step-Touch / Open-Step / Toe-Touch

기본 작품
(64박자)
	• 기본 7가지 스텝과 응용스텝
	• 다양한 팔 동작
	• 복합적인 구성(응시자가 자율적으로 선택하여 실시)
	 - 응용스텝
	  Grapevine, V-step, Diamond-step, Box-step, Open-step, Mambo, Cha-Cha-Cha, Polka, Chasse, BB-Turn, Scissors, Hip-swing, Squat 등
	 - 팔 동작
	  위/아래/앞/옆, 긴/짧은 지렛대, 대칭/비대칭, 직선/서클 동작 등

프로그램 구성	준비운동 / 본 운동 / 정리운동

■ 실기평가 영역 - 2급 전문스포츠지도사

영역	내용(구성및방법)	평가기준
AMP (Aerobics Movement Pattens) (10점)	1. 에어로빅스의 7가지 기본동작 기본동작(Low Impact : March, Knee-Lifts, Lunge / High Impact : Jumping-Jack, Skip, Running, Kick)을 다양한 팔 동작(위/아래/앞/옆, 긴/짧은 지렛대, 대칭/비대칭, 직선/서클 동작 등)과 함께 시퀀스(Sequences : 8#)안에서 다양한 리듬과 면 변화, 이동경로를 보여주면서 높은 수준의 복합 적인 동작을 실시 ※ 16#를 직접 안무하여 실시한다.	① AMP에 대한 이해도 ② AMP의 안무능력
난도(Difficulty) 지도법 (50점)	1. A·B·C 난도 그룹의 패밀리에 대한 이해와 일반적인 설명 2. 난도 지도 및 훈련법 ※ 지도할 난도는 현장에서 추첨(제비뽑기) 통하여 대기하고 있는 현역 선수들을 대상으로 직접 지도	① 난도에 대한이해도 ② 난도의 최소한의 요구사항에 대한 이해도 ③ 난도 훈련 및 지도법

제1편 하계 50 종목 실기 및 구술 시험 세부시행 기준(가나다순)

영역	내용(구성및방법)	평가기준
기초체력 (Conditioning) 지도법 (40점)	1. 패밀리에 필요한 기초체력 지도법 ※ 추첨(제비뽑기)을 통해 선택한 난도에 필요한 기초체력 요소를 대기하고 있는 현역선수들에게 직접 지도함	① 난도에 필요한 기초체력 이해도 ② 난도에 필요한 기초체력 동작 구성 ③ 기초체력 지도법

※ 평가기준에 따른 세부 채점표

- 1급 생활스포츠지도사

영역	내용(구성및방법)		평가기준
기본 스텝 (10점)	1. March 2. Knee-Lifts 3. Lunge 4. Jumping-Jack 5. Skip 6. Running 7. Kick	• 기본스텝 7가지를 각각 32박자씩 실시하되 Kick만 16박자 실시 * 208박자 구성	① 올바른 신체정렬 ② 동작의 정확성
기본 작품 (20점)	1. 기본 스텝과 응용 스텝 2. 다양한 팔 동작 3. 다양하고 복합적인 동작으로 안무 구성(64박자)	• 지정 음악에 맞추어 작품 64박자 실시 * 본운동 기준	① 안무 구성 ② 올바른 신체정렬 ③ 동작의 정확성 ④ 음악의 이해와 리듬감
프로그램 구성 (70점)	준비운동: 워밍업 / 이완운동 본운동: 예비심장운동 / 심장운동 정리운동: 쿨다운 / 저항운동 / 스트레칭	• 전체 수업프로그램 프리스타일 지도법 • 지정 음악에 맞추어 실시	① 지도 자세 및 언어 ② 안무구성 능력 ③ 동작 지도 능력 ④ 큐사인(예령, 예시, 구령) 능력 ⑤ 재미와 흥미성 유도

※ 평가기준에 따른 세부 채점표

- 2급 생활스포츠지도사

영역	내용(구성 및 방법)		평가기준
기본 스텝 (10점)	1. March 2. Knee-Lifts 3. Lunge 4. Jumping-Jack 5. Skip 6. Running 7. Kick	• 기본스텝 7가지를 각각 32박자씩 실시하되 Kick만 16박자 실시 * 208박자 구성	① 올바른 신체정렬 ② 동작의 정확성
기본 작품 (20점)	1. 기본 스텝과 응용 스텝 2. 다양한 팔 동작 3. 다양하고 복합적인 동작으로 안무 구성(64박자)	• 지정 음악에 맞추어 작품 64박자 실시 * 본운동 기준	① 안무 구성 ② 올바른 신체정렬 ③ 동작의 정확성 ④ 음악의 이해와 리듬감

영역	내용(구성 및 방법)			평가기준
프로그램 구성 (70점)	준비운동	워밍업	• 지정 음악에 맞추어 실시	① 운동 목적에 맞는 바른 동작 구성 ② 정확한 큐사인(예령, 예시, 구령) 사용
		이완운동		
	본운동	예비심장운동		
		심장운동		
	정리운동	쿨다운		
		저항운동		
		스트레칭		
	• 작품 프리스타일 지도법(64박자) (현장에서 예시한 작품)			① 지도 자세 및 언어 ② 동작 습득 능력 ③ 동작 지도 능력 ④ 큐사인(예령, 예시, 구령) 능력 ⑤ 재미와 흥미성 유도

※ 평가기준에 따른 세부 채점표

- 유소년스포츠지도사

영역	내용(구성 및 방법)			평가기준
기본 스텝 (10점)	1. March 2. Knee-Lifts 3. Lunge 4. Jumping-Jack 5. Skip 6. Running 7. Kick		• 기본스텝 7가지를 각각 32박자씩 실시하되 Kick만 16박자 실시 * 208박자 구성	① 올바른 신체정렬 ② 동작의 정확성
기본 작품 (20점)	1. 기본 스텝과 응용 스텝 2. 다양한 팔 동작 3. 다양하고 복합적인 동작으로 안무 구성(64박자)		• 지정 음악에 맞추어 작품 64박자 실시 * 본운동 기준	① 안무 구성 ② 올바른 신체정렬 ③ 동작의 정확성 ④ 음악의 이해와 리듬감
프로그램 구성 (70점)	준비운동	워밍업	• 지정 음악에 맞추어 실시	① 운동 목적에 맞는 바른 동작 구성 ② 정확한 큐사인(예령, 예시, 구령) 사용
		이완운동		
	본운동	예비심장운동		
		심장운동		
	정리운동	쿨다운		
		저항운동		
		스트레칭		
	• 작품 프리스타일 지도법(64박자) (현장에서 예시한 작품)			① 지도 자세 및 언어 ② 동작 습득 능력 ③ 동작 지도 능력 ④ 큐사인(예령, 예시, 구령) 능력 ⑤ 재미와 흥미성 유도

※ 평가기준에 따른 세부 채점표

제1편 하계 50 종목 실기 및 구술 시험 세부시행 기준(가나다순)

- 노인스포츠지도사

영역	내용(구성 및 방법)		평가기준
기본 스텝 (10점)	1. March 2. Knee-Lifts 3. Step-Touch 4. Open-Step 5. Toe-Touch	• 기본스텝 5가지를 각각 8박자씩 실시 * 40박자 구성	① 올바른 신체정렬 ② 동작의 정확성
기본 작품 (20점)	1. 기본 스텝 사용 2. 다양한 팔 동작 3. Low Impact 스텝으로 안무 구성(64박자)	• 지정 음악에 맞추어 작품 64박자 실시 * 본운동 기준	① 안무 구성 ② 올바른 신체정렬 ③ 동작의 정확성 ④ 음악의 이해와 리듬감
프로그램 구성 (70점)	준비운동	워밍업	• 지정 음악에 맞추어 실시	① 운동 목적에 맞는 바른 동작 구성 ② 정확한 큐사인(예령, 예시, 구령) 사용
		이완운동		
	본운동	예비심장운동		
		심장운동		
	정리운동	쿨다운		
		저항운동		
		스트레칭		
	• 작품 프리스타일 지도법(64박자) (현장에서 예시한 작품)		① 지도 자세 및 언어 ② 동작 습득 능력 ③ 동작 지도 능력 ④ 큐사인(예령, 예시, 구령) 능력 ⑤ 재미와 흥미성 유도

※ 평가기준에 따른 세부 채점표

- 지정 음악의 박자 및 BPM

구분			박자및BPM
기본 스텝			32# × 6 = 192#　　(142 BPM) (kick) 16# × 1 = 16#　　(142 BPM)
기본 작품			8# × 8 = 64#　　(142 BPM)
프로그램 구성	준비 운동	워밍업	8# × 4 = 32#　　(134 BPM)
		이완운동	8# × 16 = 128#　　(134 DPM)
	본운동	심장운동	8# × 12 = 96#　　(142 BPM)
	정리 운동	쿨다운	8# × 4 = 32#　　(132 BPM)
		저항운동	8# × 8 = 64#　　(132 BPM)
		스트레칭	8# × 16 = 128#　　(114 BPM)

※ 실기 시험과 관련된 기본 스텝, 기본 작품 및 프로그램 구성에 관한 예시 동영상과 지정 음악은 협회 홈페이지에서 참고할 수 있음.

5 구술평가 영역

- 평가항목 : 규정 2개(50점), 지도방법 2개(50점)
- 지원자가 영역별로 문제지를 추첨하여 실시
- 구술평가 영역

영 역	배 점	분야
규정/이론	50점	에어로빅 기본 이론 에어로빅체조 경기규정(총칙) 질문의 이해도, 답변전달력, 표현력
지도방법	50점	자격 종류 및 지도 대상별 지도방법 프로그램 구성 방법 / 응급상황 대처 요령 / 음악사용법 등 유소년 / 노인 특성에 따른 지도방법 및 운동강도 등 질문의 이해도, 답변전달력, 표현력

- 평가문항 및 모범답안

영역		평가문항 및 모범답안
규정/이론 (50)	경기 규정	Q1. 에어로빅체조의 심판단 구성은? ☞ 주심, 예술심판, 실시심판, 난도심판, 타임심판, 라인심판 Q2. 에어로빅체조의 종목은? ☞ 남/녀개인, 혼성2인조, 3인조, 5인조(그룹), 에어로빅댄스, 에어로빅스텝
	기본 이론	Q1. 에어로빅운동과 에어로빅스운동의 창시자는? ☞ 쿠퍼 박사 & 재키 소렌슨 Q2. 에어로빅운동의 강도는? ☞ 최대심박수의 60~80% 수준(목표심박수)
지도방법 (50)	2급 전문	Q1. 스트레들 점프(straddle jump)는 어느 난도 그룹에 속하는가? ☞ B 그룹 Q2. 예술 평가에서 음악의 최고 점수는 몇 점인가요? ☞ 2점
	1급 생활	Q1. 에어로빅 음악의 BPM과 준비운동 시 음악 BPM에 대하여 설명? ☞ BPM : 1분당 박자 수, 준비운동의 음악 BPM : 135~140 Q2. 에어로빅운동의 준비운동 단계에서 워밍업의 목적? ☞ 체온을 1℃ 상승시켜 다음 이완운동을 상해 없이 실시하고 심박수를 높여 산소 공급량을 높여주는데 목적이 있다.
	2급 생활	Q1. 에어로빅운동의 프로그램 구성에 대하여 설명? ☞ 준비운동, 본운동, 정리운동으로 구성하되 준비운동은 워밍업과 이완 운동으로, 본운동은 예비심장운동과 신장운동으로 구분하여 실시하고, 정리운동은 쿨다운, 저항운동 및 스트레칭으로 구성해야 한다. Q2. 에어로빅운동 과부하 시 발생하는 현상은? ☞ 구토, 현기증, 식은땀, 얼굴 창백, 입술이 파래짐 등
	유소년	Q1. 에어로빅운동을 실시하기에 적절한 실내온도는? ☞ 18℃를 유지하는 것이 적절함 Q2. 유소년 운동 시 간헐적인 휴식이 필요한 이유? ☞ 근피로가 빠르게 생성되고 회복이 또한 빠르기 때문에 필요함

제1편 하계 50 종목 실기 및 구술 시험 세부시행 기준(가나다순)

영역	평가문항 및 모범답안
노인	Q1. 어르신 수업에서 올바른 음악 사용법은? ☞ 음악소리가 너무 크지 않아야 하며 음악속도가 빠르지 않아야 한다. Q2. 운동 프로그램에서 근육강화 운동을 포함시켜야 하는 이유는? ☞ 근력운동은 골밀도를 높여 골다공증을 예방해 주며 근력향상으로 바른 자세를 유지해 준다.

6 기타 안내사항

- 시험영상은 시험 모니터링과 안전사고 예방을 위해 녹화하는 것으로 응시자에게 열람하거나 제공하지 않습니다.
- 시험의 공정성을 훼손하는 사례가 있는 경우 당일 시험이 종료되기 전까지 주관단체에 이의신청을 하여 주시기 바랍니다.

주관단체	연락처	홈페이지	서류제출처
(사)대한에어로빅힙합협회	02-420-2241	kaa@aerobic.or.kr	서울시 송파구 올림픽로 424 올림픽회관 신관 328호

26 역도

1 검정기간 및 장소

- 검정시설   * 매년 시험 일시 및 장소는 변경될 수 있음

구분	지역	검정기간	장소	연락처	주소
2급 전문	서울	6.7.(토) 10:00~18:00	한국체육대학교 역도장	02-410-6614	서울 송파구 양재대로 1239

- 장소운영 예상 도식도
- 실기 시험장

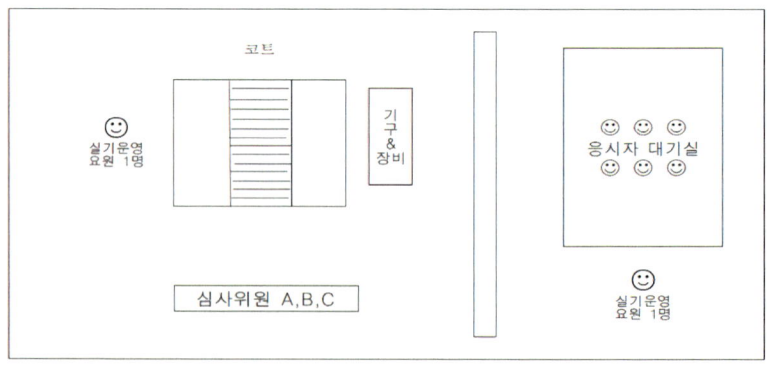

2 실기검정 소요장비

- 주관단체 준비사항 : 표식용 콘, 현수막, 안내도, 기구 등 준비물품
- 지원자 준비사항 : 운동복, 운동화 등 실기시험 응시에 적절한 복장 및 보호장비 (소속이 드러나는 경기복, 단체복 금지)

3 방역 및 안전관리 대책

- 방역관리
- 기구소독
- 손소독제 비치
- 장소 자체 방역소독
- 안전관리
- 주 출입구만 개방
- 구급차 배치

4 실기평가 영역

- 기술분류
- 기술 분류표에서 평가에 필요한 필수 세부기술(3개 이상) 선정
- 선정된 평가항목별 평가기준 작성

대분류	세부 기술
바벨 잡는 방법	오버그립, 언더그립, 리버스그립, 훅그립, 썸리스그립
발의 위치	레귤러 스타일, 프로그 레그 스타일, 와일드 스타일
그립의 너비	내로우(좁게), 미디엄(중간), 와이드(넓게)
인상	시작자세, 무릎높이까지 끌기, 몸통 펴고 잡아채기, 잡아채기 - 앉아받기, 앉아받기 - 일어서기 Start, Dead Lift, Pull, catch motion, Standing
용상 (클린 앤 저크)	클린 : 무릎높이까지 끌기, 몸통 펴고 잡아채기 자세, 앉아받기 자세, 일어서기 Start, Dead Lift, Pull, catch motion, Standing Deep Motion, split Motion, Attention(Finish) 저크 : 저크 딥, 저크 업, 저크 스플릿, 발 모으기
인상기술동작	예비자세, 시작자세, 끌기자세, 몸통 펴고 잡아채기 자세, 앉아받기 자세
용상기술동작	클린 : 시작자세, 끌기자세, 잡아채기 - 앉아받기, 앉아받기 - 일어서기 저크 : 저크 스타트 - 저크딥, 저크딥 - 저크 업, 저크 업 - 저크 스플릿, 저크 스플릿 - 발 모으기

제1편 하계 50 종목 실기 및 구술 시험 세부시행 기준(가나다순)

■ 실기평가 영역

2급 전문스포츠지도사

영역	평가항목	평가기준(포인트)
인상	시작자세	① 발은 좌우 평행인가? ② 시선은 정면을 주시하고 있는가? ③ 가슴은 들고 허리는 곧게 펴고 있는가? ④ 팔은 곧게 펴져 있는가?
인상	풀업동작	① 몸은 곧게 펴져 있는가? ② 바벨은 몸 가까이 붙어 있는가? ③ 시선은 정면 위쪽을 주시하고 있는가? ④ 가슴은 들고 허리는 곧게 펴고 있는가? ⑤ 팔꿈치는 위쪽으로 방향으로 잡아당기고 있는가?
인상	앉아받기	① 발바닥은 지면을 잘 디딤하고 있는가? ② 몸의 중심은 잘 잡고 있는가? ③ 어깨, 팔꿈치, 손목 팔의 관절은 적절하게 위치하고 있는가? ④ 시선은 정면 위쪽을 주시하고 있는가? ⑤ 팔은 한 번에 머리 위로 펴지는가? ⑥ 엉덩이는 뒤쪽으로 빼고 등은 펴져있는가?
용상	시작자세	① 발은 좌우 평행인가? ② 시선은 정면을 주시하고 있는가? ③ 가슴은 들고 허리는 곧게 펴고 있는가? ④ 팔은 곧게 펴져 있는가?
용상	풀업동작	① 몸은 곧게 펴져 있는가? ② 바벨은 몸 가까이 붙어 있는가? ③ 시선은 정면 위쪽을 주시하고 있는가? ④ 가슴은 들고 허리는 곧게 펴고 있는가? ⑤ 팔꿈치는 위쪽으로 방향으로 잡아당기고 있는가?
용상	앉아받기	① 발바닥은 지면을 잘 디딤하고 있는가? ② 몸의 중심은 잘 잡고 있는가? ③ 시선은 정면 위쪽을 주시하고 있는가? ④ 바벨을 한 번에 쇄골과 어깨, 지탱하고 있는가? ⑤ 바벨을 팔꿈치와 광배근을 이용하여 한 번에 감아주는가 바의 위치는 쇄골과 전면 삼각근에 위치하며 후면 삼각근과 등 근육을 이용하여 지탱하고 있는가? ⑥ 엉덩이는 뒤쪽으로 빼고 등은 펴져있는가?
용상	일어서기	① 허리와 등은 곧게 펴져 있는가? ② 바벨은 평행을 유지하는가? ③ 발바닥은 지면을 잘 디딤하고 있는가?
용상	저크동작	① 발은 좌우 평행인가? ② 무릎 굽힘 동작이 아랫방향으로 잘 이루어지는가? ③ 무릎 굽힘 동작에서 상체의 고정상태, 고관절, 무릎의 움직임이 잘 이루어지는가? ④ 팔꿈치는 고정되어 있는가? ⑤ 팔은 한 번에 펴지는가? ⑥ 발은 앞뒤로 균형있게 내딛는가?

영역	평가항목	평가기준(포인트)
인상, 용상	데드리프트	① 발은 좌우 평행인가? ② 시선은 정면을 주시하고 있는가? ③ 가슴은 들고 허리는 곧게 펴고 있는가? ④ 팔은 곧게 펴져 있는가?
Back, Front	스쿼트	① 바벨은 쇄골과 어깨로 지탱하고 있는가? ② 시선은 정면 위쪽을 주시하고 있는가? ③ 가슴은 들고 허리는 곧게 펴고 있는가?

5 구술평가 영역

- 시행방법 : 규정 3문제(50점), 지도방법 2문제(50점)
- 지원자가 영역별로 문제지를 추첨하여 실시
- 합격기준 : 70점 이상(100점 만점)

영역	배점	분야
규정	50점	시설/도구, 경기운영, 과학, 최신규정
지도방법	50점	지도방법(훈련, 생활)

* 위 내용은 구술 검정 준비에 도움을 주기 위한 범위이며, 위 내용 외에 더 추가로 범위를 선정하여 검정할 수 있음

6 기타 안내사항

- 영상은 시험 모니터링과 안전사고 예방을 위해 녹화하는 것으로 응시생에게 열람하거나 제공하지 않습니다.
- 시험의 공정성을 훼손하는 사례가 있는 경우 당일 시험이 종료되기 전까지 주관단체에 이의신청을 하여 주시기 바랍니다.

주관단체	연락처	홈페이지	서류제출처
(사)대한역도연맹	02-420-4260	http://www.weightlifting.or.kr	서울시 송파구 올림픽로 424 올림픽회관 신관 324호

27 요트

1 시험 일시 및 장소

- 시험 일시 및 장소

* 매년 시험 일시 및 장소는 변경될 수 있음

구분	지역	검정기간	장소	연락처	주소
2급 전문	서울	6/28(토) 10:00~18:00	수상레포츠 통합센터	070-7712-5105	서울 마포구 상암동 487-166
1급 생활					
2급 생활					
유소년		6/24(화) 10:00~18:00			
노인					

- 장소운영 예상 도식도
- 실기 시험장

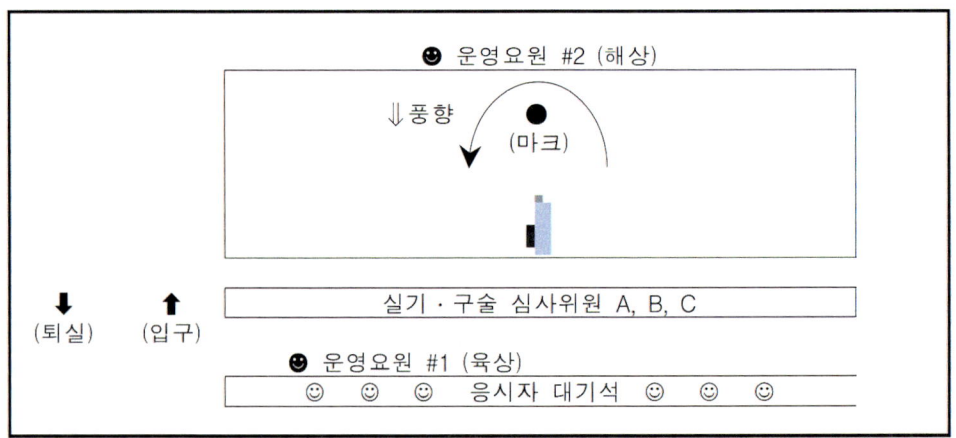

※ 풍향에 따라 코스는 조정될 수 있으며, 응시 인원에 따라 1~3개 코스로 탄력적 운영 가능

- 구술 시험장

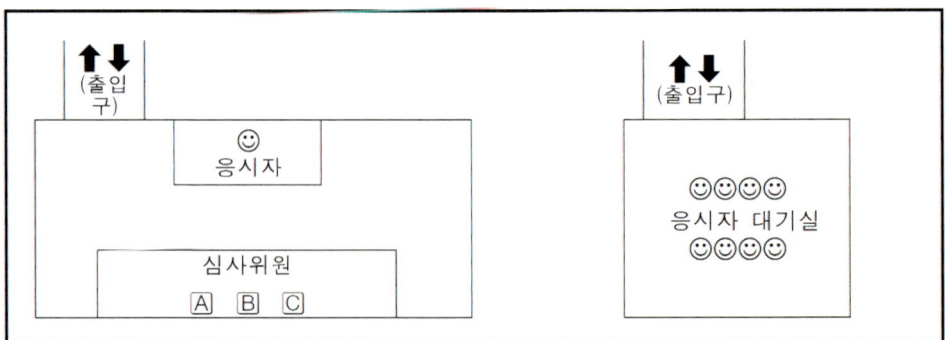

2 실기검정 소요장비

- 주관단체 준비사항 : 실기검정용 딩기요트, 운영보트(구조), 구명동의, 마크, 카메라, 채점표 등
- 지원자 준비사항 : 실기검정 복장(상·하의, 슈즈 등), 신분증, 수험표

3 방역 및 안전관리 대책

- 안전관리 : 구급차 및 구급요원 배치

4 실기평가 영역

- 기술분류

대분류	세부기술
보트 준비	보트 범장/해장, 로프매듭법
보트 핸들링	추진(출발, 정지), 방향전환(태킹, 자이빙), 코스세일링, 복원능력

- 실기평가 영역

영역		내용	평가기준
보트 준비		범장 (10)	① 장비의 명칭과 기능에 대하여 정확하게 설명할 수 있는가? ② 범장 순서와 방법이 원활하게 이루어지는가? ③ 적절한 매듭법을 적용하는가?
		해장 (10)	① 해장 순서와 방법이 원활하게 이루어지는가? ② 세일, 로프의 정리가 잘 되었는가?
보트 핸들링	추진	출발 (10)	- 보트 추진을 정확하게 수행할 수 있는가? ① 자세는 적절한가? ② 풍향에 따른 러더와 세일 조작은 적절한가? ③ 보트를 적절한 속도로 추진시키고 있는가?
		정지 (10)	- 보트 정지를 정확하게 수행할 수 있는가? ① 자세는 적절한가? ② 러더와 세일 조작은 적절한가? ③ 노고존을 이해하고 바람 방향 체크는 적절한가?
	방향 전환	태킹 (15)	- 태킹을 정확하게 수행할 수 있는가? ① 자세는 적절한가? ② 태킹 순서는 적절한가? ③ 러더와 세일 조작은 적절한가? ④ 태킹 후 각도 및 속도를 적절히 유지하는가?
		자이빙 (15)	- 자이빙을 정확하게 수행할 수 있는가? ① 자세는 적절한가? ② 자이빙 순서는 적절한가? ③ 러더와 세일 조작은 적절한가? ④ 자이빙 후 각도 및 속도를 적절히 유지하는가?

영역		내용	평가기준
코스 세일링		세일링 (10)	- 코스에 따라 정확하게 세일링할 수 있는가? ① 코스를 이해하고 러더와 세일 조작은 적절한가? ② 세일링 시 자세는 적절하게 유지되고 있는가? ③ 보트의 균형(트림, 힐)은 유지되고 있는가? ④ 보트 스피드는 적절한가?
		마크라운딩 (10)	- 마크라운딩을 정확하게 수행할 수 있는가? ① 마크와의 간격은 적절한가? ② 부드럽게 라운딩을 할 수 있는가? ③ 라운딩 속도는 어떠한가?
복원 능력		캡사이즈 (10)	- 캡사이즈 시 보트복원을 정확하게 수행할 수 있는가? ① 자세는 적절한가? ② 복원이 신속히 이루어지는가?

5 구술평가 영역

- 시행방법 : 규정 3문제(50점), 지도방법 2문제(50점)
- 합격기준 : 70점 이상(100점 만점)

영역	배점	분야
규정	50점	시설/장비(경기정 구성품의 명칭 및 기능, 코스 등), 경기운영(경기 신호, 주요 경기 형식 및 운영방식, 경기규칙 제2장, 스타트에 관한 사항, 채점에 관한 사항), 경기규칙 42조에 관한 사항, 규칙 위반 및 벌칙 이행, 항의 절차, 경기규칙의 정의, 기타 경기규칙
지도방법	50점	장비, 이론(요트의 추진 원리 및 세일링 코스), 기술(방향 전환, 발란스 및 트림, 세일 트림, 조류), 훈련 및 지도방법(상황별, 코스별 훈련 및 지도방법, 마크라운딩, 육상훈련 및 지도방법, 대상별 지도방법), 지도자의 역할

* 지도자로서의 표현력, 전달력, 답변태도 등은 규정 및 지도방법에 포함하여 평가

6 기타 안내사항

- 시험영상은 시험 모니터링과 안전사고 예방을 위해 녹화하는 것으로 응시자에게 열람하거나 제공하지 않습니다.
- 시험의 공정성을 훼손하는 사례가 있는 경우 당일 시험이 종료되기 전까지 주관단체에 이의신청을 하여 주시기 바랍니다.

주관단체	연락처	홈페이지	서류제출처
대한요트협회	02-420-4390	www.ksaf.org	서울시 송파구 올림픽로 424 올림픽회관 329호

28. 우슈

1 시험 일시 및 장소

■ 시험 일시 및 장소

* 매년 시험 일시 및 장소는 변경될 수 있음

구분	지역	검정일시	장소	연락처	주소
2급 전문	충남	06.21.(토) 10:00~10:30	남서울대학교 성암문화체육관	02-412-6382	충남 천안시 서북구 성환읍 매주리 21
1급 생활	충남	06.21.(토) 10:30~11:00	남서울대학교 성암문화체육관	02-412-6382	
노인	충남	06.21.(토) 11:00~11:30	남서울대학교 성암문화체육관	02-412-6382	
유소년	충남	06.21.(토) 11:30~12:00	남서울대학교 성암문화체육관	02-412-6382	
2급 생활	충남	06.21.(토) 13:30~18:00	남서울대학교 성암문화체육관	02-412-6382	

■ 장소운영 예상 도식도 : 투로 코트 규격 14m×8m

- 실기 시험장(심사위원 3명, 운영요원 2명)

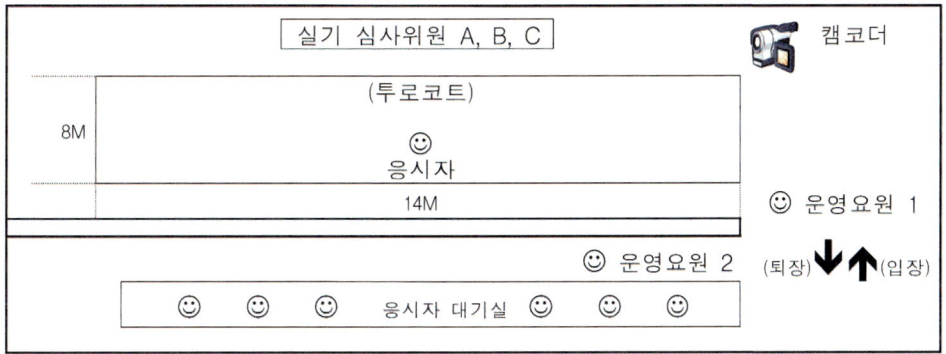

- 구술 시험장(심사위원 3명, 운영요원 2명)

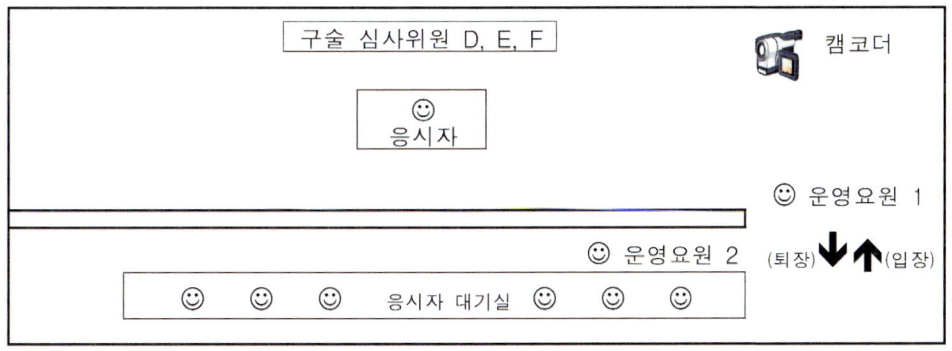

2 실기검정 소요장비

- 주관단체 준비사항 : 실기·구술 시험장, 채점표, 일정표 등
- 지원자 준비사항 : 우슈 복장, 투로 운동화

3 방역 및 안전관리 대책

■ 방역관리
- (감염 관리) 감염병 관리 관련 법령 및 시험방역지침에 따라 의무 격리가 필요한 감염병 확진자의 경우 시험응시가 제한될 수 있음

■ 안전관리
- (보험가입) 주최자배상책임공제 보험 가입을 통한 사고 대비
- (의무체계) 지역별 보건소, 병원 등과 연계 대응, 비상 약품 상시 비치, 구급차/구급인력 배치
- (부상자 및 환자 발생 시 대응체계) 구급차 및 구급인력 응급처치 등 1차 대응 → 인근 지정병원 연계 후송 → 자격검정기관 담당자 연락
- (사전점검) 시험용구 및 시설물 사전 점검 의무화로 안전사고 예방
- (안전교육) 응시생 대상 안전사고 예방교육, 사고 시 비상연락체계 안내
- (보고체계) 검정기관 간 신속한 보고체계 운영

4 실기평가 영역

■ 기술분류

평가대상	대분류	세부 기술
2급 전문· 1/2급 생활· 유소년· 노인	투로 (태극권)	2급 전문, 1급 생활 : 42식태극권 2급 생활, 유소년, 노인 : 24식태극권 - 퇴법, 보법, 보형, 주요동작기술, 연기수준
	산타	2급 전문, 유소년 : 산타 - 스텝, 방어, 공격, 연속공격

※ 2급 전문 스포츠지도사와 유소년스포츠지도사 응시자는 투로, 산타 실기 모두 검정

■ 실기평가 영역
- 2급 전문스포츠지도사, 유소년 스포츠지도사

구분		평가 영역	평가내용	평가기준
산 타 (50)	기본 기술	경기 시작 단계	스텝 (10점)	• 풋워크, 스탠스 등	• 밸런스를 유지하고 있는가? • 전진과 백스텝의 방법을 알고 수행하고 있는가? • 사이드스텝의 방법을 알고 수행하고 있는가? [평가점수] : 스텝 전체 평가 점수 - 우수(10점), 보통(8점), 미흡(6점)

구분			평가 영역	평가내용	평가기준
		경기 전개 단계	방어 (10점)	• 손기술 방어 시 블로킹 • 손기술 방어 시 잡기 • 발기술 방어 시 잡기 (앞발, 뒷발) • 발기술 방어 시 잡기 (하단, 중단, 상단) • 발기술 방어 시 잡기 (앞차기, 옆차기) • 연속 공격 시 방어	• 손기술 공격유형에 따른 부위별 블로킹을 잘 수행하고 있는가? • 손기술 공격유형에 따른 잡기를 정확하게 수행하고 있는가? • 발기술 공격유형(앞발, 뒷발)에 따른 잡기를 정확하게 수행하고 있는가? • 발기술 공격유형(하단, 중단, 상단)에 따른 잡기를 정확하게 수행하고 있는가? • 발기술 공격유형(앞차기, 옆차기)에 따른 잡기를 정확하게 수행하고 있는가? • 연속 공격 시 방어를 정확하게 수행하고 있는가? [평가점수] : 방어 전체 평가 점수 - 우수(10점), 보통(8점), 미흡(6점)
		경기 마무리 단계	공격 (10점)	• 손기술(스트레이트, 훅, 어퍼컷) • 발기술(하단, 중단, 상단, 앞차기, 옆차기) • 넘기기(손기술, 발기술)	• 손기술(스트레이트, 훅, 어퍼컷) 공격 시 자세가 정확하고 상대방과의 거리에 따라 다양하게 응용하여 활용할 수 있는가? • 발기술이 상대방의 거리와 타격하고자하는 높이에 따라 정확하고 다양하게 응용하여 활용할 수 있는가? • 상대방의 다양한 공격유형(손기술, 발기술)에 따라 넘기기 기술을 응용하여 활용할 수 있는가? [평가점수] : 공격 전체 평가 점수 - 우수(10점), 보통(8점), 미흡(6점)
	복합·응용 기술	전략/패턴	연속 공격 (20점)	• 손기술의 연속공격 • 발기술의 연속공격 • 손기술과 발기술의 복합적인 연속공격 • 손기술과 넘기기 기술의 복합적인 연속공격	• 경기 상황에서 손기술의 연속공격을 정확하고 자연스럽게 사용할 수 있는가? • 경기 상황에서 발기술의 연속공격을 정확하고 자연스럽게 사용할 수 있는가? • 경기 상황에서 손기술과 발기술의 복합적인 연속공격을 정확하고 자연스럽게 사용할 수 있는가? • 경기 상황에서 손기술과 넘기기 기술의 복합적인 연속공격을 정확하고 자연스럽게 사용할 수 있는가? [평가점수] : 연속 공격 전체 평가 점수 - 우수(20점), 보통(18점), 미흡(16점)

구분			평가 영역	평가 내용		평가기준
태극권 (50)	기본 기술		시작 단계	퇴법 (5점)	등각 분각	• 퇴법을 정확하게 수행하고 있는가? ① 상거퇴의 높이가 수평보다 낮지 않게 수행되고 있는가? ② 상거퇴가 구부러지지 않게 잘 펴져 있는가?
					파련각 박각	• 퇴법을 정확하게 수행하고 있는가? ① 격박하는 발이 굽지 않았는가?

구분			평가 영역	평가 내용	평가기준
					② 격박이 잘 이루어졌는가?
					[평가점수] : 퇴법 전체 평가 점수 - 우수(5점) / 보통(3점) / 미흡(1점)
		전개 단계	보법 (5점)	상보 퇴보 진보 근보 측행보	• 보형을 정확하게 수행하고 있는가? ① 발이 바닥에 끌리지 않았는가? ② 이동시 중심이 기복되지 않았는가? ③ 발을 높게 들지 않았는가?
					[평가점수] : 보법 전체 평가 점수 - 우수(5점) / 보통(3점) / 미흡(1점)
		마무리 단계	보형 (5점)	궁보	• 보형을 정확하게 수행하고 있는가? ① 전퇴의 무릎이 발등에 이르렀는가? ② 뒷 발꿈치가 바닥에 견고하게 고정되어 있는가?
				부보	• 보형을 정확하게 수행하고 있는가? ① 굴준퇴를 완전하게 앉았는가? ② 부퇴를 잘 펴져 있는가? ③ 부퇴의 발바닥을 안으로 구부려 바닥에 견고하게 고정하였는가?
					[평가점수] : 보형 전체 평가 점수 - 우수(5점) / 보통(3점) / 미흡(1점)
경기 운영 기술	경기 준비		주요 동작 기술 (15점)	람작미	• 주요동작기술에서 방법을 정확히 수행하고 있는가? ① 붕은 팔을 호형을 갖추고, 가슴보다 낮아서는 안되게 하고 있는가? ② 랄동작에서 양손은 반드시 호형으로 하고 중심을 뒤로 이동시 양다리허실을 분명히 하고 상체는 중정을 유지하고 있는가? ③ 제동작은 양팔을 탱원으로 하고 양쪽 팔을 입보다 높지 않게 하고 있는가? ④ 안 동작에서 양팔을 호형으로 하고 있는가?
				야마 뷰종	① 양팔의 호형을 유지하고 있는가? ② 앞 손의 높이가 머리보다 높지 않고 어깨보다 낮지 않게 수행되고 있는가?
				루슬 요보	• 주요동작기술에서 방법을 정확히 수행하고 있는가? ① 팔을 곧게 펴져 있지 않은가? ② 추장은 귀 옆을 지나 앞 방향으로 밀고 있는가?
				운수	• 주요동작기술에서 방법을 정확히 수행하고 있는가? ① 허리를 축으로 하여 양손을 움직이며 몸 앞에서 휘감아 비틀어 돌리고 뒤집으며 입원을 만들고 있는가? ② 손의 높이는 눈썹보다 높지 않고 허리보다 낮아서는 안되며 중심을 일정하게 기복없이 잘 유지하고 있는가?

구분		평가 영역	평가 내용		평가기준
		경기 준비		좌우 천사	• 주요동작기술에서 방법을 정확히 수행하고 있는가? ① 걷어 올리고 미는 양손이 협조하여 일치되고 있는가? ② 양팔은 호형을 이루고 앞으로 미는 손은 눈썹보다 높아서는 안되며, 허리보다 낮지 않게 수행되고 있는가? ③ 침견추주(어깨와 팔꿈치를 이완)와 송요렴둔(허리와 골반 엉덩이를 이완) 동작이 잘 수행되고 있는가?
				엄수 굉추	• 주요동작기술에서 방법을 정확히 수행하고 있는가? ① 팔을 안으로 돌리고 권을 옆구리에서 앞을 향해 구멍을 뚫고 털듯이 발경하고 있는가? ② 권은 가슴보다 높아서도, 허리보다 낮아서도 안 되며, 힘은 권면에 잘 전달되고 있는가?
				도권굉	• 주요동작기술에서 방법을 정확히 수행하고 있는가? ① 퇴보는 가볍고 영활하게 수행하고 있는가? ② 신체는 안정되어서 좌우로 삐뚤어지지 않게 수행하고 있는가? ③ 앞으로 미는 손끝의 높이는 눈썹보다 높으면 안 되며, 어깨보다 낮게 동작을 수행하고 있는가?
				반란추	• 주요동작기술에서 방법을 정확히 수행하고 있는가? ① 손과 팔을 곧게 펴지 않게 수행하고 있는가? ② 반권과 란장의 동작은 명확한 반원이 요구되며 직선으로 펴서 움직이는 것을 금하는 동작을 잘 수행하고 있는가? ③ 신체가 회전하며 움직이는 것과 양팔의 동작이 알맞게 배합되고 있는가? [평가점수]: 주요동작 기술 전체 평가 점수 - 우수(15점) / 보통(13점) / 미흡(11점)
	경기 운영 기술	경기 운영 및 결과	연기 수준 (20점)	연기수준	• 연기 수준에서 방법을 정확히 수행하고 있는가? 연기 수준을 잘 표현하고 있는가? ① 동작의 규격 및 방법을 정확하게 수행하고 있는가? ② 경력(힘)을 충분하게 표현하고 힘을 순조롭게 잘 전달되어졌는가? ④ (역점준확)힘점이 정확하게 전달되고 있는가? ⑤ 손과 시선과 신법이 잘 배합 협조되고 있는가? ⑥ 절주(리듬)은 분명하고 동작에 특성에 맞게 잘 전달되고 있는가? ⑦ 개인의 풍격(스타일)이 잘 나타나고 있는가? [평가점수]: 연기수준 전체 평가 점수 - 우수(20점) / 보통(18점) / 미흡(16점)

- 1급·2급 생활 스포츠지도사, 노인 스포츠지도사

구분		평가 영역	평가 내용	평가기준
태극권 (100)	기본 기술	시작 단계	퇴법 (10점)	등각 분각	• 퇴법을 정확하게 수행하고 있는가? ① 상거퇴의 높이가 수평보다 낮지 않게 수행되고 있는가? ② 상거퇴가 구부러지지 않게 잘 펴져 있는가?
				파련각 박각	• 퇴법을 정확하게 수행하고 있는가? ① 격박하는 발이 굽지 않았는가? ② 격박이 잘 이루어졌는가? [평가점수] : 퇴법 전체 평가 점수 - 우수(10점) / 보통(8점) / 미흡(6점)
		전개 단계	보법 (10점)	상보 퇴보 진보 근보 측행보	• 보형을 정확하게 수행하고 있는가? ① 발이 바닥에 끌리지 않았는가? ② 이동시 중심이 기복되지 않았는가? ③ 발을 높게 들지 않았는가? [평가점수] : 보법 전체 평가 점수 - 우수(10점) / 보통(8점) / 미흡(6점)
		마무리 단계	보형 (10점)	궁보	• 보형을 정확하게 수행하고 있는가? ① 전퇴의 무릎이 발등에 이르렀는가? ② 뒷 발꿈치가 바닥에 견고하게 고정되어 있는가?
				부보	• 보형을 정확하게 수행하고 있는가? ① 굴준퇴를 완전하게 앉았는가? ② 부퇴를 잘 펴져 있는가? ③ 부퇴의 발바닥을 안으로 구부려 바닥에 견고하게 고정하였는가? [평가점수] : 보형 전체 평가 점수 - 우수(10점) / 보통(8점) / 미흡(6점)
	경기 운영 기술	경기 준비	주요 동작 기술 (30점)	람작미	• 주요동작기술에서 방법을 정확히 수행하고 있는가? ① 붕은 팔을 호형을 갖추고, 가슴보다 낮아서는 안되게 하고 있는가? ② 랄동작에서 양손은 반드시 호형으로 하고 중심을 뒤로 이동시 양다리허실을 분명히 하고 상체는 중정을 유지하고 있는가? ③ 제동작은 양팔을 탱원으로 하고 양쪽 팔을 입보다 높지 않게 하고 있는가? ④ 안 동작에서 양팔을 호형으로 하고 있는가?
				야마 분종	① 양팔의 호형을 유지하고 있는가? ② 앞 손의 높이가 머리보다 높지 않고 어깨보다 낮지 않게 수행되고 있는가?
				루슬 요보	• 주요동작기술에서 방법을 정확히 수행하고 있는가? ① 팔을 곧게 펴져 있지 않은가? ② 추장은 귀 옆을 지나 앞 방향으로 밀고 있는가?

구분			평가 영역	평가 내용	평가기준
				운수	• 주요동작기술에서 방법을 정확히 수행하고 있는가? ① 허리를 축으로 하여 양손을 움직이며 몸 앞에서 휘감아 비틀어 돌리고 뒤집으며 입원을 만들고 있는가? ② 손의 높이는 눈썹보다 높지 않고 허리보다 낮아서는 안 되며 중심을 일정하게 기복없이 잘 유지하고 있는가?
				좌우 천사	• 주요동작기술에서 방법을 정확히 수행하고 있는가? ① 걷어 올리고 미는 양손이 협조하여 일치되고 있는가? ② 양팔은 호형을 이루고 앞으로 미는 손은 눈썹보다 높아서는 안되며, 허리보다 낮지 않게 수행되고 있는가? ③ 침견추주(어깨와 팔꿈치를 이완)와 송요렴둔(허리와골반 엉덩이를 이완) 동작이 잘 수행되고 있는가?
				엄수 굉추	• 주요동작기술에서 방법을 정확히 수행하고 있는가? ① 팔을 안으로 돌리고 권을 옆구리에서 앞을 향해 구멍을 뚫고 털듯이 발경하고 있는가? ② 권은 가슴보다 높아서도, 허리보다 낮아서도 안 되며, 힘은 권면에 잘 전달되고 있는가?
				도권굉	• 주요동작기술에서 방법을 정확히 수행하고 있는가? ① 퇴보는 가볍고 영활하게 수행하고 있는가? ② 신체는 안정되어서 좌우로 삐뚤어지지 않게 수행하고 있는가? ③ 앞으로 미는 손끝의 높이는 눈썹보다 높으면 안 되며, 어깨보다 낮게 동작을 수행하고 있는가?
				반란추	• 주요동작기술에서 방법을 정확히 수행하고 있는가? ① 손과 팔을 곧게 펴지 않게 수행하고 있는가? ② 반권과 란장의 동작은 명확한 반원이 요구 되며 직선으로 펴서 움직이는 것을 금하는 동작을 잘 수행하고 있는가? ③ 신체가 회전하며 움직이는 것과 양팔의 동작이 알맞게 배합되고 있는가?
					[평가점수] : 주요동작 기술 전체 평가 점수 - 우수(30점) / 보통(25점) / 미흡(20점)
	경기 운영 기술	경기 운영 및 결과	연기 수준 (40점)	연기수준	• 연기 수준에서 방법을 정확히 수행하고 있는가? 연기수준을 잘 표현하고 있는가? ① 동작의 규격 및 방법을 정확하게 수행하고 있는가? ② 경력(힘)을 충분하게 표현하고 힘을 순조롭게 잘 전달되어졌는가? ④ (역점준확)힘점이 정확하게 전달되고 있는가? ⑤ 손과 시선과 신법이 잘 배합 협조되고 있는가? ⑥ 절주(리듬)은 분명하고 동작에 특성에 맞게 잘 전달되고 있는가? ⑦ 개인의 풍격(스타일)이 잘 나타나고 있는가?
					[평가점수] : 연기수준 전체 평가 점수 - 우수(40점) / 보통(35점) / 미흡(30점)

5 구술평가 영역

- 시행방법 : 규정 2문제(50점), 지도방법 2문제(50점)
- 지원자가 영역별로 문제지를 추첨하여 실시
- 구술평가 영역
- 2급 전문 스포츠지도사

영 역	배 점	분 야
규정	50점	① 산타경기장, 투로경기장 규격, 높이, 조명 등 ② 세부종목별 복장 ③ 경기음악 ④ 세부종목별 경기시간 ⑤ 병기들의 규격 기준 ⑥ 산타경기 소청절차 ⑦ 투로경기 감점부분 ⑧ 산타경기 반칙/패널티 ⑨ 산타경기 득점부분
지도방법	50점	① 우슈 대회별 세부종목 ② 투로 난이도 기술 지도 방법 ③ 투로 개인종목 채점기준 ④ 투로 기본기법 ⑤ 투로 세부종목 ⑥ 우슈 운동기능(체력) ⑦ 스포츠 상해 예방방법 ⑧ 스포츠 상해 응급처치(RICES)

- 1급·2급 생활 스포츠지도사

영 역	배 점	분 야
규정	50점	① 우슈 인사법 ② 투로 경기장 규격, 높이, 조명 등 ③ 세부종목별 복장 ④ 세부종목별 경기시간 ⑤ 투로 경기 소청절차 ⑥ 태극검 규격 기준 ⑦ 태극권 경기 감점요인
지도방법	50점	① 투로 세부종목 ② 태극팔법 ③ 8식태극권 동작 ④ 태극권집체 경기 참가인원 ⑤ 남작미의 중요 수법동작 ⑥ 태극권 기본자세 등 ⑦ 투로 기본기법 ⑧ 스포츠 상해 예방방법 ⑨ 연권십요결

영 역	배 점	분 야
		⑩ 우슈 운동방법의 특징 ⑪ 우슈 운동기술(체력)

- 유소년 스포츠지도사

영 역	배 점	분 야
규정	50점	① 산타경기장, 투로경기장 규격, 높이, 조명 등 ② 세부종목별 복장 ③ 경기음악 ④ 세부종목별 경기시간 ⑤ 병기들의 규격 기준 ⑥ 산타경기 소청절차 ⑦ 투로경기 감점부분 ⑧ 산타경기 반칙/패널티 ⑨ 산타경기 득점부분
지도방법	50점	① 우슈 대회별 세부종목 ② 산타경기 득점부분 ③ 투로경기 감점부분 ④ 산타경기 반칙/패널티 ⑤ 투로 개인종목 채점기준 ⑥ 투로 기본기법 ⑦ 유소년들의 기초체력 ⑧ 스포츠 상해 예방방법 ⑨ 유소년 지도시 주의사항 ⑩ 스포츠 상해 응급처치(RICES) ⑪ 투로 난이도 기술 지도 방법 ⑫ 우슈 운동기능(체력) ⑬ 투로 세부종목 및 경기시간

노인 스포츠지도사

영 역	배 점	분 야
규정	50점	① 우슈 인사법 ② 투로 경기장 규격, 높이, 조명 등 ③ 세부종목별 복장 ④ 세부종목별 경기시간 ⑤ 투로 경기 소청절차 ⑥ 태극검 규격 기준 ⑦ 태극권 경기 감점요인
지도방법	50점	① 투로 세부종목 ② 태극팔법 ③ 8식태극권 동작 ④ 태극권 집체경기 참가인원 ⑤ 남작미의 중요 수법동작

영역	배점	분야
		⑥ 태극권 기본자세 등 ⑦ 투로 기본기법 ⑧ 스포츠 상해 예방방법 ⑨ 연권십요결 ⑩ 우슈 운동방법의 특징 ⑪ 노인 운동프로그램 구성시 고려할 점 등

* 위 내용은 구술 검정 준비에 도움을 주기 위한 범위이며, 위 내용 외에 더 추가로 범위를 선정하여 검정할 수 있음

6 기타 안내사항

- 시험영상은 시험 모니터링과 안전사고 예방을 위해 녹화하는 것으로 응시자에게 열람하거나 제공하지 않습니다.
- 시험의 공정성을 훼손하는 사례가 있는 경우 당일 시험이 종료되기 전까지 주관단체에 이의신청을 하여 주시기 바랍니다.

주관단체	연락처	홈페이지	서류제출처
(사)대한우슈협회	02-412-6382	wushu.sports.or.kr	서울시 송파구 올림픽로 424, 올림픽핸드볼경기장 118호

29 유도

1 시험 일시 및 장소

- 시험 일시 및 장소

* 매년 시험 일시 및 장소는 변경될 수 있음

구분	지역	검정일시	장소	연락처	주소
2급 전문	충북	7.1(화) 10:00~18:00	청주유도회관	043-284-7300	충북 청주시 상당구 1순환로1514 70
1급 생활	충북	7.2(수) 10:00~10:30	청주유도회관	043-284-7300	충북 청주시 상당구 1순환로1514 70
2급 생활	충북	7.2(수) 10:00~18:00	청주유도회관	043-284-7300	충북 청주시 상당구 1순환로1514 70
유소년	충북	7.3(목) 10:00~18:00	청주유도회관	043-284-7300	충북 청주시 상당구 1순환로1514 70
노인	충북	7.3(목) 10:00~18:00	청주유도회관	043-284-7300	충북 청주시 상당구 1순환로1514 70

■ 장소운영 예상 도식도 :

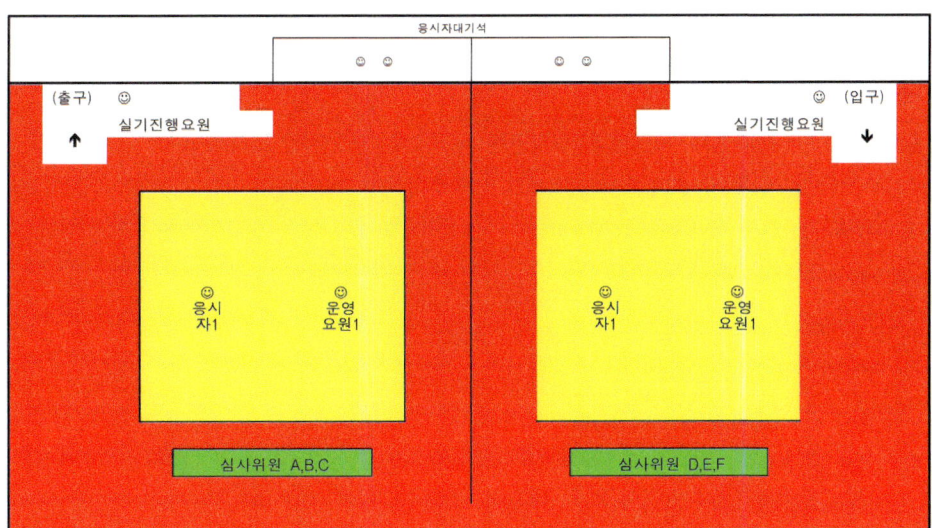

2 실시검정 소요장비

- 주관단체 준비사항 : 벨, 초시계, 테이블, 의자
- 지원자 준비사항 : 1) 실기시험 - 유도복(띠포함)
  2) 구술시험 - 정장
  3) 실기 및 구술 - 유도복(벨트포함)

3 방역 및 안전관리 대책

❑ 방역관리
- 시험장 및 대기실 소독 방역 실시
- 손 소독제 준비 및 세면장 청결 상태 확인
- 수험생 동선 이탈 방지를 위한 안내선 설치 및 운영

❑ 안전관리
- 보험가입 : 주최자 배상책임 보험가입을 통해 사고 대비
- 의무체계 : 관할 보건소 병원 등과 연계 대응, 비상 약품 상시 비치
- 부상자 및 환자 발생시 대응체계 : 구급약 배치 및 현장 구급차 항시 대기 및 119 구급대 적극 활용
- 사전점검 : 시험용구 및 시설물 사전 점검 의무화로 안전사고 예방
- 안전교육 : 응시생 대상 안전사고 예방교육, 사고 시 비상연락체계 안내
- 보고체계 : 검정기관 간 신속한 보고체계 운영

4 실기평가 영역

■ 기술분류

대분류		세부 기술
기본자세		우자연체, 자연본체, 좌자연체, 우자호체, 자호본체, 좌자호체
메치기 기술	손기술	한팔업어치기, 어깨로메치기, 안뒤축되치기, 띠잡아떨어뜨리기, 띠잡아뒤집기 업어치기, 업어떨어뜨리기, 모로떨어뜨리기, 빗당겨치기, 허벅다리비껴되치기 띄어치기, 외깃잡아업어후리기
	허리기술	허리튀기, 허리후리기, 허리돌리기, 허리껴치기, 소매들어허리채기, 허리채기 띠잡아허리채기, 허리띠기, 뒤허리안아메치기, 허리옮겨기
	발기술	다리대돌리기, 나오는발차기, 허리튀기되치기, 허리후리기되치기, 발목후리기 무릎대돌리기, 발뒤축걸기, 발뒤축후리기, 안뒤축후리기, 허리대돌리기, 모두걸기 밭다리되치기, 밭다리후리기, 두밭다리걸기, 밭다리걸기, 안다리되치기 안다리후리기, 발목받치기, 모두걸기되치기, 허벅다리걸기, 허벅다리되치기
	바로누우며 메치기기술	끌어누우며뒤집기, 안오금띄기, 뒤집어넘기기, 배대뒤치기, 누우면서던지기
	모로누우며 메치기기술	허리안아돌리기, 허리튀겨감아치기, 허리후리기감아치기, 안뒤축감아치기 밭다리감아치기, 바깥감아치기, 오금대떨어뜨리기, 안쪽감아치기, 모로띄기 허벅다리감아치기, 모로걸기, 모로돌리기, 앞으로떨어뜨리기, 옆으로누우며던지기
굳히기 기술	누르기	위누르기, 어깨누르기, 곁누르기, 위고쳐누르기, 고려곁누르기, 새로누르기 모로누르기, 뒤곁누르기, 가로누르기
	조르기	역십자조르기, 맨손조르기, 죽지걸어조르기, 외십자조르기, 어깨로조르기 십자조르기, 안아조르기, 양손조르기, 삼각조르기, 소매깃잡고조르기, 주먹조르기
	꺾기	팔얽어비틀기, 다리대팔꺾기, 배대팔꺾기, 무릎대팔꺾기, 팔가로누워꺾기 삼각팔꺾기, 손대팔꺾기, 어깨대팔꿈지꺾기, 겨드랑이대팔꺾기

■ 실기평가 영역

영역	내용	세부 기술	평가 기준
기본 자세 (20)	1. 예법	입례 좌례	
	2. 자세	자연(본)체, 우자연체, 좌자연체 자호(본)체, 우자호체, 좌자호체	
	3. 걷기	이어딛기 내딛기	
	4. 낙법	전방, 후방, 측방, 회전, 장애물	
메치기 (40)	1. 손기술	띄어치기 업어치기 어깨로메치기	각 기술별 기울이기, 지웃기, 걸기(메치기)의 정확성과 기술의 이해도

172

영역	내용	세부 기술	평가 기준
	2. 허리기술	허리띠기 허리후리기 허리채기	각 기술별 기울이기, 지웃기, 걸기(메치기)의 정확성과 기술의 이해도
	3. 발기술	모두걸기 발목받치기 허벅다리걸기	각 기술별 기울이기, 지웃기, 걸기(메치기)의 정확성과 기술의 이해도
	4. 바로누우며 메치기기술	배대뒤치기 누우면서던지기 안오금띠기	각 기술별 기울이기, 지웃기, 걸기(메치기)의 정확성과 기술의 이해도
	5. 모로누우며 메치기기술	모로걸기 모로돌리기 모로띠기	각 기술별 기울이기, 지웃기, 걸기(메치기)의 정확성과 기술의 이해도
굳히기 (40)	1. 누르기	곁누르기 어깨누르기 위누르기 가로누르기 위고쳐누르기	각 기술별 안정된 자세와 정확한 손과 팔 그리고 다리의 위치
	2. 조르기	외십자조르기 맨손조르기 안아조르기 죽지걸어조르기 역십자조르기	각 기술별 안정된 자세와 정확한 손과 팔 그리고 다리의 위치
	3. 꺾기	팔얽어비틀기 팔가로누워꺾기 어깨대팔꿈치꺾기 무릎대팔꿈치꺾기 다리얽어비틀기	각 기술별 안정된 자세와 정확한 손과 팔 그리고 다리의 위치

5 구술평가 영역

- 시행방법 : 규정 2문제(50점), 지도방법 2문제(50점)
- 합격기준 : 70점 이상(100점 만점)

영 역	배 점	분 야
규정	50점	시설/도구, 경기운영, 반칙/페널티, 최신규정
지도방법	50점	도구, 기술, 지도방법

* 위 내용은 구술시험 평가 준비에 도움을 주기 위한 범위이며, 위 내용 외에 더 추가로 범위를 선정하여 검정할 수 있음
* 지도자로서의 표현력, 전달력, 답변태도 등은 규정 및 지도방법에 포함하여 평가

6 기타 안내사항

- 시험영상은 시험 모니터링과 안전사고 예방을 위해 녹화하는 것으로 응시자에게 열람하거나 제공하지 않습니다.
- 시험의 공정성을 훼손하는 사례가 있는 경우 당일 시험이 종료되기 전까지 주관단체에 이의신청을 하여 주시기 바랍니다.

주관단체	연락처	홈페이지	서류제출처
대한유도회	02-422-0581	http://judo.sports.or.kr/	서울시 송파구 올림픽로 424 올림픽회관 신관 317호

30 육상

1 시험 일시 및 장소

- 시험 일시 및 장소

* 매년 시험 일시 및 장소는 변경될 수 있음

구분	지역	검정일시	장소	연락처	주소	정원
2급 전문	경북	6.25.(수) 09:00~18:00	예천스타디움 실내훈련장 (돔 훈련장)	예천군 체육사업소 054-650-8224	경북 예천군 예천읍 충효로 395	300명
1급 생활						
2급 생활						
유소년						
노인						

- 장소운영 예상 도식도
- 구술/실기 시험장 : 경북 예천스타디움 내 실내훈련장 (육상 돔훈련장)

2 실기검정 소요장비

- 주관단체 준비사항

물 품	세부사항	비 고
스타팅블럭	2개	크라우칭 스타트(50m)
신호총	2개	크라우칭 스타트(50m)
경기용허들	10대	허들
세단뛰기 용품	고무래, 삽, 줄자, 깃발(적/백)	세단뛰기
포환던지기 용품	포환 3kg-2, 5kg-2, 깃발(적/백), 투척용팩, 줄자	포환던지기
기타용품	깃발(적/백), 라바콘(고깔), 구역 표시 팻말, 호각-4개, 책상, 의자 등	

- 지원자 준비사항 : 운동화(육상경기 전문화 가능), 간편한 복장 등

3 방역 및 안전관리 대책

■ 방역관리
- 중앙방역대책본부의 『코로나바이러스감염증-19 예방을 위한 시험 방역관리 안내』에 준수하여 방역계획 수립 및 이행
- 지자체 보건소 업무협조
- 일시적 관찰실 운영
- 비상연락체계 구축

■ 안전관리
- (보험가입) 전 종목 주최자 배상책임 보험가입을 통한 사고 대비
- (의무체계) 지역별 보건소 업무협조, 비상 약품 상시 비치, 구급인력 및 구급차 배치
- (부상자 및 환자 발생 시 대응체계) 응급처지 등 1차 대응 → 인근 지정병원 연계 후송 → 자격검정기관 담당자 연락
- (사전점검) 시험용구 및 시설물 사전 점검 의무화로 안전사고 예방
- (안전교육) 행사진행인력 대상 안전사고 예방교육
- (보고체계) 검정기관 내 신속한 비상연락체계 구축

4 실기평가 영역

■ 기술분류

평가대상	대분류	세부 기술
2급 전문· 1/2급 생활· 유소년· 노 인	크라우칭스타트 및 기초동작	제자리, 차려, 추진, 가속, 질주, 피니쉬 상체자세/팔, 다리동작 협응
	허들	허들 : 출발, 진입/어프로칭, 테이크오프, 허들 넘기, 착지 및 후속 주보
	세단뛰기	도움닫기, 홉, 스텝, 점프, 착지 중에서 구분 또는 연결동작
	포환던지기	준비동작, 턴, 딜리버리, 마무리 중에서 구분 또는 연결동작

- 실기평가 영역

영역	내용	평가기준
크라우칭 스타트 및 기초동작 (10)	스타트법	① '제자리에'는 두손을 가지런히 놓고, 어깨는 수직이 된다. ② '차려'는 상체는 펴고 엉덩이가 위로 올라간다. ③ '차려'는 신체중심이 앞으로 향하고, 움직이지 않는다
	추진	① '탕'소리 후 다리는 강하게 차고, 손은 앞뒤로 크게 휘두른다. ② 상체를 바로 세우지 않고 중심은 앞에 둔다. ③ 상체를 서서히 세우면서 속도를 올린다.
	가속	① 중심이 올라간 상태에서 동작이 이루어진다. ② 팔동작과 다리동작이 아주 크게 움직인다. ③ 상체는 곧게 펴고, 어깨가 좌우로 흔들리지 않는다. ④ 전체적으로 무게 중심이 앞쪽을 향해 있고, 추진력 있게 앞으로 나아간다.
	피니쉬	① 속도를 멈추지 않고 가속 동작을 계속해 달린다. ② 상체(동체)를 숙이며 결승점을 통과한다. ③ 넘어지지 않도록 하고, 시선을 앞을 본다.
허들 (30)	스타트 및 출발	① '제자리에'는 두손을 가지런히 놓고, 어깨는 수직이 된다. ② '차려'는 상체는 펴고 엉덩이가 위로 올라가고 신체중심이 앞으로 향한다. ③ '탕'소리 후 다리는 강하게 차고, 손은 앞뒤로 크게 휘두른다. ④ 상체를 바로 세우고, 앞에 허들을 본다.
	허들넘기	① 위보다는 앞쪽으로 뛴다. (허들로 뛰는 것이지 점프하는 것이 아니다.) ② 공중동작시 상체는 앞으로 숙이고, 시선은 앞을 보며, 트레일 다리는 몸통 옆쪽에서 앞쪽으로 빠르게 끌어당긴다. ③ 착지시 엉덩이와 허리는 뒤로 빠지지 않고 앞으로 추진할 수 있는 자세가 된다.
	허들 중간 질주	① 착지 후 속도가 떨어지지 않도록 한다. ② 무게 중심은 높이고 속도를 높이고, 다음 허들 넘을 준비를 한다.
	피니쉬	① 마지막 허들을 넘고 속도가 떨어지지 않도록 무게 중심을 앞쪽에 둔다. ② 결승선을 향해 빠르게 진행하고, 상체(몸통)를 앞으로 숙여 피니시 동작을 취한다.
세단뛰기 (30)	도움닫기	① 초반부터 힘있게 출발하고 스피드를 상승시킨다. ② 상체를 숙이거나 뒤로 넘어가지 않도록 한다. ③ 전체적으로 리듬있게 뛰는 것이 중요하다.
	홉	① 첫번째 동작인 홉(hop)에서는 한 발로 뛰어올라 그 발로 착지한다. ② 상체를 숙이거나 뒤로 넘어가지 않도록 한다.
	스텝	① 2번째 동작인 스텝(step)에서는 홉 동작에서 착지한 발로 뛰어올라 다른 발로 착지한다. ② 상체를 숙이거나 뒤로 넘어가지 않도록 한다.
	점프	① 3번째 동작인 점프(jump)에서는 어떤 식으로 착지해도 좋지만, 대개는 두 발을 모아서 착지한다. ② 발목과 무릎, 엉덩이의 관절은 완전히 뻗는다.
	착지	① 발을 앞으로 모으고, 허공에서 잡아 챌 것(양발이 평행하게) ② 지면에 닿는 순간 팔을 앞으로 흔들 것 ③ 무릎을 빠르게 굽히고 골반을 앞으로 움직이며(둔부를 힘 있게 뻗음) 등이나 어깨를 이용해 옆으로 착지할 것

영역	내용	평가기준
포환던지기 (30)	준비자세	① 선수는 등을 원의 후방에서 멈춤 판을 등진 채로 상체를 세우고 시작한다. ② 몸통은 앞으로 구부리고, 지면과 평행해야 한다. ③ 몸은 한 쪽 다리로 지지하고 서고 균형이 잡혀 있어야 한다. ④ 지지가 되는 다리는 다른 다리가 원의 뒤쪽으로 나아갈 때까지 구부러져 있어야 한다.
	글라이드 (회전동작)	① 몸은 앞발의 뒤꿈치에서부터 엉덩이를 떨어뜨리는 방식익으로 이동시킨다. ② 다른 다리는 멈춤 판을 향해서 낮게 이동시킨다. ③ 지지하는 다리는 발뒤꿈치로부터 쭉 펴준다. ④ 지지하는 다리는 미끄러져 나아가기 하는 동작을 하는 동안 지면에 붙은 상태를 유지한다. ⑤ 어깨는 원의 후방에서 사각 형태를 유지한다.
	던지기	① 양 다리와 몸통이 완전하게 펴지면서 투척하는 팔을 내뻗는다. ② 왼팔은 몸통에 가까이 구부려 붙인다. ③ 가속도는 먼저 뻗은 손목에 의해 계속 낸다. (투척 후에 엄지는 아래로 나머지 손가락은 구부려서) ④ 양 다리는 투척을 하기 위해 모두 지면에 댄다. ⑤ 머리는 투척을 하기 전까지 왼다리(제동하는)보다 뒤쪽에 위치한다.
	마무리	① 투척을 한 후에 빠르게 두 다리의 위치를 바꾼다. ② 오른발은 구부린다. ③ 상체는 숙인다. ④ 왼발은 뒤쪽으로 뻗는다. ⑤ 시선은 아래로 향하게 한다.

※ 평가기준은 변경될 수 있음. (관련 규정에 준하여 변경)

- 평가 운영방법 : 4개 종목별 순환식 평가
  ① 크라우칭 스타트 및 기초동작(50m)   ② 허들(3대)   ③ 세단뛰기   ④ 포환던지기
- 종목별 평가 세부 계획
  ① 기초동작(50m) : 크라우칭 스타트 후 가속주 1회 실시
    ※ 넘어지거나, 부정출발이 나올 경우 1회에 한해 추가 가능
  ② 허들 : 크라우칭 스타트 후 3대 허들 넘기 1회 실시
    ※ 넘어지거나, 부정출발이 나올 경우 1회에 한해 추가 가능
    ※ 허들높이/ 거리

연령(성별)	거리	허들높이	허들갯수	첫허들까지	허들사이거리
여자	30m	76.2cm	3대	13m	8.50m
남자	32m	83.8cm	3대	13.72m	9.14m

  ③ 세단뛰기 : 2회 실시(발구름판 / 홉, 스텝, 점프)
    ※ 발구름판은 본인이 원하는 위치에서 출발
  ④ 포환던지기 : 2회 실시(스톱보드 / 무게 : 남자-5kg, 여자-3kg)

- 합격기준 : 70점 이상 (100점 만점)
※ 참고사항 : 구술시험 검정 후 실기시험 실시(14:00 ~)

제1편 하계 50 종목 실기 및 구술 시험 세부시행 기준(가나다순)

5 구술평가 영역

- 시행방법 : 규정 2문제(50점), 지도방법 2문제(50점)
- 합격기준 : 70점 이상(100점 만점)

영 역	배 점	분 야
경기규칙	50점	- 종목별 규칙, 시설/도구, 경기운영, 반칙/페널티, 최신규칙
지도방법	50점	- 스포츠 과학, 지도대상별 지도방법

* 질문이해도, 전달력(목소리), 답변태도(자세・신념, 복장・용모, 지도 철학) 등은 경기규칙 및 지도방법에 반영하여 평가예정

6 기타 안내사항

- 시험영상은 시험 모니터링과 안전사고 예방을 위해 녹화하는 것으로 응시자에게 열람하거나 제공하지 않습니다.
- 시험의 공정성을 훼손하는 사례가 있는 경우 당일 시험이 종료되기 전까지 주관단체에 이의신청을 하여 주시기 바랍니다.

주관단체	연락처	홈페이지	서류제출처
(사)대한육상연맹	02-414-3032	www.kaaf.or.kr	서울특별시 송파구 올림픽로 424 올림픽회관 신관 220호 대한육상연맹

31 인라인스케이트

1 시험 일시 및 장소

- 시험 일시 및 장소 *매년 시험 일시 및 장소는 변경될 수 있음

구분	지역	검정기간	장소	연락처	주소
2급 전문	대전	6.26.(목) 09:00~18:00	대전월드컵롤러 경기장	042-724-3440	대전 유성구 한밭대로 211
1급 생활	대전	6.26.(목) 09:00~18:00	대전월드컵롤러 경기장	042-724-3440	대전 유성구 한밭대로 211
2급 생활	대전	6.25.(수) 09:00~18:00	대전월드컵롤러 경기장	042-724-3440	대전 유성구 한밭대로 211
유소년	대전	6.25.(수) 09:00~18:00	대전월드컵롤러 경기장	042-724-3440	대전 유성구 한밭대로 211
노인	대전	6.25.(수) 09:00~18:00	대전월드컵롤러 경기장	042-724-3440	대전 유성구 한밭대로 211

※ 우천시 사정공원인라인스케이트장으로 변경될 수 있음.

- 장소운영 예상 도식도 : 트랙규격 지름 200m, 폭 약 6m
  (응시인원에 따라 조별 운영될 수 있음.)
- 실기 시험장

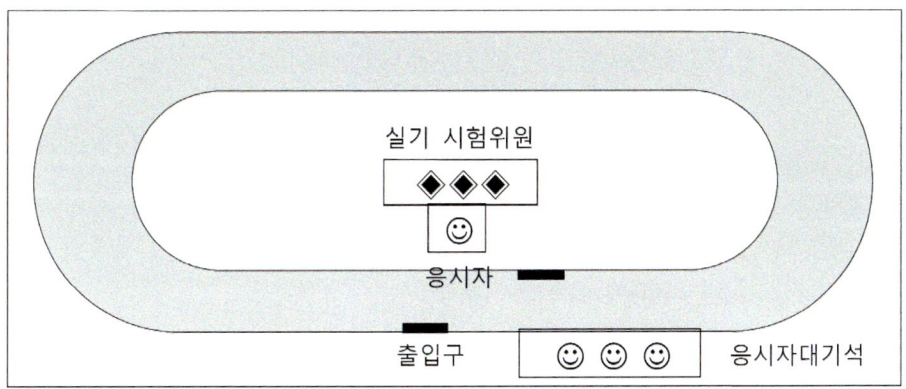

- 구술 시험장

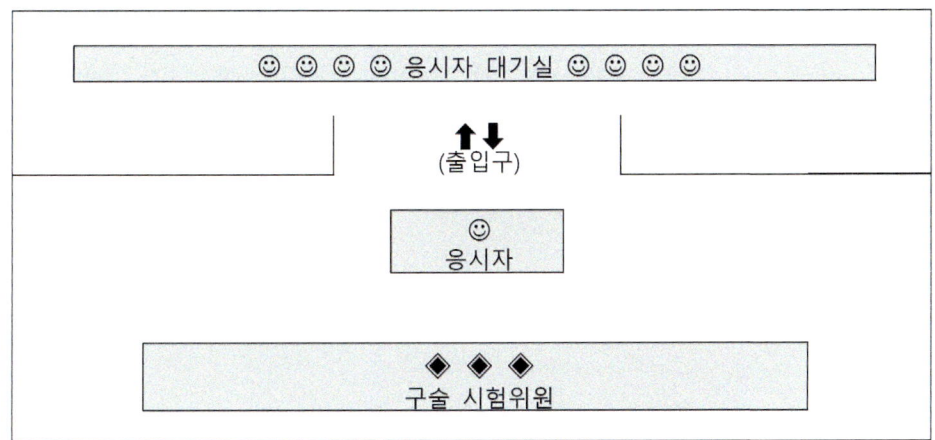

2 실기검정 소요장비

- 주관단체 준비사항

구분	내용	비고
시설류	① 장소 대관 ② 책상, 의자, 노트북, 확성기, 등 ③ 핸드폰 수거함 등	
운영	① 검정을 위한 각종 서류 및 문구류 ② 참가자 인식표, 구급함 ③ 동영상 촬영 등	

- 주관단체 준비사항

구분	내용
2급 전문· 1급 생활	• 인라인스케이트(피트니스 또는 레이싱 구분하지 않음) • 헬멧(의무 착용), 보호대(권장), *신분증, 물, *도시락
2급 생활· 유소년· 노인	• 인라인스케이팅(힐브레이크가 장착된 피트니스 스케이트) • 헬멧(의무 착용), *보호대(의무 착용) *신분증, 물, *도시락

※ 인라인스케이트 장비는 별도로 대여하지 않음.
※ 쿼드롤러 장비 착용 불가
　* 보호대 : 무릎, 팔꿈치, 손(목) 보호대를 말하며, 천으로 덧대어진 형태도 허용함.
　* 신분증 : 체육지도자 자격검정에 유효한 신분증
　* 도시락 : 참가인원에 따라 점심시간이 제공되지 않을 수 있으며, 응시자는 대기시간을 활용하시기 바람.
　* 복장
　　- 실기평가 응시자는 시험위원이 정확한 동작을 평가하기 위하여 운동복 하의는 몸에 달라붙은 타이즈 형태의 복장을 착용하시기 바람.
　　- 구술평가 응시자는 단정한 복장을 착용하시기 바람.
　　　(모자×, 선글라스×, 고글×, 슬리퍼×, 장갑×, 각종보호대×, 청바지O, 운동화O, 운동복O)

3 방역 및 안전관리 대책

- 방역관리
- 중앙방역대책본부의 『코로나바이러스감염증-19 예방을 위한 시험 방역관리 안내』를 참고하여 각 자격검정기관은 시험의 특성과 사정에 따라 안전대책 수립 및 적용
- 안전관리
- (보험가입) 전 종목 주최자 배상책임 보험가입을 통한 사고 대비
- (의무체계) 지역별 보건소, 병원 등과 연계 대응, 비상 약품 상시 비치
- (부상자 및 환자 발생 시 대응체계) 해당 기관 이용, 응급처지 등 1차 대응 → 인근 지정병원 연계 후송 → 자격검정기관 담당자 연락
- (사전점검) 시험용구 및 시설물 사전 점검 의무화로 안전사고 예방
- (안전교육) 응시생 대상 안전사고 예방교육, 사고 시 비상연락체계 안내
- (보고체계) 검정기관 간 신속한 보고체계 운영

4 실기평가 영역

■ 기술분류

평가대상	대분류	세부 기술
2급 전문· 1/2급 생활· 유소년· 노인	기본 기술	1) 기본 ① 일어서기/앉기/넘어지기 ② 기본주행 (팔 저으며 밀기) 2) 출발·멈추기 ① 출발 : 정면 출발/측 면출발 ② 멈추기 : 힐 브레이크/A자 멈추기/T자 멈추기
	복합 · 응용기술	3) 주행·밀기 ① 모래시계 (외발, 양말, 뒤로) ② 기본자세 (양팔 저으며 밀고 발 돌리기) 4) 회전 ① A자 돌기 ② 평행 돌기 ③ 발 붙여 평행 돌기 ④ 앞뒤 방향 바꾸기 ⑤ 크로스오버 (코너 돌기) 5) 고급주행 ① 직선·코너 주행

■ 실기평가 영역
- 2급 전문스포츠지도사, 1급 생활스포츠지도사

영역	내용	평가기준
기본기술 (10점)	① 정면 출발 ② 측면 출발	• 정면 출발법 : 신체의 방향이 출발선과 수평이 되도록 하며, 힘차게 도약한다. • 측면출발법 : 신체의 방향이 출발선과 직각이 되도록 하며, 힘차게 도약한다. • 누 개 동작 중 응시지 자율 선택
복합응용 기술 (10점)	① 기본자세 (양팔 저으며 밀고 발 돌리기)	• 주행 시 손과 발의 조정력(협응력)이 자연스럽다. • 안정된 중심이동으로 상체의 상·하·좌·우의 흔들림이 없다. • 착지 시 주행 발에 가까이 놓고 다음 동작을 준비 • 손 흔들기 시 상체 평형 유지한다.
복합·응용 기술 (20점)	① 발 붙여 평행 돌기	• 11자 자세를 유지하며 좌우교차가 자연스럽게 연결 • 무릎과 발목을 적절히 사용 • 일정한 속도 유지
복합·응용 기술 (20점)	① 크로스오버 - 팔 펴고 서서 코너 돌기 - 한 손 흔들며 코너 돌기 - 양 손 흔들며 코너 돌기	• 코너돌기 동작 시 스케이트 각도, 상체 각도, 팔의 위치 체크 • 일정한 속도를 유지하면서 신체의 균형 체크

영역	내용	평가기준
복합·응용 기술 (40점)	① 직선/코너 주행	• 직선주행 시 리커버리(발 돌리기)가 원활하게 이루어지는가? • 직선코너 입출 시 자연스러운 동작 표현이 가능한가? • 코너에서 동작은 원활하게 이루어지는가?(크로스오버) • 코너직선 활주 시 팔 동작은 자연스럽게 이루어지는가? • 활주 시 상하·좌우 밸런스(균형)가 유지되는가?

- 2급 생활, 유소년, 노인스포츠지도사

영역	내용		평가기준
기본 기술 (10점)	①~② 동작 중 무작위 1추첨		
	① 일어서기 / 앉기 / 넘어지기		• 해당 동작을 올바르게 표현할 수 있는가? • 해당 동작을 구분/연속동작으로 표현하는가?
	② 기본 주행 (팔 저으며 밀기)		• 주행 시 손과 발의 조정력(협응력)이 자연스럽다. • 안정된 중심이동으로 상체의 상·하·좌·우의 흔들림이 없다. • 착지 시 주행 발에 가까이 놓고 다음 동작을 준비 • 손 흔들기 시 상체 평형 유지
기본 기술 (10점)	①~③ 동작 중 무작위 1추첨		
	① 힐 브레이크		• 구분, 연속동작으로 표현이 가능한가? • 멈춤 동작에서 밸런스(균형) 유지가 잘 되는가? • 목표한 위치에서 멈춤이 가능한가?
	② A자 멈추기		• 구분동작과 연속동작으로 표현 가능한가? • 멈춤 동작에서 밸런스(균형) 유지가 잘 되는가? • 목표한 위치에서 멈춤이 가능한가?
	③ T자 멈추기		• 구분동작과 연속동작으로 표현 가능한가? • 멈춤 동작에서 밸런스(균형) 유지가 잘 되는가? • 목표한 위치에서 멈춤이 가능한가?
복합·응용기술 (20점)	①~② 동작 중 무작위 1추첨		
	① 모래시계		• 외발, 양발, 뒤로 동작을 올바르게 표현할 수 있는가? • 좌우중심은 무너지지 않는가? • 양발의 힘은 균등하게 유지하는가?
	② 기본자세 (양팔 저으며 밀고 발 돌리기)		• 손 흔들기 시 손의 위치는 이마에서 20~30cm 간격 유지 • 양 손은 앞뒤로 크게 뻗어 주며 상체의 흔들림이 없다. • 회수의 발 돌리기 동작 시 무릎이 비복근 중간에 위치
복합·응용기술 (20점)	①~③ 동작 중 무작위 1추첨		
	① A자 돌기		• A자 형태가 올바르게 표현되는가? • A자 형태 유지 시 좌우균형은 올바른가? • 정확한 자세를 유지하고 180도(좌우) 회전이 가능한가?
	② 평행 돌기		• 평행 돌기 자세를 올바르게 표현하는가? • 평행 돌기 시 엣지 유지는 올바른가? • 일정한 속도를 유지하고 180도(좌우) 회전이 가능한가?
	③ 앞뒤 방향 바꾸기		• 방향 전환이 원활하게 이루어지는가? • 구분동작과 연속동작 표현이 가능한가? • 양발 표현이 가능한가?

영역	내용	평가기준
복합·응용기술 (40점)	① 직선·코너 주행	• 직선주행 시 리커버리(발 돌리기)가 원활하게 이루어지는가? • 직선코너 입출 시 자연스러운 동작 표현이 가능한가? • 코너에서 동작은 원활하게 이루어지는가?(크로스오버) • 코너직선 활주 시 팔 동작은 자연스럽게 이루어지는가? • 활주 시 상하·좌우 밸런스(균형)가 유지 되는가?

5 구술평가 영역

- 시행방법 : 규정 2문제(50점), 지도방법 2문제(50점)
- 합격기준 : 70점 이상(100점 만점)

영역	배점	분야
규정	50점	• 종목에 대한 이해 • 경기규정, 경기운영, 장비, 시설 등
지도방법	50점	• 연령대별 특성 및 지도방법 • 지도능력, 지도방법에 대한 이해 • 스포츠안전사고 및 스포츠인권 등

* 참고자료
 - 대한롤러스포츠연맹 공인지도자(KCI) 스피드 교재
 - 대한롤러스포츠연맹 스피드경기 규정
* 위 내용은 구술시험 평가 준비에 도움을 주기 위한 범위이며, 위 내용 외에 더 추가로 범위를 선정하여 검정할 수 있음
* 지도자로서의 표현력, 전달력, 답변태도 등은 규정 및 지도방법에 포함하여 평가

6 기타 안내사항

- 시험영상은 시험 모니터링과 안전사고 예방을 위해 녹화하는 것으로 응시자에게 열람하거나 제공하지 않습니다.
- 시험의 공정성을 훼손하는 사례가 있는 경우 당일 시험이 종료되기 전까지 주관단체에 이의신청을 하여 주시기 바랍니다.

주관단체	연락처	홈페이지	서류제출처
(사)대한롤러스포츠연맹	02-420-4277	koreaskate.or.kr	서울 송파구 올림픽로 424 올림픽회관 신관 335호

32 자전거(사이클)

1 시험 일시 및 장소

■ 시험 일시 및 장소

* 매년 시험 일시 및 장소는 변경될 수 있음

구분	지역	검정일시	장소	검정장소 연락처	주소
2급 전문 1급 생활	강원	28일(토) 10:00~18:00	양양문화복지회관	-	강원 양양군 양양읍 일출로 540, 양양문화복지회관 3층
노인, 유소년 2급 생활		29일(일) 09:00~18:00	양양군 종합운동장	-	양양군 양양읍 한고개길 10 양양종합운동장

■ 장소운영 예상 도식도
- 구술 시험장

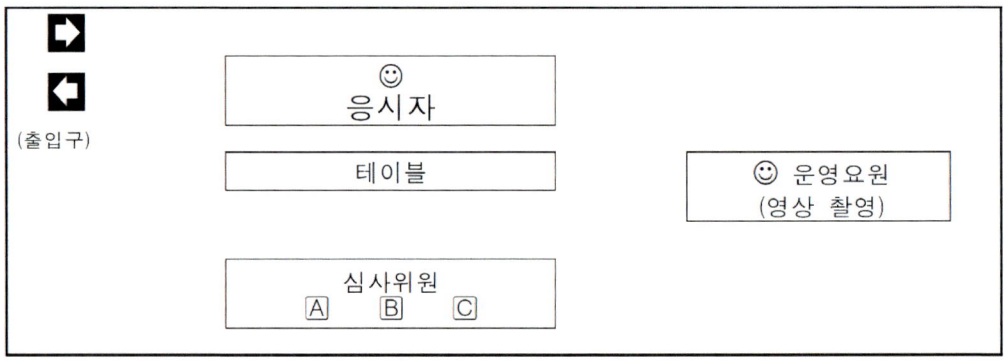

- 2급 생활·유소년·노인 스포츠지도사 실기 시험장

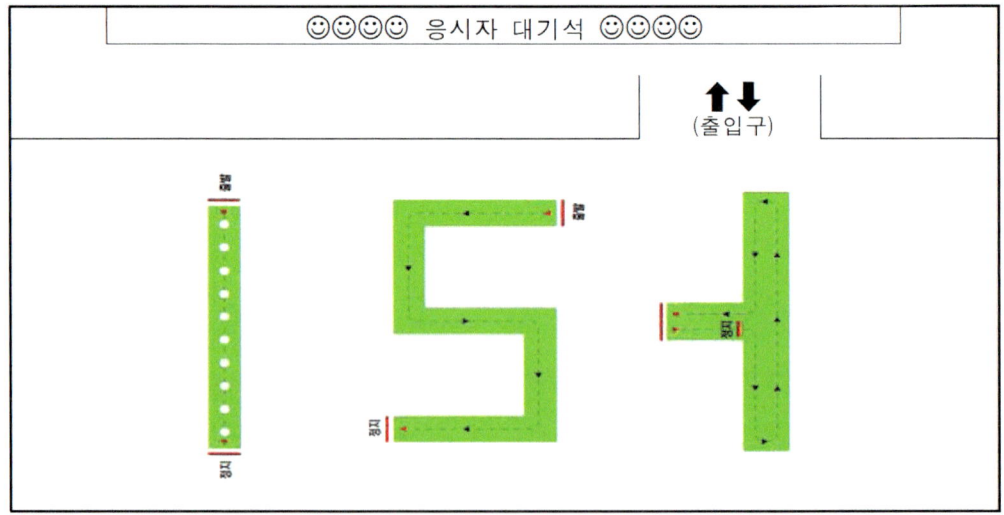

- 2급 전문·1급 생활스포츠지도사 실기 시험장

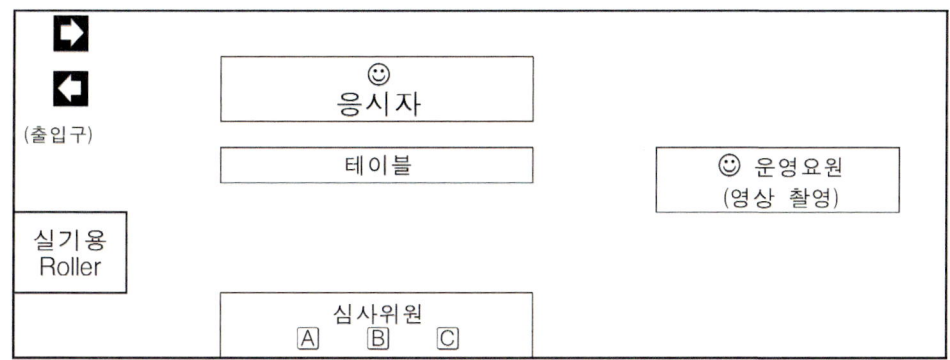

2 실기검정 소요장비

- 2급 전문·1급 생활 스포츠지도사
- 주관단체 준비사항 : 책상, 의자, 채점표, Roller
- 지원자 준비사항 : 시험용 자전거, 사이클 유니폼, 클릿슈즈
  ※ 개인이나 팀을 식별할 수 있는 유니폼 착용 금지
- 2급 생활·유소년·노인 스포츠지도사
- 주관단체 준비사항 : 시험용 자전거, 헬멧, 라바콘
- 지원자 준비사항 : 자전거 복장(평소 자전거를 탈 때 입는 복장)
  ※ 개인이나 팀을 식별할 수 있는 유니폼 착용 금지

3 방역 및 안전관리 대책

- 방역관리
- 공용 수험물품 및 접촉면은 수시로 소독을 진행
- 발열 및 의심증상 있는 경우 응시불가 및 감염병 예방 행동요령에 따라 바로 의료기관 이송 절차 진행
- 시험장 내에서는 항상 마스크를 착용하며, 응시자 간의 간격을 1m 확보
- 당일 발열 및 호흡기 증상자(기침, 호흡곤란 등)는 즉시 주관단체(☎02-419-4225)으로 연락해야 하며, 당사자는 시험에 응시할 수 없음
- 출입구 및 대기실, 구술시험장에 손소독제 비치
- 손 씻기 및 기침예절 준수 안내문 게시
- (구급차 및 구급인력(안전요원) 배치) 응급처치 → 인근 지정병원 연계 후송 → 자격검정기관 담당자 연락
- (보험가입) 주최자 배상책임 보험가입을 통한 사고 대비
- (의무체계) 보건소, 병원 등과 연계 대응, 비상 약품 상시 비치
- (사전점검) 시험용구 및 시설물 사전 점검 의무화로 안전사고 예방
- (안전교육) 응시생 대상 안전사고 예방교육, 사고 시 비상연락체계 안내
- (보고체계) 검정기관 간 신속한 보고체계 운영

4 실기평가 영역

■ 기술분류

자격종류	대분류	세부 기술
2급 전문 · 1급 생활스포츠지도사	스타트	Roller에 오르기 및 출발자세
	주행	주행 자세
		댄싱 자세
		인터벌
2급 생활 · 유소년 · 노인 스포츠지도사	자전거 정비	안장과 프레임 중심, 헬멧의 올바른 착용.
	스타트 및 주행	스타트 자세, 상체 각도, 시선 방향, 다리 이동, 팔의 형태, 엉덩이 위치, 페달링 시 무릎의 모양, 회전 시 시선, 회전 시 컨트롤 속도, 회전 시 자전거 이동, 수신호 숙지
	회전능력	회전시 컨트롤 가능한 속도로 회전이 이뤄지는지, 발을 닿지 않는지 확인
	코스주행 및 중심잡기	수신호 숙지, 안장에서 발의 위치, 굴곡코스 통과, 자전거 제어능력, 중심잡기

■ 실기평가 영역
- 2급 전문 · 1급 생활스포츠지도사

[평가점수]
A등급 (25-23점), B등급(21-19점), C등급 (17-15점) / D등급 (13-11점), E등급(9-7점)

영역	내용	평가기준(포인트)
Roller 스타트 (25)	Roller에 오르기 및 출발자세	• Roller에 오르는 방법이 올바르고 스스로 주행이 가능한가? ① Roller에 자전거를 올리고 스스로 자전거에 오를 수 있는가? ② 출발 자세(팔, 페달위치, 손, 시선)가 올바른가? ③ Roller에서 스스로 주행이 가능한가?
Roller 주행 (75)	주행 자세 (25)	• Roller에 주행 자세를 정확히 수행하는가? ① 상체의 위치 (약 45°) 위치와 시선이 전방을 주시하고 있는가? ② 팔은 쭉 펴진 상태가 아닌 팔꿈치가 약간 굽혀진 상태로 주행하고 있는가? ③ 엉덩이는 안장의 정중앙에 위치하고 있는가? ④ 페달링과 주행속도가 안정적인가? ⑤ 전체 주행 중 3회 이상의 기어 변속이 가능한가?
	댄싱 자세 (25)	• Roller 주행 중 댄싱 자세를 정확히 수행하는가? ① 안장에서 엉덩이가 떨어져있는가? ② 몸에 불필요한 힘이 들어가지 않았는가? ③ 허리를 중심으로 다리, 어깨 손이 부드럽게 움직이는가? ④ 주행 자세가 안정적인가?
	인터벌 (25)	• Roller에서의 인터벌이 가능한가? ① 약 20초간 인터벌을 수행하여 최대 회전수를 측정한다. ② 인터벌 중 기어비 52*16으로 진행 ③ 인터벌 수행 중 주행자세가 안정적인가?

- 2급 생활·유소년·노인스포츠지도사

영역	내용	평가기준
기초 정비 (20)	1. 자전거 정비	① 안장의 중심부가 프레임과 일치 하였는가? ② 헬멧의 착용 법은 올바른가? ③ 주행 전 기본 안전점검은 시행 확인했는가?
기능 코스 스타트 주행 중심잡기 (80)	2. 스타트 / 주행 / 정지 자세	① 출발 자세 (팔, 페달위치, 손)와 위치가 올바른가? ② 상체의 45° 위치와 시선은 전방 2~3m를 주시하고 있는가? ③ 팔은 쭉 펴진 상태가 아닌 팔꿈치가 약간 굽혀진 상태로 주행 하고 있는가? ④ 엉덩이는 안장의 정중앙에 위치하고 있는가? ⑤ 다리는 수직이동을 하고 있는가? 페달링 시 무릎이 바깥쪽으로 벌어지지 않고, 회전 운동을 하고 있는가? ⑥ 수신호는 정확히 숙지하여 사용할 수 있는가?
	3. 회전능력 (Flying)	① 상체의 45° 위치와 전방을 항시 주시 하고 있는가? ② 회전 시 시선이 핸들과 같이 돌아가는가? ③ 엉덩이는 안장의 정중앙에 위치하고 있는가? ④ 회전 시 컨트롤 가능한 속도로 회전이 이뤄지고 있는가? ⑤ 회전 시 자전거를 몸의 균형에 맞게 좌·우로 이동하고 있는가? ⑥ 회전 시 라바콘을 쓰러뜨리지 않는가? ⑦ 좁은 간격 회전시 발을 땅에 딛지 않은가?
	4. 코스 주행 및 중심잡기	① 수신호는 정확히 숙지하여 사용할 수 있는가? ② 안장에서 발이 땅에 떨어지지 않고 코스를 통과하고 있는가? ③ 코스를 이탈하지 않고 주행 하는가?

- 기능코스 차감점수표

코스	평가내용	차감 점수표(점)
1코스 (T자)	출발 및 자세 불량	1
	정지 미실시	4
	수신호 2회 (미실시 1회당 각 2점)	2×2회=4
	정지 시 좌, 우 확인 미실시	2×2회=4
	코스 내 발 내리기	3
	코스이탈(라인터치, 1회당 각 2점)	2×3회=6
	넘어질 경우	2
	내리기 및 자세 불량	1
2코스 (ㄹ자)	출발 및 자세 불량	1
	코스 내 발 내리기	3×4회=12
	코스이탈(라인터치)	2×4회=8
	넘어질 경우	2
	내리기 및 자세 불량	1
3코스 (지그재그)	출발 및 자세 불량	1
	라바콘이 쓰러질 경우 각 2점	2×6회=12
	코스 내 발 내리기	3

코스	평가내용	차감 점수표(점)
	코스이탈(라인터치)	2×6회=12
	넘어질 경우	2
	내리기 및 자세 불량	1

5 구술평가 영역

- 2급 전문스포츠지도사

영 역	배 점	분 야
규정	50점	시설/도구 : UCI규정에 따른 자전거 장비 및 경기장 규격등 경기 운영 : UCI규정에 따른 종목별 경기 운영 세부 규칙 반칙/페널티 : UCI규정에 따른 경기 규정 위반 시 징계에 관한 사항 최신규정 : 매년 갱신되는 UCI 규정
지도방법	50점	지도자로서의 가치관, 코칭자세, 운동생리학 등

- 1급·2급 생활, 유소년·노인스포츠지도사

영 역	배 점		분 야
규정	50점		시설/도구 : 자전거의 기본 구성 및 설계 외 경기운영 : UCI 규정 경기 운영 규정 및 시설 규정 최신 규정 : 도로교통법 및 각종 법률상 자전거 규정 및 규칙 외 *참고자료 : UCI규정(http://cycling.or.kr/), 도로교통법, 자전거이용활성 화에 관한 법률, 행정안전부 제작 성인을 위한 안전한 자전거 타기 (https://www.bike.go.kr/index.do)등
지도방법	50점	공통	자전거 과학적 운동 원리, 운동 생리학, 운동 처방
		유소년	유소년 대상 교육 방법, 유소년 대상 지도 방법
		노인	노인 대상 교육 방법, 노인 대상 지도 방법

6 기타 안내사항

- 시험영상은 시험 모니터링과 안전사고 예방을 위해 녹화하는 것으로 응시자에게 열람하거나 제공하지 않습니다.
- 시험의 공정성을 훼손하는 사례가 있는 경우 당일 시험이 종료되기 전까지 주관단체에 이의신청을 하여 주시기 바랍니다.

주관단체	연락처	홈페이지	서류제출처
(사)대한사이클연맹	02-419-4225	http://www.cycling.or.kr	서울시 송파구 올림픽로 424 올림픽회관 405호

33 조정

1 시험 일시 및 장소

■ 시험 일시 및 장소

* 매년 시험 일시 및 장소는 변경될 수 있음

구분	지역	검정기간	장소	연락처	주소
2급 전문	경기도	6.13(금) 10:00~18:00	미사리 조정경기장	031)790-8881	경기도 하남시 미사대로 505 미사경정공원(신장동)
1급 생활	경기도	6.13(금) 10:00~18:00	미사리 조정경기장	031)790-8881	경기도 하남시 미사대로 505 미사경정공원(신장동)
2급 생활	경기도	6.13(금) 10:00~18:00	미사리 조정경기장	031)790-8881	경기도 하남시 미사대로 505 미사경정공원(신장동)
유소년	경기도	6.13(금) 10:00~18:00	미사리 조정경기장	031)790-8881	경기도 하남시 미사대로 505 미사경정공원(신장동)
노인	경기도	6.13(금) 10:00~18:00	미사리 조정경기장	031)790-8881	경기도 하남시 미사대로 505 미사경정공원(신장동)

■ 장소운영 예상 도식도 (미사리조정경기장 정고동 앞 수면)

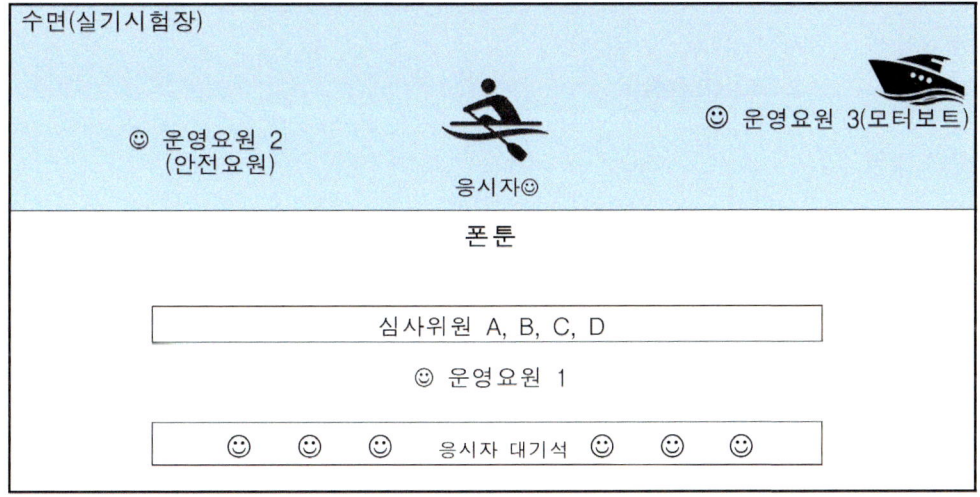

2 실기검정 소요장비

- 주관단체 준비사항 : 경기정(실기검정용), 무전기, 모터보트, 구명조끼, 책상, 의자, 스톱워치, 필기도구, 노트북, 채점표 등
- 지원자 준비사항 : 신분증, 수험표, 실기검정 복장(기능성슈트(타이즈)), 기타 개인 실기장비

* 1급 생활/2급 생활/유소년/노인 응시자 실기시험은 레저 경기정으로 진행. 단, 2급 전문스포츠지도사 응시자는 전문(경기용)선수 경기정으로 실기시험 진행.

3 방역 및 안전관리 대책

- 방역관리
- (감염 관리) 감염병 관리 관련 법령 및 시험방역지침에 따라 의무 격리가 필요한 감염병 확진자의 경우 시험응시가 제한될 수 있음

- 안전관리
- (보험가입) 전 종목 주최자 배상책임 보험가입을 통한 사고 대비
- (의무체계) 지역별 보건소, 병원 등과 연계 대응, 비상 약품 상시 비치, 구급차/구급인력 배치
- (부상자 및 환자 발생 시 대응체계) 해당 기관 이용, 응급처지 등 1차 대응 → 인근 지정병원 연계 후송 → 자격검정기관 담당자 연락
- (사전점검) 시험용구 및 시설물 사전 점검 의무화로 안전사고 예방
- (안전교육) 응시생 대상 안전사고 예방교육, 사고 시 비상연락체계 안내
- (보고체계) 검정기관 간 신속한 보고체계 운영

4 실기평가 영역

- 기술분류

대분류	세부 기술
기본 동작	출항준비 및 승선, 접안, 균형(밸런스), 동작범위, 힘의 조화
응용 동작	캣치, 드라이브, 피니쉬
기술적 요인	스트로크, 방향전환

- 실기평가 영역

영역	내용	평가기준
기본 동작 (20)	출항준비 및 승선	① 클러치에 노 고정을 정확히 하는가? ② 보트 승선 전 순서를 정확히 하는가? (발을 딛는 부분, 발을 디딜 시 시트 위치, 시트 착석 시 동작 순서) [평기기준] 아주 능숙(10), 능숙(8), 보통(6), 약간 미숙(4), 미숙(2)
	균형(밸런스) 및 동작범위	① 보트에 편안한 자세를 취하고 앉아야 하며, 노 동작이 자연스럽고 조절이 가능하도록 자세를 취하는가? ② 전반적으로 동작이 유연하면서 자세를 유지하는가? ③ 블레이드가 수면에 수평으로 놓여 밸런스를 유지하는가? [평기기준] 아주 능숙(5), 능숙(4), 보통(3), 약간 미숙(2), 미숙(1)
	힘의 조화	① 스트로크 시 전신을 조화롭게 이용하는가? ② 시트 슬라이딩 시 체중이 원활하게 이동하는가? ③ 양쪽 블레이드 깊이가 일정하게 입수 되는가?

영역	내용	평가기준
		[평기기준] 아주 능숙(5), 능숙(4), 보통(3), 약간 미숙(2), 미숙(1)
응용 동작 (40점)	캐치	① 캐치 시 블레이드는 전체를 입수 시켰는가? ② 캐치 시 기본자세가 유지되는가? ③ 캐치 시 밸런스를 잘 유지하는가? [평가기준] 아주 능숙(15), 능숙(12), 보통(9), 약간 미숙(6), 미숙(3)
	드라이브	① 수면에 블레이드 양쪽 깊이가 잘 이루어지는가? ② 드라이브 시 기본자세가 유지되는가? ③ 드라이브 시 밸런스를 잘 유지하는가? [평가기준] 아주 능숙(15), 능숙(12), 보통(9), 약간 미숙(6), 미숙(3)
	피니쉬	① 피니시 전 블레이드가 수면에 일정하게 입수되었는가? ② 피니시 동작 시 블레이드가 원활히 출수 되었는가? ③ 피니시 동작 시 기본자세가 유지되는가? [평가기준] 아주 능숙(10), 능숙(8), 보통(6), 약간 미숙(4), 미숙(2)
기술적 요인 (40점)	스트로크	① 드라이브 시 블레이드 괘도가 정확한가? ② 캐치, 피니시 범주가 일정한가? ③ 전반적으로 동작이 유연하면서 자세를 유지하는가? [평가기준] 아주 능숙(20), 능숙(16), 보통(12), 약간 미숙(8), 미숙(4)
	방향 전환	스트로크 동작 중 방향 전환이 잘 이루어지는가? 보트 정지 상태에서 제자리 방향 전환이 잘 이루어지는가? [평가기준] 아주 능숙(20), 능숙(16), 보통(12), 약간 미숙(8), 미숙(4)

5 구술평가 영역

- 시행방법 : 규정 2문제(50점), 지도방법 2문제(50점)
- 합격기준 : 70점 이상(100점 만점)

영 역	배 점	분 야
규 정	50점	• 경기 및 심판규칙 • 경기운영 • 반칙/패널티
지도방법	50점	• 지도능력(공통) • 지도방법(2급 전문 / 1급 생활 / 2급 생활 / 유소년 / 노인)

* 위 내용은 구술시험 평가 준비에 도움을 주기 위한 범위이며, 위 내용 외에 더 추가로 범위를 선정하여 검정할 수 있음
* 지도자로서의 표현력, 전달력, 답변태도 등은 규정 및 지도방법에 포함하여 평가

제1편 하계 50 종목 실기 및 구술 시험 세부시행 기준(가나다순)

6 기타 안내사항

- 영상은 시험 모니터링과 안전사고 예방을 위해 녹화하는 것으로 응시생에게 열람하거나 제공하지 않습니다.
- 시험의 공정성을 훼손하는 사례가 있는 경우 당일 시험이 종료되기 전까지 주관단체에 이의신청을 하여 주시기 바랍니다.

주관단체	연락처	홈페이지	서류제출처
(사)대한조정협회	02-423-4510	rowing.sports.or.kr	서울시 송파구 올림픽로 424 올림픽회관 신관 221호

34 주짓수

1 시험 일시 및 장소

- 시험 일시 및 장소

* 매년 시험 일시 및 장소는 변경될 수 있음

구분	지역	검정기간	장소	연락처	주소
2급 전문	충남	6.21(토)~6.22(일) 2일간 10:00~18:00	선문대학교 스포츠과학관	041-530-2114	충청남도 아산시 탕정면 선문로 221번길 70 (선문대학교 아산캠퍼스)
1급 생활					
2급 생활					

- 시험장소 선정 기준
- KTX 천안역 및 지하철 탕정역에 인접하여 전국 응시자의 교통 편의성과 접근성을 고려하여 선정함

- 장소운영 예상 도식도 : 조별 코트규격 6m×6m, 1~5조 동시운영
- 실기 시험장 : 선문대학교 스포츠과학관

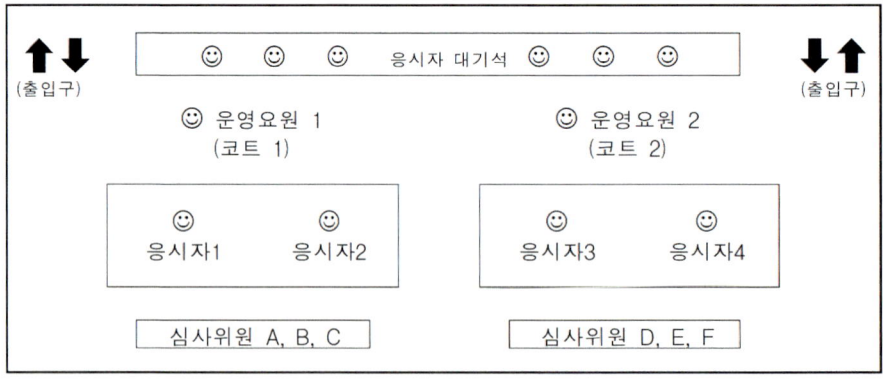

※ 실기 응시 인원에 따라 1개~5개 코트로 탄력적 운영

- 구술 시험장 : 실기시험장과 격리된 인접 회의실 1~5곳

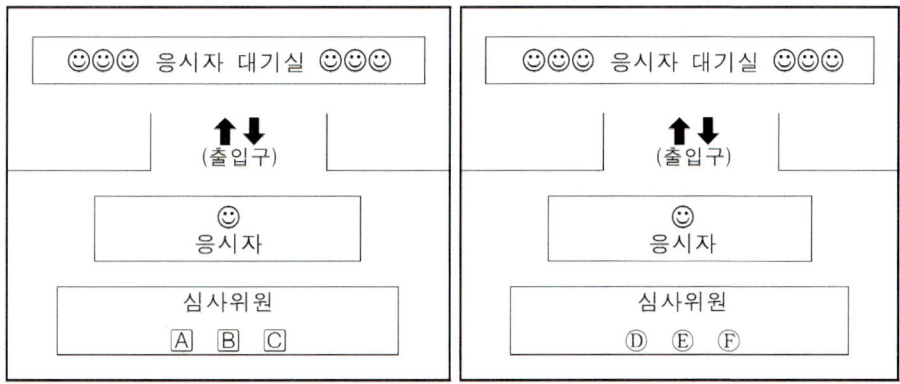

※ 구술 응시 인원에 따라 1개~5개 회의실로 탄력적 운영

2 실기검정 소요장비

- 주관단체 준비사항 : 책상, 의자, 테이블보, 스톱워치, 명찰, 호각, 추첨함 채점표, 핸드폰수거함 등
- 지원자 준비사항 : 주짓수도복, 벨트, 손가락테이핑(필요시), 신분증
  ※ 도복은 국제주짓수연맹(JJIF)과 아시아주짓수연맹(JJAU)의 규정에 따름
  1) 흰색도복만 허용 (흰색이 아닌 다른 색상의 도복 착용 시 응시불가)
  2) 상의 도복 안에 백색 또는 검정색의 래시가드나 기능성 티셔츠(면티 금지) 여성은 필수 남성은 선택사항(미준수 시 감점 요인)
  3) 도복 바지안에 래깅스나 타이즈는 검정색으로 남·여성 모두 선택사항
  4) 패치규정은 아래 그림의 국제규정에 따름 (미준수 시 감점 요인 / 등패치와 가슴패치는 심사 공정성을 위해 JJIF나 JJAU, 대한주짓수회대회 패치만 허용하고 '수련도장 혹은 네트워크'를 표시한 패치는 금지)

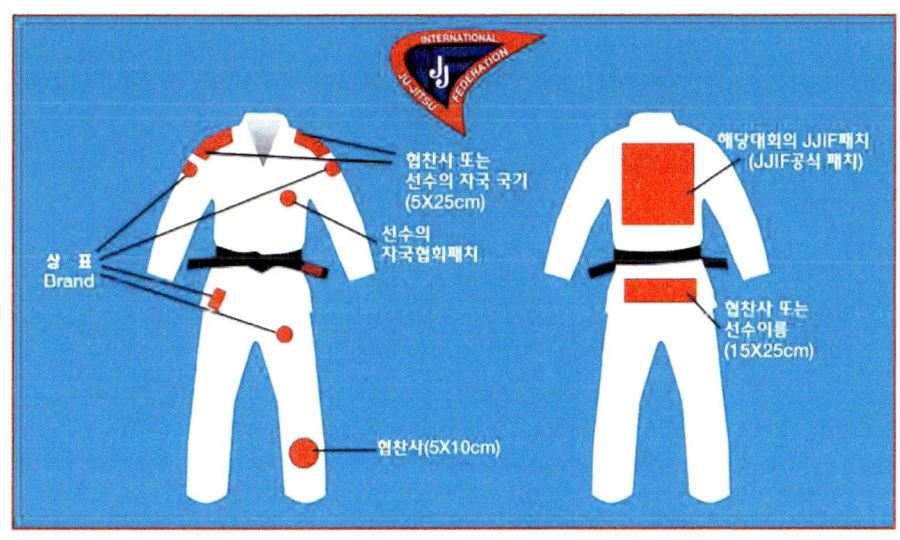

3 방역 및 안전관리 대책

- 방역관리
- (감염 관리) 감염병 관리 관련 법령 및 시험방역지침에 따라 의무 격리가 필요한 감염병 확진자의 경우 시험응시가 제한될 수 있음

- 안전관리
- (보험가입) 전 종목 주최자 배상책임 보험가입을 통한 사고 대비
- (의무체계) 지역별 보건소, 병원 등과 연계 대응, 비상 약품 상시 비치, 구급차/구급인력 배치
- (부상자 및 환자 발생 시 대응체계) 해당 기관 이용, 응급처지 등 1차 대응 → 인근 지정병원 연계 후송 → 자격검정기관 담당자 연락
- (사전점검) 시험용구 및 시설물 사전 점검 의무화로 안전사고 예방
- (안전교육) 응시생 대상 안전사고 예방교육, 사고 시 비상연락체계 안내
- (보고체계) 검정기관 간 신속한 보고체계 운영

4 실기평가 영역

- 평가기준
    1. 기술의 적법성 : 국제주짓수연맹(JJIF) 룰(규칙) 상 적법한 기술인지 여부
    2. 기술의 효과성/현실성 : 생체역학상(Biomechanically) 현실적이고 효과 적인 기술인지 여부
    3. 동작의 숙련도 : 기술을 시연함에 있어 동작이 충분히 숙련되었는지 여부
    4. 기술의 연계성 : 각 기술 간의 연계가 적절한지 여부
    5. 태도 : 무도인(주짓수인)으로서 적절한 예를 갖추어 시험에 임했는지 여부

- 합격기준 : 기술 대분류 및 세부기술에 대한 심사위원의 '무작위 제시' 또는 '응시자 추첨'을 통해 총 5회(5문항)의 기술시연(개별동작 또는 연결동작)을 감점하여 70점 이상 합격(100점 만점)

- 실기평가 영역 기술대분류 - 2급전문스포츠지도사, 1급·2급생활스포츠지도사

대분류		세부기술
공격	테이크다운 (태클, 손기술, 허리기술, 발기술 누우며메치기)	태클 - 더블렉테이크다운, 싱글렉테이크다운 손기술 - 양팔업어치기, 한팔업어치기, 업어떨어뜨리기 빗당겨치기, 어깨로메치기, 발목잡아메치기 허리기술 - 허리꺼치기, 허리후리기, 허리튀기 다리기술 - 밭다리, 안뒤축, 안다리, 발목받이기 누우며메치기기술 - 배대뒤치기, 안오금띄기
	가드패스 (클로즈가드, 하프가드, 오픈가드)	클로즈가드, 하프가드, 오픈가드, 버터플라이가드, 시팅가드, X가드, 데리히바가드, 리버스데라히바가드 스파이더가드, 라소가드드
	스윕 (클로즈가드, 하프가드, 오픈가드)	클로즈가드, 하프가드, 오픈가드, 버터플라이가드, 시팅가드, X가드, 데리히바가드 리버스데라히바가드, 스파이더가드, 라소가드

대분류			세부기술
굳히기	누르기	누르기	사이드컨트롤, 스카프홀드, 노스엔사우스, 마운트, 백컨트롤, 백마운트, 니온벨리
		포지셔닝	
	서브미션	조르기	트라이앵글, 암트라이앵글, 크로스라펠초크, 루프초크, 이제키엘, 베이스볼초크, 포암초크, 클락초크, 하프넬슨
		꺾기	암바, 기무라, 아메리카나, 오모쁠라따 레그락 (앵클락, 니바, 토우홀드, 카프락, 힐훅)
방어와 탈출	포지션 ESC		사이드컨트롤, 스카프홀드, 노스엔사우스, 마운트, 백컨트롤, 백마운트, 니온벨리
	서브미션 ESC		초크 ESC, 암바와 꺾기에서 ESC, 레그락에서 ESC
	낙법		전방, 후방, 측방, 회전, 장애물
응용	공격 후 연계 동작		테이크다운 후 굳히기, 가드패스나 스윕 후 굳히기
	탈출 후 카운트		누르기나 서브미션에서 ESC 후 굳히기나 서브미션으로 탈출

■ 실기평가 영역 세부내용과 평가기준 – 2급전문스포츠지도사, 1급·2급생활스포츠지도사

▶ 유의사항

※ 실기는 평가영역 1문항 당 20점으로 총점 100점 만점에 70점 이상 합격
※ 실기는 심사위원의 판단 및 응시 시간에 따라 "개별동작 또는 응용·연결동작"으로 평가됩니다.
※ 아래 내용은 실기검정 준비에 도움을 주기 위한 기본 범위이며 안내된 내용 외에도 범위가 추가될 수 있음을 알려드립니다.

평가영역	평가항목	평가가준
* 테이크다운	태클 손기술 허리기술 다리기술 누우며메치기기술 (기술대분류 세부내용 참조)	- 효과적으로 상대의 발란스를 무너뜨리고, 정확히 손과 발이 위치하여 넘기는지
* 가드패스 * 스윕	클로즈가드, 하프가드, 오픈가드 버터플라이가드, 시팅가드, X가드 데리히바가드, 리버스데리히바가드 스파이더가드, 라소가드	- 상대의 방어를 효과적으로 차단하고 패스 하는지 - 스윕 시도 시 상대의 발란스를 무너뜨리고 정확한 그립으로 넘기는지
* 굳히기, 포지셔닝, 이스케이프 * 조르기, 꺾기	누르기, 포지셔닝, 이스게이프, 조르기, 꺾기 (기술대분류 세부내용 참조)	- 누르기에서 안정된 자세로 손과 발이 위치하며 - 꺾기 조르기에서 정확한 포인트를 잡고 시도하는지

❑ 구술검정
- 평가기준(정량·정성 복합평가)
- 시행방법 : 무작위 추첨을 통해 '규정(경기 및 심판규칙)' 2문제(50점), '지도방법' 2문제(50점)을 검정
- <u>구술평가 합격기준 : 70점 이상(100점 만점)</u>
- 아래 내용은 구술검정에 도움을 주기 위한 범위이며, 아래 내용 외에 더 추가로 선정하여 검정할 수 있음

영역	배점	분야
규정 (2문항)	50점 (문항당 25점)	(경기 및 심판규칙) 시설 도구, 경기운영, 포인트, 파울 실격
지도 방법 (2문항)	50점 (문항당 25점)	기술 지도방법, 트레이닝 지도방법, 체육지도자의 기본상식과 소양 주짓수 종목 상식(역사, 문화, 가치관 등)
		* 표현력, 전달력, 답변태도, 규정 복장, 지도자로서의 적성 등은 '규정 및 지도방법'에 포함하여 평가

5 기타 안내사항

- 시험영상은 시험 모니터링과 안전사고 예방을 위해 녹화하는 것으로 응시자에게 열람하거나 제공하지 않습니다.
- 시험의 공정성을 훼손하는 사례가 있는 경우 당일 시험이 종료되기 전까지 주관단체에 이의신청을 하여 주시기 바랍니다.

주관단체	연락처	홈페이지	서류제출처
(사)대한주짓수회	051-628-8567	https://jjak.or.kr	부산시 해운대구 선수촌로 136 (4층)

35. 줄넘기

1 시험 일시 및 장소

■ 시험 일시 및 장소 *매년 시험 일시 및 장소는 변경될 수 있음

구분	지역	검정기간	장소	연락처	주소
1급 생활	충북	6.21.(토) 18:00~19:00	충청대학교	032-219-7330	충청북도 청주시 흥덕구 강내면 월곡길 38
2급 생활		6.21.(토) 09:00~19:00			
유소년		6.21.(토) 09:00~11:00			

■ 장소운영 예상 도식도 : 조별 코트규격 5m×5m

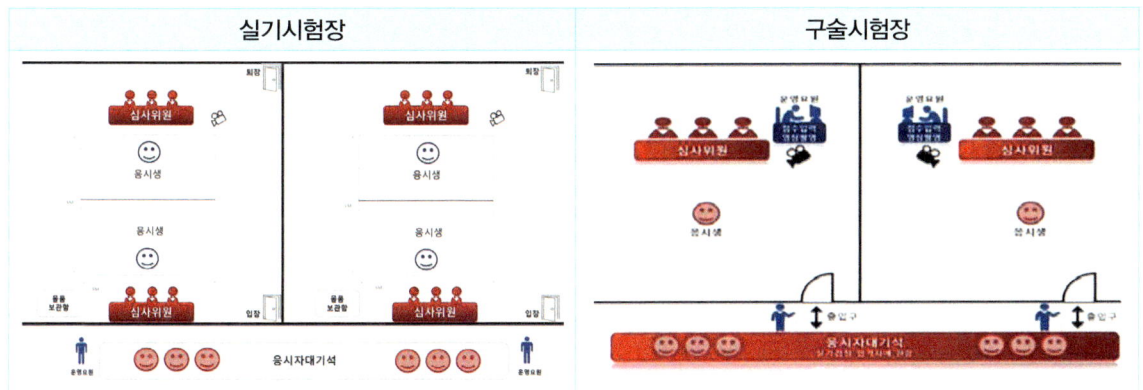

2 실기검정 소요장비

- 주관단체 준비사항 : 계수기, 캠코더, 노트북, 스톱워치, TV 등
- 지원자 준비사항 : 개인줄넘기(길이 종류 관계없음), 편안한 복장, 운동화

- 개인줄
  - 개인 준비 물품
  - 개인줄은 길이·재질에 관계없이 준비·사용 가능

- 캠코더
  - 1코트 당 1개
  - 2코트 사용 시 2개

- TV
  - 1코트 당 1개
  - 2코트 사용 시 2개

- 노트북
  - 1코트 당 1개
  - 2코트 사용 시 2개

• 아이패드(또는 탭) - 1대 (코트관계없음)		• 계수기 - 1코트 당 1개 - 2코트 사용 시 2개	

3 방역 및 안전관리 대책

- 방역관리
- 감염병 관리 관련 법령 및 시험방역지침에 따라 의무 격리가 필요한 감염병 확진자의 경우 시험응시가 제한될 수 있음
- 마스크 착용 유도
  - 실내 구술시험은 마스크 착용 권장(의무사항은 아님)
- 공간 환기 및 밀집도 조절
  - 시험장 내 창문이나 문을 열어 자연 환기
  - 응시자 간 대기 간격 유지, 한 공간에 너무 많은 인원이 머무르지 않도록 조정
- 공용 물품 최소화 및 간단한 소독
  - 개인 장비 지참(준비물) 안내 문자 발송
  - 공용 장비 이용 시 시험 간 소독하기
  - 물, 음료 외 음식물 섭취 금지
- 불필요한 대화는 자제하며, 응시자 외 외부인은 고사장 출입을 금함

- 안전관리
- (의무체계) 지역별 보건소, 병원 등과 연계 대응, 구급차 및 응급구조사 응시장 내 항시 대기
- (부상자 및 환자 발생 시 대응체계) 해당 기관 이용, 응급처지 등 1차 대응 → 인근 지정병원 연계 후송 → 자격검정기관 담당자 연락
- (사전점검) 시험용구 및 시설물 사전 점검 의무화로 안전사고 예방
- (안전교육) 사무처 직원(안전관리책임자 교육 이수), 심사위원 등 안전사고 예방교육, 사고 시 비상연락체계 안내
- (운영요원배치) 응시가 안내 및 비상 상황 발생 및 불법행위 저지
- (보고체계) 검정기관 간 신속한 보고체계 운영

4 실기평가 영역

- 기술분류

평가대상	대분류	세부 기술	
1·2급 생활/ 유소년	스텝 (footwork)	앞 멈춤, 뒤 멈춤, 되돌려 멈춤	
		양발 모아 뛰기, 번갈아 뛰기, 번갈아 두 박자 뛰기, 십자 뛰기, 가위바위보 뛰기	
		뒤 들어 모아 뛰기, 앞 흔들어 뛰기, 옆 흔들어 뛰기, 지그재그 뛰기	
		되돌리기, 되돌려 옆흔들어뛰기	
	멀티플 (Multiple)	이중 뛰기, 뒤 이중 뛰기, 옆 떨쳐 이중 뛰기, 엇걸어 이중 뛰기, 솔개 뛰기, 송골매 뛰기	
	Rope manipulation	레벨	기술명
		0	Sideswing, Front swing, EB Swing, Backward EBSwing Toe TouchSwing, 360 Rotating2Handed Squatting Floor Swing, Texas Swing, Lawn Mower, Tornado, Rump Jump, Octopus
		0.5	cross, 180 degree turn, 360 turn, 360 texasturn, Full Turn, Criss Cross
		1	cross, Backwardcross, toad, Backward toad, EB, Backward EB, crougar, Backwardcrougar, inverse toad Backward inverse toad, s.c gogos
		2	AS, Backward AS, CL, Backward CL, TS, Backward TS, caboose, AS – AS, BackwardAS – AS, TS – TS, BackwardTS – TS, CL – CL, BackwardCL – CL, TS – TS double, BackwardTS – TS double, CL – CL double, BackwardCL – CL double EB toad, Backward EBtoad, inverse EBtoad, Backward inverse EB toad, elephant toad, Backwardelephant toad AS – AS, CL – CL, TS – TS, caboose – caboose, elephant – elephant TS – TS double, KN, Backward KN, weave – weave, T – toad – T – toad, KN – KN, KN gogos, AS – AS double, weave megan, T – toad, BackwardT – toad, InverseT – toad, BackwardInvers
		3	frog CL, frog AS

- 실기평가 영역
- 1급 생활스포츠지도사

영역	내용	평가기준
기본스텝 (20)	① 바위보 뒤들어모아 X2 ② 앞흔들어 무릎들어뛰기 X2 ③ 무릎들어 크로스 X2 ④ 뒤되돌리기 X2 ⑤ 뒤되돌려옆흔들어뛰기 X4	※ 지정된 음원에 맞춰 영상과 같은 방법으로 검정을 진행한다. ① 5가지 스텝의 완성 (15점)<table><tr><th>1개 이하</th><th>2개</th><th>3개</th><th>4개</th><th>5개</th></tr><tr><td>3점</td><td>6점</td><td>9점</td><td>12점</td><td>15점</td></tr></table>② 5가지 스텝의 완성(2점), 정확한 동작(3점) ※ 예시영상 및 음원은 대한민국줄넘기협회 홈페이지를 참고 (www.skiprope.co.kr)

영역	내용	평가기준								
기술안무 (30)	① E B S C (좌, 우) ② C O TOAD O (좌, 우) ③ CROUGER S C O (좌, 우) ④ S C S O C O TS (좌) ⑤ S C S O C O TS (우)	※ 지정된 음원에 맞춰 영상과 같은 방법으로 검정을 진행한다. ① 5가지 스텝의 완성 (25점)								
		1개 이하	2개		3개		4개		5개	
		5점	10점		15점		20점		25점	
		② 5가지 스텝의 완성(2점), 정확한 동작(3점) ※ 예시영상 및 음원은 대한민국줄넘기협회 홈 페이지를 참고 (www.skiprope.co.kr)									
다회선 (20)	삼중뛰기 10회	① 연속된 삼중뛰기를 10회 할 수 있다. ② 기회는 2번이며 좋은 기록으로 채점한다. ③ 넘은 횟수만큼 점수를 부여한다.								
		1개 이하	2개	3개	4개	5개	6개	7개	8개	9개	10개
		2점	4점	6점	8점	10점	12점	14점	16점	18점	20점
		④ 자세가 바르지 않으면 1점을 감한다.									
스피드 (30)	30초번갈아뛰기	① 줄 넘는 방법은 번갈아 뛰기이며 30초간 실시한다. ② 시작신호에 의하여 번갈아뛰기를 하며 계수는 오른쪽 발이 줄을 넘을 때 계수한다. ③ 줄을 넘다가 걸리면 바로 이어서 넘는다. ④ 시작 신호 전에 줄이 움직이면 부정출발로 인정한다. ⑤ 부정출발 시 계수에서 5회를 뺀다.								
		70개 이상	69~66		65~62		61~58		57 ~ 54	
		30점	27점		24점		21점		18점	
		53~50	49~46		45~42		41~38		37개 이하	
		15점	12점		9점		6점		3점	

- 2급생활스포츠지도사 · 유소년스포츠지도사

영역	내용	평가기준							
기본 스텝 (20)	① 십자뛰기 ② 가위바위보 ③ 앞흔들어뛰기 ④ 뒤들어모아 ⑤ 옆흔들어뛰기 ⑥ 지그재그뛰기 ⑦ 되돌리기 ⑧ 되돌려옆흔들어뛰기	※ 지정된 음원에 맞춰 영상과 같은 방법으로 검정을 진행한다. ① 8가지 스텝의 완성 (16점)							
		1개 이하	2개	3개	4개	5개	6개	7개	8개
		2점	4점	6점	8점	10점	12점	14점	16점
		② 8가지 스텝의 완성(2점), 정확한 동작 (2점) ※ 예시영상 및 음원은 대한민국줄넘기협회 홈페이지를 참고 (www.skiprope.co.kr)							
기술 안무 (30)	① SOSO X 2 ② SSOO X 2 ③ COCO X 2 ④ OO SwitchCross X 2 ⑤ OOSC(좌, 우)	※ 지정된 음원에 맞춰 영상과 같은 방법으로 검정을 진행한다. ① 8가지 스텝의 완성 (24점)							
		1개 이하	2개	3개	4개	5개	6개	7개	8개
		3점	6점	9점	12점	15점	18점	21점	24점

영역	내용	평가기준									
	⑥ OOEB(좌, 우) ⑦ 텍사스턴OO방향전환(좌) ⑧ 텍사스턴OO방향전환(우)	② 8가지 스텝의 완성(3점), 정확한 동작 (3점) ※ 예시영상 및 음원은 대한민국줄넘기협회 홈페이지를 참고 (www.skiprope.co.kr)									
다회선 (20)	이중뛰기 10회	① 연속된 이중뛰기를 10회 할 수 있다. ② 기회는 2번이며 좋은 기록으로 채점한다. ③ 넘은 횟수만큼 점수를 부여한다.									
		1개 이하	2개	3개	4개	5개	6개	7개	8개	9개	10개
		2점	4점	6점	8점	10점	12점	14점	16점	18점	20점
		④ 자세가 바르지 않으면 1점을 감한다.									
스피드 (30)	30초 번갈아뛰기	① 줄 넘는 방법은 번갈아 뛰기이며 30초간 실시한다. ② 시작신호에 의하여 번갈아뛰기를 하며 계수는 오른쪽 발이 줄을 넘을 때 계수한다. ② 줄을 넘다가 걸리면 바로 이어서 넘는다. ③ 시작 신호 전에 줄이 움직이면 부정출발로 인정한다. ④ 부정출발 시 계수에서 5회를 뺀다.									
		50개 이상		49~48		47~46		45~44		43 ~ 42	
		30점		27점		24점		21점		18점	
		41~40		39~38		37~36		35~34		33개 이하	
		15점		12점		9점		6점		3점	

5 구술평가 영역

- 시행방법 : 규정 2문제(50점), 지도방법 2문제(50점)
- 합격기준 : 70점 이상(100점 만점)

영 역	배 점	분 야
규정	50점	시설/도구, 경기운영, 반칙/페널티
지도방법	50점	공통사항 : 지도방법, 줄넘기지도자상식 생활체육지도사 : 생활체육론 유소년스포츠지도사 : 유아체육론

* 위 내용은 구술시험 평가 준비에 도움을 주기 위한 범위이며, 위 내용 외에 더 추가로범위를 선정하여 검정할 수 있음
* 지도자로서의 표현력, 전달력, 답변태도 등은 규정 및 지도방법에 포함하여 평가

6 기타 안내사항

- 시험영상은 시험 모니터링과 안전사고 예방을 위해 녹화하는 것으로 응시자에게 열람하거나 제공하지 않습니다.
- 시험의 공정성을 훼손하는 사례가 있는 경우 당일 시험이 종료되기 전까지 주관단체에 이의신청을 하여 주시기 바랍니다.

제1편 하계 50 종목 실기 및 구술 시험 세부시행 기준(가나다순)

주관단체	연락처	홈페이지	서류제출처
대한민국 줄넘기협회	032-219-7330	www.skiprope.co.kr	우)22190 인천광역시 미추홀구 낙섬중로 3, 영진상가 3층 대한민국줄넘기협회

36 체조

1 시험 일시 및 장소

* 매년 시험 일시 및 장소는 변경될 수 있음

구분		지역	검정일시	장소	연락처	주소
2급 전문	기계	서울	06.21.(토)	서울체육고등학교 (체조장)	02-420-4266	서울특별시 송파구 양재대로 1239
	리듬					
1급 생활	기계	경기	06.29.(일)	수원북중학교 (체조장)	02-420-4266	경기도 수원시 장안구 광교산로 37
	리듬	경기	06.28.(토)	수원북중학교 (체조장)	02-420-4266	경기도 수원시 장안구 광교산로 37
	생활	부산	06.24.(화)~06.25.(수)	부산여자대학교 (체조장)	02-420-4266	부산광역시 부산진구 진남로 506
		경기	07.02.(수)~07.03.(목)	안산 한양대학교 ERICA 캠퍼스 (체조장)	02-420-4266	경기도 안산시 상록구 한양대학로 55
2급 생활	기계	경기	06.29.(일)	수원북중학교 (체조장)	02-420-4266	경기도 수원시 장안구 광교산로 37
	리듬	경기	06.28.(토)	수원북중학교 (체조장)	02-420-4266	경기도 수원시 장안구 광교산로 37
	생활	부산	06.24.(화)~06.25.(수)	부산여자대학교 (체조장)	02-420-4266	부산광역시 부산진구 진남로 506
		경기	07.02.(수) ~07.03.(목)	안산 한양대학교 ERICA 캠퍼스 (체조장)	02-420-4266	경기도 안산시 상록구 한양대학로 55
유소년	기계	경기	06.29.(일)	수원북중학교 (체조장)	02-420-4266	경기도 수원시 장안구 광교산로 37
	리듬	경기	06.28.(토)	수원북중학교 (체조장)	02-420-4266	경기도 수원시 장안구 광교산로 37
	생활	부산	06.24.(화)~06.25.(수)	부산여자대학교 (체조장)	02-420-4266	부산광역시 부산진구 진남로 506
		경기	07.02.(수)~07.03.(목)	안산 한양대학교 ERICA 캠퍼스 (체조장)	02-420-4266	경기도 안산시 상록구 한양대학로 55

구분		지역	검정일시	장소	연락처	주소
노인	기계	경기	06.29.(일)	수원북중학교 (체조장)	02-420-4266	경기도 수원시 장안구 광교산로 37
	리듬	경기	06.28.(토)	수원북중학교 (체조장)	02-420-4266	경기도 수원시 장안구 광교산로 37
	생활	부산	06.24.(화)~06.25.(수)	부산여자대학교 (체조장)	02-420-4266	부산광역시 부산진구 진남로 506
		경기	07.02.(수)~07.03.(목)	안산 한양대학교 ERICA 캠퍼스 (체조장)	02-420-4266	경기도 안산시 상록구 한양대학로 55

■ 장소운영 예상 도식도 : 매트규격 13m×13m / 기구 1명씩 실시

- 실기 시험장

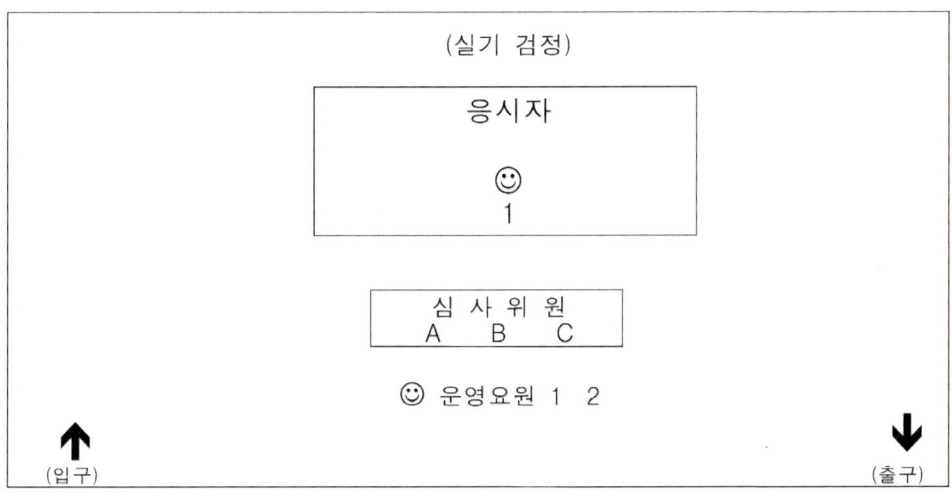

- 구술 시험장

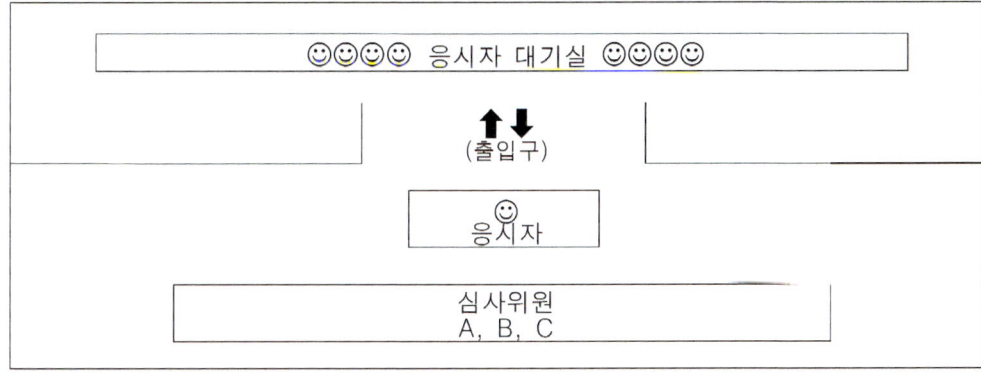

2 실기검정 소요장비

- 주관단체 준비사항 : 기계체조 기구, 리듬체조 매트, 생활체조 매트 및 기구, 음향시설 등 준비물품 책상, 의자, 테이블보, 채점표 등
- 지원자 준비사항 : 복장(기계체조·리듬체조·생활체조 동작 수행 시 신체 움직임이 명확하게 확인될 수 있는 몸에 붙는 의상), 리듬체조 및 생활체조 기구(개인기구), 음악 등

3 안전관리 대책

- 방역관리
- (감염 관리) 감염병 관리 관련 법령 및 시험방역지침에 따라 의무 격리가 필요한 감염병 확진자의 경우 시험응시가 제한될 수 있음
- 안전관리
- (보험가입) 전 종목 주최자 배상책임 보험가입을 통한 사고 대비
- (의무체계) 지역별 보건소, 병원 등과 연계 대응, 비상 약품 상시 비치, 구급차/구급인력 배치
- (부상자 및 환자 발생 시 대응체계) 해당 기관 이용, 응급처지 등 1차 대응 → 인근 지정병원 연계 후송 → 자격검정기관 담당자 연락
- (사전점검) 시험용구 및 시설물 사전 점검 의무화로 안전사고 예방
- (안전교육) 응시생 대상 안전사고 예방교육, 사고 시 비상연락체계 안내
- (보고체계) 검정기관 간 신속한 보고체계 운영

4 실기구술 평가 영역

1) 2급 전문스포츠지도사

(1) 기계체조

☐ 실기검정

■ 기술분류

종 목	세부 기술
마루운동	핸드스프링 / 백핸드스프링 / 앞 공중돌기 / 뒤 공중돌기
도마	핸드스프링
철봉/이단평행봉	차오르기 / 배 띄워 뒤돌기 / 흔들어 180° 틀며 내리기

■ 실기평가 영역

영 역	내 용	평가 기준
마루운동	• 핸드스프링 　- 도약, 반동, 공중자세, 착지의 정확성 • 백 핸드스프링 　- 도약, 손 짚기, 공중자세, 착지의 정확성	① 준비자세(타이밍) 　- 실시평가&기술평가

영 역	내 용	평가 기준

도마	• 공중돌기
	  - 공중동작, 높이, 착지의 정확성
	※ 동작의 전체적인 신체자세, 역동성 및 숙련도 평가
	• 핸드스프링
	  - 발구름, 제 1비약, 손 짚기, 제 2비약, 착지의 정확성
	※ 동작의 전체적인 신체자세, 역동성 및 숙련도 평가
		② 수행자세(공중)
		  - 실시평가&기술평가
		③ 착지자세(제어)
		  - 실시평가

철봉/
이단평행봉
	• 차오르기
	  - 스윙, 몸 접기, 차오르기 국면의 신체자세의 정확성
	• 배 띄워 뒤돌기
	  - 수평 차기, 홀로우 신체자세 유지 및 회전의 정확성
	• 흔들어 180도 틀어 내리기
	  - 진폭, 턴, 신체자세 유지 및 착지의 정확성
		※ 준비자세 40점,
		  수행자세 40점,
		  착지자세 20점,
		  총 100점 만점
		※ 합격기준 70점 이상

❑ 구술검정

■ 평가항목 : 규정 2개(50점), 지도방법 2개(50점)

■ 구술평가 영역

영 역	배 점	분 야
규정	50점	규정, 경기
지도방법	50점	지도법, 보조법

(2) 리듬체조

❑ 실기검정

■ 기술분류

대분류	세부종목	세부 기술
수구난도	줄	- 기초 수구요소(스킵, 통과, 에샤페, 두 손 받기)
	후프	- 기초 수구요소(굴리기, 축 돌리기, 통과, 회전 돌리기)
	볼	- 기초 수구요소(튀기기, 굴리기, 8자 그리기, 높이 던져 한손받기)
	곤봉	- 기초 수구요소(풍차 돌리기 : 밀, 비대칭 돌리기, 두개 동시 작게 던지기, 작게 돌리기)
	리본	- 기초 수구요소(나선형 or 검객, 뱀 그리기, 부메랑, 에샤페)
신체난도	밸런스	- 팟세, 에티튜드, 코작, 수직(앞, 옆, 뒤), 퐁쉐
	점프	- 카브리올, 스태그, 코작, 립, 턴 점프
	피봇	- 팟세, 에티튜드, 수직(앞, 옆, 뒤), 보에테, 일루션

■ 실기평가 영역

대분류	세부종목	내 용	평가 기준
수구평가	줄	- 회전스킵4회, 웨이브하며 에샤페, 립 통과1회	① 수구평가 40점, ② 작품평가 60점, 총 100점 만점
	후프	- 면 던지기 후 통과받기, 머리 위에서 돌리기 3회, 축 돌리며 팟세	

대분류	세부종목	내 용	평가 기준
작품평가 (1분 이상)	볼	- 8자 돌리기, 굴리기 오른쪽 – 왼쪽 – 오른쪽, 높이 던져서 1회 전 후 한손받기	※ 합격기준 70점 이상
	곤봉	- 밀 돌리며 에티튜드, 두개 작게 던지기, 작은원 돌리며 스태그 점프	
	리본	- 나선형 – 에샤페 – 나선형(반대 손), 부메랑, 파도 그리며 팟세턴	
	맨손	- 점프, 밸런스, 피봇(각 신체난도 1개 이상), 전신웨이브 2개, 댄스스텝 2개(8초 이상)	
	수구 택1	- 기초 수구요소 포함, DA 최소 1회, 점프, 밸런스, 피봇(각 신체난도 1개 이상), 전신 웨이브 2개, 댄스스텝 2개(8초 이상)	
	수구 택2	- 기초 수구요소 포함, DA 최소 1회, 점프, 밸런스, 피봇(각 신체난도 1개 이상), 전신 웨이브 2개, 댄스스텝 2개(8초 이상)	

※ 대한체조협회 꿈나무 규정작품 사용금지

☐ 구술검정

■ 평가항목 : 규정 2개(50점), 지도방법 2개(50점)

■ 구술평가 영역

영 역	배 점	분 야
규정	50점	규정, 경기
지도방법	50점	신체기술 지도법, 수구기술 지도법

2) 1급 생활스포츠지도사

(1) 기계체조

☐ 실기검정

■ 기술분류

종 목	세부 기술
마루운동	옆 돌기 / 물구나무서서 앞구르기 / 핸드스프링
도마	다리 벌려 뛰기 / 앞구르기 / 핸드스프링
철봉/이단평행봉	차오르기 / 배 띄워 뒤돌기 / 흔들어 180° 틀며 내리기

■ 실기평가 영역

영 역	내 용	평가 기준

마루운동	• 옆 돌기
	  - 손 짚는 자세, 물구나무 자세 및 착지자세의 정확성
	• 물구나무서서 앞구르기
	  - 물구나무 자세 및 구르기 동작의 정확성
	• 핸드스프링
	  - 도움닫기, 물구나무경과, 체공자세 및 착지의 정확성
	※ 동작의 전체적인 신체자세, 역동성 및 숙련도 평가
		① 준비자세(타이밍)
		  - 실시평가&기술평가
		
		② 수행자세(공중)
		  - 실시평가&기술평가

영역	내용	평가 기준

도마	• 다리 벌려 뛰기
	  - 발구름, 제 1비약, 손 짚기, 제 2비약 및 착지의 정확성
	• 앞구르기
	  - 발구름, 제 1비약, 구르기 자세 및 착지의 정확성
	• 핸드스프링
	  - 제 1비약, 손 짚기(물구나무), 제 2비약 및 착지의 정확성
	※ 동작의 전체적인 신체자세, 역동성 및 숙련도 평가
		③ 착지자세(제어)
		 - 실시평가
		
		※ 준비자세 40점,
		   수행자세 40점,
		   착지자세 20점,
		   총 100점 만점
		※ 합격기준 70점 이상

철봉/
이단평행봉
	• 차오르기
	  - 스윙, 몸 접기, 차오르기 국면의 신체자세의 정확성
	• 배 띄워 뒤돌기
	  - 수평 차기, 홀로우 신체자세 유지 및 회전의 정확성
	• 흔들어 180도 틀어 내리기
	  - 진폭, 턴, 신체자세 유지 및 착지의 정확성	

❏ 구술검정
■ 평가항목 : 규정 2개(50점), 지도방법 2개(50점)
■ 구술평가 영역

영역	배점	분야
규정	50점	규정, 경기
지도방법	50점	지도법, 보조법

(2) 리듬체조

❏ 실기검정
■ 기술분류

대분류	세부종목	세부 기술
수구난도	줄	- 기초 수구요소(스킵, 통과, 에샤페, 두 손 받기)
	후프	- 기초 수구요소(굴리기, 축 돌리기, 통과, 회전 돌리기)
	볼	- 기초 수구요소(튀기기, 굴리기, 8자 그리기, 높이 던져 한손받기)
	곤봉	- 기초 수구요소(풍차 돌리기 : 밀, 비대칭 돌리기, 두개 동시 작게 던지기, 작게 돌리기)
	리본	- 기초 수구요소(나선형 or 검객, 뱀 그리기, 부메랑, 에샤페)
신체난도	밸런스	- 팟세, 에티튜드, 코작, 수직(앞, 옆, 뒤), 풍쉐
	점프	- 카브리올, 스태그, 쿠작, 립, 턴 점프
	피봇	- 팟세, 에티튜드, 수직(앞, 옆, 뒤), 포에테, 일루션

- 실기평가 영역

대분류	세부종목	내용	평가 기준
수구평가	줄	- 회전스킵4회, 웨이브하며 에샤페, 립 통과1회	① 수구평가 40점, ② 작품평가 60점, 총 100점 만점 ※ 합격기준 70점 이상
	후프	- 면 던지기 후 통과받기, 머리 위에서 돌리기 3회, 축 돌리며 팟세	
	볼	- 8자 돌리기, 굴리기 오른쪽 - 왼쪽 - 오른쪽, 높이 던져서 1회전 후 한손받기	
	곤봉	- 밀 돌리며 에티튜드, 두개 작게 던지기, 작은원 돌리며 스태그 점프	
	리본	- 나선형 - 에샤페 - 나선형(반대 손), 부메랑, 파도 그리며 팟세턴	
작품평가 (1분 이상)	맨손	- 점프, 밸런스, 피봇(각 신체난도 1개 이상), 전신웨이브 2개, 댄스스텝 2개(8초 이상)	
	수구 택1	- 기초 수구요소 포함, DA 최소 1회, 점프, 밸런스, 피봇(각 신체난도 1개 이상), 전신 웨이브 2개, 댄스스텝 2개(8초 이상)	
	수구 택2	- 기초 수구요소 포함, DA 최소 1회, 점프, 밸런스, 피봇(각 신체난도 1개 이상), 전신 웨이브 2개, 댄스스텝 2개(8초 이상)	

※ 대한체조협회 꿈나무 규정작품 사용금지

❑ 구술검정
- 평가항목 : 규정 2개(50점), 지도방법 2개(50점)
- 구술평가 영역

영역	배점	분야
규정	50점	규정, 경기
지도방법	50점	신체기술 지도법, 수구기술 지도법

(3) 생활체조

❑ 실기검정

※ 생활체조 실기검정은 A유형(건강체조)과 B유형(아크로바틱체조) 중 택1

- 기술분류 - A유형(건강체조)

대분류	세부 기술
기술	• 상체동작, 하체동작, 상・하체 균형, 좌우대칭, 전신동작 • 신체구분 및 동작구분별 움직임을 혼합한 동작 • 신체구조 및 기능과 안정성을 기반으로 한 동작
안무	• 강도, 다양한 방향, 위치변화의 적절한 구성 • 동작, 리듬, 박자의 다양한 구성 • 안무능력, 표현력, 창의성을 이용한 작품구성 • 신체부위별, 동작요소별 움직임을 활용하여 난이도 설정 • 준비운동 (스트레칭) - 4# (32박자)

대분류	세부 기술
	• 본 운동 (지구력, 근력, 유연성, 순발력, 협응력 향상) – 25~30# (200~240박자) • 정리운동 (근력, 유연성) – 6# (48박자)

■ 실기평가 영역 – A유형(건강체조)

영 역	내 용
작품구성	• 준비운동 – 본 운동 – 정리운동 순으로 구성 • 신체구분 및 동작구분별로 움직임에 맞는 다양한 동작 실시 　(신체 및 동작구분에 따른 동작 설명 및 예시 참조)
평가기준	• 작품 구성평가 40점 (10점×4항목) 　– 안무, 표현, 음악성, 창의성 • 작품 실시평가 60점 (15점×4항목) 　– 안전성, 강도, 숙련성, 정확성 ※ 총 100점 만점 ※ 합격기준 70점 이상
음악시간	• 협회 지정음악 (3분 이내)

참조 1) 신체 및 동작구분에 따른 동작 설명 및 예시

영역	신체 구분	내 용		
		동작 구분	동작설명	동작 예시
상체 동작	목 어깨 팔 손목 가슴 등 배 옆구리 허리	1 늘리기	근육을 이완시키는 동작	스트레칭
		2 돌리기	뼈의 축을 중심으로 도는 동작	손목, 발목, 어깨돌리기
		3 접기	두 뼈 사이의 각을 좁히는 동작	팔꿈치접기, 허리구부리기
		4 펴기	두 뼈 사이의 각을 넓히는 동작	팔꿈치펴기
		5 틀기	관절을 이용하여 방향을 전환하거나 비트는 동작	트위스트
		6 흔들기	뼈의 한 축을 중심으로 한 반복 움직임	스윙
		7 휘돌리기	뼈의 한 축을 중심으로 원을 그리는 동작	몸통돌리기
		8 움츠리기	몸통을 오그리는 동작	몸통말기
하체 동작	골반 엉덩이 허벅지 무릎 발목 발	1 걷기	발을 여러 방향으로 옮겨 놓는 동작	걷기
		2 찍기	한쪽 발끝을 여러 방향으로 찍는 동작	힐, 토 터치
		3 접기	두 뼈 사이의 각을 좁히는 동작	스쿼트
		4 펴기	두 뼈 사이의 각을 넓히는 동작	무릎펴기
		5 틀기	관절을 이용하여 방향을 전환하거나 비트는 동작	턴, 트위스트
		6 뛰기	발을 여러 방향으로 빠르게 옮겨놓는 동작 – 두발모아뛰기(두발을 지면에서 띄우는 동작) / 다리벌려뛰기(양옆으로 뛰면서 다리를 벌렸다가 모으는 동작) / 한발뛰기(한발로 지면을 지지하면서 뛰는 동작)	러닝 점프 점핑잭 호핑
		7 들기	무릎을 접어서 들어올리는 동작	니업

영역	신체 구분	내용		
		동작 구분	동작설명	동작 예시
		8 흔들기	뼈의 한 축을 중심으로 한 반복 움직임	힙 웨이브
		9 내딛기	앞뒤로 다리 벌려 무릎을 접었다 펴는 동작	런지
		10 지치기	발바닥을 바닥에 붙이고 미끄러지듯이 중심을 이동하는 동작	슬라이드
		11 차기	발로 높거나 낮게 차는 동작	킥
		12 늘리기	근육을 이완시키는 동작	스트레칭

■ 기술분류 - B유형(아크로바틱체조)

대분류	세부 기술
유연성 (Flexibility)	Front walkover.
평형성 (Balance)	Elbow stand, 2".
민첩성 (Agility)	Back extension roll.
텀블링 (Tumbling)	R.O, back handspring with 2 foot landing.
점프 (Jump)	Split leap.
페어 (Pair)	

- 실기평가 영역 – B유형(아크로바틱체조)

영 역	내 용	평가 기준

유연성
(Flexibility)
	• 앞 허리재고 바로서기, 뒤 허리재고 바로서기
	– 신체자세, 다리 벌리기 각도, 동작의 숙련성
		① 준비자세(타이밍)
		– 실시평가&기술평가
		② 수행자세(공중)
		– 실시평가&기술평가
		③ 착지자세(제어)
		– 실시평가
		※ 준비자세 40점,
		  수행자세 40점,
		  착지자세 20점,
		  총 100점 만점
		※ 합격기준 70점 이상

평형성 (Balance)	• 팔 굽혀 물구나무서기, Y밸런스 – 신체자세, 정지자세의 안정성, 동작의 숙련성	
민첩성 (Agility)	• 터크 물구나무서기, 뒤굴러 물구나무서기 – 신체자세, 물구나무서기 자세, 동작의 숙련성	
텀블링 (Tumbling)	• 빽핸스프링 – 킥 동작, 물구나무서기 자세, 동작의 숙련성	
점프 (Jump)	• 립 점프, 스트래들 점프 – 점핑 높이, 다리 벌리기 각도, 동작의 숙련성	
페어 (Pair)	• 페어 물구나무서기 – 신체의 수직자세, 정지자세의 안정성, 동작의 숙련성	

❑ 구술검정
- 평가항목 : 규정(50점), 지도방법(50점)
- 구술평가 영역

영 역	배 점	분 야
규정	50점	생활체조 규정 및 동작의 원리 이해
지도방법	50점	실시요령 및 지도법

3) 2급 생활스포츠지도사

(1) 기계체조

❑ 실기검정
- 기술분류

대분류	세부 기술
도움닫기	도움닫기와 홉 / 도움닫기와 발 구름
버티기	L자 버티기 / 다리 벌려 버티기 / V자 버티기
물구나무서기	머리대고 물구나무서기 / 물구나무서기
구르기	손 짚고 앞구르기 / 뒤구르기
텀블링	손 짚고 옆 돌기 / 측전 / 핸드스프링
매달리기	봉에 다리 차서 거꾸로 오르기 / 팔로 버티고 다리차기
착지	1M 높이에서 드롭 착지 / 180° 틀며 점프 착지
점프	N, V 점프 / 옆 또는 앞뒤로 다리 벌려 점프 / 뛰어가며 다리 벌려 립
턴	한발 360° 턴 / 두 발 360° 점프
밸런스	한 다리 들고 균형 잡기(앞 / 옆 / 뒤 / Y)

- 실기평가 영역

영 역	내 용	평가 기준
도움닫기	• 도움닫기와 홉 / 도움닫기와 발 구름 - 고관절의 굽혀짐, 홉의 속도, 팔자세의 정확성	① 준비자세(타이밍) - 실시평가&기술평가 ② 수행자세(공중) - 실시평가&기술평가 ③ 착지자세(제어) - 실시평가 ※ 준비자세 40점, 수행자세 40점, 착지자세 20점, 총 100점 만점 ※ 합격기준 70점 이상
버티기	• L자 버티기 / V자 버티기 - 3초 이상 버티기, 팔 굽힘, 무릎 발끝 자세, 힙의 위치	
물구나무 서기	• 머리대고 물구나무서기 / 물구나무서기 - 5초 이상 버티기, 신체정렬 자세의 정확성	
구르기	• 손 짚고 앞구르기 / 뒤구르기 - 둥글게 구르는 자세, 회전력, 착지자세의 정확성	
돌기	• 손 짚고 옆 돌기 - 손 짚는 위치, 양다리의 자세, 속도 및 방향, 착지자세의 정확성	
버티고 돌기	• 봉에 다리차서 거꾸로 오르기 / 팔로 버티고 다리차기 - 봉 위로 차올리는 상승력과 회전력, 돌아서 버티는 자세 - 버티는 팔의 자세, 수평자세	
착지	• 1M 높이에서 드롭 착지 / 180° 틀며 점프 착지 - 곧은 공중자세, 안정적인 착지자세, 정확한 회전	
점프 및 립	• N, V 점프 / 옆 또는 앞뒤로 다리 벌려 점프 / 뛰어가며 다리 벌려 립 - 정확한 점프의 몸자세, 점프의 높이, 발끝 무릎 자세, 착지자세의 정확성	
턴	• 한발 360° 턴 / 두발 360° 점프 - 회전의 정확성, 뒤꿈치 들기, 회전 시 몸의 자세, 착지자세	
벨런스	• 한 다리 들고 버티기(앞 / 옆 / 뒤 / Y) - 신체자세의 정확성, 발끝 / 무릎 / 팔 / 손끝, 3초 이상 유지	

❏ 구술검정
- 평가항목 : 규정(50점), 지도방법(50점)
- 구술평가 영역

영 역	배 점	분 야
규정	50점	지도원리 이해
지도방법	50점	지도 역량

(2) 리듬체조

❏ 실기검정
- 기술분류

대분류	세부종목	세부 기술
수구난도	줄	- 기초 수구요소(스킵, 통과, 에샤페, 두 손 받기)
	후프	- 기초 수구요소(굴리기, 축 돌리기, 통과, 회전 돌리기)
	볼	- 기초 수구요소(튀기기, 굴리기, 8자 그리기, 높이 던져 한손받기)

대분류	세부종목	세부 기술
	곤봉	- 기초 수구요소(풍차 돌리기 : 밀, 비대칭 돌리기, 두개 동시 작게 던지기, 작게 돌리기)
	리본	- 기초 수구요소(나선형 or 검객, 뱀 그리기, 부메랑, 에샤페)
신체난도	밸런스	- 팟세, 에티튜드, 코작, 수직(앞, 옆, 뒤), 퐁쉐
	점프	- 카브리올, 스태그, 코작, 립, 턴 점프
	피봇	- 팟세, 에티튜드, 수직(앞, 옆, 뒤), 포에테, 일루션

■ 실기평가 영역

대분류	세부종목	내 용	평가 기준
수구평가	줄	- 회전스킵 4회, 웨이브하며 에샤페, 립 통과 1회	① 수구평가 40점, ② 작품평가 60점, 총 100점 만점 ※ 합격기준 70점 이상
	후프	- 면 던지기 후 통과받기, 머리 위에서 돌리기 3회, 축 돌리며 팟세	
	볼	- 8자 돌리기, 굴리기 오른쪽 – 왼쪽 – 오른쪽, 높이 던져서 1회 전 후 한손받기	
	곤봉	- 밀 돌리며 에티튜드, 두개 작게 던지기, 작은원 돌리며 스태그 점프	
	리본	- 나선형 – 에샤페 – 나선형(반대 손), 부메랑, 파도 그리며 팟세턴	
작품평가 (1분 이상)	맨손	- 점프, 밸런스, 피봇(각 신체난도 1개 이상), 전신웨이브 2개, 댄스스텝 2개(8초 이상)	
	수구 택1	- 기초 수구요소 포함, DA 최소 1회, 점프, 밸런스, 피봇(각 신체난도 1개 이상), 전신 웨이브 2개, 댄스스텝 2개(8초 이상)	
	수구 택2	- 기초 수구요소 포함, DA 최소 1회, 점프, 밸런스, 피봇(각 신체난도 1개 이상), 전신 웨이브 2개, 댄스스텝 2개(8초 이상)	

※ 대한체조협회 꿈나무 규정작품 사용금지

❏ 구술검정
■ 평가항목 : 규정 2개(50점), 지도방법 2개(50점)
■ 구술평가 영역

영 역	배 점	분 야
규정	50점	규정, 경기
지도방법	50점	신체기술 지도법, 수구기술 지도법

(3) 생활체조

❏ 실기검정

※ 생활체조 실기검정은 A유형(건강체조)과 B유형(아크로바틱체조) 중 택 1.

제1편 하계 50 종목 실기 및 구술 시험 세부시행 기준(가나다순)

■ 기술분류 - A유형(건강체조)

대분류	세부 기술
기술	• 상체동작, 하체동작, 상·하체 균형, 좌우대칭, 전신동작 • 신체구분 및 동작구분별 움직임을 혼합한 동작 • 신체구조 및 기능과 안정성을 기반으로 한 동작
안무	• 강도, 다양한 방향, 위치변화의 적절한 구성 • 동작, 리듬, 박자의 다양한 구성 • 안무능력, 표현력, 창의성을 이용한 작품구성 • 준비운동 (스트레칭) - 4# (32박자) • 본 운동 (지구력, 근력, 유연성, 순발력, 협응력 향상) - 25~30# (200~240박자) • 정리운동 (근력, 유연성) - 6# (48박자)

■ 실기평가 영역 - A유형(건강체조)

영역	내용
작품구성	• 준비운동 - 본 운동 - 정리운동 순으로 구성 • 신체구분 및 동작구분 별로 움직임에 맞는 다양한 동작 실시 (신체 및 동작구분에 따른 동작 설명 및 예시 참조)
평가기준	• 작품 구성평가 40점 (10점×4항목) - 안무, 표현, 음악성, 창의성 • 작품 실시평가 60점 (15점×4항목) - 안전성, 강도, 숙련성, 정확성 ※ 총 100점 만점 ※ 합격기준 70점 이상
음악시간	• 협회 지정음악 (3분 이내)

참조 1) 신체 및 동작구분에 따른 동작 설명 및 예시

영역	신체 구분	내용		
		동작 구분	동작설명	동작 예시
상체 동작	목 어깨 팔 손목 가슴 등 배 옆구리 허리	1 늘리기	근육을 이완시키는 동작	스트레칭
		2 돌리기	뼈의 축을 중심으로 도는 동작	손목, 발목, 어깨돌리기
		3 접기	두 뼈 사이의 각을 좁히는 동작	팔꿈치접기, 허리구부리기
		4 펴기	두 뼈 사이의 각을 넓히는 동작	팔꿈치펴기
		5 틀기	관절을 이용하여 방향을 전환하거나 비트는 동작	트위스트
		6 흔들기	뼈의 한 축을 중심으로 한 반복 움직임	스윙
		7 휘돌리기	뼈의 한 축을 중심으로 원을 그리는 동작	몸통돌리기
		8 움츠리기	몸통을 오그리는 동작	몸통말기
하체 동작	골반 엉덩이	1 걷기	발을 여러 방향으로 옮겨 놓는 동작	걷기
		2 찍기	한쪽 발끝을 여러 방향으로 찍는 동작	힐, 토 터치

영역	신체 구분	내용		
		동작 구분	동작설명	동작 예시
허벅지 무릎 발목 발		3 접기	두 뼈 사이의 각을 좁히는 동작	스쿼트
		4 펴기	두 뼈 사이의 각을 넓히는 동작	무릎펴기
		5 틀기	관절을 이용하여 방향을 전환하거나 비트는 동작	턴, 트위스트
		6 뛰기	발을 여러 방향으로 빠르게 옮겨놓는 동작 - 두발모아뛰기(두발을 지면에서 띄우는 동작) / 다리벌려뛰기(양옆으로 뛰면서 다리를 벌렸다가 모으는 동작) / 한발뛰기(한발로 지면을 지지하면서 뛰는 동작)	러닝 점프 점핑잭 호핑
		7 들기	무릎을 접어서 들어올리는 동작	니업
		8 흔들기	뼈의 한 축을 중심으로 한 반복 움직임	힙 웨이브
		9 내딛기	앞뒤로 다리 벌려 무릎을 접었다 펴는 동작	런지
		10 지치기	발바닥을 바닥에 붙이고 미끄러지듯이 중심을 이동하는 동작	슬라이드
		11 차기	발로 높거나 낮게 차는 동작	킥
		12 늘리기	근육을 이완시키는 동작	스트레칭

■ 기술분류 - B유형(아크로바틱체조)

대분류	세부 기술
유연성 (Flexibility)	Front walkover.
평형성 (Balance)	Y-scale, 2".
민첩성 (Agility)	Tuck shoot to handstand.
텀블링 (Tumbling)	Front handspring with 2 foot landing.

대분류	세부 기술
점프 (Jump)	Straddle jump.
페어 (Pair)	

■ 실기평가 영역 - B유형(아크로바틱체조)

영 역	내 용	평가 기준
유연성 (Flexibility)	• 앞 허리재고 바로서기 - 신체자세, 다리 벌리기 각도, 동작의 숙련성	① 준비자세(타이밍) - 실시평가&기술평가 ② 수행자세(공중) - 실시평가&기술평가 ③ 착지자세(제어) - 실시평가 ※ 준비자세 40점, 　수행자세 40점, 　착지자세 20점, 　총 100점 만점 ※ 합격기준 70점 이상
평형성 (Balance)	• Y밸런스 - 신체자세, 정지자세의 안정성, 동작의 숙련성	
민첩성 (Agility)	• 터크 물구나무서기 - 신체자세, 물구나무서기 자세, 동작의 숙련성	
텀블링 (Tumbling)	• 핸드스프링 - 다리차기, 체공 자세, 동작의 숙련성	
점프 (Jump)	• 스트래들 점프 - 점핑 높이, 다리 벌려 접기 각도, 동작의 숙련성	
페어 (Pair)	• 엎드려 버티기 - 수평자세 유지, 정지자세의 안정성, 동작의 숙련성	

❏ 구술검정

■ 평가항목 : 규정(50점), 지도방법(50점)

■ 구술평가 영역

영 역	배 점	분 야
규정	50점	생활체조 규정 및 동작의 원리 이해
지도방법	50점	실시요령 및 지도법

4) 유소년스포츠지도사

(1) 기계체조

❏ 실기검정

■ 기술분류

대분류	세부 기술
도움닫기	도움닫기와 홉 / 도움닫기와 발 구름
버티기	L자 버티기 / 다리 벌려 버티기 / V자 버티기
물구나무서기	머리대고 물구나무서기 / 물구나무서기
구르기	손 짚고 앞구르기 / 뒤구르기
텀블링	손 짚고 옆 돌기 / 측전 / 핸드스프링
매달리기	봉에 다리 차서 거꾸로 오르기 / 팔로 버티고 다리차기
착지	1M 높이에서 드롭 착지 / 180° 틀며 점프 착지
점프	N, V 점프 / 옆 또는 앞뒤로 다리 벌려 점프 / 뛰어가며 다리 벌려 립
턴	한발 360° 턴 / 두 발 360° 점프
벨런스	한 다리 들고 균형 잡기(앞 / 옆 / 뒤 / Y)

■ 실기평가 영역

영역	내용	평가 기준
도움닫기	• 도움닫기와 홉 / 도움닫기와 발 구름 - 고관절의 굽혀짐, 홉의 속도, 팔자세의 정확성	① 준비자세(타이밍) - 실시평가&기술평가 ② 수행자세(공중) - 실시평가&기술평가 ③ 착지자세(제어) - 실시평가 ※ 준비자세 40점, 수행자세 40점, 착지자세 20점, 총 100점 만점 ※ 합격기준 70점 이상
버티기	• L자 버티기 / V자 버티기 - 3초 이상 버티기, 팔 굽힘, 무릎 발끝 자세, 힙의 위치	
물구나무서기	• 머리대고 물구나무서기 / 물구나무서기 - 5초 이상 버티기, 신체정렬 자세의 정확성	
구르기	• 손 짚고 앞구르기 / 뒤구르기 - 둥글게 구르는 자세, 회전력, 착지자세의 정확성	
돌기	• 손 짚고 옆 돌기 - 손 짚는 위치, 양다리의 자세, 속도 및 방향, 착지자세의 정확성	
버티고 돌기	• 봉에 다리차서 거꾸로 오르기 / 팔로 버티고 다리차기 - 봉 위로 차올리는 상승력과 회전력, 돌아서 버티는 자세 - 버티는 팔의 자세, 수평자세	
착지	• 1M 높이에서 드롭 착지 / 180° 틀며 점프 착지 - 곧은 공중자세, 안정적인 착지자세, 정확한 회전	
점프 및 립	• N, V 점프 / 옆 또는 앞뒤로 다리 벌려 점프 / 뛰어가며 다리 벌려 립 - 정확한 점프의 몸자세, 점프의 높이, 발끝 무릎 자세, 착지자세의 정확성	
턴	• 한발 360° 턴 / 두발 360° 점프 - 회전의 정확성, 뒤꿈치 들기, 회전 시 몸의 자세, 착지자세	
벨런스	• 한 다리 들고 버티기(앞 / 옆 / 뒤 / Y) - 신체자세의 정확성, 발끝 / 무릎 / 팔 / 손끝, 3초 이상 유지	

❑ 구술검정
■ 평가항목 : 규정(50점), 지도방법(50점)
■ 구술평가 영역

영 역	배 점	분 야
규정	50점	지도원리 이해
지도방법	50점	지도 역량

(2) 리듬체조

❑ 실기검정
■ 기술분류

대분류	세부종목	세부 기술
수구난도	줄	- 기초 수구요소(스킵, 통과, 에샤페, 두 손 받기)
	후프	- 기초 수구요소(굴리기, 축 돌리기, 통과, 회전 돌리기)
	볼	- 기초 수구요소(튀기기, 굴리기, 8자 그리기, 높이 던져 한손받기)
	곤봉	- 기초 수구요소(풍차 돌리기 : 밀, 비대칭 돌리기, 두개 동시 작게 던지기, 작게 돌리기)
	리본	- 기초 수구요소(나선형 or 검객, 뱀 그리기, 부메랑, 에샤페)
신체난도	밸런스	- 팟세, 에티튜드, 코작, 수직(앞, 옆, 뒤), 퐁쉐
	점프	- 카브리올, 스태그, 코작, 립, 턴 점프
	피봇	- 팟세, 에티튜드, 수직(앞, 옆, 뒤), 포에테, 일루션

■ 실기평가 영역

대분류	세부종목	내 용	평가 기준
수구평가	줄	- 엇갈려 X자 스킵 4회, 에샤페, 카브리올 통과 1회	① 수구평가 40점, ② 작품평가 60점, 총 100점 만점 ※ 합격기준 70점 이상
	후프	- 면 던지기 후 통과받기, 손 돌리기 3회, 축 돌리며 팟세	
	볼	- 8자 돌리기, 등 뒤로 굴리기, 높이 던져서 한손받기	
	곤봉	- 밀 돌리며 팟세, 작은 원 돌리고 두 개 동시 작게 던지기, 비대칭 돌리기	
	리본	- 나선형 - 에샤페 - 나선형(반대 손), 부메랑, 파도 그리며 팟세턴	
작품평가 (1분 이상)	맨손	- 점프, 밸런스, 피봇(각 신체난도 1개 이상), 전신웨이브 2개, 댄스스텝 2개(8초 이상)	
	수구	- 기초 수구요소 포함, 점프, 밸런스, 피봇(각 신체난도 1개 이상), 전신웨이브 2개, 댄스 스텝 2개(8초 이상)	

※ 대한체조협회 꿈나무 규정작품 사용금지

❑ 구술검정
- 평가항목 : 규정(50점), 지도방법(50점)
- 구술평가 영역

영 역	배 점	분 야
규정	50점	경기규정의 이해
지도방법	50점	신체기술 지도법, 수구기술 지도법

(3) 생활체조

❑ 실기검정

※ 생활체조 실기검정은 A유형(건강체조)과 B유형(아크로바틱체조) 중 택 1.

- 기술분류 – A유형(건강체조)

대분류	세부 기술
기술	• 상체동작, 하체동작, 상·하체 균형, 좌우대칭, 전신동작 • 신체구분 및 동작구분별 움직임을 혼합한 동작 • 신체구조 및 기능과 안정성을 기반으로 한 동작
안무	• 강도, 다양한 방향, 위치변화의 적절한 구성 • 동작, 리듬, 박자의 다양한 구성 • 안무능력, 표현력, 창의성을 이용한 작품구성 • 유소년의 올바른 성장과 움직임에 필요한 동작으로 구성 • 준비운동 (스트레칭) – 4# (32박자) • 본 운동 (지구력, 근력, 유연성, 순발력, 협응력 향상) – 25~30# (200~240박자) • 정리운동 (근력, 유연성) – 6# (48박자)

- 실기평가 영역 – A유형(건강체조)

영 역	내 용
작품구성	• 준비운동 – 본 운동 – 정리운동 순으로 구성 • 신체구분 및 동작구분 별로 움직임에 맞는 다양한 동작 실시 (신체 및 동작구분에 따른 동작 설명 및 예시 참조)
평가기준	• 작품 구성평가 40점 (10점×4항목) – 안무, 표현, 음악성, 창의성 • 작품 실시평가 60점 (15점×4항목) – 안전성, 강도, 숙련성, 정확성 ※ 총 100점 만점 ※ 합격기준 70점 이상
음악시간	• 협회 지정음악 (3분 이내)

참조 1) 신체 및 동작구분에 따른 동작 설명 및 예시

영역	신체 구분	내용		
		동작 구분	동작설명	동작 예시
상체 동작	목 어깨 팔 손목 가슴 등 배 옆구리 허리	1 늘리기	근육을 이완시키는 동작	스트레칭
		2 돌리기	뼈의 축을 중심으로 도는 동작	손목, 발목, 어깨돌리기
		3 접기	두 뼈 사이의 각을 좁히는 동작	팔꿈치접기, 허리구부리기
		4 펴기	두 뼈 사이의 각을 넓히는 동작	팔꿈치펴기
		5 틀기	관절을 이용하여 방향을 전환하거나 비트는 동작	트위스트
		6 흔들기	뼈의 한 축을 중심으로 한 반복 움직임	스윙
		7 휘돌리기	뼈의 한 축을 중심으로 원을 그리는 동작	몸통돌리기
		8 움츠리기	몸통을 오그리는 동작	몸통말기
하체 동작	골반 엉덩이 허벅지 무릎 발목 발	1 걷기	발을 여러 방향으로 옮겨 놓는 동작	걷기
		2 찍기	한쪽 발끝을 여러 방향으로 찍는 동작	힐, 토 터치
		3 접기	두 뼈 사이의 각을 좁히는 동작	스쿼트
		4 펴기	두 뼈 사이의 각을 넓히는 동작	무릎펴기
		5 틀기	관절을 이용하여 방향을 전환하거나 비트는 동작	턴, 트위스트
		6 뛰기	발을 여러 방향으로 빠르게 옮겨놓는 동작 - 두발모아뛰기(두발을 지면에서 띄우는 동작) / 다리벌려뛰기(양옆으로 뛰면서 다리를 벌렸다가 모으는 동작) / 한발뛰기(한발로 지면을 지지하면서 뛰는 동작)	러닝 점프 점핑잭 호핑
		7 들기	무릎을 접어서 들어올리는 동작	니업
		8 흔들기	뼈의 한 축을 중심으로 한 반복 움직임	힙 웨이브
		9 내딛기	앞뒤로 다리 벌려 무릎을 접었다 펴는 동작	런지
		10 지치기	발바닥을 바닥에 붙이고 미끄러지듯이 중심을 이동하는 동작	슬라이드
		11 차기	발로 높거나 낮게 치는 동작	킥
		12 늘리기	근육을 이완시키는 동작	스트레칭

■ 기술분류 – B유형(아크로바틱체조)

대분류	세부 기술
유연성 (Flexibility)	
평형성 (Balance)	

대분류	세부 기술
민첩성 (Agility)	
텀블링 (Tumbling)	
점프 (Jump)	
페어 (Pair)	

- 실기평가 영역 – B유형(아크로바틱체조)

영역	내용	평가 기준

유연성
(Flexibility)
	• 물구나무서서 앞 허리재기
	– 물구나무서기 안정성, 허리재기 각도, 동작의 숙련성
		① 준비자세(타이밍)
		– 실시평가&기술평가
		② 수행자세(공중)
		– 실시평가&기술평가
		③ 착지자세(제어)
		– 실시평가
		
		※ 준비자세 40점,
		  수행자세 40점,
		  착지자세 20점,
		  총 100점 만점
		※ 합격기준 70점 이상

평형성 (Balance)	• T밸런스 – T자세, 정지자세의 안정성, 동작의 숙련성	
민첩성 (Agility)	• 앞구르기 – 구르기의 안정성, 동작의 숙련성	
텀블링 (Tumbling)	• 옆 돌아 1/2 틀어서기 – 다리차기, 옆 물구나무서기 자세, 동작의 숙련성	
턴 (Turn)	• 360도 턴 – 턴의 안정성, 턴의 속도, 동작의 숙련성	
페어 (Pair)	• 45도 버티기 – 신체자세, 정지자세의 안정성, 동작의 숙련성	

❏ 구술검정
- 평가항목 : 규정(50점), 지도방법(50점)
- 구술평가 영역

영역	배점	분야
규정	50점	생활체조 규정 및 동작의 원리 이해
지도방법	50점	실시요령 및 지도법,

5) 노인스포츠지도사

(1) 기계체조

☐ 실기검정

■ 기술분류

대분류	세부 기술
도움닫기	도움닫기와 홉 / 도움닫기와 발 구름
버티기	L자 버티기 / 다리 벌려 버티기 / V자 버티기
물구나무서기	머리대고 물구나무서기 / 물구나무서기
구르기	손 짚고 앞구르기 / 뒤구르기
텀블링	손 짚고 옆 돌기 / 측전 / 핸드스프링
매달리기	봉에 다리 차서 거꾸로 오르기 / 팔로 버티고 다리차기
착지	1M 높이에서 드롭 착지 / 180° 틀며 점프 착지
점프	N, V 점프 / 옆 또는 앞뒤로 다리 벌려 점프 / 뛰어가며 다리 벌려 립
턴	한발 360° 턴 / 두 발 360° 점프
벨런스	한 다리 들고 균형 잡기(앞 / 옆 / 뒤 / Y)

■ 실기평가 영역

영 역	내 용	평가 기준
도움닫기	• 도움닫기와 홉 / 도움닫기와 발 구름 - 고관절의 굽혀짐, 홉의 속도, 팔자세의 정확성	① 준비자세(타이밍) - 실시평가&기술평가 ② 수행자세(공중) - 실시평가&기술평가 ③ 착지자세(제어) - 실시평가 ※ 준비자세 40점, 수행자세 40점, 착지자세 20점, 총 100점 만점 ※ 합격기준 70점 이상
버티기	• L자 버티기 / V자 버티기 - 3초 이상 버티기, 팔 굽힘, 무릎 발끝 자세, 힙의 위치	
물구나무 서기	• 머리대고 물구나무서기 / 물구나무서기 - 5초 이상 버티기, 신체정렬 자세의 정확성	
구르기	• 손 짚고 앞구르기 / 뒤구르기 - 둥글게 구르는 자세, 회전력, 착지자세의 정확성	
돌기	• 손 짚고 옆 돌기 - 손 짚는 위치, 양다리의 자세, 속도 및 방향, 착지자세의 정확성	
버티고 돌기	• 봉에 다리차서 거꾸로 오르기 / 팔로 버티고 다리차기 - 봉 위로 차올리는 상승력과 회전력, 돌아서 버티는 자세 - 버티는 팔의 자세, 수평자세	
착지	• 1M 높이에서 드롭 착지 / 180° 틀며 점프 착지 - 곧은 공중자세, 안정적인 착지자세, 정확한 회전	
점프 및 립	• N, V 점프 / 옆 또는 앞뒤로 다리 벌려 점프 / 뛰어가며 다리 벌려 립 - 정확한 점프의 몸자세, 점프의 높이, 발끝 무릎 자세, 착지자세의 정확성	
턴	• 한발 360° 턴 / 두발 360° 점프 - 회전의 정확성, 뒤꿈치 들기, 회전 시 몸의 자세, 착지자세	
벨런스	• 한 다리 들고 버티기(앞 / 옆 / 뒤 / Y) - 신체자세의 정확성, 발끝 / 무릎 / 팔 / 손끝, 3초 이상 유지	

❑ 구술검정
■ 평가항목 : 규정(50점), 지도방법(50점)
■ 구술평가 영역

영 역	배 점	분 야
규정	50점	지도원리 이해
지도방법	50점	지도 역량

(2) 리듬체조

❑ 실기검정

■ 기술분류

대분류	세부종목	세부 기술
수구난도	줄	- 기초 수구요소(스킵, 통과, 에샤페, 두 손 받기)
	후프	- 기초 수구요소(굴리기, 축 돌리기, 통과, 회전 돌리기)
	볼	- 기초 수구요소(튀기기, 굴리기, 8자 그리기, 높이 던져 한손받기)
	곤봉	- 기초 수구요소(풍차 돌리기 : 밀, 비대칭 돌리기, 두개 동시 작게 던지기, 작게 돌리기)
	리본	- 기초 수구요소(나선형 or 검객, 뱀 그리기, 부메랑, 에샤페)
신체난도	밸런스	- 팟세, 에티튜드, 코작, 수직(앞, 옆, 뒤), 퐁쉐
	점프	- 카브리올, 스태그, 코작, 립, 턴 점프
	피봇	- 팟세, 에티튜드, 수직(앞, 옆, 뒤), 포에테, 일루션

■ 실기평가 영역

대분류	세부종목	내 용	평가 기준
수구평가	줄	- 엇갈려 X자 스킵 4회, 에샤페, 카브리올 통과 1회	① 수구평가 40점, ② 작품평가 60점, 총 100점 만점 ※ 합격기준 70점 이상
	후프	- 면 던지기 후 통과받기, 손 돌리기 3회, 축 돌리며 팟세	
	볼	- 8자 돌리기, 등 뒤로 굴리기, 높이 던져서 한손받기	
	곤봉	- 밀 돌리며 팟세, 작은 원 돌리고 두 개 동시 작게 던지기, 비대칭 돌리기	
	리본	- 나선형 - 에샤페 - 나선형(반대 손), 부메랑, 파도 그리며 팟세턴	
작품평가 (1분 이상)	맨손	- 점프, 밸런스, 피봇(각 신체난도 1개 이상), 전신웨이브 2개, 댄스스텝 2개(8초 이상)	
	수구	- 기초 수구요소 포함, 점프, 밸런스, 피봇(각 신체난도 1개 이상), 전신웨이브 2개, 댄스 스텝 2개(8초 이상)	

※ 대한체조협회 꿈나무 규정작품 사용금지

❑ 구술검정
- 평가항목 : 규정(50점), 지도방법(50점)
- 구술평가 영역

영 역	배 점	분 야
규정	50점	경기규정의 이해
지도방법	50점	신체기술 지도법, 수구기술 지도법

(3) 생활체조

❑ 실기검정

※ 생활체조 실기검정은 A유형(건강체조)과 B유형(아크로바틱체조) 중 택 1.

- 기술분류 – A유형(건강체조)

대분류	세부 기술
기술	• 상체동작, 하체동작, 상·하체 균형, 좌우대칭, 전신동작 • 신체구분 및 동작구분별 움직임을 혼합한 동작 • 신체구조 및 기능과 안정성을 기반으로 한 동작
안무	• 강도, 다양한 방향, 위치변화의 적절한 구성 • 동작, 리듬, 박자의 다양한 구성 • 안무능력, 표현력, 창의성을 이용한 작품구성 • 어르신들의 근력향상과 유연성 및 균형능력에 필요한 동작으로 구성 • 준비운동 (스트레칭) – 4# (32박자) • 본 운동 (지구력, 근력, 유연성, 균형성, 협응력 향상) – 25~30# (200~240박자) • 정리운동 (근력, 유연성) – 6# (48박자)

- 실기평가 영역 – A유형(건강체조)

영 역	내 용
작품구성	• 준비운동 – 본 운동 – 정리운동 순으로 구성 • 신체구분 및 동작구분 별로 움직임에 맞는 다양한 동작 실시 (신체 및 동작구분에 따른 동작 설명 및 예시 참조)
평가기준	• 작품 구성평가 40점 (10점×4항목) – 안무, 표현, 음악성, 창의성 • 작품 실시평가 60점 (15점×4항목) – 안전성, 강도, 숙련성, 정확성 ※ 총 100점 만점 ※ 합격기준 70점 이상
음악시간	• 협회 지정음악 (3분 이내)

참조 1) 신체 및 동작구분에 따른 동작 설명 및 예시

영역	신체 구분	내용		
		동작 구분	동작설명	동작 예시
상체 동작	목 어깨 팔 손목 가슴 등 배 옆구리 허리	1 늘리기	근육을 이완시키는 동작	스트레칭
		2 돌리기	뼈의 축을 중심으로 도는 동작	손목, 발목, 어깨돌리기
		3 접기	두 뼈 사이의 각을 좁히는 동작	팔꿈치접기, 허리구부리기
		4 펴기	두 뼈 사이의 각을 넓히는 동작	팔꿈치펴기
		5 틀기	관절을 이용하여 방향을 전환하거나 비트는 동작	트위스트
		6 흔들기	뼈의 한 축을 중심으로 한 반복 움직임	스윙
		7 휘돌리기	뼈의 한 축을 중심으로 원을 그리는 동작	몸통돌리기
		8 움츠리기	몸통을 오그리는 동작	몸통말기
하체 동작	골반 엉덩이 허벅지 무릎 발목 발	1 걷기	발을 여러 방향으로 옮겨 놓는 동작	걷기
		2 찍기	한쪽 발끝을 여러 방향으로 찍는 동작	힐, 토 터치
		3 접기	두 뼈 사이의 각을 좁히는 동작	스쿼트
		4 펴기	두 뼈 사이의 각을 넓히는 동작	무릎펴기
		5 틀기	관절을 이용하여 방향을 전환하거나 비트는 동작	턴, 트위스트
		6 뛰기	발을 여러 방향으로 빠르게 옮겨놓는 동작 - 두발모아뛰기(두발을 지면에서 띄우는 동작) / 다리벌려뛰기(양옆으로 뛰면서 다리를 벌렸다가 모으는 동작) / 한발뛰기(한발로 지면을 지지하면서 뛰는 동작)	러닝 점프 점핑잭 호핑
		7 들기	무릎을 접어서 들어올리는 동작	니업
		8 흔들기	뼈의 한 축을 중심으로 한 반복 움직임	힙 웨이브
		9 내딛기	앞뒤로 다리 벌려 무릎을 접었다 펴는 동작	런지
		10 지치기	발바닥을 바닥에 붙이고 미끄러지듯이 중심을 이동하는 동작	슬라이드
		11 차기	발로 높거나 낮게 차는 동작	킥
		12 늘리기	근육을 이완시키는 동작	스트레칭

■ 기술분류 - B유형(아크로바틱체조)

대분류	세부 기술
유연성 (Flexibility)	
평형성 (Balance)	

대분류	세부 기술
민첩성 (Agility)	
텀블링 (Tumbling)	
점프 (Jump)	
페어 (Pair)	

- 실기평가 영역 - B유형(아크로바틱체조)

영역	내용	평가 기준
유연성 (Flexibility)	• 허리재기(bridge) - 어깨관절과 허리의 유연성, 동작의 숙련성	① 준비자세(타이밍) - 실시평가&기술평가 ② 수행자세(공중) - 실시평가&기술평가 ③ 착지자세(제어) - 실시평가 ※ 준비자세 40점, 수행자세 40점, 착지자세 20점, 총 100점 만점 ※ 합격기준 70점 이상
평형성 (Balance)	• T밸런스 - T자세, 정지자세의 안정성, 동작의 숙련성	
민첩성 (Agility)	• 앞구르기 - 구르기의 안정성, 동작의 숙련성	
텀블링 (Tumbling)	• 손 짚고 옆 돌기 - 다리차기, 옆 물구나무서기 자세, 동작의 숙련성	
턴 (Turn)	• 360도 턴 - 턴의 안정성, 턴의 속도, 동작의 숙련성	
페어 (Pair)	• 2인 1조 점프 착지 - 수직점프 정확성, 착지의 안정성, 동작의 숙련성	

❏ 구술검정
- 평가항목 : 규정(50점), 지도방법(50점)
- 구술평가 영역

영역	배점	분야
규정	50점	생활체조 규정 및 동작의 원리 이해
지도방법	50점	실시요령 및 지도법,

5 기타 안내사항

- 영상은 시험 모니터링과 안전사고 예방을 위해 녹화하는 것으로 응시생에게 열람하거나 제공하지 않습니다.
- 시험의 공정성을 훼손하는 사례가 있는 경우 당일 시험이 종료되기 전까지 주관단체에 이의신청을 하여 주시기 바랍니다.

주관단체	연락처	홈페이지	서류제출처
(사)대한체조협회	02-420-4266	www.gymnastics.or.kr	서울시 송파구 올림픽로 424 올림픽회관 신관 319호

37 축구

1 시험 일시 및 장소

- 시험 일시 및 장소

* 매년 시험 일시 및 장소는 변경될 수 있음

과정	지역	검정일시	장소	연락처	주소
2급 전문 일반	광주	6.17.(화) 10:00 ~ 12:00 ※10:30까지 입장마감(현장접수)	광주월드컵경기장	062-604-2002	광주 서구 금화로 240
2급 전문 일반		6.17.(화) 13:00 ~ 16:00 ※13:30까지 입장마감(현장접수)	광주월드컵경기장		
2급 전문 특별		6.18.(수) 10:00 ~ 12:00 ※10:30까지 입장마감(현장접수)	광주월드컵경기장		
2급 전문 특별		6.18.(수) 13:00 ~ 16:00 ※13:30까지 입장마감(현장접수)	광주월드컵경기장		
2급 생활 특별		6.19.(목) 10:00 ~ 12:00 ※10:30까지 입장마감(현장접수)	광주월드컵경기장		
2급 생활 추가		6.19.(목) 10:00 ~ 12:00 ※10:30까지 입장마감(현장접수)	광주월드컵경기장		
2급 생활 일반		6.19.(목) 10:00 ~ 12:00 ※10:30까지 입장마감(현장접수)	광주월드컵경기장		
1급 생활 추가		6.19.(목) 13:00 ~ 16:00 ※13:30까지 입장마감(현장접수)	광주월드컵경기장		
1급 생활 특별		6.19.(목) 13:00 ~ 16:00 ※13:30까지 입장마감(현장접수)	광주월드컵경기장		
1급 생활 일반		6.19.(목) 13:00 ~ 16:00 ※13:30까지 입장마감(현장접수)	광주월드컵경기장		
유소년 일반		6.19.(목) 13:00 ~ 16:00 ※13:30까지 입장마감(현장접수)	광주월드컵경기장		
유소년 특별		6.19.(목) 13:00 ~ 16:00 ※13:30까지 입장마감(현장접수)	광주월드컵경기장		
유소년 추가		6.19.(목) 13:00 ~ 16:00 ※13:30까지 입장마감(현장접수)	광주월드컵경기장		
노인 일반		6.19.(목) 13:00 ~ 16:00 ※13:30까지 입장마감(현장접수)	광주월드컵경기장		
노인 특별		6.19.(목) 13:00 ~ 16:00 ※13:30까지 입장마감(현장접수)	광주월드컵경기장		
노인 추가		6.19.(목) 13:00 ~ 16:00 ※13:30까지 입장마감(현장접수)	광주월드컵경기장		
2급 생활 일반		6.19.(목) 13:00 ~ 16:00 ※13:30까지 입장마감(현장접수)	광주월드컵경기장		
2급 전문 일반	경주	6.21.(토) 10:00 ~ 12:00 ※10:30까지 입장마감(현장접수)	경주 스마트 에어돔	054-779-8585	경북 경주시 경감로 466-289
2급 전문 특별		6.21.(토) 13:00 ~ 16:00 ※13:30까지 입장마감(현장접수)	경주 스마트 에어돔		

제1편 하계 50 종목 실기 및 구술 시험 세부시행 기준(가나다순)

과정	지역	검정일시	장소	연락처	주소
2급 전문 일반		6.22.(일) 10:00 ~ 12:00 ※10:30까지 입장마감(현장접수)	경주 스마트 에어돔		
2급 전문 일반		6.22.(일) 13:00 ~ 16:00 ※13:30까지 입장마감(현장접수)	경주 스마트 에어돔		
2급 생활 일반		6.23.(월) 10:00 ~ 12:00 ※10:30까지 입장마감(현장접수)	경주 스마트 에어돔		
2급 생활 일반		6.23.(월) 13:00 ~ 16:00 ※13:30까지 입장마감(현장접수)	경주 스마트 에어돔		
2급 전문 일반		6.24.(화) 10:00 ~ 12:00 ※10:30까지 입장마감(현장접수)	경주 스마트 에어돔		
2급 전문 일반		6.24.(화) 13:00 ~ 16:00 ※13:30까지 입장마감(현장접수)	경주 스마트 에어돔		
2급 전문 특별	대전	6.26.(목) 10:00 ~ 12:00 ※10:30까지 입장마감(현장접수)	대전 안영생활체육공원	042-724-3450	대전 중구 안영동 561-1
2급 전문 특별		6.26.(목) 13:00 ~ 16:00 ※13:30까지 입장마감(현장접수)	대전 안영생활체육공원		
2급 전문 일반		6.27.(금) 10:00 ~ 12:00 ※10:30까지 입장마감(현장접수)	대전 안영생활체육공원		
2급 전문 일반		6.27.(금) 13:00 ~ 16:00 ※13:30까지 입장마감(현장접수)	대전 안영생활체육공원		
2급 전문 일반		6.27.(금) 13:00 ~ 16:00 ※13:30까지 입장마감(현장접수)	대전 안영생활체육공원		
2급 생활 일반		6.28.(토) 10:00 ~ 12:00 ※10:30까지 입장마감(현장접수)	대전 안영생활체육공원		
2급 생활 일반		6.28.(토) 13:00 ~ 16:00 ※13:30까지 입장마감(현장접수)	대전 안영생활체육공원		
2급 생활 추가		6.29.(일) 10:00 ~ 12:00 ※10:30까지 입장마감(현장접수)	대전 안영생활체육공원		
2급 전문 일반		6.29.(일) 13:00 ~ 16:00 ※13:30까지 입장마감(현장접수)	대전 안영생활체육공원		
2급 전문 일반		6.29.(일) 13:00 ~ 16:00 ※13:30까지 입장마감(현장접수)	대전 안영생활체육공원		
2급 전문 추가		6.30.(월) 10:00 ~ 12:00 ※10:30까지 입장마감(현장접수)	대전 안영생활체육공원		
2급 전문 일반		6.30.(월) 10:00 ~ 12:00 ※10:30까지 입장마감(현장접수)	대전 안영생활체육공원		
2급 생활 일반		6.30.(월) 13:00 ~ 16:00 ※13:30까지 입장마감(현장접수)	대전 안영생활체육공원		
2급 생활 일반		6.30.(월) 13:00 ~ 16:00 ※13:30까지 입장마감(현장접수)	대전 안영생활체육공원		
2급 생활 일반		7.1.(화) 10:00 ~ 12:00 ※10:30까지 입장마감(현장접수)	대전 안영생활체육공원		
1급 생활 추가		7.1.(화) 13:00 ~ 16:00 ※13:30까지 입장마감(현장접수)	대전 안영생활체육공원		
1급 생활 특별		7.1.(화) 13:00 ~ 16:00 ※13:30까지 입장마감(현장접수)	대전 안영생활체육공원		
1급 생활 일반		7.1.(화) 13:00 ~ 16:00 ※13:30까지 입장마감(현장접수)	대전 안영생활체육공원		
유소년 일반		7.1.(화) 13:00 ~ 16:00 ※13:30까지 입장마감(현장접수)	대전 안영생활체육공원		
유소년 특별		7.1.(화) 13:00 ~ 16:00 ※13:30까지 입장마감(현장접수)	대전 안영생활체육공원		
유소년 추가		7.1.(화) 13:00 ~ 16:00 ※13:30까지 입장마감(현장접수)	대전 안영생활체육공원		
노인 일반		7.1.(화) 13:00 ~ 16:00 ※13:30까지 입장마감(현장접수)	대전 안영생활체육공원		
노인 특별		7.1.(화) 13:00 ~ 16:00 ※13:30까지 입장마감(현장접수)	대전 안영생활체육공원		
노인 추가		7.1.(화) 13:00 ~ 16:00 ※13:30까지 입장마감(현장접수)	대전 안영생활체육공원		
2급 생활 일반		7.1.(화) 13:00 ~ 16:00 ※13:30까지 입장마감(현장접수)	대전 안영생활체육공원		
2급 생활 특별		7.2.(수) 10:00 ~ 12:00 ※10:30까지 입장마감(현장접수)	대전 안영생활체육공원		
2급 생활 일반		7.2.(수) 13:00 ~ 16:00 ※13:30까지 입장마감(현장접수)	대전 안영생활체육공원		
1급 생활 추가		7.2.(수) 13:00 ~ 16:00 ※13:30까지 입장마감(현장접수)	대전 안영생활체육공원		
2급 전문 특별		7.3.(목) 10:00 ~ 12:00 ※10:30까지 입장마감(현장접수)	대전 안영생활체육공원		
2급 생활 일반		7.3.(목) 13:00 ~ 16:00 ※13:30까지 입장마감(현장접수)	대전 안영생활체육공원		
1급 생활 특별		7.3.(목) 13:00 ~ 16:00 ※13:30까지 입장마감(현장접수)	대전 안영생활체육공원		
1급 생활 일반		7.3.(목) 13:00 ~ 16:00 ※13:30까지 입장마감(현장접수)	대전 안영생활체육공원		

과정	지역	검정일시	장소	연락처	주소
유소년 일반		7.3.(목) 13:00 ~ 16:00 ※13:30까지 입장마감(현장접수)	대전 안영생활체육공원		
유소년 특별		7.3.(목) 13:00 ~ 16:00 ※13:30까지 입장마감(현장접수)	대전 안영생활체육공원		
유소년 추가		7.3.(목) 13:00 ~ 16:00 ※13:30까지 입장마감(현장접수)	대전 안영생활체육공원		
노인 일반		7.3.(목) 13:00 ~ 16:00 ※13:30까지 입장마감(현장접수)	대전 안영생활체육공원		
노인 특별		7.3.(목) 13:00 ~ 16:00 ※13:30까지 입장마감(현장접수)	대전 안영생활체육공원		
노인 추가		7.3.(목) 13:00 ~ 16:00 ※13:30까지 입장마감(현장접수)	대전 안영생활체육공원		

■ 장소운영 예상 도식도 : 조별 코트규격 40m×50m(해당 시험장 사정에 따라 다소 차이 있을 수 있음)

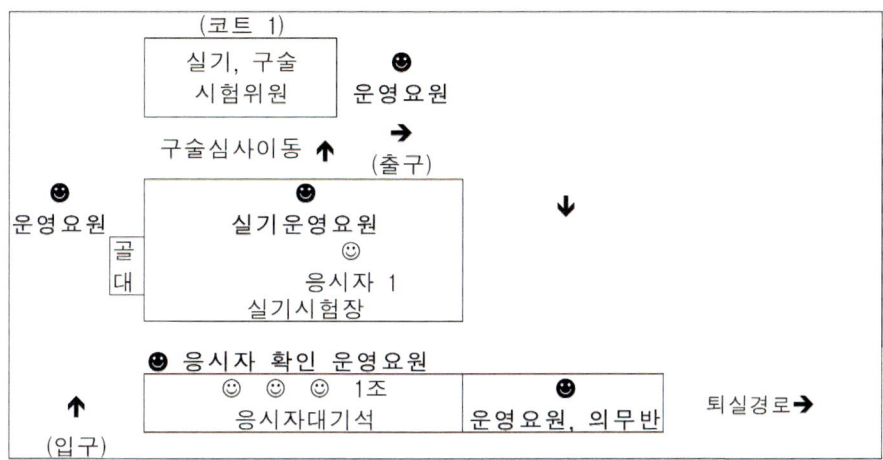

2 실기검정 소요장비

- 주관단체 준비사항 : 축구구장(골대포함), 콘, 축구공
- 지원자 준비사항 : 축구화(개인취향에 따라 가능), 운동복, 보호장비

3 방역 및 안전관리 대책

■ 방역관리
■ 안전관리

4 실기평가 영역

■ 기술분류
- 기술 분류표에서 평가에 필요한 필수 세부기술(5개 이상) 선정
  (단, 종목특성에 따라 3~10개 항목 평가 가능)
- 선정된 평가항목별 평가기준 작성

대분류	세부 기술
리프팅	발등으로 리프팅, 머리로 리프팅, 인사이드 리프팅, 무릎으로 리프팅, 응용 볼 다루기
패스	인사이드 패스, 아웃사이드 패스, 인스텝 패스, 힐 패스
드리블	인사이드 드리블, 아웃사이드 드리블
슈팅/킥	인사이드 킥, 아웃사이드 킥, 인스텝 킥, 힐 킥, 토 킥

■ 실기평가 영역
- 2급 전문스포츠지도사

영역	내용	평가기준
리프팅 (25)	1. 발등과 무릎으로 응용 볼 리프팅 후 이동	① 볼을 발등, 무릎 등 응용 동작으로 진행하여 안정감 있게 정해진 세트를 진행하는가? ② 시선은 볼 중심을 보고 있는가? ③ 이동하면서 리프팅하여 진행하는가? ④ 제한시간 30초 이내에 완료하였는가? * 예시 - 발등 및 무릎을 최소 1번 이상씩 합쳐서 총 5회 이상 사용하여 이동하였을 경우 만 인정 - 발등 또는 무릎으로 만으로 이동하였을 경우 불인정 <table><tr><th>평가</th><th>등 급</th><th>득점</th></tr><tr><td>30초안에 완료</td><td>A</td><td>25</td></tr><tr><td>32초안에 완료</td><td>B</td><td>20</td></tr><tr><td>34초안에 완료</td><td>C</td><td>15</td></tr><tr><td>36초안에 완료</td><td>D</td><td>10</td></tr><tr><td>40초안에 완료 (최소 저글링은 갈 때 10회, 올 때 10회 이하일 경우)</td><td>E</td><td>5</td></tr></table>
패스 (25)	2. 인사이드 패스	① 디딤발의 위치는 볼 옆쪽에 위치하고 발 끝은 패스하는 방향과 일치하는가? ② 볼 임팩트시 발 안쪽으로 정확히 맞추고 발목이 고정되어 있는가? ③ 디딤발이 되는 다리는 무릎을 약간 굽히고 패스하는 발은 공을 밀어내듯이 차고 있는가? ④ 볼이 패스하고자 하는 방향으로 정확히 가는가? ⑤ 제한시간 8초 이내에 완료하였는가? ⑥ 패스시 세워놓은 콘을 터치할 시 실패 <table><tr><th>평가</th><th>등 급</th><th>득점</th></tr><tr><td>볼을 정해진 구역에 4 통과시킴</td><td>A</td><td>25</td></tr><tr><td>볼을 정해진 구역에 3 통과시킴</td><td>B</td><td>20</td></tr><tr><td>볼을 정해진 구역에 2 통과시킴</td><td>C</td><td>15</td></tr><tr><td>볼을 정해진 구역에 1 통과시킴</td><td>D</td><td>10</td></tr><tr><td>1회도 통과시키지 못했을 경우 또는 제한시간 8초안에 모두 시행하지 못하였을 겨우</td><td>E</td><td>5</td></tr></table>

영역	내용	평가기준		
드리블 (25)	3. 인사이드+아웃사이드+ 발바닥 응용 드리블	① 드리블의 흐름이 끊이지 않고 자연스럽게 진행되는가? ② 몸의 중심은 낮은 자세를 유지하면서 전방으로 약간 기울이고 있는가? ③ 시선은 볼과 진행방향을 확인하면서 드리블 하고 있는가? ④ 볼의 위치가 내 몸 중심에 위치하고 있는가? ⑤ 제한시간 안에 완료하였는가? ⑥ 드리블 시 세워놓은 콘을 터치할 시 1초 추가		
		평가	등급	득점
		18초안에 완료	A	25
		19초안에 완료	B	20
		20초안에 완료	C	15
		21초안에 완료	D	10
		제한시간 22초 안에 장애물을 통과하지 못함	E	5
슈팅 (25)	4. 자유슈팅	① 무릎을 자연스럽게 굽히고, 양팔을 가볍게 벌려 몸의 균형을 잡고 있는가? ② 볼 임팩트 시 시선은 볼을 향하고 있는가? ③ 볼이 목표점까지 힘 있게 향하는가? ④ 킥을 하고자 하는 위치에 정확히 향하는가? ⑤ 제한시간 10초 안에 완료하였는가? ⑥ 슈팅 후 볼이 바운드 없이 골대 그물망에 맞도록 득점하면 성공		
		평가	등급	득점
		볼을 정해진 구역으로 5회 이상 골인시킴	A	25
		볼을 정해진 구역으로 4회 골인시킴	B	20
		볼을 정해진 구역으로 3회 골인시킴	C	15
		볼을 정해진 구역으로 2회 골인시킴	D	10
		볼을 정해진 구역으로 한 1회골인 제한시간 10초안에 완료하지 못함	E	5

• 세부사항

- 1급·2급 생활, 유소년, 노인스포츠지도사

영역	내용	평가기준

리프팅 (25)	1. 발등과 무릎으로 응용 볼 리프팅	① 볼을 발등 → 무릎 순으로 진행하여 안정감 있게 정해진 세트를 진행하는가?
		 ② 시선은 볼 중심을 보고 있는가?
		 ③ 제한시간 10초 이내에 완료하였는가?
		 * 세트인정 예시
		  - 왼발등 → 왼무릎, 오른발등 → 오른무릎 가능
		  - 왼발등 → 오른무릎, 오른무릎 → 왼쪽발등불가, 세트로불인정)
		  - 항상 같은 발등 → 무릎으로 진행해야 인정(1세트)

패스 (25)	1. 인사이드 패스	① 디딤발의 위치는 볼 옆쪽에 위치하고 발끝은 패스하는 방향과 일치하는가? ② 볼 임팩트시 발 안쪽으로 정확히 맞고 발목이 고정되어 있는가? ③ 디딤발이 되는 다리는 무릎을 약간 굽히고 패스하는 발은 공을 밀어내듯이 차고 있는가? ④ 볼이 패스하고자 하는 방향으로 정확히 가는가? ⑤ 제한시간12초 이내에 완료하였는가? ⑥ 패스시 세워놓은 콘을 터치할 시 실패

리프팅 평가

평가	등급	득점
볼을 발등 → 무릎의 순으로 안정감있게 5세트를 완료함	A	25
볼을 발등 → 무릎의 순으로 안정감있게 4세트를 완료함	B	20
볼을 발등 → 무릎의 순으로 안정감있게 3세트를 완료함	C	15
볼을 발등 → 무릎의 순으로 안정감있게 2세트를 완료함	D	10
볼을 발등 → 무릎의 순으로 안정감있게 1세트만 완료하거나 제한시간 10초안에 완료하지 못함	E	5

패스 평가

평가	등급	득점
볼을 정해진 구역에 4회 통과시킴	A	25
볼을 정해진 구역에 3회 통과시킴	B	20
볼을 정해진 구역에 2회 통과시킴	C	15
볼을 정해진 구역에 1회 통과시킴	D	10
1회도 통과시키지 못했을 경우 또는 제한시간12초 안에 모두 시행하지 못하였을 경우	E	5

영역	내용	평가기준		
드리블 (25)	3. 인사이드+아웃사이드+발바닥 응용 드리블	① 장애물을 지나가면서 인사이드, 아웃사이드를 번갈아 사용하고 마지막 장애물에서 장애물 통과 후 발바닥으로 볼을 정지시키는가? ② 드리블의 흐름이 끊이지 않고 자연스럽게 진행되는가? ③ 몸의 중심이 낮은 자세로 유지한 채 전방으로 약간 기울이고 있는가? ④ 시선은 볼과 진행방향을 번갈아가면 드리블 하고 있는가? ⑤ 볼의 위치가 내 몸 중심에 위치하고 있는가? ⑥ 제한시간 22초안에 완료하였는가? ⑦ 드리블 시 세워놓은 콘을 터치할 시 1초추가		

평가	등급	득점
22초안에 완료	A	25
24초안에 완료	B	20
26초안에 완료	C	15
28초안에 완료	D	10
제한시간 30초 안에 장애물을 통과하지 못함	E	5

영역	내용	평가기준
슈팅 (25)	4. 자유슈팅	① 무릎을 부드럽게 굽히고, 양팔을 가볍게 벌려 몸의 균형을 잡고 있는가? ② 볼 임팩트 시 시선은 볼을 향하고 있는가? ③ 볼이 목표점까지 힘 있게 향하는가? ④ 킥을 하고자 하는 위치에 정확히 향하는가? ⑤ 제한시간15초 안에 완료하였는가? ⑥ 슈팅 후 공이 바운드 없이 골대 그물망에 맞도록 득점하면 성공

평가	등급	득점
볼을 정해진 구역으로 5회 이상 골인시킴	A	25
볼을 정해진 구역으로 4회 골인시킴	B	20
볼을 정해진 구역으로 3회 골인시킴	C	15
볼을 정해진 구역으로 2회 골인시킴	D	10
볼을 정해진 구역으로 1회 이하로 골인시키지 못하거나 제한시간 안에 완료하지 못함	E	5

• 세부사항

5 구술평가 영역

- 시행방법 : 규정 2문제(50점), 지도방법 2문제(50점)
- 합격기준 : 70점 이상(100점 만점)

영 역	배 점	분 야
규정	50점	시설/도구, 경기운영, 반칙/페널티, 최신규정
지도방법	50점	도구, 기술, 지도방법

* 위 내용은 구술시험 평가 준비에 도움을 주기 위한 범위이며, 위 내용 외에 더 추가로 범위를 선정하여 검정할 수 있음
* 지도자로서의 표현력, 전달력, 답변태도 등은 규정 및 지도방법에 포함하여 평가

6 기타 안내사항

- 시험영상은 시험 모니터링과 안전사고 예방을 위해 녹화하는 것으로 응시자에게 열람하거나 제공하지 않습니다.
- 시험의 공정성을 훼손하는 사례가 있는 경우 당일 시험이 종료되기 전까지 주관단체에 이의신청을 하여 주시기 바랍니다.

주관단체	연락처	홈페이지	서류제출처
(사)대한축구협회	02-2002-0892	www.kfa.or.kr	서울특별시 종로구 경희궁길 46 축구회관 3층 축구인재육성팀 (체육지도자 담당자 앞)

38. 카누

1 시험 일시 및 장소

- 시험 일시 및 장소   * 매년 시험 일시 및 장소는 변경될 수 있음

구분	지역	검정일시	장소	연락처	주소
2급 전문	경기	'25. 6. 13.(금)	경기 하남 미사리 경정공원	02-420-4282	경기도 하남시 미사대로 505 미사리카누경기장
1급 생활	경기	'25. 6. 13.(금)	경기 하남 미사리 경정공원	02-420-4282	경기도 하남시 미사대로 505 미사리카누경기장
2급 생활	경기	'25. 6. 13.(금)	경기 하남 미사리 경정공원	02-420-4282	경기도 하남시 미사대로 505 미사리카누경기장
유소년	경기	'25. 6. 13.(금)	경기 하남 미사리 경정공원	02-420-4282	경기도 하남시 미사대로 505 미사리카누경기장
노인	경기	'25. 6. 13.(금)	경기 하남 미사리 경정공원	02-420-4282	경기도 하남시 미사대로 505 미사리카누경기장

- 장소운영 예상 도식도 :
- 실기 시험장 : 미사리 카누 경기장(수면, 정고동 앞)

- 실기 시험 고사장 : 경기도 하남 미사 경정 공원 내 정고동 광장 및 수면

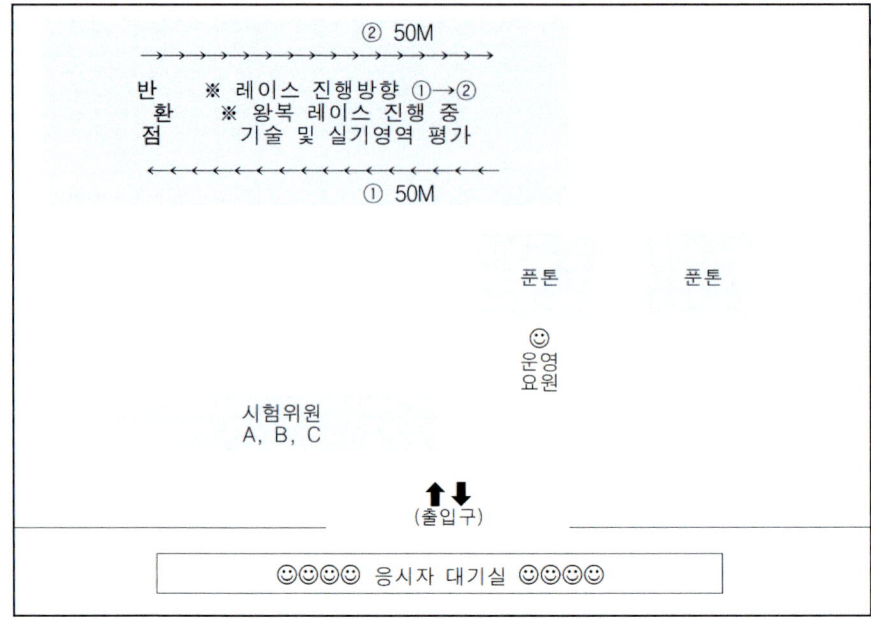

- 구술 시험 고사장 : 경기도 하남 미사 경정 공원 내 관리동 회의실(1층)

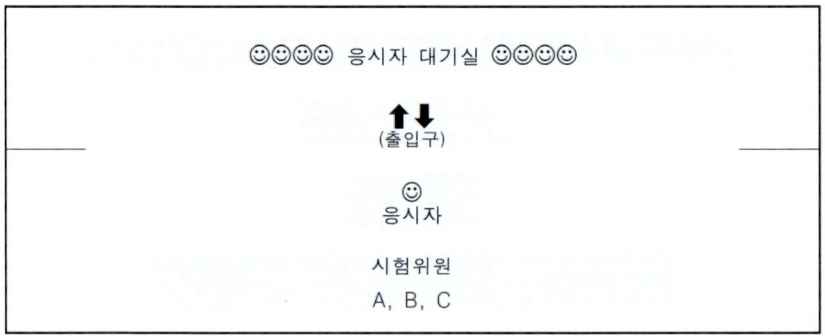

2 실기검정 소요장비

- 주관단체 준비사항 : 레저, 선수용 경기정(실기검정용), 스톱워치, 무선기, 핸드마이크, 구명조끼, 구급상자, 현수막, 필기도구, 수험생 명찰, 안내문, 노트북, 프린터, 호각, 채점표 등
- 지원자 준비사항 : 신분증, 수험표, 실기검정시 필요한 여분의 복장, 기타 개인 카누 실기 장비(전문 경기정, 레저용 경기정)

※ 실기시험 관련 사항
- 2급 전문스포츠지도사 응시자 : 레저용 경기정이 아닌, 반드시 개인 경기용 보트를 지참하여 실기시험 진행(단, 개인 경기용 보트가 없는 경우 주관단체에서 준비하는 경기정으로 응시 가능)
- 1급생활 / 2급생활 / 유소년 / 노인 응시자 : 개인용 레저 경기정을 지참하여 실기 검정 진행. (단, 개인 경기정이 없는 경우 주관단체에서 준비하는 레저 경기정으로 응시 가능)

3 방역 및 안전관리 대책

- (방역관리) 중앙방역대책본부의 『코로나바이러스감염증-19 예방을 위한 시험 방역관리 안내』를 참고하여 각 자격검정기관은 시험의 특성과 사정에 따라 안전대책 수립 및 적용
- (보험가입) 전 종목 주최자 배상책임 보험가입을 통한 사고 대비
- (의무체계) 지역별 보건소, 병원 등과 연계 대응, 비상 약품 상시 비치
- (부상자 및 환자 발생 시 대응체계) 해당 기관 이용, 응급처치 등 1차 대응 → 인근 지정병원 연계 후송 → 자격검정기관 담당자 연락
- (사전점검) 시험용구 및 시설물 사전 점검 의무화로 안전사고 예방
- (안전교육) 응시생 대상 안전사고 예방교육, 사고 시 비상연락체계 안내
- (보고체계) 검정기관 간 신속한 보고체계 운영

4 실기평가 영역

- 기술분류
- 기술 분류표에서 평가에 필요한 필수 세부기술(5개 이상) 선정
  (단, 종목특성에 따라 3~10개 항목 평가 가능)
- 선정된 평가항목별 평가기준 작성

대분류	세부 기술
기본 동작	보트의 취급 및 운반, 기본자세, 밸런스, 동작범위, 힘의 조화, 스타트
응용 동작	리듬, 캐치, 드로우, 엑시트, 턴(슬라럼)
기술적 요인	패들링, 스트로크, 방향전환, 레이스, 롤링(슬라럼)

- 실기평가 영역
- 2급 전문스포츠지도사, 1급·2급 생활스포츠지도사, 유소년·노인지도사

영역	내용	평가기준
기본 동작 (20점)	보트의 취급 및 기본자세	① 선체와 패들을 안전하게 잡아 떨어뜨리거나 긁힘으로부터 잘 보호하며 이동하는가? ② 보트에 앉을 때는 척추 아래 부분을 똑바로 유지시키고 척추 하단부를 이용해서 지지하며, 곧게 앉는가? ③ 팔꿈치 유지는 팔꿈치 부분이 약 90도, 어깨가 수평을 유지하는가?
	균형(밸런스) 및 동작범위	① 보트에 편안한 자세를 취하고 앉아야 하며, 패들링 동작이 자연스럽고 조절이 가능하도록 자세를 취하는가? ② 전반적으로 동작이 유연하면서 확실한가? ③ 패들을 길게 회전 시키며, 이상적인 동작의 범위를 할 수 있는 지점에 노를 바르게 위치시키는가?
	힘의 조화	① 스트로크 시 전신을 조화롭게 이용하는가? ② 서서히 할 때나 폭발적인 동작을 할 때에도 동원되는 근육의 조화는 같은 방식으로 적용을 하는가? ③ 빠르면서도 단순하고 깨끗한 동작을 하는가?

영역	내용	평가기준
응용 동작 (40점)	스타트	① 정지 상태에서 3초 이내 출발하고 10M 이상 진행하는가?
	리듬	① 스트로크 시 캐치와 드로우 속도가 일정한 리듬을 통해 진행되는가?
	힘 전달 (캐치, 드로우, 엑시트)	① 캐치 : 브레이드를 떨어뜨림으로서 물을 캐치 한다. 몸통은 곧게 세우거나 살짝만 앞으로 굽히며 당기는 어깨는 낮추어지는데 팔은 앞으로 뻗는다. ② 캐치 시 블레이드는 전체를 입수 시켜야 하며, 물을 당길 때 블레이드가 엉덩이 부분을 지나치지 않도록 한다. 이때 몸과 평형을 이루게 되면 반대편의 깃을 물에 넣어 스트로크를 잘 시작하는가? ③ 드로우 : 팔과 몸통을 동시에 회전시키면서 브레이드를 끌면서 물을 잡고 반대 팔은 민다. 이때 힘의 방향은 아래이다. ④ 엑시트 : 브레이드를 빨리 빼는데 이때는 손목을 위로 하고 팔을 낮추며 스냅을 이용한다. 엑시트하는 손을 이마 높이로 빨리 올리면서 패들을 돌린다.
	턴 (슬라이딩 턴)	① 슬라이딩 턴, 카빙 턴, 피봇 턴, 뱅크 턴 중 슬라이딩 턴을 활용하여 보트를 회전한다. 이때 보트가 물에 잠기지 않도록 해야 하며, 일정한 각도를 유지하고 가능한 호를 작게 그리며 움직임을 최소화 할 수 있도록 한다. (슬라럼)
기술적 요인 (40점)	패들링	① 패들링 시 몸통의 동작과 팔다리의 동작이 일치하는가? ② 패들링 시 상체각도와 팔의 각도가 정확한가?
	스트로크	① 스트로크시 블레이드의 입수, 당기기, 출수 동작이 정확하게 이루어지는지 확인한다. ② 스트로크 각도가 경기정의 최대한 근접한 위치에서 일직선으로 진행되는가?
	방향전환	① 직진성 유지 가능 유무(카약, 카누) ② 360도 회전(슬라럼)
	레이스	① 왕복 100m 구간 레이스를 안정적으로 완주하는가? (0m-100m이내 구간)
	롤링	① 3초 이내에 롤링을 하는가?(슬라럼)

* 평가기준에 따른 세부 배점표

5 구술평가 영역

- 평가항목 : 규정 2개(50점), 지도방법 2개(50점) – 지원자가 영역별로 문제지를 추첨하여 실시
- 구술평가 영역

영역	배점		분야
규정	50점	시설/도구/용어	• 경기정의 규격, 시설규격, 카누용어 등
		경기운영	• 경기운영규정, 실격사항 등
		반칙/페널티	• 복장 규정, 페널티, 벌점 사항 등
지도방법	50점	안전지도	• 수상 훈련에서의 안전, 전복 시 대처 등
		스포츠인권	• 스포츠인권 관련
		훈련지도	• 훈련지도법 • 유소년/노인 지도 추가

■ 구술시험 평가 문항 및 모범답안

영역		평가문항 및 모범답안
규정 (50)	시설/도구	★Q1. 카누 스프린트 종목의 카약 및 카누(카나디언) 경기정 1인승, 2인승, 4인승에 규격(최대 길이 및 최소 무게)에 대하여 설명하시오. ★A : 　K-1 최대길이 520cm, 무게 12kg 　K-2 최대길이 650cm, 무게 18kg 　K-4 최대길이 1100cm, 무게 30kg 　C-1 최대길이 520cm, 무게 14kg 　C-2 최대길이 650cm, 무게 20kg 　C-4 최대길이 900cm, 무게 30kg * 출처 : 대한카누연맹 시설 공인규정 19조(공인규정). 3항(경기용품 공인기준)
		★Q2. 카누 스프린트 시설공인 규정 중 경기장 기준 및 규격에 대해 설명하시오. ★A : 　① 경기장 크기(길이 1,300m 이상, 폭, 140m 이상 수심 2m 이상) 　② 각 레인의 넓이는 9m로 레인을 직선으로 하며 각 레인은 평행이어야 한다.) * 출처 : 대한카누연맹 시설 공인규정 19조(공인규정). 1항(경기장 기준 및 규격)
		★Q3. 카누 스프린트 경기정(카약, 카누) 검정(측정) 방법에 대해 각각 설명하시오. ★A : 　① 카약(KAYAK) : 카약의 계량은 키 및 조타장치와 좌석 이외에 떼어낼 수 있는 모든 부품을 떼어 내고 행한다. 　② 카누(CANOE) : 카누의 계량시에는 가로지름대 고정물 이외의 모든 부품은 제거하여야 하며 고정된 무릎판 및 수분 흡수 부력재는 계량 시 완전 건조되어 있어야 한다. * 출처 : 대한카누연맹 시설 공인규정 19조(공인규정). 3항. 6호(검정 및 장비검사)
	경기운영	★Q4. S.U.P 대회 경기별 권장거리에 대해 설명하시오. ★A : 　① 스프린트 : 최대 250m 　② 장거리 : 5~35km 　③ 기술 레이스 : 800m~5km * 출처 : 국제카누연맹 SUP 경기규정 4장(대회프로그램). 1조(거리). 1항.
		★Q5. 드래곤보트 경기의 레인배정 순서와 이의신청에 대해 설명하시오. ★A : 　- 예선은 조 추첨으로 조 및 레인을 정하고, 준결 승과 결승은 전 경기의 순위에 따라 조를 배정 하고, 레인은 성적순으로 가운데 레인부터 3, 4, 2, 5, 1, 6레인 순으로 배정하고 모든 이의신청은 신청금 100,000만원과 서면으로 감독(코치)이 하되 경기결과 발표 후 20분 이내까지만 허용된 다(이의신청이 인정되면 신청금은 환불) * 출처 : 대한카누연맹 드래곤보트 경기규칙 1조(경기규칙). 3항. 9항
		★Q6. S.U.P 경기의 선수 커뮤니케이션 담당관의 역할에 대해 설명하시오. ★A : 　① 대회 이전, 도중 및 이후에 대회 위원회와 선수 사이에서 주요 연락 접점 역할을 한다. 　② 레이스 감독관과 경기 위원회의 정보 및 메시지를 선수들에게 전달한다. 　③ 선수의 메시지, 질문, 제안 및 기타 사항을 레이스 감독관 및 대회 위원회에 전달한다. * 출처 : 국제카누연맹 SUP 경기규정 7장(경기임원). 3조.16항.
		★Q7. 카누 스프린트 경기의 레인 편성 방법에 대하여 설명하시오.

영역		평가문항 및 모범답안
		★A : – 예선은 추첨으로 조 및 레인을 정하며, 준결승과 결승은 전 경기 순위에 따라 조를 배정하고 레인은 성적순으로 가운데 레인부터 5, 4, 6, 3, 7, 2, 8, 1, 9레인 순으로 배정한다. * 출처 : 생활체육론 특강, 대경북스, 2016, 이재홍외 2명
		★Q8. 카누 스프린트 경기 팀 보트의 스프레이 커버 경기규칙에 대해 설명하시오. ★A : ① 팀 보트 1번 선수 착용 시 전 선수동일 착용. ② 1번 선수를 제외한 2번 선수 착용 시 3번, 4번 선수는 반드시 동일 착용 ③ 2번 선수가 미착용 시, 3번, 4번 선수는 착용 불가 (위반 시 실격) * 출처 : 대한카누연맹 경기규정 제3조(경기규칙) 5항
		★Q9. 슬라럼 경기 규칙 중 부정출발과 출발 정위치 위 반 시 부과 되는 페널티에 대하여 설명하시오. ★A : ① 부정출발 1번 경고, 2차시 실격 ② 출발 정위치 지시 위반 시는 2차 경고 후 3차시 실격 (무통보 기권) * 출처 : 대한카누연맹 슬라럼 경기규칙 제1조(경기규칙) 4항
	반칙/페널티	★Q10. 슬라럼 경기의 패널티에 대해 설명하시오. ★A : ① 0점 패널티 – 실수없이 바르게 통과했을 때 ② 2점 패널티 – 게이트를 바르게 통과했지만 하나나 양쪽 폴에 닿았을 경우 (같은 혹은 양쪽 폴에 반복해서 닿았을 경우 오직 한 번의 패널티만 인정한다.) ③ 50점 패널티 – 올바른 통과 없이 게이트(폴 1개나 2개)에 닿았을 때. – 통과를 위해 게이트를 고의적으로 밀었을 때 – 신체가(C2에서는 두 선수 중 한 명이) 게이트 라인을 업사이드 다운해서 넘었을 때 – 게이트를 통과하는 동안 머리의 어떤 부분도 잘못 된 방향으로 게이트 라인을 넘지 않았을 때. – 게이트 생략 – 게이트의 양폴 사이 안에서 머리 부분이 닿을 때. * 출처 : 대한카누연맹 슬라럼 경기규칙 제2조(패널티). 1항.
지도 방법 (50)	안전지도	★Q1. 수상훈련시 안전사고를 예방하기 위한 방법에 대해 설명하시오. ★A : – 준비운동 및 정리 운동을 반드시 실시한다. – 생존수영과 같은 수영방법을 숙지한다. – 자신의 안전을 확보할 수 있는 구명조끼 등 안전장비를 준비한다. – 개인의 실력을 고려하여 실력에 맞는 코스를 선택한다. – 선수의 건강상태를 고려하여 훈련의 양과 강도를 조절하여 실시한다. – 훈련 시 날씨변화에 유의한다. 폭염 및 낙뢰를 동반한 우천시에는 훈련을 피한다. 또한, 야간이 나 부유물이 많은 날의 훈련은 피한다.

영역	평가문항 및 모범답안
	－ 주변 환경을 고려하여 훈련을 실시한다. － 비상시 사용할 수 있는 상비약 및 응급처치도구를 항시 지참한다. － 지도자와 참가자를 보호할 수 있는 스포츠공제 및 보험에 가입한다. * 출처 : 스포츠안전재단 재난대응 매뉴얼, 스포츠응급처치 매뉴얼, 안전정보포털(safe info) 해양스포츠 안전매뉴얼, 대한적십자사 수상인명구조, 생존수영 교재
	★Q2. 전복 시 대처 및 구출방법에 대해 설명하시오. ★A : － 배를 바로 잡은 후 패들은 배안에 넣고, 배의 선수나 선미를 잡고 육지쪽으로 수영한다. － 수영을 할 수 없는 상황이라면 몸을 웅크려 체온을 유지하고, 배를 잡고 떠 있으며 구조를 기다린다. * 출처 : 스포츠안전재단 재난대응 매뉴얼, 스포츠응급처치 매뉴얼, 안전정보포털(safe info) 해양스포츠 안전매뉴얼, 대한적십자사 수상인명구조, 생존수영 교재
	★Q3. 위급상황 발생시 대처 방법에 대해 설명하시오. ★A : － 의식을 잃고 쓰러진 경우 심폐소생술을 실시한다. 단, 수상에서 가슴압박을 실시할 수 없는 경우 구조호흡(인공호흡 : 5초에 1회)을 실시한다. － 육지까지 이송하는 동안 체온이 떨어지지 않도록 보온을 유지한다. － 훈련장과 가까운 병원 등을 사전에 파악하여 위급상황시에 즉시 이송하여 치료받을 수 있도록 한다. － 부상 당한 선수의 정신적 충격을 감소시킬 수 있도록 신속하지만 차분히 대처할 수 있도록 한다. － 물에 빠져 허우적대는 익수자가 있다면 주변의 장비(패들, 구명도구)를 이용하여 구조하고, 수영구조는 불가피한 경우에만 실시한다. － 근골격계 손상시 PRICE 처치 방법을 수행하다. 　(P : protection 보호, R : rest 안정, I : ice 얼음찜질 C : compression 압박, E : elevation 거상) ** 출처 : 스포츠안전재단 재난대응 매뉴얼, 스포츠응급처치 매뉴얼, 안전정보포털(safe info) 해양스포츠 안전매뉴얼, 대한적십자사 수상인명구조, 생존수영 교재
스포츠인권	★Q4. 스포츠인권가이드(2022. 12. 12. 개정)에서 체육지도자의 행동강령 중 폭력과 괴롭힘, 차별로부터 모든 선수와 참가자를 보호하기 위한 예시를 2가지 이상 설명하시오. ★A : － 훈련과 경기대회 참가 여부와 방법, 프로그램에 대해 선수의 의견을 적절히 반영하여 정하도록 한다. － 어떠한 형태의 폭력과 괴롭힘도 해서는 안되며 특히 훈련을 가장한 체벌과 폭력을 해서는 안된다. － 훈련이나 경기대회에서 실수를 이유로 단체 기합 등의 체벌을 해서는 안 되며, 이러한 체벌은 선수들 사이 괴롭힘으로 이어질 수 있다. － 선수에게 스포츠 장비 또는 도구를 던지거나 소리를 지르는 등의 공포감을 조성하거나 위협 하는 행위를 해서는 안된다. － 나이, 학년, 운동능력이나 대회 성적의 차이에 따라 선수와 참여자들에게 차별적 대우를 해서는 안된다. － 선수의 사생활이나 자유를 침범해서는 안 된다 특히, 합숙이나 기숙사 생활 여부를 자유롭게 선택할 수 있도록 해야 한다. * 출처 : 국가인권위원회 스포츠인권가이드 제4장 제2절 59.

영역	평가문항 및 모범답안
	★Q5. 스포츠인권가이드(2022. 12. 12. 개정)에서 체육지도자의 행동강령 중 선수와 참가자의 신체적·정서적 건강을 보호하기 위한 예시를 2가지 이상 설명하시오. ★A : - 선수들에게 적절한 영양과 수면을 보장 - 선수의 신체적, 정서적 상태를 고려하여 훈련 시간과 방법을 정해야 하며, 특히 여성 선수에게 생리, 임신, 출산 또는 임신 중단에 따른 적절한 휴식과 휴가를 보장해야 한다. - 선수의 휴식 및 귀가 시간을 임의로 변경해서는 안 되고, 변경이 필요한 경우 사전 고지와 동의를 거치도록 한다. - 선수의 신체적 이상, 침체나 불안 징후를 주의 깊게 파악하고, 필요하다면 전문사 상담과 진료를 받을 수 있도록 해야 한다. 특히 폭력 및 괴롭힘 피해가 의심될 때는 피해자와 가해 분리 신고 등의 조치를 해야 한다. - 신체적 능력과 운동 기량을 강화한다는 이유로 불법 약물과 기타 인체에 해로운 약물을 복용하도록 강요해서는 안된다. - 훈련과 경기대회 시에 신체적 이상을 초래할 수 있는 무리한 기술을 구사하도록 해서는 안된다. * 출처 : 국가인권위원회 스포츠인권가이드 제4장 제2절 60.
	★Q6. 스포츠인권가이드(2022. 12. 12. 개정)에서 체육지도자의 행동강령 중 선수와 보호자에게 성희롱·성폭력 등 상대방이 원치 않는 성적언동을 방지하기 위한 예시를 2가지 이상 설명하시오. ★A : - 원치 않는 신체 접촉을 하지 말아야 한다. 이 신체 접촉은 신체를 이용하거나 지시봉 등 도구를 이용한 접촉 모두를 의미한다. 훈련과 활동과정에서 신체 접촉이 불가피하다면 미리 고지하고 동의를 구해야 한다. - 특정 선수 개인에게 특혜나 과도한 관심을 보이는 행위를 하지 말아야 한다. - 허가를 받지 아니한 개별적인 훈련이나 상담을 해선 안된다. - 선수에게 마사지, 신체 주무르기 등을 하도록 요구하지 말아야 한다. - 경기대회 참가, 선수계약 등을 이유로 사적인 만남을 요구해선 안된다. * 출처 : 국가인권위원회 스포츠인권가이드 제4장 제2절 61.
훈련지도	★Q7. 카누 지도자가 가져야하는 역할와 자질에 대해 설명하시오. ★A : - 역할 : 카누 활동의 목표 설정, 효율적인 지도 기법 개발, 원만한 대인관계 유지, 카누 훈련 프로그램개발, 자연과의 상생 등의 역할을 수행 하여 궁극적으로 카누의 저변확대를 통한 국민의 삶의 질을 향상시키는데 있다. - 자질 : 의사전달 능력, 투철한 사명감, 활달하고 강인한 성격, 도덕적 품성, 칭찬의 미덕, 공정성 등이 있다. * 출처 : 체육지도자 훈련지도서(카누), 한국스포츠정책과학원(2010).
	★Q8. 카누 초보자를 지도하기 위한 적응훈련과 기본자세 훈련에 대해 설명하시오. ★A : ① 적응훈련 : 균형감각 익히기, 물에 대한 두려움을 해소시킬 수 있는 낮은 강도의 기본기 익히기 부상 및 안전사고 예방교육 ② 카누종목의 운동역학적 원리 이해시키기, 기본자세 익히기(균형, 동작범위, 힘의 조화, 기초기술) ③ 기본자세 지도 - 똑바로 앉기 지도(몸통의 적절한 회전을 위해 보트위에서 곧게 앉는 것이 중요)

영역	평가문항 및 모범답안
	- 몸통아래 회전을 위한 원리 지도(등 전체가 동일한 비율로 회전되고 다시 원위치로 돌아와야 됨) - 팔꿈치 유지 원리 지도(팔의 윗부분이 밖으로 또는 수평을 유지할 수 있어야 됨) - 팔 뻗기 지도(배 추진에 있어서 가장 중요한 전방 스트로크 동작 지도) - 캐취(블레이드 전체를 입수할 수 있는 방법 지도) * 출처 : 체육지도자 훈련지도서(카누), 한국스포츠정책과학원(2010).
	★Q9. 카누 경기력 향상을 위한 지상훈련과 수상훈련의 특성에 대해 설명하시오. ★A : - 카누는 종목 특성상 유산소 능력과 무산소 능력이 매우 중요하다. - 지상훈련은 수상훈련을 실시하기 어려운 계절이나 상황에서 체력향상을 위해 육상트랙 트레이닝, 웨이트 트레이닝, 수영 트레이닝 등을 실시하여 유무산소 능력을 향상시킨다. - 수상훈련은 향상된 체력을 이용하여 카누 경기력(속도, 기교, 동작 등)을 향상시키는데 활용된다. * 출처 : 체육지도자 훈련지도서(카누), 한국스포츠정책과학원(2010).
	★Q10. 카누 훈련의 동기유발을 위한 지도자의 역할(원칙)에 대해 설명하시오. ★A : - 강력한 동기유발 기능이 있는 팀 사진이나 구호를 붙여 둔다. - 개인 훈련 일기를 기록한다. (장·단기 계획, 일일 계획, 향상도 그래프로 제시) - 의욕을 불러일으키는 말과 의식을 만든다. (예 : 박수치기, 파이팅! 소리 지르기) - 훈련 기간에도 충분한 휴식을 보장해 준다. - 훈련의 의욕을 돋구어주는 파트너끼리 묶어 준다. * 출처 : 체육지도자 훈련지도서(카누), 한국스포츠정책과학원(2010).

❏ 유소년/노인 시험 문제

영역	평가문항 및 모범답안
노인	★Q. 노인의 신체적 변화에 관해 설명하시오. ★A : - 노인은 성호르몬이 감소로 골격근량이 감소하며, 뼈의 골밀도 감소로 인한 골다공증을 동반할 수 있다. 또한, 골격근 감소로 인한 체형의 틀어짐과 비대칭을 가질 수 있다. 최대 심박출량의 감소로 유산소 운동 능력이 감소하며, 일반성인에 비해 유연성이 감소하고 고령으로 인한 우울감을 동반할 수 있다. *출처 : 노인체육론, 2015, 대한미디어, 강승애 외 4명 ★Q. 노인스포츠에서 중요시되는 안전사항과 조치에 관해 설명하시오. ★A : - 스포츠 참가 전 노인의 건강상태를 파악하고, 운동 가능 여부를 판단해야 한다. 노인들은 근육, 인대, 관절 등이 노화되어 있으므로 충분한 준비운동을 해야 한다. 또한, 부상 예방을 위해 적절한 보호장구를 착용한다. 안전한 운동공간을 조성해야 하며, 운동강도를 개인의 특성에 맞게 조절해야 한다. 운동 중 신체 변화가 나타날 수 있으므로 지속적인 관찰이 필요하며 운동 후에는 적절한 휴식과 수분보충이 필요하다. *출처 : 노인체육론, 2015, 대한미디어, 강승애 외 4명

	★Q. 노인스포츠에서 운동 강도 조절에 관해 설명하시오. ★A : 　- 노인들은 일반성인에 비해 체력이 떨어지기 때문에 갑작스러운 과도한 운동은 부상의 위험을 증가시킨다. 따라서 개인의 특성에 맞게 운동강도를 조절해야 하며, 운동 강도를 높일 때에는 천천히 점진적으로 증가시켜야 하며, 감소 시에도 천천히 감소시켜야 한다. *출처 : 노인체육론, 2015, 대한미디어, 강승애 외 4명)
유소년	★Q. 유소년 스포츠 지도 시 주의사항에 관해 설명하시오. ★A : 　- 집중력이 짧으므로 흥미, 놀이 위주로 지도해야 하며 아이들이 산만해지면서 주변 환경에 의해 부상 당할 수 있는 부분을 미리 파악하여 정리하거나 유의해야 한다. 또한, 유소년들의 눈높이에 맞추어 용어와 설명 역시 간소화하여 쉽게 해주어야 한다. *출처 : 유아체육론, 2015, 대한미디어, 한국유아체육학회)
	★Q. 유소년과 성인의 트레이닝 시 차이점에 관해 설명하시오. ★A : 　- 유소년은 성인보다 심장발달이 덜 되어있기 때문에 심박출량이 적어 안정 시 심박수가 성인에 비해 높은 편이다. 그러므로 운동 시 심장이 더 큰 자극을 주는 강도의 상승이 이루어질 경우 심박수가 급격하게 증가할 수 있기 때문에 강도의 증가는 아주 천천히 해야 한다. 또한 근골격계의 패턴이 안정화되어 있지 않기 때문에 균형감각이나 근력이 상대적으로 떨어질 수 있다. 그렇기 때문에 중 저강도, 자세 위주로 지도해야 한다. *출처 : 유아체육론, 2015, 대한미디어, 한국유아체육학회)
	★Q. 유소년 지도자의 역할 혹은 자질에 대해 설명하시오. ★A : 　- 유소년을 이해하고 사랑하는 마음과 봉사정신, 인내심을 가져야 한다. 또한 유소년에게 놀이와 운동을 통한 신체발달, 사회성 발달을 유도해야 하며 칭찬의 미덕을 갖춰야 하며, 아이들에게 모범이 될 수 있는 도덕적 품성을 갖춰야 한다. *출처 : 유아체육론, 2015, 대한미디어, 한국유아체육학회)

6 기타 안내사항

주관단체	연락처	홈페이지	서류제출처
대한카누연맹	02-420-4282	http://www.canoe.or.kr	서울특별시 송파구 올림픽로 424 올림픽회관 334호 대한카누연맹

39. 컬링

1 시험 일시 및 장소

- 시험 일시 및 장소 *매년 시험 일시 및 장소는 변경될 수 있음

구분	지역	검정기간	장소	연락처	주소
2급 전문	진천	6.8.(일) 10:00~15:00	진천선수촌 컬링장		충청북도 진천군 광혜원면 선수촌로 105

- 장소운영 예상 도식도 : 컬링 시크 5면 45m x 5m (1시트)

2 실기검정 소요장비

- 주관단체 준비사항 : 책상, 의자, 테이블, 시설 장비 및 카메라 등
- 지원자 준비사항 : 개인컬링장비(신발, 브러쉬 등)

3 방역 및 안전관리 대책

- 빙역관리
- 안전관리
    - 안전요원 2명배치, 운영인력 2명 배치, 구급인력 2명 배치

4 실기평가 영역

- 실기평가 영역

영역	내용	평가기준
딜리버리	① 셋업자세 ② 슬라이딩 라인 ③ 슬라이딩 밸런스	① 핵을 올바른 높이와 투구방향으로 설정하였는가? 스톤의 방향과 위치를 올바르게 설정하였는가? ② 슬라이딩시 몸과 스톤의 방향이 설정된 라인과 일치하는가? ③ 슬라이딩 풋과 트레일링 레그의 흔들림 없이 안정적인가?
릴리즈	① 인 아웃턴 구분 ② 스톤핸들 그립 ③ 스톤 클린 및 활성화 ④ 릴리즈 자세 ⑤ 회전 수 ⑥ 투구	① 인 아웃턴 구분할 수 있는가? ② 그립의 방향과 위치를 올바르게 설정하였는가? ③ 스스로 스톤바닥면을 정돈할 수 있는가? ④ 릴리즈 후 팔로우 스루가 안정적으로 이루어지는가? ⑤ 심사위원이 지정한 샷 종류에 적합한 회전을 구사하는가? ⑥ 호그라인 도달 전 릴리즈가 이루어지는가?
웨이트	① 웨이트 구분 ② 웨이트 판단	① 목표 샷에 맞게 적절한 웨이트를 지시할 수 있는가? ② 포지션별 위치(스킵, 투구자, 스위퍼)에서 적절한 웨이트 판단을 할 수 있는가?
샷	① 가드 ② 드로우 ③ 테이크	① 샷 별 적절한 웨이트를 구사하는가? ② 3개의 샷 중 2개 이상의 샷을 성공할 수 있는가? (성공 범위는 현장설명)
스위핑	① 스위핑 자세 ② 스위핑 압력과 속도	① 스위핑 동작에서 올바른 풋워크가 이루어지는가? (slide, non-slide) ② 브러시에 체중이 실린 상태에서 빠르게 스위핑을 할 수 있는가?

5 구술평가 영역

- 시행방법 : 규정 2문제(50점), 지도방법 2문제(50점)
- 합격기준 : 70점 이상(100점 만점)

영역	배점	분야	
규정	50점	경기 및 심판규칙 등	• 경기운영 · 경기규정 • 반칙/페널티 • 시설/도구 • 안전관리 및 교육
지도방법	50점	지도방법 등	• 지도자 철학 및 윤리 • 지도방법 • 스포츠 4대악(입시비리, (성)폭력, 조직 사유화, 승부조작) • 도핑 • 체력, 트레이닝, 상해, 영양

6 기타 안내사항

- 시험영상은 시험 모니터링과 안전사고 예방을 위해 녹화하는 것으로 응시자에게 열람하거나 제공하지 않습니다.
- 시험의 공정성을 훼손하는 사례가 있는 경우 당일 시험이 종료되기 전까지 주관단체에 이의신청을 하여 주시기 바랍니다.

주관단체	연락처	홈페이지	서류제출처
(사)대한컬링연맹	02-419-6281	www.koreacurling.org	서울특별시 송파구 올림픽로 424 올림픽회관 18호

40 탁구

1 시험 일시 및 장소

- 시험 일시 및 장소

* 매년 시험 일시 및 장소는 변경될 수 있음

구분	지역	검정일시	장소	주소	연락처
2급 생활· 유소년· 노인	전북	6. 13.(금) ~ 6. 15.(일) 10:00 ~ 18:00 6. 21.(토) ~ 6. 22.(일) 10:00 ~ 18:00	무주 예체문화관	도로명 : 전북 무주군 무주읍 한풍루로 326-17 지번 : 전북 무주군 무주읍 당산리 1199-3	대한탁구협회 사무처 02-420-3053
2급 전문· 1급 생활· 2급 생활· 유소년· 노인	경기	6. 27.(금) ~ 6. 30.(월) 10:00 ~ 18:00	경기대학교 수원캠퍼스	도로명 : 경기 수원시 영통구 광교산로 154-42 (성신관) 지번 : 경기 수원시 영통구 이의동 산 94-6 (성신관)	

- 시험장소 선정 기준
- 전국단위의 응시생들의 접근성을 위해 수도권과 지방권 선정
- 공공교육 및 기관 시설로 선정
- 시험 관리의 편의성, 실기시험에 소요되는 시설장비의 보유현황 고려

- 장소운영 예상 도식도 : 조별 코트규격 7m×14m, 3~4개조 동시운영
  [경기대학교 성신관]

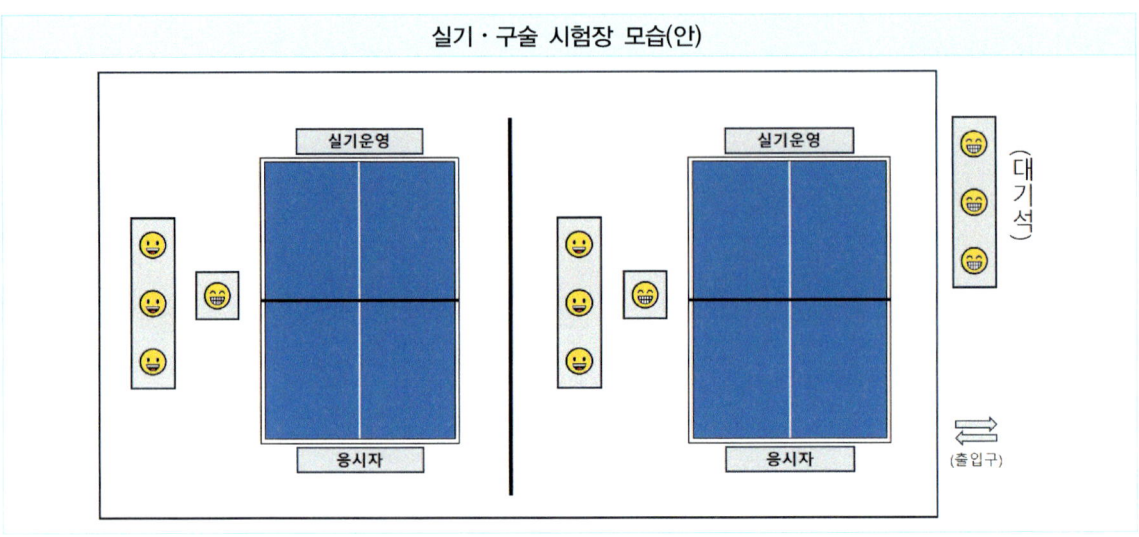

※ 실기 응시 인원에 따라 3개~4개 코트로 탄력적 운영

[무주 예체문화관]

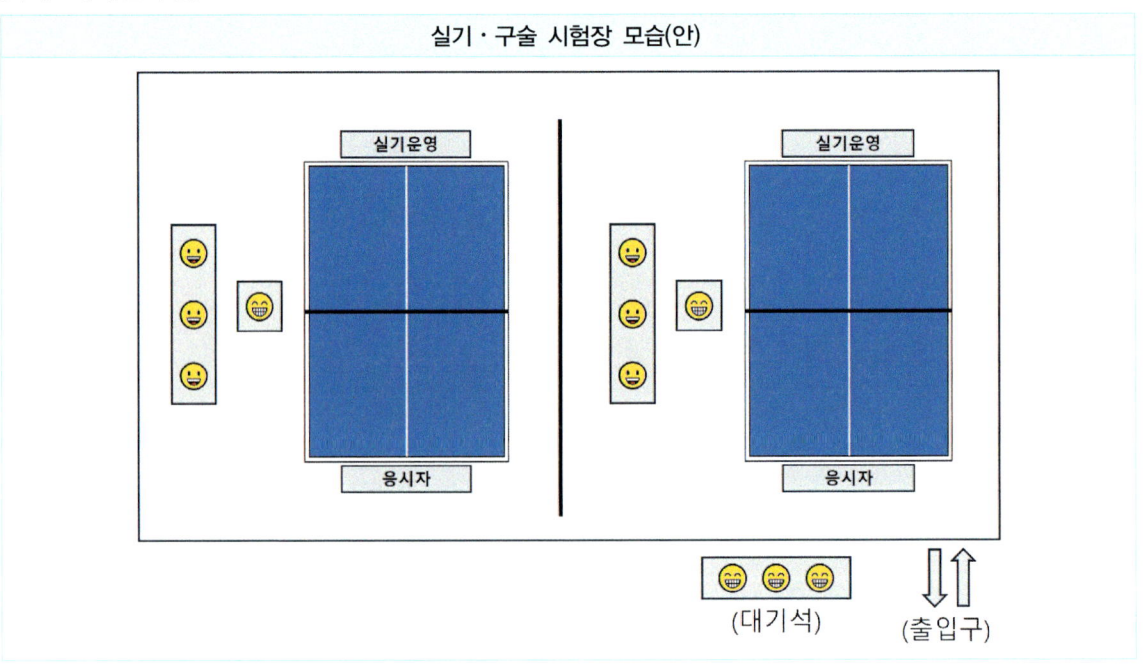

※ 실기 응시 인원에 따라 3개~4개 코트로 탄력적 운영

2 실기검정 소요장비

- 주관단체 준비사항 : 탁구대일체, 탁구공, 등이름표, 안내판, 채점표 등
- 지원자 준비사항 : 개인 탁구라켓, 운동화, 운동복

3 방역 및 안전관리 대책

- 방역관리
- (감염 관리) 감염병 관리 관련 법령 및 시험방역지침에 따라 의무 격리가 필요한 감염병 확진자의 경우 시험응시가 제한될 수 있음

- 안전관리
- (안전요원배치) 응시자 안내 및 비상 상황 발생 시 불법행위 저지 등 응시자 안전을 위한 대책을 추진 마련으로 안전요원 배치 지원 (신규)
- (보험가입) 전 종목 주최자 배상책임 보험가입을 통한 사고 대비
- (의무체계) 지역별 보건소, 병원 등과 연계 대응, 비상 약품 상시 비치, 구급차/구급인력 배치
- (부상자 및 환자 발생 시 대응체계) 해당 기관 이용, 응급처지 등 1차 대응 → 인근 지정병원 연계 후송 → 자격검정기관 담당자 연락
- (사전점검) 시험용구 및 시설물 사전 점검 의무화로 안전사고 예방
- (안전교육) 응시생 대상 안전사고 예방교육, 사고 시 비상연락체계 안내
- (보고체계) 검정기관 간 신속한 보고체계 운영

4 실기평가 영역

- 실기평가 영역
- 2급 전문스포츠지도사

영역	내용	평가기준
탁구의 기본 기술 (45점)	스트로크	① 포핸드, 백핸드 ② 탑스핀(드라이브) ③ 스매시 ④ 공의 타점
탁구의 응용 기술 (35점)	서비스 후 탑스핀 연결 공격력 리시브 후 공격력, 리시브 후 디펜스 포핸드+백핸드 여결력	① 풋워크, 스텝 ② 서비스, 리시브 ③ 포헨드 백핸드 전환
탁구의 운영 기술 (20점)	2point 게임	① 경기 운영면

- 1급·2급 생활, 유소년, 노인스포츠지도사

영역	내용	평가기준
1. 기본 (45점)	포핸드 (스트로크) (7점)	① 그립이 잘 잡혀 있는가? ② 백스윙에서 뒷발에 실렸던 체중을 임팩트에서 필로우드루에 걸쳐 앞발 쪽으로 이동시키는가? ③ 허리 회전과 동시에 체중 이동이 이루어지고 있는가? ④ 스윙이 끝나고 처음의 기본자세로 돌아와 있는가?

영역	내용	평가기준
		⑤ 임팩트 순간까지 공을 보고 있는가? ⑥ 임팩트 후 라켓헤드가 충분히 돌아가 있는가?
	백핸드(쇼트) (7점)	① 그립이 잘 잡혀 있는가? ② 탁구대 끝에서 1~2m 정도 떨어진 곳에 위치하고 있는가? ③ 백스윙은 재빨리 허리회전을 이용하여 온몸으로 공을 맞추고 있는가? ④ 타구 후 재빨리 팔꿈치로 원위치로 가져오는가? ⑤ 라켓헤드를 먼저 돌리면서 힘 있는 스윙이 되는가? ⑥ 타구점은 오른쪽(왼쪽) 팔꿈치에서 잡고 있는가?
	스텝(풋워크) (7점)	① 타구를 하면서 옆으로 이동하는 투스텝을 제대로 하고 있는가? ② 타구를 하면서 앞뒤로 이동하는 투스텝을 제대로 하고 있는가? ③ 타구를 하면서 백핸드에서 코너로 이동하는 투스텝을 제대로 하고 있는가? ④ 타구를 하면서 측면 크로스오버하는 투스텝을 제대로 하고 있는가?
	푸쉬(커트) (8점)	① 푸쉬 시 어깨 높이까지 라켓을 당기고 있는가? ② 백 푸쉬 시 왼(오른)발에 중심을 잡고 오른(왼)발로 옮긴 후 양발에 균등하게 중심을 두는가? ③ 포 푸쉬 시 오른(왼)발에 중심을 잡고 왼(오른)발로 옮긴 후 양발에 균등하게 중심을 두는가? ④ 푸쉬 시 볼이 높게 뜨지 않고 백스핀이 잘 되었는가?
	블로킹 (8점)	① 타구된 공의 속도나 방향, 회전 등을 신속히 판단하여 이상적인 타구점을 파악 하는가? ② 스윙은 팔꿈치를 중심으로 몸 앞에 위치시키고 몸 앞에서 타구를 하는가? ③ 반구한 공은 너무 높지 않은가? ④ 타구 순간까지 공을 주시하고 있는가? ⑤ 다리의 위치는 엔드라인과 평행하게 되어 있는가?
	스매시 (8점)	① 높게 띄어진 볼을 정확하게 임팩트하여 상대 코트에 강하게 치는가? ② 스매시를 수행하기 위하여 볼의 위치에 맞게 풋워크가 정확하게 수행되는가? ③ 허리, 몸통, 어깨, 팔꿈치 등 몸 전체를 활용하여 스매시를 하는가?
2. 응용 (35점)	서비스 (10점)	① 포핸드 푸쉬서브, 사이드 스핀서브 등을 할 수 있는가? ② 백핸드 푸쉬서브, 사이드 스핀서브 등을 할 수 있는가? ③ 서브 코스를 자유자재로 구사할 수 있는가?
	리시브 (10점)	① 포핸드로 오는 상대방의 푸쉬서브, 사이드스핀서브 등에 리시브는 정확하게 수행하는가? ② 백핸드로 오는 상대방의 푸쉬서브, 사이드스핀서브 등에 리시브는 정확하게 수행하는가? ③ 미들부분으로 오는 상대방의 푸쉬서브, 사이드스핀서브 등에 리시브는 정확하게 수행하는가?
	탑스핀 (드라이브) (15점)	① 타구에 맞춰 왼(오른)쪽 어깨가 앞으로 나오고 오른(왼)쪽 어깨를 뒤쪽으로 당기는가? ② 어깨 움직임과 허리가 동시에 회전하지만 허리 위치는 타구 방향과 평행이 되게 허리를 당기거나, 상대에게 등이 조금 보일 정도로 몸을 비트는가? ③ 공에 회전을 더하기 위하여 공을 오른(왼)쪽 허리 앞에서 포착하고 어깨와 허리를 동시에 회전하며 중심을 왼(오른)발쪽으로 이동하는가? ④ 푸쉬의 강도에 따라 볼에 임팩트 전달이 잘 되었는가?
3. 운영 (20점)	3구·5구 공격 운영 (20점)	① 푸쉬 서비스 후 3구 공격이 가능한가? ② 사이드 스핀 서비스 후 3구 공격이 가능한가? ③ 3구 공격 후, 5구 공격이 가능한가?

5 구술평가 영역

- 시행방법 : 규정 2문제(50점), 지도방법 2문제(50점)
  - 지원자가 영역별로 문제지를 추첨하여 실시
- 합격기준 : 70점 이상(100점 만점)

영역/분야	문제(평가내용)
1. 규정(50)	
- 시설/도구	도구(재질), 네트어셈블리 규격, 공의 규격 등
- 경기운영	경기방식(촉진제도, 단체전 선수구성, 11점제 방식 등)
- 반칙/패널티	서브 반칙, 금지된 행위 등
- 최신규정	서버의 의무, 부정 서브시 심판 제재 등
2. 지도방법(50)	
- 이해능력	탁구관련 전반적인 이해
	과학이론 기본 및 이해
	생활체육지도자로서의 이해
- 지도방법 (응시시험에 따라 상이)	스트로크/푸쉬 등 초보자 지도방법
	유소년 발육·발달 단계에 따른 지도방법
	노인의 신체적·정신적 변화에 따른 지도방법

6 기타 안내사항

- 시험영상은 시험 모니터링과 안전사고 예방을 위해 녹화하는 것으로 응시자에게 열람하거나 제공하지 않습니다.
- 시험의 공정성을 훼손하는 사례가 있는 경우 당일 시험이 종료되기 전까지 주관단체에 이의신청을 하여 주시기 바랍니다.

주관단체	연락처	홈페이지	서류제출처
(사)대한탁구협회	02-420-3053	http://www.koreatta.or.kr	서울특별시 송파구 올림픽로 424 올림픽회관 신관 209호

41 택견

1 시험 일시 및 장소

- 시험 일시 및 장소
    * 매년 시험 일시 및 장소는 변경될 수 있음

구분	지역	검정기간	장소	연락처	주소
2급전문/ 1, 2급생활	경기	06.21.(토)	성남택견 스포츠클럽	031-713-2720	경기도 성남시 분당구 미금로 121
유소년 / 노인	경기	06.28.(토)	성남택견 스포츠클럽	031-713-2720	경기도 성남시 분당구 미금로 121

- 장소운영 예상 도식도 : 조별 코트규격 8m×8m, 1조
(해당 고사장 사정에 따라 다소 차이가 있을 수 있음)

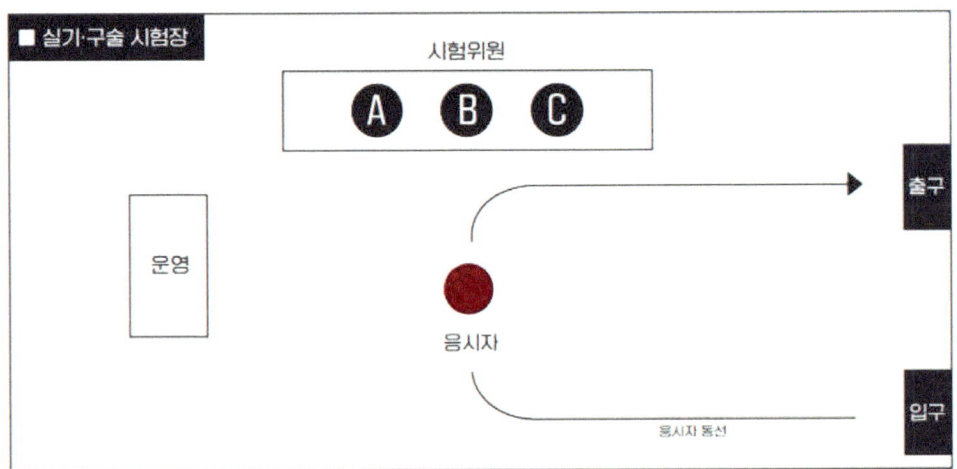

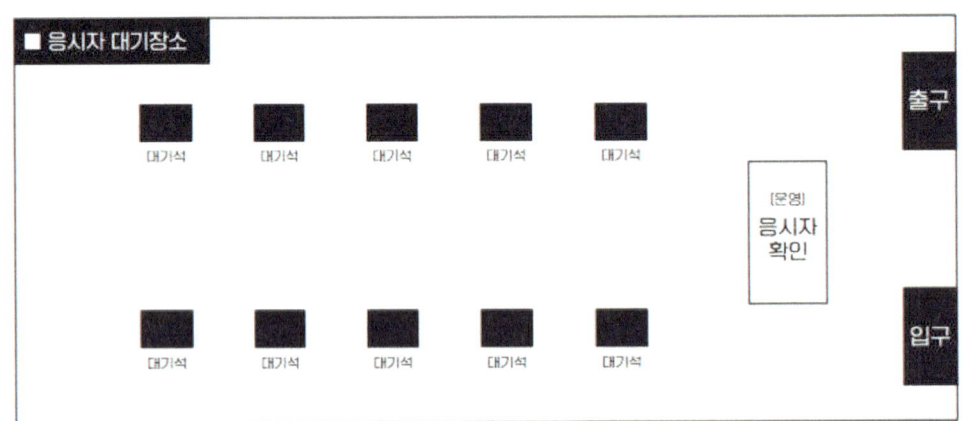

2 실기검정 소요장비

- 주관단체 준비사항 : 책상, 의자, 테이블보, 채점표, 추첨물품 등 행정 관련
- 지원자 준비사항 : 택견복(수련복, 지도자복, 선수복), 미투리, 신분증, 수험표

3 방역 및 안전관리 대책

☐ 방역관리

1) 사전준비
   - 감염병 관리전담자(증상 모니터링 및 신고접수, 시험장 내 위생물품 비치 파악 등)를 지정하여 시험장 관리
   - 의심환자(의사환자, 조사대상 유증상자) 등 발생 시 즉시 대응하기 위해 분당구 보건소 연락망 사전 확인
   - 손 씻기, 기침 예절 등 코로나 19 예방 수칙 등 각종 홍보물 시험장 내 주요 장소에 부착

2) 청소·소독 방법
   - 청소·소독 전 과정 중 환기를 위한 창문열기
   - 알콜스프레이(소독제)를 사용하여 자주 사용하는 부위 소독

3) 손 위생 방법
   - 시험장 근처 화장실 등에 손 세정제(액체비누), 손 소독제(알코올 70% 이상)와 종이타월 등을 충분히 비치
   - 비누를 이용한 경우 30초 이상 손 씻기

4) 시험 종료 후
   - 시험을 마친 사람부터 퇴실을 허용, 수험번호에 따라 바로 퇴실
   - 시험 종료 후 한번에 많은 응시자가 시험장을 나가지 않도록 조치
   - 시험에 참여한 시험 감독관, 운영요원 등은 시험 시행일로부터 14일간 발열 또는 호흡기 증상(기침, 호흡곤란 등)을 모니터링하여 증상 발생 시 질병관리본부콜센터(☎1339, 지역번호+120) 또는 보건소로 문의

☐ 안전관리

1) 응시자 전원 스포츠안전재단 보험 가입
2) 시험장 매트 설치(8m*8m 이상)
3) 현장 응급키트 설치 및 응급구조사 배치
4) 시험 조별 운영
   - 2인 1조 운영
   - 응시자 간 1.5m간격 유지

4 실기평가 영역

■ 기술분류

대분류	소분류	세부 기술(내용)
기본 거리	앞엣거리	오금치기, 무릎치기, 저기기, 발재기, 무릎재기, 밭너울대기, 안너울대기, 허리잦기
	품밟기	빗밟기, 길게밟기, 눌러밟기, 제품밟기
	딴죽	회목치기, 밭장치기, 학치지르기, 안짱걸이, 낚시걸이, 깎음다리
	차기	제겨차기, 내지르기, 두름치기, 곁치기, 발따귀, 가로지르기
	손질	회목잽이, 칼잽이, 빗장붙이기, 떼밀기
맞 대거리		딴죽메기기, 차기메기기, 덧메기기, 딴죽받기, 차기받기
홀새김		홀새김첫단, 홀새김두단, 홀새김석단, 홀새김넉단, 본때 8마당, 연단18수
겨루기	경기	발등밟기, 딴지태, 겻기, 난겻기
	심판법	경기진행

■ 실기평가 영역
- 2급 전문, 1급 생활 스포츠지도사

영역	평가내용	평가기준
앞엣 거리 (10)	- 앞엣거리 8가지 (오금치기 → 무릎치기 → 저기기 → 발재기 → 무릎재기 → 밭너울대기 → 안너울대기 → 허리잦기) ※ 좌우 2회 수행	• 동작과 순서를 숙지하고 있는가 • 기합과 동작의 조화가 잘 이루어지는가 • 동작을 할 때 시선의 위치가 정확한가 • 굼실과 능청이 조화롭게 이루어지는가
기본 거리 (10)	- 품밟기 4가지 (빗밟기 → 길게밟기 → 눌러밟기 → 제품밟기) - 활개질 2가지 (흔들기 → 눈끔적이) - 딴죽 6가지 (회목치기 → 밭장치기 → 학치지르기 → 안짱걸이 → 낚시걸이 → 깎음다리) - 차기 6가지 (제겨차기 → 내지르기 → 두름치기 → 곁치기 → 발따귀 → 가로지르기) - 손질 4가지 (회목잽이 → 칼잽이 → 빗장붙이기 → 떼밀기) ※ 좌우 2회 수행	• 기술을 정확하게 이해하고 있는가 • 동작과 순서를 정확하게 숙지하고 있는가 • 목표지점을 정확하게 공격하는가 • 차기, 손질의 궤적이 정확한가 • 기합과 동작의 조화가 잘 이루어지는가
홀새김 (20)	- 홀새김첫단~홀새김넉단(4가지) - 본때 8마당	• 홀새김의 개념을 잘 이해하고 있는가 • 딴죽, 차기 동작에 연계된 손질이 정확하게 이루어지는가 • 홀새김 동작 방향 및 경로가 정확하게 이루어지는가 • 동작을 할 때 시선의 위치가 정확한가 • 솟구친 발질 시 디딤발을 허공에 두고 찼는가 • 솟구친 발질에 대한 착지가 안정적으로 이루어지는가 • 기합과 동작의 조화가 잘 이루어지는가

영역	평가내용	평가기준
맞대 거리 (20)	- 딴죽메기기~차기받기(4가지)	• 각 맞대거리에 대한 개념을 잘 이해하고 있는가 • 목표지점을 정확하게 공격하는가 • 공격에 대한 정확한 대응이 이루어지는가 • 공격에 맞게 되받기가 잘 이루어지는가 • 상대와의 합이 조화롭게 이루어지는가 • 기합과 동작의 조화가 잘 이루어지는가
경기 (20)	- 겨루기(4가지)	• 겨루기 진행 시 품밟기와 대접이 잘 이루어지는가 • 상대방의 기술을 파악하고 그에 따른 대응 기술을 잘 구사하고 있는가 • 딴죽과 차기를 적절히 활용하여 기술을 구사하는가
지도법 (20)	- 심판법(경기진행) - 겨루기지도 　가. 맨몸 지도(기술 구사, 설명 등) 　나. 도구 지도(미트 등)	• 타격과는 질러차기에 대한 개념을 잘 이해하고 있는가 • 겻기의 개념에 대해 잘 이해하고 있는가 • 경기룰을 잘 숙지하고 있는가 • 지도하는 기술에 대해 잘 이해하고 있는가

- 2급 생활 스포츠지도사

영역	평가내용	평가기준
앞엣 거리 (10)	- 앞엣거리 8가지 　(오금치기 → 무릎치기 → 저기기 → 발재기 　→ 무릎재기 → 밭너울대기 → 안너울대기 　→ 허리잦히기) ※ 좌우 2회 수행	• 동작과 순서를 숙지하고 있는가 • 기합과 동작의 조화가 잘 이루어지는가 • 동작을 할 때 시선의 위치가 정확한가 • 굼실과 능청이 조화롭게 이루어지는가
기본 거리 (20)	- 품밟기 4가지 　(빗밟기 → 길게밟기 → 눌러밟기 → 제품밟기) - 활개질 2가지 　(흔들기 → 눈끔적이) - 딴죽 6가지 　(회목치기 → 밭장치기 → 학치지르기 → 안짱걸이 → 낚시걸이 → 깎음다리) - 차기 6가지 　(제겨차기 → 내지르기 → 두름치기 → 곁치기 → 발따귀 → 가로지르기) - 손질 4가지 　(회목잽이 → 칼잽이 → 빗장붙이기 → 떼밀기) ※ 좌우 2회 수행	• 기술을 정확하게 이해하고 있는가 • 동작과 순서를 정확하게 숙지하고 있는가 • 목표지점을 정확하게 공격하는가 • 차기, 손질의 궤적이 정확한가 • 기합과 동작의 조화가 잘 이루어지는가
홀새김 (30)	- 홀새김첫단~홀새김넉단(4가지) - 연단18수	• 홀새김의 개념을 잘 이해하고 있는가 • 딴죽, 차기 동작에 연계된 손질이 정확하게 이루어지는가 • 홀새김 동작 방향 및 경로가 정확하게 이루어지는가 • 동작을 할 때 시선의 위치가 정확한가 • 솟구친 발질 시 디딤발을 허공에 누고 찼는가 • 솟구친 발질에 대한 착지가 안정적으로 이루어지는가 • 기합과 동작의 조화가 잘 이루어지는가 • 연단18수의 개념을 잘 이해하고 있는가

영역	평가내용	평가기준
		• 호흡과 동작이 일치하는가 • 동작과 순서를 숙지하고 있는가 • 동작을 할 때 시선처리가 자연스럽게 되는가 • 굼실과 능청이 잘 이루어지는가
지도법 (30)	- 기본거리 지도법 - 홀새김 지도법	• 지도하고자 하는 동작의 개념을 잘 이해하고 있는가 • 지도하고자 하는 동작에 대해 설명이 잘 이루어지고 있는가 • 동작에 대한 구령이 잘 이루어지는가

- 유소년스포츠지도사

영역	평가내용	평가기준
앞엣 거리 (20)	- 앞엣거리 8가지 (오금치기 → 무릎치기 → 저기기 → 발재기 → 무릎재기 → 밭너울대기 → 안너울대기 → 허리잦기) ※ 좌우 2회 수행	• 동작과 순서를 숙지하고 있는가 • 기합과 동작의 조화가 잘 이루어지는가 • 동작을 할 때 시선의 위치가 정확한가 • 굼실과 능청이 조화롭게 이루어지는가
기본 거리 (20)	- 품밟기 4가지 (빗밟기 → 길게밟기 → 눌러밟기 → 제품밟기) - 활개질 2가지 (흔들기 → 눈끔적이) - 딴죽 6가지 (회목치기 → 밭장치기 → 학치지르기 → 안 짱걸이 → 낚시걸이 → 깎음다리) - 차기 6가지 (제겨차기 → 내지르기 → 두름치기 → 곁치 기 → 발따귀 → 가로지르기) - 손질 4가지 (회목잽이 → 칼잽이 → 빗장붙이기 → 떼밀기) ※ 좌우 2회 수행	• 기술을 정확하게 이해하고 있는가 • 동작과 순서를 정확하게 숙지하고 있는가 • 목표지점을 정확하게 공격하는가 • 차기, 손질의 궤적이 정확한가 • 기합과 동작의 조화가 잘 이루어지는가
홀새김 (30)	- 홀새김첫단~홀새김넉단(4가지)	• 홀새김의 개념을 잘 이해하고 있는가 • 딴죽, 차기 동작에 연계된 손질이 정확하게 이루어지는가 • 홀새김 동작 방향 및 경로가 정확하게 이루어지는가 • 동작을 할 때 시선의 위치가 정확한가 • 솟구친 발질 시 디딤발을 허공에 두고 찼는가 • 솟구친 발질에 대한 착지가 안정적으로 이루어지는가 • 기합과 동작의 조화가 잘 이루어지는가
지도법 (30)	- 기본거리 지도법 - 홀새김 지도법	• 지도하고자 하는 동작의 개념을 잘 이해하고 있는가 • 지도하고자 하는 동작에 대해 설명이 잘 이루어지고 있는가 • 동작에 대한 구령이 잘 이루어지는가

- 노인스포츠지도사

영역	평가내용	평가기준
앞엣거리 (20)	- 앞엣거리 8가지 (오금치기 → 무릎치기 → 저기기 → 발재기 → 무릎재기 → 밭너울대기 → 안너울대기 → 허리잦히기) ※ 좌우 2회 수행	• 동작과 순서를 숙지하고 있는가 • 기합과 동작의 조화가 잘 이루어지는가 • 동작을 할 때 시선의 위치가 정확한가 • 굼실과 능청이 조화롭게 이루어지는가
기본 거리 (20)	- 품밟기 4가지 (빗밟기 → 길게밟기 → 눌러밟기 → 제품밟기) - 활개질 2가지 (흔들기 → 눈끔적이) - 딴죽 6가지 (회목치기 → 밭장치기 → 학치지르기 → 안 짱걸이 → 낚시걸이 → 깎음다리) - 차기 6가지 (제겨차기 → 내지르기 → 두름치기 → 곁치 기 → 발따귀 → 가로지르기) - 손질 4가지 (회목잽이 → 칼잽이 → 빗장붙이기 → 떼밀기) ※ 좌우 2회 수행	• 기술을 정확하게 이해하고 있는가 • 동작과 순서를 정확하게 숙지하고 있는가 • 목표지점을 정확하게 공격하는가 • 차기, 손질의 궤적이 정확한가 • 기합과 동작의 조화가 잘 이루어지는가
홀새김 (30)	- 연단18수	• 연단18수의 개념을 잘 이해하고 있는가 • 호흡과 동작이 일치하는가 • 동작과 순서를 숙지하고 있는가 • 동작을 할 때 시선처리가 자연스럽게 되는가 • 굼실과 능청이 잘 이루어지는가
지도법 (30)	- 기본거리 지도법 - 홀새김 지도법	• 지도하고자 하는 동작의 개념을 잘 이해하고 있는가 • 지도하고자 하는 동작에 대해 설명이 잘 이루어지고 있는가 • 동작에 대한 구령이 잘 이루어지는가

5 구술평가 영역

- 시행방법 : 규정 2문제(50점), 지도방법 2문제(50점)
- 합격기준 : 70점 이상(100점 만점)

영 역	배 점	분 야

규정	50점	① 택견의 역사
		② 택견의 철학
		③ 택견 경기규칙
		  1) 경기장 규격
		  2) 복장
		  3) 경기시간
		  4) 심판 승패판정
		  5) 경기 전개(체급, 종류, 방식)

영 역	배 점	분 야

		6) 행위 규정
		④ 택견 용어
		  1) 기본 기술 명칭
		  2) 겨루기 기술 명칭

지도방법	50점	① 기술 지도에 대한 설명(1:1 지도법 / 1:다수 지도법)
		  1) 품밟기 지도
		  2) 딴죽, 차기 지도
		  3) 훌새김 지도
		  4) 맞대거리 지도
		② 겨루기 기술지도 설명(1:1 지도법 / 1:다수 지도법)
		  1) 맨몸 겨루기 기술 지도
		  2) 도구를 사용한 겨루기 지도
		③ 경연대회 지도방법
		  1) 개인전 경연대회 지도
		  2) 팀전 경연대회 지도
		④ 대상에 따른 지도방법
		  1) 전문선수
		  2) 생활
		  3) 유소년
		  4) 노인

6 기타 안내사항

- 시험영상은 시험 모니터링과 안전사고 예방을 위해 녹화하는 것으로 응시자에게 열람하거나 제공하지 않습니다.
- 시험의 공정성을 훼손하는 사례가 있는 경우 당일 시험이 종료되기 전까지 주관단체에 이의신청을 하여 주시기 바랍니다.

주관단체	연락처	홈페이지	서류제출처
(사)대한택견회	02-2202-2707	www.koreataekkyon.com	서울시 송파구 올림픽로 424 올림픽회관 신관 315호

42. 테니스

1 시험 일시 및 장소

■ 시험 일시 및 장소

*매년 시험 일시 및 장소는 변경될 수 있음

구분	지역	검정일시	장소	연락처	주소
2급 전문	경기	6. 7(토) 09:30	명지대학교 실내테니스장	031-330-6652	경기도 용인시 처인구 명지로 116
	경북	6. 15(일) 09:30	김천스포츠타운 테니스장	054-687-9111	경북 김천시 운동장길 1
1급 생활	경기	6. 5(목) 09:30	명지대학교 실내테니스장	031-330-6652	경기도 용인시 처인구 명지로 116
2급 생활	경기	6. 5(목) 09:30	명지대학교 실내테니스장	031-330-6652	경기도 용인시 처인구 명지로 116
	경북	6. 6(금) 09:30	명지대학교 실내테니스장	031-330-6652	경기도 용인시 처인구 명지로 116
	경북	6.16(월) 09:30	김천스포츠타운 테니스장	032-715-6216	경북 김천시 운동장길 1
	경북	6.17(화) 09:30	김천스포츠타운 테니스장	032-715-6216	경북 김천시 운동장길 1
	경북	6.18(수) 09:30	김천스포츠타운 테니스장	032-715-6216	경북 김천시 운동장길 1
유소년	경기	6. 5(목) 09:30	명지대학교 실내테니스장	031-330-6652	경기도 용인시 처인구 명지로 116
	경북	6.16(월) 09:30	김천스포츠타운 테니스장	032-715-6216	경북 김천시 운동장길 1
노인	경기	6. 5(목) 09:30	명지대학교 실내테니스장	031-330-6652	경기도 용인시 처인구 명지로 116
	경북	6.16(월) 09:30	김천스포츠타운 테니스장	032-715-6216	경북 김천시 운동장길 1

■ 장소운영 예상 도식도 : 조별 코트규격 단식코트기준, 3조 동시운영
- 실기 시험장 : 테니스장

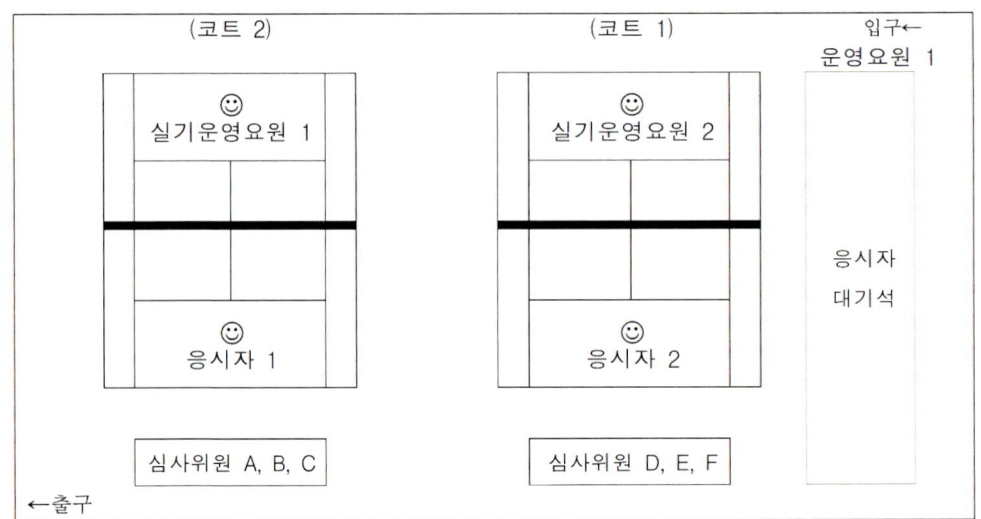

※ 실기 응시 인원에 따라 1개~3개 코트로 탄력적 운영

- 구술 시험장 : 시험장명

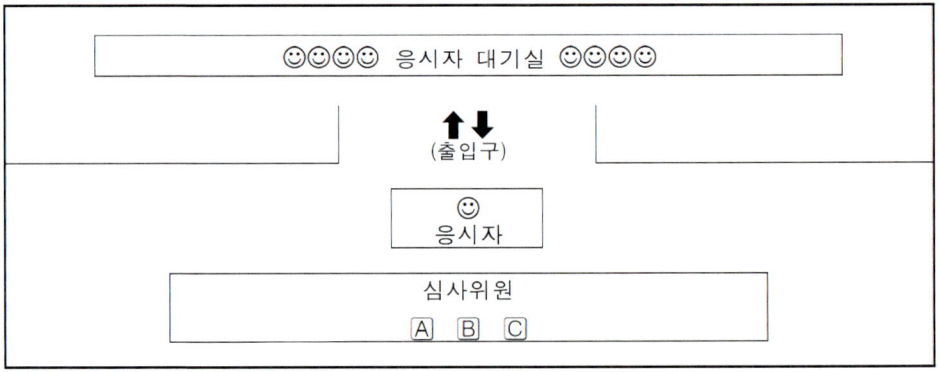

2 실기검정 소요장비

- 주관단체 준비사항

구분	부착물	비고
부착물	체육지도자 실기·구술 시험장 표지판	시험장 정문
	실기시험 수험자 유의사항	수험자 대기실
	종목별 시험장 (통제구역)	시험장 입구
	유도 표시(화살표)	적정 위치
	시험본부	시험본부 입구

구분	부착물	비고
검정용품	수험자 명부	심사위원당 1부씩
	실기시험 심사항목 및 채점기준표	심사위원당 1부씩
	구술시험 문제리스트 및 모범답안	심사위원당 1부씩
	채점표 양식	
	시행결과 보고서	
	시험위원 서약서 및 수당 지급명세서	
	검정업무일지	
	부정행위자 확인서	
	시험위원 표찰 (본부요원, 감독위원, 관리위원, 관리원 등)	
	사무용품(필기구 및 문구류 등)	
	테니스볼	
	마이크, 앰프	필요시

- 지원자 준비사항 : 테니스라켓, 테니스화, 운동복

3 방역 및 안전관리 대책

- 방역관리
- 중앙방역대책본부의 『코로나바이러스감염증-19 예방을 위한 시험 방역관리 안내』를 참고하여 각 자격 검정기관은 시험의 특성과 사정에 따라 안전대책 수립 및 적용
- 안전관리
- (보험가입) 전 종목 주최자 배상책임 보험가입을 통한 사고 대비
- (의무체계) 지역별 보건소, 병원 등과 연계 대응, 비상 약품 상시 비치
- (부상자 및 환자 발생 시 대응체계) 해당 기관 이용, 응급처지 등 1차 대응 → 인근 지정병원 연계 후송 → 자격검정기관 담당자 연락
- (사전점검) 시험용구 및 시설물 사전 점검 의무화로 안전사고 예방
- (안전교육) 응시생 대상 안전사고 예방교육, 사고 시 비상연락체계 안내
- (보고체계) 검정기관 간 신속한 보고체계 운영

4 실기평가 영역

- 기술분류

대분류	세부 기술
서브	플랫 서브, 톱스핀 서브, 슬라이스 서브 (토스 → 컨택트 지점 → 스윙)
스트로크	포핸드 스트로크, 백핸드 스트로크, 드롭샷, 앵글샷, 로브 (백스윙 → 스탠스 → 컨택트 지점 → 피니시)
발리	포핸드 발리, 백핸드 발리, 하이발리, 드롭발리 (백스윙 → 스탠스 → 컨택트 지점 → 피니시)
스매싱	오버헤드 스매싱, 백핸드 스매싱 (백스윙 → 스탠스 → 컨택트 지점 → 피니시)
응용기술	서브앤발리

■ 실기평가 영역
- 2급 전문스포츠지도사

영역	내용	평가기준
서브	플랫, 탑스핀, 슬라이스서브 (10점)	① 안정성 ② 충분한 스핀량 ③ 코트 내 샷 낙하점 조절 능력
스트로크	포핸드 스트로크 (10점)	① 안정성 ② 코트 내 샷 낙하점 조절 능력 ③ 파워
	백핸드 스트로크 (10점)	① 안정성 ② 코트 내 샷 낙하점 조절 능력 ③ 파워
앵글샷	포핸드 / 백핸드 앵글샷 (10점)	① 안정성 ② 각도
슬라이스 샷	백핸드 슬라이스 샷 (10점)	① 안정성 ② 코트 내 샷 낙하점 조절 능력
발리	하프발리 (포핸드/백핸드) (10점)	① 안정성 ② 코트 내 샷 낙하점 조절 능력
	드롭발리 (포핸드/백핸드) (10점)	① 안정성 ② 코트 내 샷 낙하점 조절 능력
스매시	오버헤드 / 백핸드 스매싱 (10)	① 안정성 ② 코트 내 샷 낙하점 조절 능력 ③ 파워
로브	탑스핀 로브 (10점)	① 안정성 ② 코트 내 샷 낙하점 조절 능력
드롭샷	드롭샷 (10점)	① 안정성 ② 코트 내 샷 낙하점 조절 능력
실기점수	70 / 100 이상 합격	

- 1급 · 2급 생활, 유소년, 노인스포츠지도사

영역	내용	평가기준
서브 앤드 발리 (20점)	서브앤드발리 (20점)	① 서브 후 네트에 대시하는 방향은 올바른가? ② 네트에 대시할 때 풋워크는 올바른가? ③ 서비스 리턴 후 포핸드 & 백핸드 발리 연결은 자연스러운가? ④ 안정성
스트로크 (20점)	백스윙 (5점)	① 응시자 코트에 볼이 닿기 전에 백스윙을 하는가? ② 상체는 스윙하기 전 반대편 등이 보이는가? ③ 몸의 무게 중심축은 뒷발에 있는가?
	포워드스윙 (5점)	① 포워드 스윙 시 무게 중심축은 앞발로 옮겨지는가? ② 손목은 뒤쪽 방향으로 젖혀 있는가?
	컨택트 (5점)	① 컨택트 지점이 신체 중심축 앞이 되는가? ② 컨택트 시 라켓 면이 흔들리는가?

영역	내용	평가기준
		③ 상체가 팔보다 먼저 돌아가는가? ④ 안정성
	팔로우스루 (5점)	① 팔로우스루의 스윙 궤적이 짧지 않은가? ② 무릎이 컨택트보다 먼저 펴지지 않는가?
발리 (20점)	백스윙 (5점)	① 백스윙 시 라켓이 어깨보다 뒤로 가지 않는가? ② 상체가 흔들리는가?
	포워드스윙 (5점)	① 라켓면이 일정하게 아래 방향으로 스윙되는가? ② 손목은 고정되어 있는가?
	컨택트 (5점)	① 양쪽 어깨 연장선 앞쪽에서 컨택트 되는가? ② 컨택트 시 시선이 볼에 고정 되어 있는가? ③ 안정성
	팔로우스루 (5점)	① 디디는 앞발의 위치까지 팔로우스루 되는가?
드롭발리 (20점)	드롭발리 (20점)	① 정확한 임팩트가 이루어졌는가? ② 드롭발리에 적합하게 공이 구사되었는가? ③ 안정성
스매싱 (20)	풋워크 (5점)	① 양 어깨의 연장선이 네트와 수직을 이루고 있는가?
	백스윙 (5점)	① 왼(오른) 손은 볼을 지적하고 있는가?
	타점 (10점)	① 머리 전방 위에서 컨택트 하는가? ② 안정성

5 구술평가 영역

- 시행방법 : 규정 2문제(50점), 지도방법 2문제(50점)
- 합격기준 : 70점 이상(100점 만점)

영역	분야	문제(평가내용) 예시
1. 규정 (50)	시설/도구	코트의 종류, 규격, 퍼머넌트 픽스쳐 등
	경기운영	서비스 렛, 엔드체인지, 토너먼트와 라운드로빈 등 타이브레이크 세트, 볼 체인지 타임 등
	반칙/페널티	폴트, 금지 약물, 코드 바이레이션 등 토일렛 브레이크와 탈의타임, 타임 바이레이션 등
	최신규정	코칭 제한 요소 등
2. 지도방법 (50)	도구	테니스 라켓, 볼, 신발, 의류 등 장비 관련 과학 이론 기본
	자세	스탠스의 인장성, 운동사슬의 중요성, 스윙의 원리 등
	지도방법(1)	초보자 지도법, 정확성, 파워 증가의 원리, 전술 전략의 이해 등
	지도방법(2)	유소년 발육·발달 단계에 따른 지도방법, 노인의 신체적·정신적 변화에 따른 지도방법 포함

제1편 하계 50 종목 실기 및 구술 시험 세부시행 기준(가나다순)

6 기타 안내사항

- 시험영상은 시험 모니터링과 안전사고 예방을 위해 녹화하는 것으로 응시자에게 열람하거나 제공하지 않습니다.
- 시험의 공정성을 훼손하는 사례가 있는 경우 당일 시험이 종료되기 전까지 주관단체에 이의신청을 하여 주시기 바랍니다.

주관단체	연락처	홈페이지	서류제출처
(사)대한테니스협회	02-420-4285	www.kortennis.or.kr	서울시 송파구 올림픽로 424 올림픽테니스장 114호 대한테니스협회

43 파크골프

1 시험 일시 및 장소

- 시험 일시 및 장소

* 매년 시험 일시 및 장소는 변경될 수 있음

구분	지역	검정일시	장소	연락처	주소
1급 생활	충북	6.19 (목) 08:00~18:00 (접수시간 07:00~07:40)	미호강파크골프장 (A, B코스)	043-268-9988	충북 청주시 흥덕구 미호로99
2급 생활		6.17.~6.19 (화, 수, 목) 08:00~18:00 (접수시간 07:00~07:40)	미호강파크골프장 (A, B코스)	043-268-9988	충북 청주시 흥덕구 미호로99
유소년		6.19 (목) 08:00~18:00 (접수시간 07:00~07:40)	미호강파크골프장 (A, B코스)	043-268-9988	충북 청주시 흥덕구 미호로99
노인		6.20 (금) 08:00~18:00 (접수시간 07:00~07:40)	미호강파크골프장 (A, B코스)	043-268-9988	충북 청주시 흥덕구 미호로99

* 실기검정 당일 악천후로(안개, 폭우, 낙뢰 등) 및 기타사유로 검정이 어려운 경우 시험검정 위원회의 회의를 통해 검정 진행 여부가 결정되며, 미리 천재지변을 예측하여 사전에 응시자에게 통지할 수 없음을 양지하여 주시기 바랍니다. 시험검정위원회에서 악천후로 인한 코스 사용, 응시자 안전사고 등과 같은 위험이 있어 정상적인 실기검정을 진행하지 못한다고 판단될 경우는 당일 검정을 중단하며 예비일 (6월 21일~6월22일)에 검정을 진행합니다.
* 검정운영에 원활한 진행을 위하여 중복 신청 시 검정일시를 다르게 선택하여 신청해 주시기 바랍니다.

- 장소운영 예상 도식도 : 4인 1조 실기시험 조편성
- 실기시험장

- 구술시험장

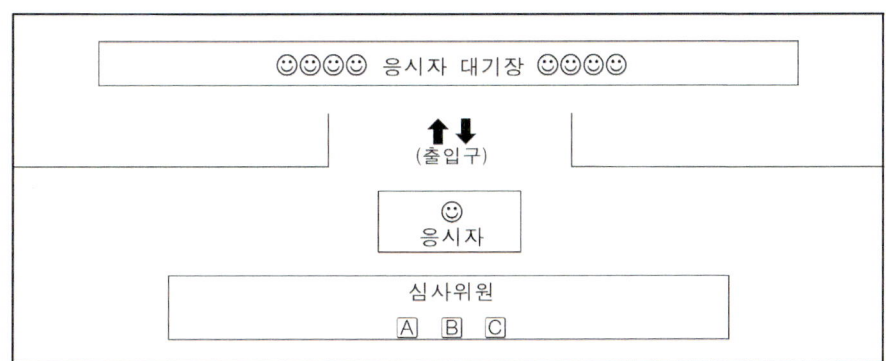

2 실기검정 소요장비

- 주관단체 준비사항 : 책상, 의자, 스코어카드, 채점표 등
- 지원자 준비사항
  - 응시서류(수험표) : 체육지도자연수원 홈페이지에서 발급
  - 신분증 : 주민등록증, 운전면허증, 여권, 장애인등록증(복지카드), 공무원증, 국가보훈등록증, 외국인등록증, 모바일 신분증 체육지도자 자격증(전자증명서 포함)
  - 준비물 : 파크골프 클럽 및 공(예비공 포함), 볼마커
    1) 정식 발급(출력)된 자격증 또는 정부24 전자문서지갑 서비스 또는 네이버 모바일 자격증 서비스를 통해 발급받은 체육지도자 자격증 전자 증명서로서, 민간 앱(네이버, 카카오, 토스 등)의 전자지갑을 통해 확인 가능한 모바일 진자증명시(지격증)에 한하여 인정(앱 실행단계부터 확인, 캡처 등 사본은 불인정)
    2) 공무원증, 국가보훈등록증, 운전면허증, 주민등록증에 한하여 인정하며, 전자기기 제출 전 앱을 통해 실시간으로 표출되는 모바일 신분증만 인정(캡처 등 사본은 불인정). 신원 확인 완료 시 해당 응시자의 수험표에 '신원확인필' 등의 도장을 찍어 이후 신분확인 시 신분증 제시 면제 가능

※ 용구(클럽 및 공)은 대한파크골프협회 경기용구·설치물·파크골프장 공인 및 검정규정 제7조 경기용구 기준에 적합한 용구(클럽 및 공)를 사용한다.

3 방역 및 안전관리 대책

- 방역관리
- 중앙방역대책본부의 『코로나바이러스감염증-19 예방을 위한 시험 방역관리 안내』를 참고하여 각 자격검정기관은 시험의 특성과 사정에 따라 안전대책 수립 및 적용

- 안전관리
- (보험가입) 전 종목 주최자 배상책임 보험가입을 통한 사고 대비
- (의무체계) 지역별 보건소, 병원 등과 연계 대응, 비상 약품 상시 비치
- (부상자 및 환자 발생 시 대응체계) 해당 기관 이용, 응급처지 등 1차 대응 → 인근 지정병원 연계 후송 → 자격검정기관 담당자 연락
- (사전점검) 시험용구 및 시설물 사전 점검 의무화로 안전사고 예방
- (안전교육) 응시생 대상 안전사고 예방교육, 사고 시 비상연락체계 안내
- (보고체계) 검정기관 간 신속한 보고체계 운영
- 수험생 및 자격검정관계자 외 검정장소(실기시험장 및 구술시험장) 출입금지

4 실기평가 영역

- 기술분류

평가대상	항목	세부 기술
1·2급 생활스포츠지도사, 유소년·노인지도사	라운드	18개홀 스트로크 플레이

- 실기평가 영역
- 1급 생활스포츠지도사

영역	내용	평가기준
경기기술 (100)	18홀 라운드 평가	① 18홀 라운드 평가 57타 이하 합격 ② 실기검정위원회가 채택하는 로컬룰 적용 ③ 응시생 4인(3인) 1팀으로, 1팀 18홀 스트로크 플레이

- 2급 생활, 유소년, 노인스포츠지도사

영역	내용	평가기준
경기기술 (100)	18홀 라운드 평가	① 18홀 라운드 평가 60타 이하 합격 ② 실기검정위원회가 채택하는 로컬룰 적용 ③ 응시생 4인(3인) 1팀으로, 1팀 18홀 스트로크 플레이

5 구술평가 영역

- 시행방법 : 규정 2문제(50점), 지도방법2문제(50점)
  - 지원자가 영역별로 문제지를 추첨하여 실시
- 합격기준 : 70점 이상(100점 만점)

영 역	배 점	분 야
규정	50점	시설/설치물, 경기규칙, 용구, 용어
지도방법	50점	지도방법, 태도, 질문이해, 표현

* 위 내용은 구술 검정 준비에 도움을 주기 위한 범위이며, 위 내용 외에 더 추가로 범위를 선정하여 검정할 수 있음
* 지도자로서의 표현력, 전달력, 답변 태도 등은 규정 및 지도방법에 포함하여 평가

6 기타 안내사항

- 시험영상은 시험 모니터링과 안전사고 예방을 위해 녹화하는 것으로 응시자에게 열람하거나 제공하지 않습니다.
- 시험의 공정성을 훼손하는 사례가 있는 경우 당일 시험이 종료되기 전까지 주관단체에 이의신청을 하여 주시기 바랍니다.

주관단체	연락처	홈페이지	서류제출처
(사)대한파크골프협회	02-2135-7811	www.kpga7330.com	서울특별시 송파구 올림픽로424 올림픽회관 207호

44 펜싱

1 시험 일시 및 장소

- 시험 일시 및 장소

*매년 시험 일시 및 장소는 변경될 수 있음

구분	지역	검정기간	장소	연락처	주소
1급 생활	전북	6.27.(금)	익산반다비 체육센터	02-420-4290	전라북도 익산시 무왕로 1397
2급 생활	전북	6.27.(금)	익산반다비 체육센터	02-420-4290	전라북도 익산시 무왕로 1397
노인	전북	6.27.(금)	익산반다비 체육센터	02-420-4290	전라북도 익산시 무왕로 1397
2급 전문 (일반과정)	전북	6.28.(토)	익산반다비 체육센터	02-420-4290	전라북도 익산시 무왕로 1397

구분	지역	검정기간	장소	연락처	주소
2급 전문 (특별과정/ 추가취득)	전북	6.29(일)	익산반다비 체육센터	02-420-4290	전라북도 익산시 무왕로 1397
유소년	전북	6.29(일)	익산반다비 체육센터	02-420-4290	전라북도 익산시 무왕로 1397

- 장소운영 예상 도식도 : 해당 고사장 사정에 따라 다소 차이가 있을 수 있음

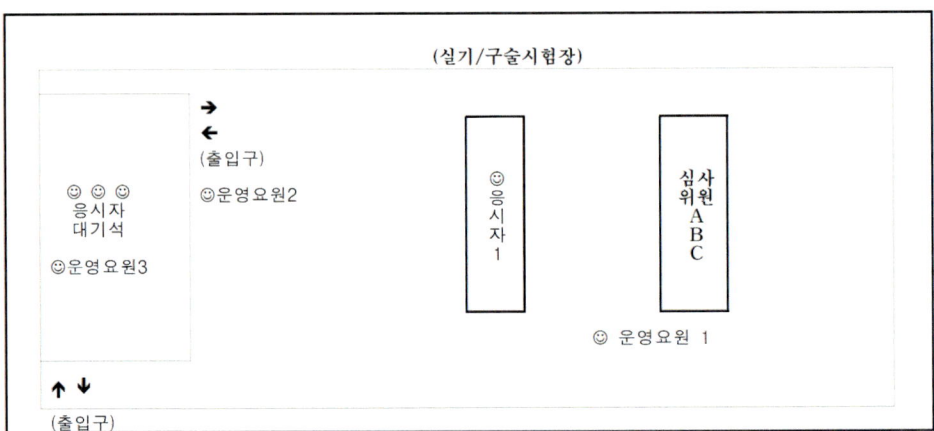

2 실기검정 소요장비

- 주관단체 준비사항 : 책상, 의자, 채점표 등
- 지원자 준비사항 : 검, 마스크 등 개인장비 일체 준비, 본인 확인 신분증 등

3 방역 및 안전관리 대책

- 방역관리
- 시험장 내 화장실 등 손세정제, 종이타월 등 배치
- 감염병 예방 교육 실시 기침 예정 등 행동 수칙 교육 실시
- 시험장 주요 공간의 청결 및 환기 강화

- 안전관리
- 주최자배상책임공제 가입
- 부상자 및 환자 발생 시 응급 처치를 위한 상비약 비치
- 구급차 및 구급대원 배치
- 검정 시행 전 안전사고 예방 교육 실시
- 검정 시행 전 시설 점검 및 비상 피난도 확보 등 응급상황에 대비 철저

4 실기평가 영역

■ 기술분류

대분류	세부 기술
펜싱의 기초기술 ○ 자세 　(몸자세/칼의 자세) ○ 프레빠라시옹 　(준비동작)	펜싱의 기초기술 - 몸자세 : 살륏(인사), 엉-가르드(펜싱자세) 　칼의 자세 : 앙가즈망, 샹즈망 - 이동에 의한 기술 　데쁠라스망 : 마르쉐, 봉 아방, 빠스 아방, 　르트레트(롱브르, 봉 아리 에르, 빠스 아리에르) 　아뻴, 글리스망 : 지면에서의 발 움직임 - 칼 동작에 의한 기술 　1. 아따끄 오 페르, 프리즈 드 페르 등 　　- 아따끄 오 페르 : 바뜨망, 프레시옹, 프롸스망 　　- 프리즈 드 페르 : 오뽀지숑, 리망, 크르와제, 엉벨로쁘망 　2. 상대 칼과의 접촉 없이 : 훼인트, 유인(엥비뜨), 　　압상스드 페르, 포스 아따끄(가 공격) 　　공격을 실행하기 위하여 접근하는 이러한 방법들은 소위 프레 빠라시옹 다따끄(공격준비동작)라고 한다. 프레빠라시옹 다따끄는 상대로 하여금 다음과 같은 반응들을 유도 　　- 수비반응 (빠라드 내지는 후퇴) 　　- 공격반응 (프레빠라시옹에 대한 아따끄) 　　- 역공격 반응 (꽁뜨르 아따끄)
펜싱의 전문기술 ○ 공격(offensive)	펜싱의 전문기술 - 아따끄 　* 단순 : 직접(꾸 드르와), 간접(꾸뻬, 데가즈망) 　* 복합 : 하나 또는 두개 이상의 훼인트가 선행 (윤-두, 윤-두-트르 와, 드쑤-드쒸 드당-드 오르 등) 　* 칼에 대한 동작(아따끄 오 페르, 프리즈 드 페르)과 함께 프레빠라 시옹 후에, 상대의 프레빠라시옹에 대하여, 프레빠라시옹 없이 - 리뽀스트 : 빠라드를 한 후에 던져지는 공격행위이다 　* 즉각적으로(이메디아뜨) 　* 멈칫거리는 시간이 있은 뒤에 (아 땅 뻬르뒤) 　* 제자리서 또는 움직이면서, 단순하게 (직접내지는 간접적으로), 또는 복합적으로 (한번 또는 두 번 이상의 훼인트가 선행된), 또는 칼에 대한 동작이 선행되면서 행하는 동작. - 꽁뜨르 리뽀스트 : 상대의 리뽀스트를 막은 후에 행해 지는 공격동작. - 바리에떼 닥숑 오팡시브 (공격의 변형된 동작들) 　아따끄나 리뽀스트, 꽁뜨르 리뽀스트, 또는 꽁뜨르-아따끄 후에 던져지는 공격동작들. 르프리즈, 르미즈, 꽁뜨르-땅
○ 수비(Defensive)	- 빠라드 : 자신의 칼로 상대의 칼을 걷어 내기 위한 동작. 　* 단순 : 측면, 회전, 대각선, 반회전 　* 복합 : 두개 이상의 빠라드의 혼합 - 빠라드는 또한 다음과 같이 실행된다. 　* 뒤딱 (상대 칼을 '딱' 소리 나게 막는다는 뜻에서 '뒤딱'이라 함 　　: 일반적인 빠라드를 지칭) 　* 오뽀지숑

대분류	세부 기술
	* 엉 세당 * 빠라드는 제자리서, 팡트 상태에서, 또는 이동 동작과 동반되어 실행될 수 있다. - 에스뀌브 : 몸의 빠른 이동을 통해 상대 공격을 피하기 위한 방법이다. - 르트레트 : 뒤로 이동하는 동작.
○ 역공격 (contre-offensive)	- 아레 : 칼의 접촉 없이, 칼의 접촉과 함께(오보지숑, 엥떼르셉숑) - 데로브망 : 상대의 공격에 대하여 칼에 대한 동작에 앞서거나, 동반되어서 행해질 수 있다. - 르미즈 : 상대의 리보스트나 꽁뜨르 리보스트에 대하여행해지는 역공격행위.

■ 실기평가 영역(2급 전문스포츠지도사)

영역	내용	평가기준
펜싱의 기초기술 - 준비동작 (몸자세, 칼의 자세) - 이동기술 (10점)	인사(살륏) 및 엉-가르드 (펜싱자세) 데쁠라스망 (전진동작과 후퇴동작) 데벨로쁘망 (팔을 펴고 팡트) 상대 칼에 대한 동작	① 인사(살륏) 및 엉-가르드(펜싱자세 취하기) ② 린느에서 앙가즈망 취하기, 앙가즈망 바꾸기 ③ 마르쉐, 롱브르, 봉 아방, 봉 아리에르, 빠스아방, 빠스 아리에르 동작 실행하기 ④ 팡트, 마르쉐 팡트 발레스트라 팡트 동작 실행하기 ⑤ 아따끄 오페르 동작 실행하기, 프리지 드 페르 동작 실행하기 * 펜싱의 기초 동작을 정확하게 알고 있고 구사할 수 있는지 평가(자세 또는 대전 시범 평가)
공 격 offensive (오팡시브) (30점)	공격행위 (아따끄)	① 단순공격(꾸 드르와, 꾸뻬, 데가제망) 동작 실행하기 ② 공합공격(윈-두, 윈-두-트르와, 드쑤-드쒸, 드당-드오르 등) 동작 실행하기 ③ 칼에 대한 동작 공격(아따끄 오페르, 프리즈 드 페르)동작 실행하기 * 아따끄 동작을 정확하게 알고 있고 구사 할 수 있는지 평가(자세 또는 대전시범 평가)
	방어 후에 이루어지는 공격행위 (리보스트, 꽁뜨르 리보스트)	① 즉각적인 리보스트(이메디아뜨) ② 약간 멈칫거림이 있는 리보스트 (아땅뻬르뒤) ③ 움직이면서 단순하게 복합적으로 때로는 칼에 대한 동작을 실행하기 ④ 상대의 빠라드 리보스트를 재방어 후 리보스트 * 리보스트 동작을 정확하게 알고 있고 구사할 수 있는지 평가(자세 또는 대전시범 평가)
	상대의 방어 후 이루어지는 공격행위에 대한 공격의 변형된 동작 (바리에떼 닥숑 오팡시브)	공격의 변형된 동작 ① 르미즈 ② 르프리즈 ③ 르드블망 ④ 꽁뜨르 땅 * 변형된 동작이 어떻게 상용되고 어떤 동작이 있는지 정확하게 알고 있고 구사할 수 있는지 평가(자세 또는 대전 시범 평가)
수 비 Defensive (데팡시브) (30점)	빠라드	① 프로나시옹 자세에서 빠라드 포지션 4가지 　(1,2,3,5)동작 구사 ② 슈빠나시옹 자세에서 빠라드 포지션 4가지 　(4,6,7,8)동작 구사 ③ 단순 빠라드(측면, 대각선, 회전, 반회전) 동작 구사

영역	내용	평가기준
		④ 복합 빠라드(두개 이상의 빠라드 혼합) 동작 구사 * 빠라드 포지션을 정확하게 구사할 수 있는지 평가(자세 또는 대전시범 평가)
	에스뀌브	에스뀌브를 할 수 있는지 평가 (몸의 빠른 이동을 통해 상대의 꾸를 피하는 방법 / 다리를 모으고 몸을 틀면서 행하는 아레) * 자세 또는 대전 시범 평가
	르트레트	르트레트를 할 수 있는지 평가 (상대방으로부터 멀어지기 위한 뒤로의 이동 동작의 종류와 동작을 정확하게 구사할 수 있는지 평가)
역공격 contre offensive (30점)	아레	① 칼의 접촉 없이 ② 칼의 접촉과 함께 (아레 동작을 정확하게 이해하고 구사할 수 있는지 자세 또는 대전 시범 평가)
	데로브망 / 르미즈	(데로브망 동작과 르미즈 동작을 알고 있는지 동작을 할 수 있는지 자세 및 대전 시범 평가)

- 1급·2급 생활스포츠지도사, 유소년·노인지도사

영역	내용	평가기준
펜싱의 기초기술 - 준비동작 (몸자세, 칼의 자세) - 이동기술 (25점)	인사(살뤳) 및 엉-가르드 (펜싱자세) 데블라스망 (전진동작과 후퇴동작) 데벨로쁘망 (팔을펴고 팡트) 상대 칼에 대한 동작	① 인사(살뤳) 및 엉-가르드(펜싱자세 취하기) ② 린느에서 앙가즈망 취하기, 앙가즈망 바꾸기 ③ 마르쉐, 롱쁘르, 봉 아방, 봉 아리에르, 빠스아방, 빠스 아리에르 동작 실행하기 ④ 팡트, 마르쉐 팡트 발레스트라 팡트 동작 실행하기 ⑤ 아따끄 오페르 동작 실행하기 프리지 드 페르 동작 실행하기 * 펜싱의 기초 동작을 정확하게 알고 있고 구사할 수 있는지 평가(자세 또는 대전 시범 평가)
공격 offensive (오팡시브) (25점)	공격행위 (아따끄)	① 단순공격(꾸 드르와, 꾸뻬, 데가제망) 동작 실행하기 ② 공합공격(원-두, 원-두-트르와) 동작 실행하기 ③ 칼에 대한 동작 공격(아따끄 오페르, 프리즈 드 페르)동작 실행하기 * 아따끄 동작을 정확하게 알고 있고 구사 할 수 있는지 평가(자세 또는 대전시범 평가)
	방어 후에 이루어지는 공격행위 (리보스트, 꽁뜨르 리보스트)	① 즉각적인 리보스트(이메디아뜨) ② 약간 멈칫거림이 있는 리보스트 (아땅뻬르뒤) ③ 움직이면서 단순하게 복합적으로 때로는 칼에 대한 동작을 실행하기 ④ 상대의 빠라드 리보스트를 재방어 후 리보스트 * 리보스트 동작을 정확하게 알고 있고 구사할 수 있는지 평가(자세 또는 대전 시범 평가)
	상대의 방어 후 이루어지는 공격행위에 대한 공격의 변형된 동작 (바리에떼 닥숑 오팡시브)	공격의 변형된 동작 ① 르미즈 ② 르프리즈 ③ 르드블망

영역	내용	평가기준
수비 Defensive (데팡시브) (25점)		④ 꽁뜨르 땅 * 변형된 동작이 어떻게 상용되고 어떤 동작이 있는지 정확하게 알고 있고 구사할 수 있는지 평가(자세 또는 대전 시범 평가)

	빠라드	① 프로나시옹 자세에서 빠라드 자세 4가지
		  (1,2,3,5)동작 구사
		② 슈빠나시옹 자세에서 빠라드 자세 4가지
		  (4,6,7,8)동작 구사
		③ 단순 빠라드(측면, 대각선, 회전, 반회전) 동작 구사
		④ 복합 빠라드(두개 이상의 빠라드 혼합) 동작 구사
		* 빠라드 자세를 정학하게 구사할 수 있는지 평가(자세 또는 대전시범 평가)

	에스뀌브	에스뀌브를 할 수 있는지 평가 (몸의 빠른 이동을 통해 상대의 꾸를 피하는 방법 / 다리를 모으고 몸을 틀면서 행하는 아레) * 자세 또는 대전 시범 평가
	르트레트	르트레트를 할 수 있는지 평가 (상대방으로부터 멀어지기 위한 뒤로의 이동 동작의 종류와 동작을 정확하게 구사할 수 있는지 평가)
역공격 contre- offensive (25점)	아레	① 칼의 접촉 없이 ② 칼의 접촉과 합께 (아레 동작을 정확하게 이해하고 구사할 수 있는지 자세 또는 대전 시범 평가)
	데로브망 / 르미즈	(데로브망 동작과 르미즈 동작을 알고 있는지 동작을 할 수 있는지 자세 및 대전 시범 평가)

5 구술평가 영역

- 시행방법 : 규정 2문제(50점), 지도방법 2문제(50점)
- 합격기준 : 70점 이상(100점 만점)

영 역	배 점	분 야
규정	50점	시설/도구, 경기운영, 반칙/페널티, 최신규정
지도방법	50점	도구, 기술, 지도방법

* 위 내용은 구술시험 평가 준비에 도움을 주기 위한 범위이며, 위 내용 외에 더 추가로 범위를 선정하여 검정할 수 있음

6 기타 안내사항

- 시험영상은 시험 모니터링과 안전사고 예방을 위해 녹화하는 것으로 응시자에게 열람하거나 제공하지 않습니다.
- 시험의 공정성을 훼손하는 사례가 있는 경우 당일 시험이 종료되기 전까지 주관단체에 이의신청을 하여 주시기 바랍니다.

주관단체	연락처	홈페이지	서류제출처
(사)대한펜싱협회	02-420-4290	http://fencing.sports.or.kr/	서울시 송파구 올림픽로 424 SK핸드볼경기장 104호

45 풋살

1 시험 일시 및 장소

■ 시험 일시 및 장소

* 매년 시험 일시 및 장소는 변경될 수 있음

구분	지역	검정일시	장소	연락처	주소
1급 생활	서울시	6.26(목) 12:00~18:00	국민대학교 체육관	02-720-2443	서울특별시 성북구 정릉로 77
2급 생활	서울시	6.26(목) 10:00~18:00 6.27(금) 10:00~16:00	국민대학교 체육관	02-720-2443	서울특별시 성북구 정릉로 77
유소년	서울시	6.27(금) 10:00~16:00	국민대학교 체육관	02-720-2443	서울특별시 성북구 정릉로 77
노인	서울시	6.27(금) 10:00~16:00	국민대학교 체육관	02-720-2443	서울특별시 성북구 정릉로 77

■ 장소운영 예상 도식도 : 조별 코트규격 20m×40m
- 실기 시험장

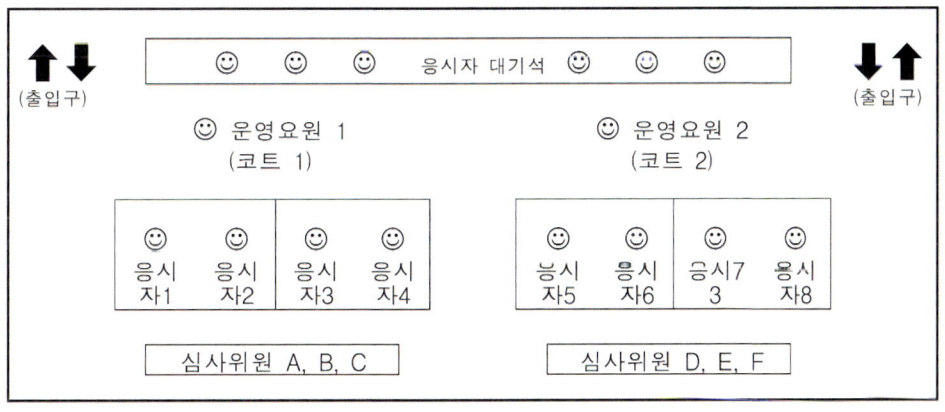

※ 실기 응시 인원에 따라 1개~3개 코트로 탄력적 운영

제1편 하계 50 종목 실기 및 구술 시험 세부시행 기준(가나다순)

2 실기검정 소요장비

- 주관단체 준비사항 : 실외 풋살장 및 풋살공, 접시콘등.
- 지원자 준비사항 : 운동복 및 풋살화, 개인식수
 (우천으로 실내체육관 이동시 바닥이 평형한 운동화 및 실내전용 풋살화)

3 방역 및 안전관리 대책

- 방역관리
- 실기 및 구술 시험자 전원 발열체크
- 시험장 앞 손세정제 설치 및 시험자 전원 마스크지급 – 시험자 및 운영요원, 심사위원 모두 마스크착용자만 입실.
- 시험장 코로나19 방역업체를 통한 2회 소독실시
- 관내 소방서와 연계하여 코로나19 의심자 즉시 병원 이송 및 시험중단

- 안전관리
- 시험장내 구급차(1대) 및 구급요원 간호사 배치 – 기타 구급약품(스프레이파스등 배치)

- (보험가입) 전 종목 주최자 배상책임 보험가입을 통한 사고 대비

4 실기평가 영역

❏ 기술분류

- 기술분류 (1급 생활스포츠지도사) (별첨자료 직접 작성후 시험당일 제출)
- 선정된 평가항목별 평가기준 작성

평가대상	대분류	세부 기술(코칭 포인트)
1급생활	2-2 로테이션	① 로테이션 능력을 향상 시키시오. (이해력, 움직임타이밍, 몸의 방향, 패스의 질(강약, 종류, 타이밍, 먼쪽), 소통, 신호, 속임움직임, 위치선정)
	1-2-1 로테이션	① 로테이션 능력을 향상 시키시오. (이해력, 움직임타이밍, 몸의 방향, 패스의 질(강약, 종류, 타이밍, 먼쪽), 소통, 신호, 속임움직임, 위치선정)

- 기술분류 (2급생활 및 유아, 노인 스포츠지도사)

2-2 (15)	로테이션	① 로테이션의 움직임은 이해하는가?(위치 및 타이밍) ② 위치선정은 적절하게 이루어지는가? ③ 볼을 취급할 때와 이후의 움직임 시 몸의 방향은 어떠한가? ④ 동료를 지원할 때 위치 및 몸의 방향은 어떠한가? * 약속된 움직임을 두 번 이상 틀리면(0점)

1-2-1 (15)	로테이션	① 로테이션의 움직임은 이해하는가?(위치 및 타이밍) ② 위치선정은 적절하게 이루어지는가? ③ 볼을 취급할 때와 이후의 움직임 시 몸의 방향은 어떠한가? ④ 동료를 지원할 때 위치 및 몸의 방향은 어떠한가? * 약속된 움직임을 두 번 이상 틀리면(0점)

대분류	세부 기술
리프팅	발등, 인사이드, 넓적다리를 이용한 리프팅 기술 이 항목을 준비운동 시범(시연)
컨트롤	발바닥, 인사이드, 아웃사이드, 넓적다리, 가슴, 컨트롤 이후 움직임
슈팅	인사이드, 인프런트, 아웃프런트, 인스텝, 토킥 (컨트롤이후 슈팅과 드리블 이후 슈팅)
드리블	인·아웃사이드, 발등, 발바닥(방향전환, 속도변화, 시선, 양발사용)
패스	인·아웃사이드 패스, 롭패스 (인스텝, 롭패스, 토우패스)
2-2로테이션	2-2 로테이션 기본 움직임
1-2-1로테이션	1-2-1 로테이션 기본 움직임

❑ 실기평가 영역

- 1급 생활스포츠지도사 (별첨자료 직접 작성후 시험당일 제출)

영역	내용	평가기준
조직구성 (20점)	1. 경기장 2. 장비 3. 선수구성 4. 훈련 목표	① 경기장 활용은 잘하는가? ② 장비 활용은 잘하는가? ③ 선수구성은 잘 되어 있는가? ④ 훈련의 목표가 있는가?
실기능력 (20점)	1. 시범	① 정확한 시범을 보이고 있는가?
지도능력 (50)	1. 정확한 의사전달 2. 관찰 3. 정지 4. 수정 5. 재개와 마무리	① 훈련의 방법과 목표를 정확히 전달하는가? ② 선수들의 움직임을 잘 관찰하는가? ③ 코칭포인트 중 문제점 발생시 정확한 순간에 정지 하는가? ④ 문제점을 정확히 수정 하는가? ⑤ 수정후 문제점을 보완하고 마무리 하는가? * 코칭포인트 : 패스타이밍, 움직임타이밍, 바디포지션, 패스의 질(상대 다리보다 먼 쪽), 패스의 강약, 커뮤니케이션, 아이컨텍, 스피드 변화, 시그널, 사전 움직임

- 2급 생활, 유소년, 노인스포츠지도사

영역	내용	평가기준
리프팅 (10점)	1. 발등으로 볼 다루기	① 발목은 잘 고정되어 볼을 차는가? ② 볼이 회전하지 않고 일정한 높이 올라갔다가 내려오는가? ③ 자세는 안정적이고 시선은 볼 중심을 보고 있는가? * 최소 30회 이하(0점) 두번 기회제공

영역	내용	평가기준
컨트롤 (15)	2. 발바닥 컨트롤	① 첫 번째 터치는 다음 동작을 하기에 편하게 잡는가? ② 몸의 자세(시선처리는 볼과 전방을 번갈아가며 주시) 및 발목의 각도는 45도를 유지하는가? ③ 컨트롤시 방향 전환을 할 수 있는가?(이동컨트롤) * 지정구역을 1회 이상 벗어나면(0점)
패스 (15)	3. 인사이드 패스	① 디딤발의 위치와 역할은 안정적인가? ② 볼을 타격하는 발의 역할은 적절한가? ③ 패스를 할 때 신체는 안정적인가? ④ 패스의 정확성, 강도, 구질은 적절한가? * 지정구역을 1회 이상 벗어나면(0점)
드리블 (15)	4. 발바닥 드리블	① 드리블시 발바닥의 사용부위 ② 드리블의 속도 변화 능력 ③ 시선은 주위를 충분히 살피는가? ④ 신체의 중심이동은 적절한가? * 콘이나 마크를 3회 이상 터치시(0점)
슈팅 (15)	5. 인스텝 슈팅	① 디딤발의 위치와 역할은 안정적인가? ② 볼을 타격하는 발의 역할은 적절한가? ③ 슈팅을 할 때 몸의 자세는 적절한가? ④ 슈팅의 정확성, 강도, 구질은 적절한가? * 슈팅한 볼이 골대를 연속으로 3회를 벗어나면(0점)
2-2 (15)	로테이션	① 로테이션의 움직임은 이해하는가?(위치 및 타이밍) ② 위치선정은 적절하게 이루어지는가? ③ 볼을 취급할 때와 이후의 움직임시 몸의 방향은 어떠한가? ④ 동료를 지원할 때 위치 및 몸의 방향은 어떠한가? * 약속된 움직임을 두 번 이상 틀리면(0점)
1-2-1 (15)	로테이션	① 로테이션의 움직임은 이해하는가?(위치 및 타이밍) ② 위치선정은 적절하게 이루어지는가? ③ 볼을 취급할 때와 이후의 움직임시 몸의 방향은 어떠한가? ④ 동료를 지원할 때 위치 및 몸의 방향은 어떠한가? * 약속된 움직임을 두 번 이상 틀리면(0점)

❑ 평가기준 선정사유
- 풋살의 기본 기술 중에 제일 많이 사용되는 기술을 선택하여 실행하게 하여 정확한 자세로 올바른 시범을 보여줄 수 있는지 평가하기 위함.
- 풋살의 기본 시스템을 이해하고 정확한 시범을 보여줄 수 있는지 평가하기 위함.
- 풋살의 기본 시스템을 정확히 전달하고 지도할 수 있는지 평가하기 위함.

5 구술평가 영역

■ 시행방법 : 규정 2문제(50점), 지도방법 2문제(50점)
- 지원자가 영역별로 문제지를 추첨하여 실시

- 합격기준 : 70점 이상(100점 만점)

영역	분야	문제(평가내용) 예시
1. 규정 (50)	1. 시설/도구 (10)	1. 골대의 규격 2. 볼의 재질과 크기 3. 볼의 무게와 압력 4. 경기장 규격 5. 경기장 표면과 재질
	2. 경기운영 (15)	1. 공수전환 원칙 2. 공수전환시 수비의 중요사항 3. 공수전환시 공격의 중요사항 4. 팀 구성 5. 교체인원과 횟수 6. 선수교체 절차
	3. 반칙/처벌 (15)	1. 직접 파울 2. 직접 파울 10가지 3. 골키퍼 위반 간접 파울 4. 페널티킥과 세컨드 페널티킥 5. 경고 및 퇴장상황
	4. 최신규정 (10)	1. 킥인 위치 및 절차 2. 교체지역 3. 볼데드(천장에 맞았을 경우 포함) 4. 경기 Rule
2. 지도방법 (50)	지도방법	1. 풋살이 사회에 미치는 영향 2. 풋살의 차별화 3. 풋살지도자의 자세(초보자를 대하는 자세) 4. 풋살의 중요기술 6가지 5. 훈련의 목적(심리적 지도방법등) 6. 풋살의 기술지도(로테이션등) 7. 유소년 지도방법

6 기타 안내사항

- 영상은 시험 모니터링과 안전사고 예방을 위해 녹화하는 것으로 응시생에게 열람하거나 제공하지 않습니다.
- 시험의 공정성을 훼손하는 사례가 있는 경우 당일 시험이 종료되기 전까지 주관단체에 이의신청을 하여 주시기 바랍니다.

주관단체	연락처	홈페이지	서류제출처
(사)한국풋살연맹	02-720-2443	www.futsal.or.kr	우) 03175 서울시 종로구 경희궁길 46 축구회관 4층

46 플로어볼

1 검정기간 및 장소

- 검정시설

*매년 시험 일시 및 장소는 변경될 수 있음

구분	지역	검정일시	장소	연락처	주소
1급 생활, 2급 생활, 유소년	충남	6.14(토) 09:00~18:00	천안여자상업고등학교 체육관	02-2266-1170	충남 천안시 동남구 천안여상로 44
1급 생활, 2급 생활, 유소년	충남	6.15(일) 09:00~18:00	천안여자상업고등학교 체육관	02-2266-1170	충남 천안시 동남구 천안여상로 44

- 장소운영 예상 도식도 : 조별 코트규격 32m×18m
- 실기 시험장 : 천안여자상업고등학교 체육관

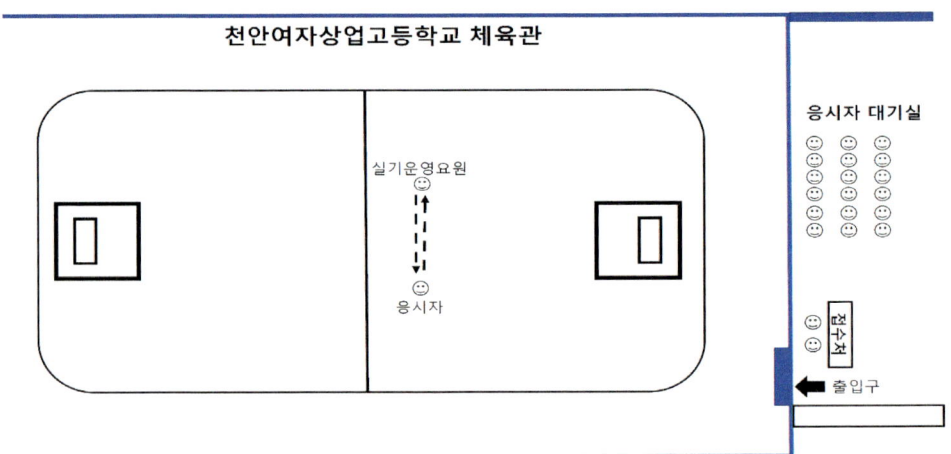

- 구술 시험장 : 천안여자상업고등학교 체육관건물 AI실

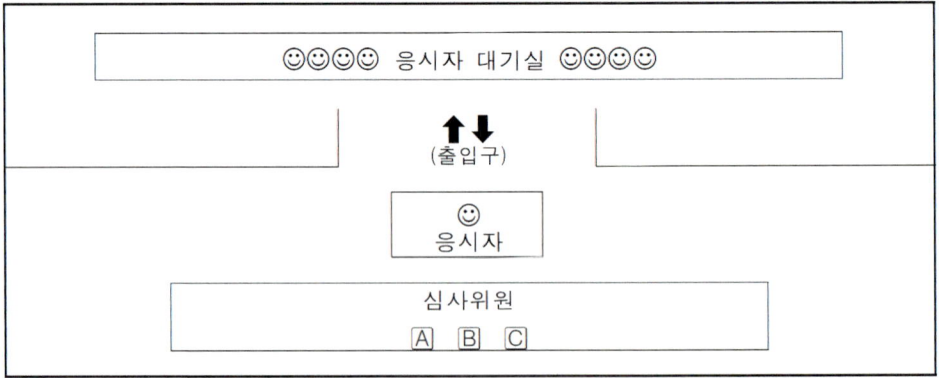

2 실기검정 소요장비

- 주관단체 준비사항 : 링크, 골대, 표식용 콘, 볼, 스톱워치, 채점표 등
- 지원자 준비사항 : 신분증, 수험표, 개인마스크, 실기 검정 복장 및 장비 (운동복, 실내운동화, 개인 스틱)

3 방역 및 안전관리 대책

- 방역관리
- (감염 관리) 감염병 관리 관련 법령 및 시험방역지침에 따라 의무 격리가 필요한 감염병 확진자의 경우 시험응시가 제한될 수 있음
- 안전관리
- (안전요원배치) 응시자 안내 및 비상 상황 발생 시 불법행위 저지 등 응시자 안전을 위한 대책을 추진 마련으로 안전요원 배치 지원 (신규)
- (보험가입) 전 종목 주최자 배상책임 보험가입을 통한 사고 대비
- (의무체계) 지역별 보건소, 병원 등과 연계 대응, 비상 약품 상시 비치, 구급차/구급인력 배치
- (부상자 및 환자 발생 시 대응체계) 해당 기관 이용, 응급처지 등 1차 대응 → 인근 지정병원 연계 후송 → 자격검정기관 담당자 연락
- (사전점검) 시험용구 및 시설물 사전 점검 의무화로 안전사고 예방
- (안전교육) 응시생 대상 안전사고 예방교육, 사고 시 비상연락체계 안내
- (보고체계) 검정기관 간 신속한 보고체계 운영

4 실기평가 영역

- 기술분류

평가대상	대분류	세부 기술
1급 생활	볼 리프팅	- 블레이드를 이용하여 공중에서 볼을 위로 던지고 받기(포핸드〉백핸드 순으로 안정감 있게 정해진 세트를 진행)
	종합 드리블	- 숏, 롱, 터닝(포핸드〉백핸드〉포핸드순) 종합 드리블
	패스	- 포핸드 패스 - 패스 리시브(포핸드, 백핸드, 공중볼)
	슈팅	- 리스터 슈팅 - 드래그 슈팅
2급 생활/유소년	볼 리프팅	- 블레이드를 이용하여 공중에서 볼을 위로 던지고 받기(포핸드〉백핸드 순으로 안정감 있게 정해진 세트를 진행)
	종합 드리블	- 숏, 롱, 터닝(포핸드〉백핸드〉포핸드순) 종합 드리블
	패스	- 포핸드 패스 - 패스 리시브(포핸드, 백핸드, 공중볼)
	슈팅	- 리스터 슈팅 - 드래그 슈팅

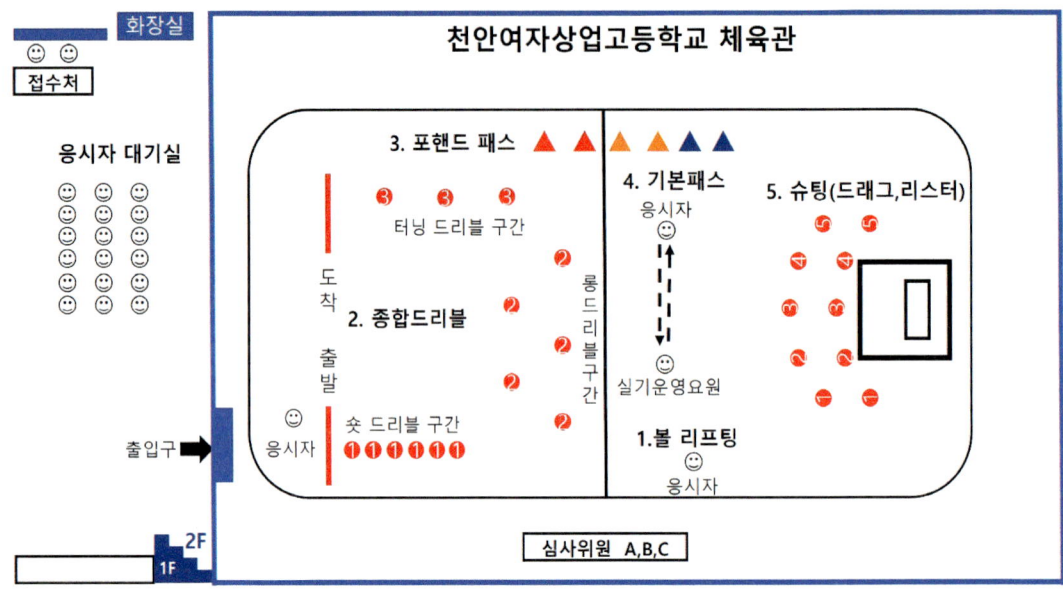

〈실기테스트 영역별 평면도〉

❑ 실기평가 영역

■ 1급 생활스포츠지도사

1. 볼 리프팅 배점 20

평가	등급	점수
볼을 포핸드 → 백핸드 블레이드 순으로 안정감 있게 5세트를 완료함	A	20
볼을 포핸드 → 백핸드 블레이드 순으로 안정감 있게 4세트를 완료함	B	16
볼을 포핸드 → 백핸드 블레이드 순으로 안정감 있게 3세트를 완료함	C	12
볼을 포핸드 → 백핸드 블레이드 순으로 안정감 있게 2세트를 완료함	D	8
볼을 포핸드 → 백핸드 블레이드 순으로 안정감 있게 1세트를 완료함	E	4
볼을 포핸드 → 백핸드 블레이드 순으로 안정감 있게 0세트를 완료함	F	0

* 평가기준에 따른 세부 배점표

합격 요건
- KFF 공인 스틱과 볼을 이용하여 정해진 지점에서 볼 리프팅 성공개수에 따라 해당 점수를 부여한다.
- 볼 리프팅 방법은 양손으로 스틱의 그립부분을 잡고 포핸드 블레이드에서 백핸드 블레이드 순으로 볼 리프팅을 실시하여 1회 왕복을 1세트로 측정한다.
- 기회는 2번 주어지며 두 번 기회 중 높은 점수를 기록한다.

2. 종합드리블 배점 20

평가	등급	점수
25초안에 완료	A	20
28초안에 완료	B	16
31초안에 완료	C	12
33초안에 완료	D	8
제한시간 33초 안에 장애물을 통과하지 못함	E	4

* 평가기준에 따른 세부 배점표

합격 요건
- 출발 지점에서 출발 신호와 함께 정해진 구역으로 이동하며 숏·롱·터닝 드리블을 순차적으로 실시하여 도착 지점에 볼과 함께 통과한 시간을 기록한다.
- 기회는 1번 주어지며 실수 하였을 경우 재빨리 볼을 가지고 실수한 지점에서 이어 끝까지 진행한다. (단 드리블 구역 수행을 완벽하게 수행하지 않고 완료한 경우 감점요인으로 +2초 추가한다.)

3-1. 포핸드패스 배점 15

평가	등급	점수
볼을 정해진 구역에 5회 통과시킴	A	15
볼을 정해진 구역에 4회 통과시킴	B	12
볼을 정해진 구역에 3회 통과시킴	C	9
볼을 정해진 구역에 2회 통과시킴	D	6
볼을 정해진 구역에 1회 통과시킴	E	3
볼을 정해진 구역에 0회 통과시킴	F	0

* 평가기준에 따른 세부 배점표

합격 요건
- 정해진 라인에서 표시된 구역으로의 포핸드 패스 성공개수를 측정하여 점수를 부여한다.
- 기회는 5번 주어지며 정해진 구역을 벗어나 실시할 경우 해당 패스는 실패로 기록한다.

3-2. 패스 리시브 배점 20

등급/배점	A/20	B/16	C/12	D/8	E/4

* 평가기준에 따른 세부 배점표

합격 요건
- 실기 운영요원과 패스를 주고 받으며 포핸드, 백핸드, 공중볼 리시브를 실시하여 정확한 리시브 자세 평가하여 등급/배점을 부여한다.
- 양 발은 어깨 넓이로 무릎은 적당히 굽히고 있는가?

- 블레이드를 뒤로 당기며 볼을 잡는가?
- 블레이드와 몸을 이용하여 정확하게 패스를 받는가?

4-1. 리스터슈팅 배점 10

평가	등급	점수
슈팅한 볼이 바운드 없이 골대로 5회 득점 성공	A	10
슈팅한 볼이 바운드 없이 골대로 4회 득점 성공	B	8
슈팅한 볼이 바운드 없이 골대로 3회 득점 성공	C	6
슈팅한 볼이 바운드 없이 골대로 2회 득점 성공	D	4
슈팅한 볼이 바운드 없이 골대로 1회 득점 성공	E	2
슈팅한 볼이 바운드 없이 골대로 0회 득점 성공	F	0

* 평가기준에 따른 세부 배점표

합격 요건
- 정해진 지점에서 리스터슈팅을 실시하여 득점한 개수에 따라 점수를 부여한다.
- 슈팅한 볼이 바운드 없이 골대 그물망에 맞으면 득점으로 인정한다.
- 슈팅 기회는 5회 주어진다.

4-2. 드래그슈팅 배점 15

평가	등급	점수
슈팅한 볼이 바운드 없이 골대로 5회 득점 성공	A	15
슈팅한 볼이 바운드 없이 골대로 4회 득점 성공	B	12
슈팅한 볼이 바운드 없이 골대로 3회 득점 성공	C	9
슈팅한 볼이 바운드 없이 골대로 2회 득점 성공	D	6
슈팅한 볼이 바운드 없이 골대로 1회 득점 성공	E	3
슈팅한 볼이 바운드 없이 골대로 0회 득점 성공	F	0

* 평가기준에 따른 세부 배점표

합격 요건
- 정해진 지점에서 드래그슈팅을 실시하여 득점한 개수에 따라 점수를 부여한다.
- 슈팅한 볼이 바운드 없이 골대 그물망에 맞으면 득점으로 인정한다.
- 슈팅 기회는 5회 주어진다.

■ 2급 생활스포츠지도사 / 유소년 지도사

1. 볼 리프팅   배점 20

평가	등급	점수
볼을 포핸드 → 백핸드 블레이드 순으로 안정감 있게 4세트를 완료함	A	20
볼을 포핸드 → 백핸드 블레이드 순으로 안정감 있게 3세트를 완료함	B	16
볼을 포핸드 → 백핸드 블레이드 순으로 안정감 있게 2세트를 완료함	C	12
볼을 포핸드 → 백핸드 블레이드 순으로 안정감 있게 1세트를 완료함	D	8
볼을 포핸드 → 백핸드 블레이드 순으로 안정감 있게 0세트를 완료함	E	4

* 평가기준에 따른 세부 배점표

합격 요건
- KFF 공인 스틱과 볼을 이용하여 정해진 지점에서 볼 트래핑 성공개수에 따라 해당 점수를 취득한다.
- 던지는 방법은 양손으로 스틱의 그립부분을 잡고 포핸드 블레이드에서 백핸드 블레이드 순으로 1회 왕복을 1세트로 측정한다.
- 기회는 2번 주어지며 두 번 기회 중 높은 점수를 기록한다.

2. 종합드리블   배점 20

평가	등급	점수
28초안에 완료	A	20
31초안에 완료	B	16
34초안에 완료	C	12
37초안에 완료	D	8
제한시간 37초 안에 장애물을 통과하지 못함	E	4

* 평가기준에 따른 세부 배점표

합격 요건
- 출발 지점에서 출발 신호와 함께 정해진 구역으로 이동하며 숏·롱·터닝 드리블을 순차적으로 실시하여 도착 지점에 볼과 함께 통과한 시간을 기록한다.
- 기회는 1번 주어지며 실수 하였을 경우 재빨리 볼을 가지고 실수한 지점에서 이어 끝까지 진행한다. 단, 드리블 구역 수행을 완벽하게 수행하지 않고 완료한 경우 감점요인으로 +2초 추가한다.

3-1. 포핸드패스   배점 15

평가	등급	점수
볼을 정해진 구역에 4회 통과시킴	A	15
볼을 정해진 구역에 3회 통과시킴	B	12

평가	등급	점수
볼을 정해진 구역에 2회 통과시킴	C	9
볼을 정해진 구역에 1회 통과시킴	D	6
볼을 정해진 구역에 0회 통과시킴	E	3

* 평가기준에 따른 세부 배점표

합격 요건
- 정해진 구역에서 표시된 구역으로의 포핸드 패스 성공개수를 측정하여 점수를 부여한다.
- 기회는 5번 주어지며 정해진 구역을 벗어나 실시할 경우 해당 패스는 실패로 기록한다.

3-2. 패스 리시브 배점 20

등급/배점	A/20	B/16	C/12	D/8	E/4

* 평가기준에 따른 세부 배점표

합격 요건
- 실기 운영요원과 패스를 주고 받으며 포핸드, 백핸드, 공중볼 리시브를 실시하여 정확한 리시브 자세 평가하여 등급/배점을 부여한다.
- 양 발은 어깨 넓이로 무릎은 적당히 굽히고 있는가?
- 블레이드를 뒤로 당기며 볼을 잡는가?
- 블레이드와 몸을 이용하여 정확하게 패스를 받는가?

4-1. 리스터슈팅 배점 10

평가	등급	점수
슈팅한 볼이 바운드 없이 골대로 4회 득점 성공	A	10
슈팅한 볼이 바운드 없이 골대로 3회 득점 성공	B	8
슈팅한 볼이 바운드 없이 골대로 2회 득점 성공	C	6
슈팅한 볼이 바운드 없이 골대로 1회 득점 성공	D	4
슈팅한 볼이 바운드 없이 골대로 0회 득점 성공	E	2

* 평가기준에 따른 세부 배점표

합격 요건
- 정해진 지점에서 리스터슈팅을 실시하여 득점한 개수에 따라 점수를 부여한다.
- 슈팅한 볼이 바운드 없이 골대 그물망에 맞으면 득점으로 인정한다.
- 슈팅 기회는 5회 주어진다.

4-2. 드래그슈팅 배점 15

평가	등급	점수
슈팅한 볼이 바운드 없이 골대로 4회 득점 성공	A	15
슈팅한 볼이 바운드 없이 골대로 3회 득점 성공	B	12
슈팅한 볼이 바운드 없이 골대로 2회 득점 성공	C	9
슈팅한 볼이 바운드 없이 골대로 1회 득점 성공	D	6
슈팅한 볼이 바운드 없이 골대로 0회 득점 성공	E	3

* 평가기준에 따른 세부 배점표

합격 요건
- 정해진 지점에서 드래그슈팅을 실시하여 득점한 개수에 따라 점수를 부여한다.
- <u>슈팅한 볼이 바운드 없이 골대 그물망에 맞으면 득점으로 인정한다</u>.
- 슈팅 기회는 5회 주어진다.

5 구술평가 영역

■ 시행방법 : 규정 2문제(50점), 지도방법 2문제(50점)
- 지원자가 영역별로 문제지를 추첨하여 실시

영 역	배 점	분 야	
규정	50점	경기 및 심판규칙	• 장비 및 시설, 규정, 경기운영, 반칙/패널티, 최신 개정된 규정 등
지도방법	50점	플로어볼 실기	• 기술, 지도방법 등

* 위 내용은 구술 검정 준비에 도움을 주기 위한 범위이며, 위 내용 외에 더 추가로 범위를 선정하여 검정할 수 있음

6 기타 안내사항

■ 영상은 시험 모니터링과 안전사고 예방을 위해 녹화하는 것으로 응시생에게 열람하거나 제공하지 않습니다.
■ 시험의 공정성을 훼손하는 사례가 있는 경우 당일 시험이 종료되기 전까지 주관단체에 이의신청을 하여 주시기 바랍니다.

주관단체	연락처	홈페이지	응시자격요건 서류제출처	이메일 주소 (채점간련질의서 제출용)
(사)대한플로어볼협회	02-2266-1170	www.floorball.or.kr	서울시 중구 동호로 14길 52 (1층) 대한플로어볼협회	floorball@hanmail.net

47 하키

1 시험 일시 및 장소

■ 시험 일시 및 장소

* 매년 시험 일시 및 장소는 변경될 수 있음

구분	지역	검정일시	장소	연락처	주소
2급 전문		6.7(토) 9:00 ~ 18:00	한국체육대학교 하키경기장 및 강의실	010-9930-0449 (이준웅)	서울특별시 송파구 양재대로 1239
1급 생활					
2급 생활					
유소년					
노인					

■ 장소운영 예상 도식도 :

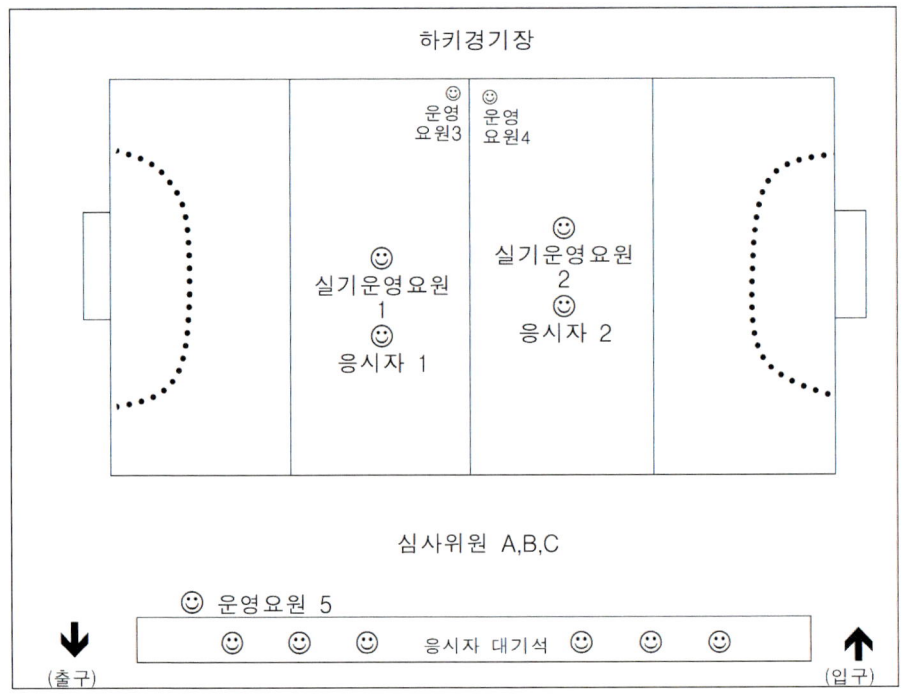

2 실기검정 소요장비

- 주관단체 준비사항 : 골대, 표식용 콘, 호루라기, 초시계, 하키공
- 지원자 준비사항 : 운동화, 개인 스틱

3 방역 및 안전관리 대책

- 안전관리 : 의료진 구급차 배치 및 보험가입 진행

4 실기평가 영역

- 기술분류

평가대상	대분류	세부 기술
2급 전문· 1/2급 생활· 유소년· 노인	볼리시빙	• 포핸드 - 왼쪽, 오른쪽, 정면에서 오는 볼 리시빙, 높이 뜨는 볼 리시빙 바운드 볼 리시빙 • 리버스 - 왼쪽, 오른쪽, 정면에서 오는 볼 리시빙, 높이 뜨는 볼 리시빙 바운드 볼 리시빙
	수비기술	- 왼 손으로, 한 손으로 태클 - 두 손으로 블록 태클, 한 손으로 블록 태클 - 왼쪽, 오른쪽에서 볼 뺏기, 오른쪽에서 잽, 왼쪽에서 잽 - 왼쪽에서 스틱 긁어 볼 자르기, 왼발쪽으로 오는 볼 수비하기 - 오른쪽에서 오는 볼 가로채기 - 오른쪽에서 스틱 긁어 볼 자르기
	드리블	- 왼쪽, 오른쪽 드래그 턴 - 탭, 리프트, 지그재그, S자 드리블
	패스	- 히트(포핸드, 리버스) - 슬랩(포핸드, 리버스) - 푸쉬 - 스쿱 - 디플렉션(포핸드, 리버스)
	슛팅	- 히트(포핸드, 리버스) - 슬랩(포핸드, 리버스) - 푸쉬 - 플리그 - 디플렉션(포핸드, 리버스)

- 실기평가 영역

영 역	내용	평가기준
볼리시빙(20)	포핸드, 리버스 리시빙	① 볼 리시빙 성공 횟수 ② 정확한 리시빙 자세
수비기술(20)	태클	① 반칙을 내지않고 상대방 공을 뺏을 수 있는지?
	잽	① 반칙을 내지않고 상대방 공을 뺏을 수 있는지?
	가로채기	① 반칙을 내지않고 상대방 공을 뺏을 수 있는지?
드리블(20)	드래그 턴	① 정확한 자세로 설치된 장애물 통과 빠르기 및 성숙도
	탭, 리프트, 지그재그, S자 드리블	① 정확한 자세로 설치된 장애물 통과 빠르기 및 성숙도

영역	내용	평가기준
패스(20)	히트(포핸드, 리버스)	① 정확한 자세로 목표한 지점에 패스 성공율
	슬랩(포핸드, 리버스)	① 정확한 자세로 목표한 지점에 패스 성공율
	푸쉬	① 정확한 자세로 목표한 지점에 패스 성공율
	스쿱	① 정확한 자세로 목표한 지점에 패스 성공율
	디플렉션(포핸드, 리버스)	① 정확한 자세로 목표한 지점에 패스 성공율
슛팅(20)	히트(포핸드, 리버스)	① 정확한 동작으로 유효슈팅
	슬랩(포핸드, 리버스)	① 정확한 동작으로 유효슈팅
	푸쉬	① 정확한 동작으로 유효슈팅
	플리그	① 정확한 동작으로 유효슈팅
	디플렉션(포핸드, 리버스)	① 정확한 동작으로 유효슈팅

5 구술평가 영역

- 시행방법 : 규정 2문제(50점), 지도방법 2문제(50점)
- 합격기준 : 70점 이상(100점 만점)

영역	배점	분야	
규정	50점	경기 및 심판규칙	시설 : 슈팅서클, 사이드라인, 백라인, 페널티스트로크골대 백보드
			경기운영 : 패널티 슛아웃, 휴식시간, 선수교체
			반칙, 페널티 : 프리히트, 페널티 스트로크 규정, 각종 카드, 의도적 반칙
			규정 : 출전선수 수, 골키퍼, 부정선수, 선수교체, 선수퇴장 장비관련
지도방법	50점	기초	준비운동, 체력
		전문	패스 및 드리블 지도방법

* 지도자로서의 표현력, 전달력, 답변태도 등은 규정 및 지도방법에 포함하여 평가

6 기타 안내사항

- 시험영상은 시험 모니터링과 안전사고 예방을 위해 녹화하는 것으로 응시자에게 열람하거나 제공하지 않습니다.
- 시험의 공정성을 훼손하는 사례가 있는 경우 당일 시험이 종료되기 전까지 주관단체에 이의신청을 하여 주시기 바랍니다.

주관단체	연락처	홈페이지	서류제출처
(사)대한하키협회	02-420-4267	www.koreahockey.co.kr	서울특별시 송파구 올림픽로 424 올림픽회관 신관 333호

48. 합기도

1 시험 일시 및 장소

■ 시험 일시 및 장소

* 매년 시험 일시 및 장소는 변경될 수 있음

구분	지역	검정기간	장소	연락처	주소
1급 생활	충남	6. 27.(금) 9:00~10:00	천안종합운동장내 주경기장 회의실	041-555-7330	충청남도 천안시 서북구 번영로 208 천안종합운동장내 주경기장
2급 생활	충남	6. 27.(금) 10:00~18:00			
2급 생활	충남	6. 28.(토) 9:00~18:00			
2급 생활	충남	6. 29.(일) 9:00~14:00			
유소년	충남	6. 29.(일) 14:00~16:00			
노인	충남	6. 29.(일) 16:00~18:00			

■ 장소운영 예상 도식도 : 조별 코트규격 6m×5m, 2조 동시운영
- 실기 시험장 : 천안종합운동장내 대회의실 2곳

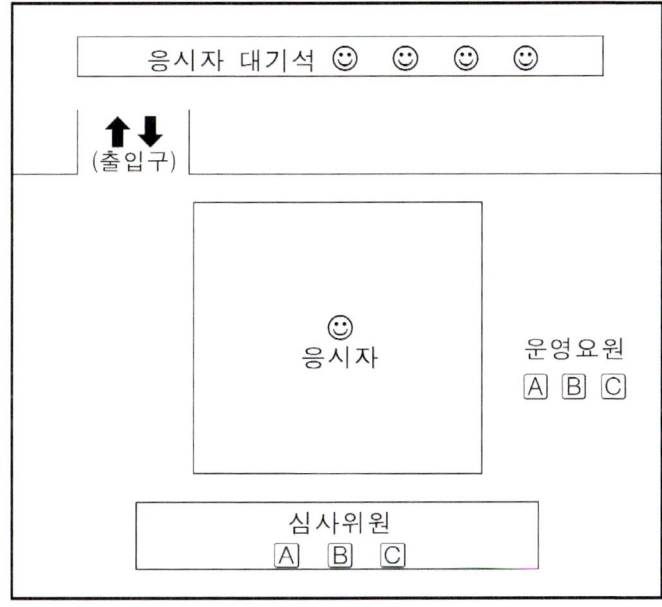

- 구술 시험장 : 천안종합운동장내 소회의실 2곳

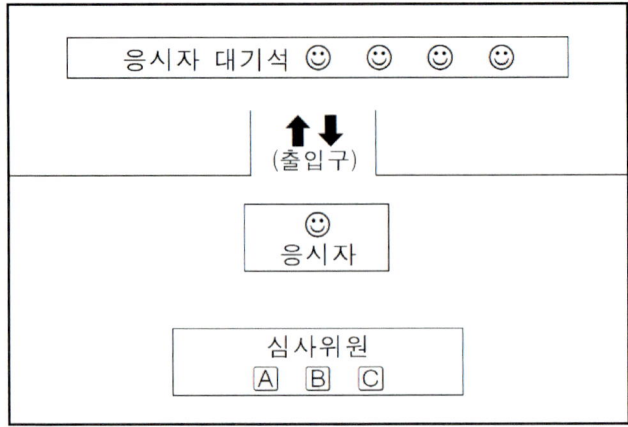

2 실기검정 소요장비

- 주관단체 준비사항 : 호신술상대자, 책상, 의자, 필기구, 음료, 실기·구술검정문제 추첨함 등
- 지원자 준비사항 : 합기도복(대한민국합기도총협회 공인도복), 띠

3 방역 및 안전관리 대책

- 방역관리
- (감염 관리) 감염병 관리 관련 법령 및 시험방역지침에 따라 의무 격리가 필요한 감염병 확진자의 경우 시험응시가 제한될 수 있음
- 안전관리
- (보험가입) 전 종목 주최자 배상책임 보험가입을 통한 사고 대비
- (의무체계) 지역별 보건소, 병원 등과 연계 대응, 비상 약품 상시 비치, 구급차/구급인력 배치
- (부상자 및 환자 발생 시 대응체계) 해당 기관 이용, 응급처치 등 1차 대응 → 인근 지정병원 연계 후송 → 자격검정기관 담당자 연락
- (사전점검) 시험용구 및 시설물 사전 점검 의무화로 안전사고 예방
- (안전교육) 응시생 대상 안전사고 예방교육, 사고 시 비상연락체계 안내
- (보고체계) 검정기관 간 신속한 보고체계 운영
- 응시자 보호를 위한 장비 설치(바닥안전매트리스설치 등)

4 실기평가 영역

■ 기술분류

대분류	세부 기술	
단전호흡	• 단전호흡	
손쓰기 (권술)	1. 상단정권지르기 2. 상단관수찌르기 3. 아귀목치기 4. 손가락찔기 5. 2지찌르기 6. 주먹날치기 7. 수도치기 8. 망치치기 9. 손등치기 10. 손등후리기	11. 중단정권지르기 12. 중단관수찌르기 13. 중지권지르기 14. 장권치기 15. 팔굽올려치기 16. 팔굽수평치기 17. 팔굽내려치기 18. 팔굽뒤로치기 19. 팔굽옆으로치기 20. 돌아수도치기
발쓰기 (발차기)	1. 뒤꿈치차올리기 2. 안다리차기 3. 바깥다리차기 4. 앞차기 5. 발등찍어차기	6. 옆차기 7. 들어찍기 8. 뒤옆차기 9. 하단찍어차기 10. 하단안다리차기
낙법	1. 전방낙법 2. 후방낙법 3. 측방낙법 4. 회전낙법	
호신술	1. 같은손목/칼넣기 2. 같은손목/손등제쳐꺾기 3. 소매수(중간)/팔굽감아꺾기 4. 멱살바로잡은손/꺾기 5. 안손목수/손등제쳐꺾기 6. 안손목수/앞쪽돌아꺾기	

■ 실기평가 영역
- 1급 생활, 2급 생활, 유소년, 노인스포츠지도사

영역	내용	평가기준
단전호흡 (15)	• 단전호흡(1술기)	① 술기의 정확성 ② 술기의 숙련도 ③ 술기의 완성도
손쓰기(권술) (15)	• 손쓰기(권술) (20개 술기 중 1술기)	① 술기의 정확성 ② 술기의 숙련도 ③ 술기의 완성도
발쓰기(발차기) (15)	• 발쓰기(발차기) (10개 술기 중 1술기)	① 술기의 정확성 ② 술기의 숙련도 ③ 술기의 완성도

영역	내용	평가기준
낙법 (15)	• 회전낙법(길이낙법)	① 술기의 정확성 ② 술기의 숙련도 ③ 술기의 완성도
호신술 (40)	• 호신술 (6개 술기 중 2술기)	① 술기의 정확성 ② 술기의 숙련도 ③ 술기의 완성도

5 구술평가 영역

- 시행방법 : 규정 2문제(50점), 지도방법 2문제(50점)
- 지원자가 영역별로 문제지를 추첨하여 실시
- 합격기준 : 70점 이상(100점 만점)
- 1급 생활, 2급 생활, 유소년, 노인스포츠지도사

영 역	배 점	분 야
규정	50점	경기규정, 심판규정, 연무규정, 금지행위와 벌칙 등
지도방법	50점	합기도의 역사, 단전호흡, 손쓰기(권술), 발쓰기(발차기), 낙법, 호신술, 대련 등의 술기 지도능력 및 방법

* 위 내용은 구술시험 평가 준비에 도움을 주기 위한 범위이며, 위 내용 외에 더 추가로 범위를 선정하여 검정할 수 있음. 구술검정 시 합기도복(대한민국합기도총협회 공인도복과 띠)을 착용해야 함.
* 지도자로서의 표현력, 전달력, 답변태도 등은 규정 및 지도방법에 포함하여 평가

6 기타 안내사항

- 시험영상은 시험 모니터링과 안전사고 예방을 위해 녹화하는 것으로 응시자에게 열람하거나 제공하지 않습니다.
- 시험의 공정성을 훼손하는 사례가 있는 경우 당일 시험이 종료되기 전까지 주관단체에 이의신청을 하여 주시기 바랍니다.

주관단체	연락처	홈페이지	서류제출처
(사)대한민국 합기도총협회	041-555-7330	hapkido7330.com	우)31157 충청남도 천안시 서북구 번영로 208 천안종합운동장내 주경기장

49 핸드볼

1 시험 일시 및 장소

■ 검정시설
* 매년 시험 일시 및 장소는 변경될 수 있음

구분	지역	검정일시	장소	연락처	주소
2급 전문	충남	2025.6.28.(토) 10:00~17:00	천안공업 고등학교 (체육관)	041-558-9803	충청남도 천안시 동남구 상황 5길 17.
1급 생활					
2급 생활					
유소년					
노 인					

■ 장소운영 예상 도식도 : 경기장 규격(40m×20m)
– 실기시험장

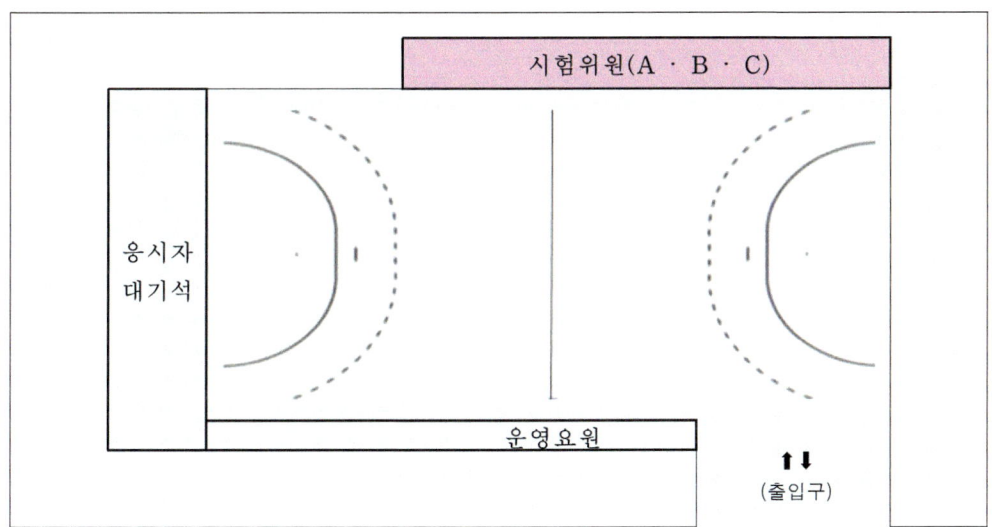

2 실기검정 소요장비

■ 주관단체 준비사항 : 공, 왁스, 클리너, 책상, 의자, 테이블보, 스톱워치, 휘슬, 방역장비(체온계, 일회용 장갑, 마스크, 손 소독제)
■ 지원자 준비사항 : 수험표, 운동화, 운동복, 신분증(모바일 인정)필기류,

3 방역 및 안전관리 대책

- 방역관리
- 자격검정 전일에 시설(실기 및 구술) 환기 및 소독
- 방역 물품 : 마스크(예비) 손소독제, 손세정제 비치

- 안전관리
- 시설물 사전 점검으로 각종 안전사고 예방
- 응급처치 인력 및 구급차량 현장 상시 대기

4 실기평가 영역

- 기술 분류

평가대상	대분류	세부 기술
2급 전문 / 1급 생활 / 2급 생활 / 유소년 / 노 인	패스	숄더패스, 푸시패스, 체스트패스, 훅 패스, 바운드 패스, 언더 패스, 오버패스 백패스, 스냅 패스, 트라이앵글 패스
	캐치	두손 캐치, 한손 캐치, 허리 위쪽에서의 캐치, 허리 아래쪽에서의 캐치, 러닝캐치
	스텝	사이드 스텝, 러닝 상태와 공중에서 볼을 캐치했을 경우 각, 올바른 스텝 수행
	드리블	푸쉬, 히트, 슬랙, 스쿱(레귤러, 리버스)
	슛	스탭 슛, 점프 슛, 윙 슛, 다이빙 슛, 점프 롤링다이빙 슛, 스탠딩 슛
	수비	신체접촉을 통한 공격저지, 블로킹, 수비 대형 : 5:1, 3:2:1, 3:3, 1:1
	공격	사다리 전술, 크로스 전술, 속공, 3:3, 2:4, 4:2
	골키퍼	기본자세, 기본동작, 높은 방향 동작, 중간 방향 동작, 낮은 방향 동작

- 평가 영역

영역	내용	평가기준
캐치 스텝 (20)	1. 한손 캐치	① 볼 캐치의 안정성과 유동성
	2. 스텝페인트	① 정확한 스텝과 페인트의 유용성
드리블 패스 (30)	1. 드리블	① 드리블 동작의 유연함과 빠르기
	1. 숄더패스	① 패스 자세와 정확성
	2. 스냅패스	① 패스 동작과 정확성
슛 (30)	1. 스텝 슛	① 슛 동작의 신속성과 정확성
	2. 점프 슛	① 슛 자세와 정확성
	3. 윙 슛	① 슛 동작과 정확성
수비 공격 (20)	1. 수비	① 개인 수비와 협력 수비 능력
	2. 공격	① 개인 공격과 협력 공격 능력

- 실기평가 유형 및 배점
- 2급 전문스포츠지도사

구분	평가영역	평가내용	세부기준 및 배점
기본 기술	경기 시작 단계	캐치 / 스텝	한손캐치 (10점)	■ 한 손 캐치(한 손 볼잡기)를 정확한 자세와 동작으로 할 수 있는가? ① 다섯 손가락으로 볼을 감싸며 엄지와 약지로 지지하여 잡는가? ② 볼을 받는 즉시 팔꿈치를 구부리며 바로 다른 연결 동작으로 이어지는가? ③ 볼을 받는 즉시 패스, 드리블, 슛할 수 있는 실제 동작을 취하였는가? 등급/배점 A/10 B/8 C/6 D/4 E/2
			스텝페인트 (10점)	■ 스텝 페인트를 정확하게 수행할 수 있는가? ① 공중에서 볼을 캐치하였는가? ② 두발이 동 시에 착지하여 노스텝 자세를 취하였는가? ③ 1, 2, 3스텝이 정확하고 페인트로 슈팅할 수 있는 공간을 확보하였는가? 등급/배점 A/10 B/8 C/6 D/4 E/2
	경기 전개 단계	드리블 / 패스	드리블 (10점)	■ 드리블을 정확하게 수행할 수 있는가? ① 손가락과 손목을 적절히 활용하는가? ② 손가락을 볼 위에서 밑으로 훑어 내리듯이 다루는가? ③ 드리블을 이용하여 스텝 또는 빠른 공격(속공) 동작으로 이어지는가? 등급/배점 A/10 B/8 C/6 D/4 E/2
			패스1 (10점)	■ 숄더패스를 정확하게 수행할 수 있는가? ① 볼을 잡고 있는 팔을 자연스럽게 뻗고 있는가? ② 어깨와 허리의 회전 자세가 부드럽게 이어지는가? ③ 팔꿈치를 내밀고 팔을 아래로 내리면서 손목의 스냅을 사용하는가? 등급/배점 A/10 B/8 C/6 D/4 E/2
			패스2 (10점)	■ 스냅(레터널)패스를 정확하게 수행할 수 있는가? ① 볼이 아래로 향하도록 하고 부드럽게 잡을 수 있는가? ② 패스 방향으로 팔을 휘두름과 동시에 팔꿈치를 펼친 자세인가? ③ 상대를 유인하는 동작과 손목 스냅을 사용하여 정확하게 패스하였는가? 등급/배점 A/10 B/8 C/6 D/4 E/2
	경기 맺음 단계	슛	스텝 슛 (10점)	■ 스텝 슛을 정확하게 수행할 수 있는가? ① 볼을 받아서 슛을 하기까지의 동작이 신속한가? ② 볼을 받아서 슛을 하기까지 신체의 탄력을 이용하였는가? ③ 수비자의 타이밍을 빼앗고 ①②의 연속 동작으로 강한 슛을 하였는가? 등급/배점 A/10 B/8 C/6 D/4 E/2
			점프슛 (10점)	■ 점프슛을 정확하게 수행할 수 있는가? ① 수비 경기자의 방어선 위로 슛을 할 수 있는 점프를 하였는가? ② 슛을 시도할 때 팔을 높이 들어 높은 타점을 확보하였는가? ③ 점프하는 힘이 슛 동작에 실려 강력하고 정확한 슛을 하였는가? 등급/배점 A/10 B/8 C/6 D/4 E/2

구분	평가영역	평가내용	세부기준 및 배점
복합·응용 기술	전략/패턴	수비/공격	윙슛 (10점)	■ 윙(좌/우)슛을 정확하게 수행할 수 있는가? ① 슛을 할 수 있는 위치와 각도가 적절한가? ② 점프와 동시에 볼을 잡은 팔을 높이 들고 슛 자세를 취하였는가? ③ 최대한 멀리 뛸 수 있는 점프력과 골키퍼의 움직임을 확인하였는가? 등급/배점 A/10 B/8 C/6 D/4 E/2
		수비 (10점) 평가모형 3:3	■ 3:3/상대적으로 변화하는 상황에서 적절한 수비를 할 수 있는가? ① 수비의 기본자세와 응용 동작을 적절하게 활용할 수 있는가? ② 상대의 공격루트를 예측하고 미리 차단하며 제압할 수 있는가? ③ 공격수의 교차 움직임을 미리 파악하고 역이용하는 할 수 있는가? 등급/배점 A/10 B/8 C/6 D/4 E/2
		공격 (10점) 평가모형 3:3	■ 3:3/상대적으로 변화하는 상황에서 효과적인 공격을 할 수 있는가? ① 움직임의 방향과 속도에 변화를 주면서 상대 수비를 유도하는가? ② 공격적인 움직임과 틈새 공략으로 스스로 득점 기회를 만들 수 있는가? ③ 수비 사이를 노리는 동작과 공격에 유리한 우위적인 상황을 만들 수 있는가? 등급/배점 A/10 B/8 C/6 D/4 E/2

- 1급 생활스포츠지도사

구분	평가영역	평가내용	세부기준 및 배점
기본 기술	경기 시작 단계	캐치/스텝	한손 캐치 (10점)	■ 한손(한 손 볼잡기)캐치를 정확하게 수행할 수 있는가? ① 볼을 받는 자세가 바르며 엄지와 약지로 볼을 지지하는가? ② 볼을 받는 즉시 팔꿈치를 구부리면서 볼을 안전하게 잡는가? ③ 볼을 받은 후 패스, 드리블, 슛을 할 수 있는 동작을 취하는가? 등급/배점 A/10 B/8 C/6 D/4 E/2
			스텝 페인트 (10점)	■ 스텝 페인트를 정확하게 수행할 수 있는가? ① 공중에서 볼을 캐치하였는가? ② 두발이 동시에 착지하여 노스텝 자세를 취하였는가? ③ 1, 2, 3스텝이 정확하고 페인트로 득점할 수 있는 공간을 확보하였는가? 등급/배점 A/10 B/8 C/6 D/4 E/2
	경기 전개 단계	드리블/패스	드리블 (10점)	■ 드리블을 정확하게 수행할 수 있는가? ① 손가락과 손목을 적절히 활용하는가? ② 손가락을 볼 위에서 밑으로 훑어 내리듯이 다루는가? ③ 드리블을 이용하여 스텝 또는 빠른 공격(속공)으로 이어지는가? 등급/배점 A/10 B/8 C/6 D/4 E/2

구분	평가영역	평가내용	세부기준 및 배점					
경기 맺음 단계	슛	패스1 (10점) / 패스2 (10점)	■ 숄더패스를 정확하게 수행할 수 있는가? ① 볼을 들고 있는 팔을 자연스럽게 뻗고 있는가? ② 어깨와 허리의 회전 자세가 부드럽게 이어지는가? ③ 팔꿈치를 내밀고 팔을 아래로 내리면서 손목의 스냅을 사용하는가?					
			등급/배점	A/10	B/8	C/6	D/4	E/2
			■ 스냅(레터 널)패스를 정학하게 수행할 수 있는가? ① 볼이 아래로 향하도록하고 부드럽게 잡을 수 있는가? ② 패스 방향으로 팔을 휘두름과 동시에 팔꿈치를 펼친 자세인가? ③ 상대를 유인하는 동작과 손목 스냅을 사용하여 정확하게 패스하였는가?					
			등급/배점	A/10	B/8	C/6	D/4	E/2
		스텝슛 (10점)	■ 스텝 슛을 정확하게 수행할 수 있는가? ① 볼을 받아서 슛까지의 동작이 신속한가? ② 볼을 받아서 몸의 탄력을 이용하여 슛을 하였는가? ③ 수비자의 타이밍을 빼앗고 ①②의 연속 동작으로 강한 슛을 하였는가?					
			등급/배점	A/10	B/8	C/6	D/4	E/2
		점프슛 (10점)	■ 점프슛을 정확하게 수행할 수 있는가? ① 수비 방어선 위로 슛을 할 수 있는 점프를 하였는가? ② 슛을 시도할 때 팔을 높이 들어 높은 타점을 확보하였는가? ③ 점프하는 힘이 슛 동작에 실려 강력하고 정확한 슛을 하였는가?					
			등급/배점	A/10	B/8	C/6	D/4	E/2
		윙 슛 (10점)	■ 윙(좌/우)슛을 정확하게 수행할 수 있는가? ① 슛을 하기 위한 위치와 각도가 적절한가? ② 점프와 동시에 볼을 쥔 팔을 들고 슛 자세를 취하였는가? ③ 최대한 멀리 뛸 수 있는 점프와 골키퍼의 움직임을 확인하였는가?					
			등급/배점	A/10	B/8	C/6	D/4	E/2
복합 · 응용 기술	전략 / 패턴	수비 / 공격	■ 1:1/3:3 상황에서 효과적인 수비를 수행할 수 있는가? ① 수비의 기본자세와 응용 동작을 활용 하는가? ② 공격수의 경로를 예측하고 미리 차단할 수 있는가? ③ 공격수의 교차 움직임을 예측하고 이것을 역이용하는 할 수 있는가?					
		수비 (10점)	등급/배점	A/10	B/8	C/6	D/4	E/2
		공격 (10점)	■ 1:1/3:3 상황에서 효과적인 공격을 수행할 수 있는가? ① 움직임의 방향과 속도에 변화를 주면서 수비수를 유도하는가? ② 효과적인 움직임과 틈새 공략으로 스스로 득점 기회를 만들 수 있는가? ③ 수비간격을 노리는 공략으로 공격수의 수적 우위 상황을 만들 수 있는가?					
			등급/배점	A/10	B/8	C/6	D/4	E/2

제1편 하계 50 종목 실기 및 구술 시험 세부시행 기준 (가나다순)

- 2급 생활스포츠지도사

구분	평가영역	평가내용	세부기준 및 배점
경기 시작 단계	캐치 / 스텝	한손 캐치 (10점)	■ 한손(볼 패스 중에)캐치를 정확하게 수행할 수 있는가? ① 볼을 받는 자세가 바르며 엄지와 약지를 주로 사용하는가? ② 볼을 받는 즉시 팔꿈치를 구부리면서 볼을 안전하게 잡는가? ③ 볼을 받은 후 패스, 드리블, 슛 할 수 있는 동작을 취하는가? 등급/배점 A/10 B/8 C/6 D/4 E/2
		스텝 페인트 (10점)	■ 스텝 페인트를 정확하게 수행할 수 있는가? ① 공중에서 볼을 캐치하였는가? ② 두발이 동 시에 착지하여 0스텝 자세를 취하였는가? ③ 1, 2, 3스텝이 정확하고 페인트로 득점할 수 있는 공간을 확보하였는가? 등급/배점 A/10 B/8 C/6 D/4 E/2
기본 기술	경기 전개 단계	드리블 (10점)	■ 드리블을 정확하게 수행할 수 있는가? ① 손가락과 손목을 적절히 활용하는가? ② 손가락을 볼 위에서 밑으로 훑어 내리듯이 다루는가? ③ 드리블을 이용하여 스텝 또는 빠른 공격(속공)으로 이어지는가? 등급/배점 A/10 B/8 C/6 D/4 E/2
	드리블 / 패스	패스1 (10점) / 패스2 (10점)	■ 숄더패스를 정확하게 수행할 수 있는가? ① 볼을 들고 있는 팔을 자연스럽게 뻗고 있는가? ② 어깨와 허리의 회전 자세가 부드럽게 이어지는가? ③ 팔꿈치를 내밀고 팔을 아래로 내리면서 손목의 스냅을 사용하는가? 등급/배점 A/10 B/8 C/6 D/4 E/2 ■ 스냅(레터널)패스를 정확하게 수행할 수 있는가? ① 볼이 아래로 향하도록 하고 부드럽게 잡을 수 있는가? ② 패스 방향으로 팔을 휘두름과 동시에 팔꿈치를 펼친 자세인가? ③ 상대를 유인하는 동작과 손목 스냅을 사용하여 정확하게 패스하였는가? 등급/배점 A/10 B/8 C/6 D/4 E/2
	경기 맺음 단계	스텝슛 (10점)	■ 스텝 슛을 정확하게 수행할 수 있는가? ① 볼을 받아서 슛까지의 동작이 신속한가? ② 볼을 받아서 슛까지 몸의 탄력을 이용하였는가? ③ 수비자의 타이밍을 빼앗고 ①②의 연속 동작으로 강한 슛을 하였는가? 등급/배점 A/10 B/8 C/6 D/4 E/2
		점프슛 (10점)	■ 점프슛을 정확하게 수행할 수 있는가? ① 수비 방어선 위로 슛을 할 수 있는 점프를 하였는가? ② 슛을 시도할 때 팔을 높이 들어 높은 타점을 확보하였는가? ③ 점프하는 힘이 슛 동작에 실려 강력하고 정확한 슛을 하였는가? 등급/배점 A/10 B/8 C/6 D/4 E/2

구분	평가영역	평가내용	세부기준 및 배점
복합·응용기술	전략/패턴	윙 슛 (10점)	■ 윙(좌/우)슛을 정확하게 수행할 수 있는가? ① 슛을 하기 위한 위치와 각도가 적절한가? ② 점프와 동시에 볼을 쥔 팔을 들고 슛 자세를 취하였는가? ③ 최대한 멀리 뛸 수 있는 점프와 골키퍼의 움직임을 확인하였는가? 등급/배점 | A/10 | B/8 | C/6 | D/4 | E/2
복합·응용기술	전략/패턴	수비 (10점)	■ 1:1/3:3 상황에서 효과적인 수비를 수행할 수 있는가? ① 수비의 기본자세와 응용 동작을 활용하는가? ② 공격수의 경로를 예측하고 미리 차단할 수 있는가? ③ 공격수의 교차 움직임을 예측하고 이것을 역이용할 수 있는가? 등급/배점 | A/10 | B/8 | C/6 | D/4 | E/2
복합·응용기술	전략/패턴	공격 (10점)	■ 1:1/3:3 상황에서 효과적인 공격을 수행할 수 있는가? ① 움직임의 방향과 속도에 변화를 주면서 수비수를 유도하는가? ② 효과적인 움직임과 틈새 공략으로 스스로 득점 기회를 만들 수 있는가? ③ 수비간격을 노리는 공략으로 공격수의 수적 우위 상황을 만들 수 있는가? 등급/배점 | A/10 | B/8 | C/6 | D/4 | E/2

- 유소년 스포츠지도사

구분	평가영역	평가내용	세부기준 및 배점
기본기술	경기 시작 단계 / 캐치/스텝	두 손 캐치 (10점)	■ 두 손 캐치를 정확하게 수행할 수 있는가? ① 두 손으로 볼을 받는 자세를 취하고 정확하게 볼을 바라보는가? ② 팔을 펴서 볼을 잡고 즉시 팔꿈치를 구부리면서 볼을 안전하게 잡는가? ③ 볼을 받고 난 뒤에는 패스, 드리블, 슛 할 수 있는 동작을 취하는가? 등급/배점 | A/10 | B/8 | C/6 | D/4 | E/2
기본기술	경기 시작 단계 / 캐치/스텝	러닝 스텝 (10점)	■ 러닝 스텝을 정확하게 수행할 수 있는가? ① 러닝 상태에서 볼을 캐치하였는가? ② 볼을 캐치하는 순간이 노스텝의 동작(자세)을 취하였는가? ③ 1, 2, 3스텝이 정확하고 득점할 수 있는 공격 행동을 수행하였는가? 등급/배점 | A/10 | B/8 | C/6 | D/4 | E/2
기본기술	경기 선개 단계 / 드리블/패스	드리블 (10점)	■ 드리블을 정확하게 수행할 수 있는가? ① 손가락과 손목을 적절히 활용하는가? ② 손가락을 볼 위에서 밑으로 훑어 내리듯이 다루는가? ③ 드리블을 이용하여 스텝 또는 빠른 공격(속공)으로 이어지는가? 등급/배점 | A/10 | B/8 | C/6 | D/4 | E/2

구분	평가영역	평가내용	세부기준 및 배점
경기 맺음 단계	슛	패스1 (10점) / 패스2 (10점)	■ 숄더패스를 정확하게 수행할 수 있는가? ① 볼을 들고 있는 팔을 자연스럽게 뻗고 있는가? ② 어깨와 허리의 회전 자세가 부드럽게 이어지는가? ③ 팔꿈치를 내밀고 팔을 아래로 내리면서 손목의 스냅을 사용하는가? 등급/배점 A/10 B/8 C/6 D/4 E/2 ■ 스냅(레터널)패스를 정확하게 수행할 수 있는가? ① 볼이 아래로 향하도록 하고 부드럽게 잡을 수 있는가? ② 패스 방향으로 팔을 휘두름과 동시에 팔꿈치를 펼친 자세인가? ③ 상대를 유인하는 동작과 손목 스냅을 사용하여 정확하게 패스하였는가? 등급/배점 A/10 B/8 C/6 D/4 E/2
		스텝슛 (10점)	■ 스텝 슛을 정확하게 수행할 수 있는가? ① 볼을 받아서 슛을 하기까지의 동작이 신속한가? ② 볼을 받아서 슛을 하기까지 신체의 탄력을 이용하였는가? ③ 수비자의 타이밍을 빼앗고 ①②의 연속 동작으로 강한 슛을 하였는가? 등급/배점 A/10 B/8 C/6 D/4 E/2
		점프슛 (10점)	■ 점프슛을 정확하게 수행할 수 있는가? ① 수비 방어선 위로 슛을 할 수 있는 점프를 하였는가? ② 슛을 시도할 때 팔을 높이 들어 높은 타점을 확보하였는가? ③ 점프하는 힘이 슛 동작에 실려 강력하고 정확한 슛을 하였는가? 등급/배점 A/10 B/8 C/6 D/4 E/2
		윙 슛 (10점)	■ 윙(좌/우)슛을 정확하게 수행할 수 있는가? ① 슛을 하기 위한 위치와 각도가 적절한가? ② 점프와 동시에 볼을 쥔 팔을 들고 슛 자세를 취하였는가? ③ 최대한 멀리 뛸 수 있는 점프와 골키퍼의 움직임을 확인하였는가? 등급/배점 A/10 B/8 C/6 D/4 E/2
복합·응용 기술	전략 / 패턴	수비 (10점)	■ 1:1/3:3 상황에서 효과적인 수비를 수행할 수 있는가? ① 수비의 기본자세와 응용 동작을 활용하는가? ② 공격수의 경로를 예측하고 미리 차단할 수 있는가? ③ 공격수의 교차 움직임을 예측하고 이것을 역이용할 수 있는가? 등급/배점 A/10 B/8 C/6 D/4 E/2
		공격 (10점)	■ 1:1/3:3 상황에서 효과적인 공격을 수행할 수 있는가? ① 움직임의 방향과 속도에 변화를 주면서 수비수를 유도하는가? ② 효과적인 움직임과 틈새 공략으로 스스로 득점 기회를 만들 수 있는가? ③ 수비간격을 노리는 공략으로 공격수의 수적 우위 상황을 만들 수 있는가? 등급/배점 A/10 B/8 C/6 D/4 E/2

- 노인 스포츠지도사

구분	평가영역	평가내용	세부기준 및 배점
경기 시작 단계	캐치 / 스텝	두 손 캐치 (10점)	■ 두 손 캐치를 정확하게 수행할 수 있는가? ① 두 손으로 볼을 받는 자세를 취하고 정확하게 볼을 바라보는가? ② 팔을 펴서 볼을 잡고 즉시 팔꿈치를 구부리면서 볼을 안전하게 잡는가? ③ 볼을 받고 난 뒤에는 패스, 드리블, 슛 할 수 있는 동작을 취하는가? 등급/배점 | A/10 | B/8 | C/6 | D/4 | E/2
		러닝 스텝 (10점)	■ 러닝 스텝을 정확하게 수행할 수 있는가? ① 러닝 상태에서 볼을 캐치하였는가? ② 볼을 캐치하는 순간이 노스텝의 동작(자세)을 취하였는가? ③ 1, 2, 3스텝이 정확하고 득점할 수 있는 공격 행동을 수행하였는가? 등급/배점 | A/10 | B/8 | C/6 | D/4 | E/2
기본 기술	경기 전개 단계	드리블 (10점)	■ 드리블을 정확하게 수행할 수 있는가? ① 손가락과 손목을 적절히 활용하는가? ② 손가락을 볼 위에서 밑으로 훑어 내리듯이 다루는가? ③ 드리블을 이용하여 스텝 또는 빠른 공격(속공)으로 이어지는가? 등급/배점 | A/10 | B/8 | C/6 | D/4 | E/2
	드리블 / 패스	패스1 (10점) / 패스2 (10점)	■ 숄더패스를 정확하게 수행할 수 있는가? ① 볼을 들고 있는 팔을 자연스럽게 뻗고 있는가? ② 어깨와 허리의 회전 자세가 부드럽게 이어지는가? ③ 팔꿈치를 내밀고 팔을 아래로 내리면서 손목의 스냅을 사용하는가? 등급/배점 | A/10 | B/8 | C/6 | D/4 | E/2 ■ 스냅(레터널)패스를 정확하게 수행할 수 있는가? ① 볼이 아래로 향하도록 하고 부드럽게 잡을 수 있는가? ② 패스 방향으로 팔을 휘두름과 동시에 팔꿈치를 펼친 자세인가? ③ 상대를 유인하는 동작과 손목 스냅을 사용하여 정확하게 패스하였는가? 등급/배점 | A/10 | B/8 | C/6 | D/4 | E/2
	경기 맺음 단계	스텝슛 (10점)	■ 스텝 슛을 정확하게 수행할 수 있는가? ① 볼을 받아서 슛까지의 동작이 신속한가? ② 볼을 받아서 슛까지 신체의 탄력을 이용하였는가? ③ 수비자의 타이밍을 빼앗고 ①②의 연속 동작으로 강한 슛을 하였는가? 등급/배점 | A/10 | B/8 | C/6 | D/4 | E/2
		점프슛 (10점)	■ 점프슛을 정확하게 수행할 수 있는가? ① 수비 방어선 위로 슛을 할 수 있는 점프를 하였는가? ② 슛을 시도할 때 팔을 높이 들어 높은 타점을 확보하였는가? ③ 점프하는 힘이 슛 동작에 실려 강력하고 정확한 슛을 하였는가? 등급/배점 | A/10 | B/8 | C/6 | D/4 | E/2

구분	평가영역	평가내용	세부기준 및 배점
복합·응용기술	전략/패턴	윙 슛 (10점)	■ 윙(좌/우)슛을 정확하게 수행할 수 있는가? ① 슛의 위치가 적절한가? ② 슛의 자세와 동작이 바른가? ③ 골키퍼의 움직임을 확인하는가? | 등급/배점 | A/10 | B/8 | C/6 | D/4 | E/2 |
		수비 (10점)	■ 1:1/3:3 상황에서 효과적인 수비를 수행할 수 있는가? ① 수비의 기본자세와 응용 동작을 활용하는가? ② 공격수의 경로를 예측하고 미리 차단할 수 있는가? ③ 공격수의 교차 움직임을 예측하고 이것을 역이용할 수 있는가? | 등급/배점 | A/10 | B/8 | C/6 | D/4 | E/2 |
		공격 (10점)	■ 1:1/3:3 상황에서 효과적인 공격을 수행할 수 있는가? ① 움직임의 방향과 속도에 변화를 주면서 수비수를 유도하는가? ② 효과적인 움직임과 틈새 공략으로 스스로 득점 기회를 만들 수 있는가? ③ 수비간격을 노리는 공략으로 공격수의 수적 우위 상황을 만들 수 있는가? | 등급/배점 | A/10 | B/8 | C/6 | D/4 | E/2 |

5 구술평가 영역

- 시행방법 : 규정 2문제(50점), 지도방법 2문제(50점)
- 합격기준 : 70점 이상(100점 만점)

영 역	배 점	분 야
규정	50점	경기시설 및 도구, 경기운영, 경기규칙(최신규정)
지도방법	50점	종목(지도자격)특성 및 대상에 따른 지도방법

* 위 내용은 구술 검정 준비에 도움을 주기 위한 범위이며, 위 내용 외에 더 추가로 범위를 선정하여 검정할 수 있음

6 기타 안내사항

- 영상은 시험 모니터링과 안전사고 예방을 위해 녹화하는 것으로 응시생에게 열람하거나 제공하지 않습니다.
- 시험의 공정성을 훼손하는 사례가 있는 경우 당일 시험이 종료되기 전까지 주관단체에 이의신청을 하여 주시기 바랍니다.

주관단체	연락처	홈페이지	서류제출처
대한핸드볼협회	02-6200-1412	http://www.handball_korea.com	서울시 송파구 올림픽로 424 SK핸드볼경기장 3층, 대한핸드볼협회 김은아 차장

50 힙합

1 시험 일시 및 장소

■ 시험 일시 및 장소   * 매년 시험 일시 및 장소는 변경될 수 있음

구분	지역	검정일시	장소	연락처	주소
2급 전문	서울	6. 28.(토) 09:00~18:00	동덕여자대학교 동인관		서울특별시 성북구 화랑로 13길 60
1/2급 생활	서울	6. 27.(금) 09:00~18:00	동덕여자대학교 동인관		서울특별시 성북구 화랑로 13길 60

■ 시험장소 선정 기준
- 공공기관, 학교
- 실기시험 공간과 대기실 및 연습실, 회의실 등의 충분한 공간을 갖추고 있는 장소로 응시생들의 접근 경로가 용이한 곳

■ 장소운영 예상 도식도 : 지원자 수, 장소의 특성을 고려하여 진행
- 실기 시험장

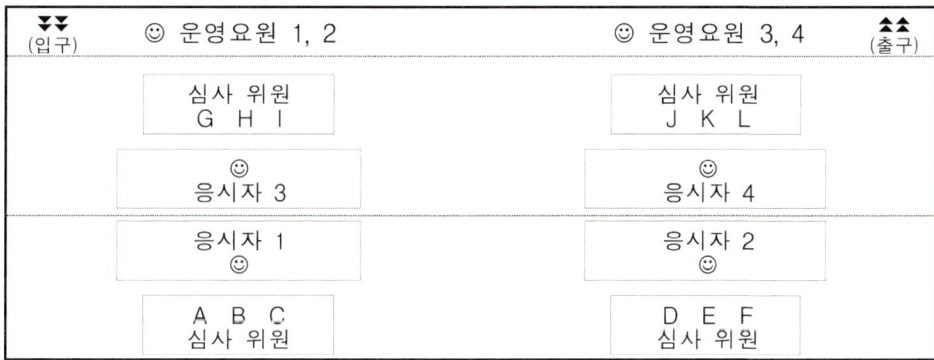

※ 실기 시험은 4개조의 심사패널을 준비하고 시험위원은 각 3명씩 배치함
- 시험은 4개의 패널에서 동시에 시작함
- 실기 시험장 및 수험생 규모에 따라 2~3개조로 편성 가능함
- 시험의 원활한 진행과 수험생들의 이동을 최소화하기 위함

- 구술 시험장

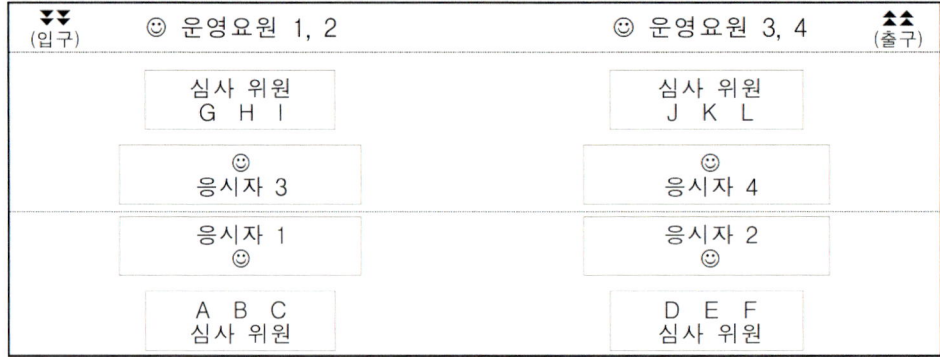

- 응시자의 이동 동선과 응시자 간 접촉을 최소화하기 위하여 실기시험 후 이어서 구술시험 진행
- 구술시험만 응시하는 경우 구술시험장을 별도로 배정하여 진행

2 실기검정 소요장비

- 주관단체 준비사항 : 심사용 테이블, 의자, 정수기, 음향, 현수막, 배너, 안내문, 일정표, 노트북, 프린터, 심판명패, 명찰, 문구류, 채점표, 비디오 카메라, 손소독제, 체온계, 비상용 마스크 등
- 지원자 준비사항 : 실내용 힙합 운동화 (구두, 워커, 맨발 등 바닥을 손상 시킬 수 있는 신발 금지) 및 복장, 신분증, 수험표
- ★ 통일 : 반팔 T-셔츠, 트레이닝 바지, 색상은 검정색 또는 흰색
- ※ 신체노출이 심한 의상 금지

3 방역 및 안전관리 대책

■ 방역관리
- (감염 관리) 감염병 관리 관련 법령 및 시험방역지침에 따라 의무 격리가 필요한 감염병 확진자의 경우 시험응시가 제한될 수 있음

■ 안전관리
- (보험가입) 전 종목 주최자 배상책임 보험가입을 통한 사고 대비
- (의무체계) 지역별 보건소, 병원 등과 연계 대응, 비상 약품 상시 비치, 구급차/구급인력 배치
- (부상자 및 환자 발생 시 대응체계) 해당 기관 이용, 응급처지 등 1차 대응 → 인근 지정병원 연계 후송 → 자격검정기관 담당자 연락
- (사전점검) 시험용구 및 시설물 사전 점검 의무화로 안전사고 예방
- (안전교육) 응시생 대상 안전사고 예방교육, 사고 시 비상연락체계 안내
- (보고체계) 검정기관 간 신속한 보고체계 운영

4 실기평가 영역

■ 기술분류
- 2급 전문스포츠지도사

대분류	세부 기술
힙합동작 표현	• 장르별 힙합 동작에 대한 이해와 안무능력 - 각 장르별로 4개 이상의 동작들로 안무 구성 ※ 장르 : 팝핑, 락킹, 브레이킹, 왁킹, 힙합, 하우스 (6가지)
장르별 지도법	• 팝핑, 락킹, 브레이킹, 왁킹, 힙합, 하우스의 각 장르에 대한 이해 • 각 장르에 대한 지도 훈련법
기초체력(Conditioning) 지도법	• 각 장르의 기술 향상을 위한 기초체력 구성과 지도법

- 1·2급 생활스포츠지도사

대분류	세부 기술
기본 동작	• 바운스 : 업/다운 • 아이솔레이션 : 목 / 어깨 / 가슴 / 골반
기본 작품 (96박자)	• 팝핑, 락킹, 브레이킹, 왁킹, 힙합, 하우스 등 6가지 장르의 필수동작(HEM)을 이용한 작품 • 다양한 변형동작 • 복합적인 구성(응시자가 자율적으로 선택하여 실시) * 각의 장르에서 최소 2개의 필수동작(HEM)을 사용하여 작품을 구성해야함
프로그램 구성	• 준비운동 / 본 운동 / 정리운동
지도법	• 필수동작 지도법 (현장에서 지정한 동작)

■ 실기평가 영역
- 2급 전문스포츠지도사

영역	내용(구성 및 방법)	평가기준
힙합동작 표현 (20점)	1. 6가지 힙합 장르의 동작 표현 - 팝핑, 락킹, 브레이킹, 왁킹, 힙합, 하우스 등 각 장르별로 최소 4가지 이상의 동작을 실시 - 각 장르별로 32박자씩 총 192박자로 안무 구성 ※ 다양한 스타일의 동작과 표현 및 오리지널 힙합에 대한 이해도를 높은 수준의 복합적인 동작으로 실시 2. 총 192카운트를 직접 안무하여 실시	① 힙합동작에 대한 이해도 ② 힙합 안무능력
장르별 지도법 (50점)	1. 팝핑, 락킹, 브레이킹, 왁킹, 힙합, 하우스 등 각 장르에 대한 이해와 전문적인 설명 2. 각 장르에 대한 지도 및 훈련법 - 지도할 장르는 현장에서 추첨(제비뽑기)을 통해 2개를 선택하고, 선택된 장르에서 각각 2가지 동작을 현장에서 추첨 - 선택된 동작을 대기하고 있는 현역선수들을 대상으로 직접 지도 ※ 음악은 현장에서 랜덤(무작위)으로 선정	① 장르에 대한 이해도 ② 장르에 대한 정확한 표현 ③ 장르별 훈련 및 지도법

제1편 하계 50 종목 실기 및 구술 시험 세부시행 기준(가나다순)

영역	내용(구성 및 방법)	평가기준
기초체력 (Conditioning) 지도법 (30점)	1. 장르에 필요한 기초체력 지도법 - 추첨(제비뽑기)을 통해 선택한 장르의 동작에 필요한 기초체력 요소를 대기하고 있는 현역선수들에게 직접 지도함 ※ 음악은 현장에서 랜덤(무작위)으로 선정	① 장르에 필요한 기초체력 이해도 ② 장르에 필요한 기초체력 동작 구성 ③ 기초체력 지도법

※ 평가기준에 따른 세부 채점표

- 1·2급 생활스포츠지도사

영역	내용(구성 및 방법)		평가기준
기본 동작 (10점)	1. 업바운스 2. 다운바운스 3. 아이솔레이션 (목) 4. 아이솔레이션 (어깨) 5. 아이솔레이션 (가슴) 6. 아이솔레이션 (골반)	- 기본동작 6가지를 각각 32카운트씩 실시 ※ 192카운트 구성	① 동작의 리듬감 ② 동작의 정확성
기본 작품 (30점)	1. 6가지 장르의 필수동작 2. 다양하고 복합적인 구성 (장르별 2가지 동작, 총 12동작)	- 지정 음악에 맞추어 구성 총 96박자 실시	① 안무 구성 ② 동작의 리듬감 ③ 동작의 정확성 ④ 음악의 이해
프로그램 구성 (30점)	준비운동 본운동 정리운동	- 지정 음악에 맞추어 실시 ※ 본운동은 각 장르별로 1개씩, 총 6개의 동작으로 구성	① 올바른 프로그램 구성 ② 동작 적합성 ③ 큐사인(예령 : 예시, 구령)능력
지도법 (30점)	현장에서 지정한 필수동작을 지도 ※ 음악은 현장에서 랜덤(무작위)으로 선정		① 지도 자세 및 언어 ② 동작 지도 능력 ③ 큐사인(예령 : 예시, 구령) 능력 ④ 재미와 흥미성 유도

※ 평가기준에 따른 세부 채점표

- 지정 음악의 박자 구성

구 분			박 자	
기본 동작			32count × 6	192 count
기본 작품			8count × 12	96 count
프로그램 구성	준비 운동	워밍업	32count × 2	64 count
		아이솔레이션	32count × 1	32 count
		바운스	32count × 1	32 count
	본운동		32count × 12	384 count
	정리 운동	쿨다운	32count × 2	64 count
		스트레칭	32count × 4	128 count

※ 실기 시험과 관련된 기본 동작, 기본 작품 및 프로그램 구성에 관한 지정 음악과 필수동작 리스트는 협회 홈페이지에서 참고할 수 있음.

5 구술평가 영역

- 평가항목 : 규정 2개(50점), 지도방법 2개(50점)
  -지원자가 영역별로 문제지를 추첨하여 실시
- 구술평가 영역

영 역	배 점	분 야
규정/이론	50점	힙합 기본 이론 힙합 경기규정 질문의 이해도, 답변전달력, 표현력
지도방법	50점	자격 종류별 지도방법 프로그램 구성 방법 / 응급상황 대처 요령 / 음악사용법 등 장르의 특성에 따른 지도방법 질문의 이해도, 답변전달력, 표현력

- 평가문항 및 모범답안

영역		평가문항 및 모범답안
규정/이론 (50)	경기 규정	Q1. 힙합 경기의 심판단 구성은? ☞ 주심, 기술심판(skill), 연기심판(performance) Q2. 힙합의 금지동작은? ☞ 외설적인 제스처, 과도하게 위험한 동작
	기본 이론	Q1. 락킹의 창시자는? ☞ 돈 캠벨락 Q2. 힙합의 여러 장르 중 6가지 말하시오? ☞ 팝핑, 하우스, 락킹, 왁킹, 브레이킹, 보깅
지도방법 (50)	2급 전문	Q1. 점프 웜을 위한 가장 중요한 기초체력 훈련은? ☞ 푸쉬업(Push up) Q2. 워크아웃은 어느 장르에 속하는가? ☞ 팝핑
	2급 생활	Q1. 힙합의 프로그램 구성시 준비운동과 정리운동에 대하여 설명? ☞ 준비운동은 아이솔레이션, 바운스, 워밍업, 정리운동은 쿨다운과 스트레칭으로 구성해야 한다. Q2. 운동 중 과부하 시 발생하는 현상은? ☞ 구토, 현기증, 식은땀, 얼굴 창백, 입술이 파래짐 등

6 기타 안내사항

- 시험영상은 시험 모니터링과 안전사고 예방을 위해 녹화하는 것으로 응시자에게 열람하거나 제공하지 않습니다.
- 시험의 공정성을 훼손하는 사례가 있는 경우 당일 시험이 종료되기 전까지 주관단체에 이의신청을 하여 주시기 바랍니다.

주관단체	연락처	홈페이지	서류제출처
(사)대한에어로빅힙합협회	02-420-2241	kaa@aerobic.or.kr	서울시 송파구 올림픽로 424 올림픽회관 신관 328호

스포츠지도사 하계 50 종목 실기 및 구술 시험
가 이 드 북

제 2 편

하계 50 종목 종목 공통
구술 시험 이론

- 구술은 전문(각 종목의 이론과 지도방법) 구술과 공통 구술로 나누어진다.
- 이 교재에서는 공통 구술 이론과 예상문제를 제공한다.
- 각 종목 전문 구술은 각 종목의 전문 서적을 통해서 학습하길 추천한다.

*1장 각 종목별 실기및구술 세부시행 내용을 숙지하고 2장 지도사 구술 역량을 만드세요!

1장 생활체육론
(생활스포츠지도사 구술 시험 필수 이론)

1 생활체육의 목적과 기능

생활체육의 목적은 신체활동의 부족, 자기 표현의 기회상실, 인간관계 등과 관련해서 신체활동을 통하여 체력을 단련하고 일상생활에 활력을 주어 보다 밝고 건강한 생활을 영위하는 데 그 목적이 있다.

생활체육의 기능은 크게 생리적, 심리적, 사회적 기능으로 구분하고 있다.

1) 생리적 기능은 신체적 건강 유지와 증진에 필요한 생리적 자극을 제공함으로서 질병의 예방적 기능이 있다.
2) 심리적 기능은 인간의 정서적 안정감을 통하여 균형을 유지하고 갈등, 긴장, 스트레스 등 부정적인 측면을 완화하여 긍정적인 요소를 더욱 강화하는 기능이 있다.
3) 사회적 기능은 스포츠활동에 참여하면서 경기의 규칙을 지키는 과정에서 사회의 규범을 학습하고 규칙을 준수하려는 사회성이 좋아지는 사회공동체 의식의 강화 기능이 있다.

2 생활체육 지도자의 자질

투철한 사명감, 의사전달 능력, 활달하고 강인한 정신력, 공정성, 도덕적 품성, 칭찬의 미덕 등이다.

3 생활체육 지도 원리

첫째, 생활체육의 철학적 기초에 의하여 지도한다.
둘째, 참가자의 욕구나 참가자 간의 개인차를 고려하여 지도한다.
셋째, 생활체육 참가자 간의 경쟁과 협동의 역동적 상호 관계를 유지하도록 지도한다.
넷째, 보다 과학적이고 체계적인 생활체육 지도법을 활용하여 참가자를 효율적으로 지도한다.
다섯째, 참가자들이 자발적으로 참가할 수 있도록 지도한다.

4 생활체육 지도자의 역할

첫째, 생활체육 활동의 목표 설정
둘째, 효율적인 지도기법의 개발
셋째, 생활체육 지도자 간의 인간관계 유지
넷째, 생활체육 프로그램 개발
다섯째, 생활체육 재정의 관리

5 생활체육 영역

① **가정체육** : 사회의 기초인 가족에서 이루어지는 체육을 말한다.
② **직장체육** : 기업이나 근로현장에서 직장인들이 참여하는 체육을 말한다.
③ **지역사회체육** : 지역사회의 주민이 자발적인 참여로 이루어지며, 지역의 복지증진에 역할을 한다.
④ **상업체육** : 영리적 목적으로 대중들에게 스포츠 활동을 하도록 여러 가지 서비스와 상품을 제공하는 것을 말한다.

6 생활체육 구성

생활체육은 시설, 프로그램, 지도자로 구성되어 있다.

7 생활체육 시설 범위

① **공공체육 시설** : 국가 및 지방자치단체, 공공법인체가 설치 및 운명하는 체육시설을 말한다.
② **학교체육 시설** : 학교의 체육교육을 위한 장소 뿐만 아니라 지역주민의 생활체육 공간으로 기능과 역할을 한다.
③ **직장체육 시설** : 직장인들에게 건전한 체육활동을 장려하고, 문화생활 및 복지를 위한 시설이다.
④ **민간체육 시설** : 일반 대중들의 스포츠 활동을 위한 시설로서 영리를 목적으로 운영하는 영리 체육시설과 사회봉사의 목적으로 운영하는 비영리 체육시설로 구분된다.

8 생활체육 시설의 기능

① **시설대여 서비스** : 체육활동에 필요한 장소와 용기구를 개인 및 단체에게 대여하는 서비스를 말한다.
② **프로그램 서비스** : 체육활동에 필요한 활동 프로그램을 제공하는 서비스를 말한다.
③ **조직결성 서비스** : 사람들이 동호회 조직결성 등 체육활동이 지속되도록 하는 역할을 한다.
④ **지도지 서비스** : 적절한 지도자가 체육활동을 지속하게 하는 서비스를 말한다.
⑤ **상담 서비스** : 전문 상담원 및 체육 전문도서 등을 제공하는 서비스를 말한다.
⑥ **안내 서비스** : 다양한 생활체육을 안내하고, 정보 등을 제공하는 서비스를 말한다.

9 생활체육 프로그램

① **협의 개념** : 개인적 특성과 사회적 환경 특성에 의하여 진행되는 방법과 절차를 말한다.
② **광의 개념** : 체육의 생활화를 실현하는데 이루어지는 수단과 방법을 말한다.

10 생활체육 프로그램 계획 과정

① 프로그램 목적이해 → ② 욕구 조사 → ③ 프로그램 목적 및 목표 설정 → ④ 프로그램 계획 → ⑤ 프로그램 실행 → ⑥ 프로그램 평가

11 생활체육 프로그램 구성 요소

참가자, 지도자, 장소 및 시설, 홍보, 재정, 활동의 안정성, 활동 등록 등

12 생활체육 프로그램 구성 원리

① **평등성** : 모든 사람이 참여할 수 있는 평등성
② **창조성** : 창조적인 체육활동
③ **욕구 반영성** : 참가자의 욕구를 반영
④ **다양성** : 다양한 프로그램 개발
⑤ **전문성** : 전문성 있게 구성
⑥ **평가성** : 객관적인 평가
⑦ **보완성** : 평가 후 지속적인 수정 및 보완
⑧ **편의성** : 쉽고, 편리한 참여
⑨ **전달성** : 광범위한 보급

13 생활체육 지도자란

생활체육 참가자의 안내자, 지시자, 영향력 행사자 등의 역할이 있으며 이러한 역할이 조화를 이루어야 한다.

14 생활체육 지도자 역할

① **안내자** : 참여자들에게 효율적인 접근으로 체육활동 욕구를 충족시키고, 긍정적인 활동 결과를 갖도록 한다.
② **지시자** : 체육활동에서 참여자들을 관리하며, 참여자들을 통제한다.
③ **영향력 행사자** : 지도력을 발휘하여 선한 영향력을 발휘한다.

15 생활체육 지도자 자질

① **의사전달 능력** : 지도자의 의사전달과 소통 능력은 매우 중요한 요소이다.
② **투철한 사명감** : 직업적 사명감과 투철한 직업정신으로 참여자들에게 선한 영향을 미치는 요소이다.
③ **활발하고 강인한 성격** : 체육활동에서 긍정적인 에너지를 전달하는 요소이다.
④ **도덕적 품성** : 지도자의 덕목으로 참여자들에게 긍정적인 참여를 유도하고, 긍정적으로 이끈다.
⑤ **칭찬의 미덕** : 참여자들의 긍정적인 동기부여를 이끈다.
⑥ **공정성** : 참여자들을 공정하고, 평등하게 이끈다.

16 스포츠 지도 시 주의사항

개인차 고려, 공정성, 정확한 지식전달, 안전주의

17 스포츠 지도자 유의사항

시간 엄수, 용모 단정, 개인특성 고려, 긍정적 대화, 공평성

18 생활체육 목표 5가지

첫째, 건강 증진이다. 생활스포츠지도사는 참가자의 신체적, 정신적, 사회적 건강을 유지 및 증진시키는데 기여해야 한다.
둘째, 사회관계 촉진이다. 생활스포츠지도사는 참가자 간에 원만한 유대관계를 유지하도록 도와주는 한편, 궁극적으로 바람직한 사회성을 함양하도록 유도한다.
셋째, 지적 성장이다. 생활스포츠지도사는 참가자에게 새로운 경험과 도전에 대한 욕구를 자연스럽게 충족시킬 수 있도록 도와주어야 한다.
넷째, 가족 유대관계 강화이다. 가족 단위 참가를 유도하여 가족 유대 강화에 기여해야 한다.
다섯째, 협동 정신 강화이다. 생활스포츠지도사는 참가자 개개인에게 소속감을 느끼게 하고 타인을 존중하는 자세를 주지시켜 협동 정신을 배양하도록 돕는다.

19 Sport For All 운동

1975년 브뤼셀에서 개최된 유럽공동체 스포츠 관련 장관회의에서 '스포츠 참가는 각 국민의 권리'라는 '스포츠포올 헌정(SFA Charter)'이 채택된 것이 계기가 되어 국제적인 표어가 되었다.
'모든 사람에게 스포츠를'이란 의미로 과거 근대 스포츠의 보수적인 이념을 극복하고 현대 스포츠를 대중적으로 모두가 공평하게 도전하고 즐길 수 있는 생활체육으로 발전해야한다는 의미를 가지고 있다.

20 Fitness 운동

'신체 적성(physical fitness)'이라는 의미로 우리 나라에서는 '체력'과 같은 뜻으로도 사용되고 있다. 피트니스 운동은 건강한 상태를 만들기 위해서 생리적으로 신경 계통과 근육 활동을 조정하는 운동과 사회적 안전 교육의 목적으로 모든 국민이 적절한 피트니스 운동을 실시할 필요가 있다.

21 Aerobics 운동

에어로빅스 운동은 일정 시간 신체에 최대한 많은 양의 산소를 공급함으로써 폐와 심장의 기능을 촉진시켜 신체의 건강을 증진시키는 유산소 운동으로 '에어로빅 엑서사이즈'라고도 한다. 에어로빅스 운동은 경쾌한 음악과 활기찬 움직임으로 심폐기능 및 체력발달을 도모하고 체중조절과 신체 균형유지에 좋다. 어디서든 누구나 즐길 수 있다는 장점 때문에 저변확대가 쉽게 이루어져 일반 대중운동으로 자리를 잡았으며 현재 여러가지 운동 목적으로 활용되고 있다.

22 Wellness 운동

웰빙(well-being)과 피트니스(fitness)를 결합한 단어로 행복(웰빙)하고 건강(피트니스)한 삶을 뜻한다. 웰니스는 세계보건기구(WHO) 정의에 따르면, 건강은 신체적·정신적·사회적으로 안녕한 상태이며, 삶의 연장에 초점을 맞춘 용어이다. 건강의 개념은 시간이 지남에 따라 범위가 확대되었고, 삶의 질 향상에 중점을 두게 되었다. 현재 웰니스 운동은 생활체육의 포괄적인 건강관리 운동 개념으로 사용되고 있다.

2장 특수체육론
(장애인스포츠지도사 구술 시험 필수 이론)

1 특수체육의 의미

① 특수체육의 대상자는 장애인 또는 '특수' 교육 대상자를 말한다.
② 국내에서 일반적인 특수체육은 장애를 가진 사람들과 체육과 연관된 분야에서 사용한다.
③ 장애인의 자아실현을 위한 현장 위주의 학문 특성을 가지고, 삶의 질적 향상을 도모하는데 그 목적이 있는 학문이다.

2 특수체육 대상이 되는 사람

① 일반적으로 장애가 있는 사람을 대상으로 하되, 신체적 활동이 불편을 가진 사람들을 모두 포함한다.
② 경쟁 스포츠 시 공정하고 평등한 경쟁을 위해 장애의 유형에 따라 구분한다.
③ 지체 장애, 뇌병변 장애, 시각 장애, 지적 장애, 청각 장애 등 경쟁 스포츠에 참여할 수 있는 장애의 유형을 구분한다.

3 특수교육 대상자와 장애인 의미

① 특수교육 대상자와 장애인은 그 목적에서부터 차이가 있으며, 지정된 범위 또한 차이가 존재한다.
② 특수체육과 교육은 장애인을 지칭하는 것은 아니다.
③ 특수교육 대상과 장애인은 법적인 의미, 법에서 표현하는 적용 대상과 차이를 보인다.

4 장애인 스포츠지도사

장애인 스포츠지도사는 장애 유형마다 최적의 운동 효과 향상을 위한 전문 지식을 함양하고, 장애인을 대상으로 한 자격 종목의 생활체육을 지도할 수 있는 전문가를 말한다.

5 장애 정의(WHO)

① 부정적 용어 사용 규제 한다(핸디캡 등).
② '신체 기능과 구조'는 손상을, '활동의 제한'은 '장애'를, '참여 제약'은 '핸디캡'으로 용어를 변경하도록 하였다.
③ 총체적인 개념으로 장애를 인식하기 시작하였으며, 환경과 개인적 요인을 포함해 누구에게나 발생할 수 있는 범 일반적 현상으로 이해하기 시작하였다.

6 장애인스포츠대회

- 국제장애인스포츠대회 비교분석

구분	패럴림픽	스페셜 올림픽	데플림픽(농아인 올림픽)
자격요건	지체 장애, 지적 장애, 뇌병변 장애인	만 8세 이상의 지적·자폐성 장애인	보청기, 달팽이관 이식 등을 하지 않은 청각 장애인(55dB 이상)
개최목적	신체적·감각적 장애가 있는 운동선수들의 스포츠를 통한 경쟁 도모	지적·자폐성 장애인의 지속적인 스포츠 훈련 기회 제공	스포츠를 통한 심신 단련, 세계 청각 장애인들의 친목 도모와 유대 강화
경기기간	동·하계 올림픽과 같은 해 개최	4년마다 동·하계 대회로 개최	4년마다 동·하계 대회로 개최(올림픽 다음 해에 개최)
경기방식	신체 장애 구분에 따라 분류하여 진행	선수들의 나이, 성별, 운동 능력에 따라 디비전 그룹이 나뉘어져 본 경기를 진행하는 디비저닝(divisioning)	신체 장애 구분에 따라 분류하여 진행
순위순정	올림픽과 같음	1등부터 3등까지는 올림픽과 마찬가지로 금메달, 은메달, 동메달을 수여하고 4등부터는 리본을 수여	올림픽과 같음
경기종목	동계 6개 종목, 하계 22개 종목	동·하계 포함해 총 32개	동계 18개 종목, 하계 5개 종목
국제기구	IPC	SOI	ICSD

7 특수체육 의의(Joseph P. Winnick)

특수체육은 신체활동의 어려움으로 인해 심동적 문제를 지닌 사람들을 대상으로 하는 체육의 하위 분야를 의미한다.
① 독특한 요구의 충족을 위해 계획된 개별화 프로그램이다.
② 학생들의 신체적 능력에 따라 안전한 스포츠 경험을 주 목적으로 한다.
③ 신체 교정, 훈련, 치료 등 전통적이고 계획적인 프로그램의 요소를 포함한다.
④ 장애인은 독특한 요구를 지닌 사람으로 보고 있으며, 이는 심동적 어려움을 지닌 모든 사람을 지칭한다.

8 특수체육의 유형

① 안전하고 만족스러운 참여의 기회를 장애인에게 제공하기 위해 전통 체육을 변형한 유형이다.
② **교정 체육** : 기능적·물리적 신체 결함의 교정을 주 목적으로 훈련하거나 재활하는 체육 유형이다.
③ **발달 체육** : 장애 아동의 체육 능력을 일반 아동에 근접한 수준으로 향상시키기 위해 대근육 운동과 체력 위주로 계획된 건강 프로그램 유형이다.
④ **의료 체육** : 특정 부위의 신체활동의 운동능력 회복과 향상에 초점을 둔 체육 유형이다.

9 특수체육의 특징

① 평생 교육의 영역에서 특히 강조
② 법률적인 기초의 상위 관계에서 제공되는 서비스
③ 주요 요구자(장애 학생)의 심동적 문제를 총괄적 평가를 통해 확인
④ 심동적 특성이 평균 이하 또는 정상과 다른 학습자 위주의 교육 진행
⑤ 문화의 일부로서 인식하고 있음
⑥ 연속성을 가진 서비스를 제공
⑦ 책무성을 보유하고 있음
⑧ 모든 학생은 장애의 정도와 관련 없이 체육 교육에 대한 권리를 보유하고 있음을 강조

10 특수체육의 목표

① **정의적 영역** : 긴장 이완과 즐거움, 사회적 능력의 증대, 긍정적 자아 형성
② **심동적 영역** : 체력 향상, 운동 스킬과 패턴, 여가 및 취미활동에 필요한 스킬
③ **인지적 영역** : 인지적·운동적 기능의 감각 통합, 창조적 표현능력, 놀이(게임) 행동

11 장애인 스포츠의 활동 변형 시 고려 사항

① 최소한의 규칙을 사용해야 한다.
② 참여 극대화를 유도해야 한다.
③ 협동심이 필요한 활동을 제시해야 한다.
④ 스포츠의 본질을 유지해야 한다.
⑤ 활동 변형에도 어려워하면 수정 및 보완 후 다시 시도한다.

12 지적 장애인

단기 기억 및 인지적 능력에 어려움이 있고, 운동 학습 능력·주의 집중·체력이 낮으며, 체격 이상 등의 문제를 가지고 있다.
① 경기 규칙을 단순화해야 한다.
② 다양한 강화 도구 및 지도법을 활용해야 한다.
③ 반복 연습을 적용해야 한다.
④ 간단하고 명확하게 설명해야 한다.
⑤ 흥미와 관심을 유도해야 한다.
⑥ 활동 공간을 정리하여 주의 산만을 예방해야 한다.

13 자폐증(自閉症) 장애인

자폐성 장애인은 의사소통과 상호작용, 감각지각, 감각통합능력, 공격적 행동 등의 문제를 지니고 있다.
① 경기 규칙의 단순화를 통해 쉽고 간편하게 변형해야 한다.
② 안전중심의 시설 및 환경을 구성하며, 늘 정리정돈 되어있어야 한다.
③ 일관성을 가지고 수업 분위기를 유지해야 한다.
④ 간단명료한 설명을 통해 알기 쉽게 전달해야 한다.
⑤ 경쟁이 아닌 성취 위주의 활동으로 구성해야 한다.
⑥ 돌발적인 신체 접촉이 잦은 활동은 지양하여야 한다.
⑦ 지도 시 보조요원 또는 자원봉사자 등 즉각적으로 도움을 줄 수 있는 인원을 충분히 배치하여야 한다.
⑧ 요구에 적합한 강화 도구 및 교수(지도)법을 사용해야 한다.

14 시각 장애인

방향 탐색 및 이동에 다소 어려움이 있으나, 청각과 촉각 등 다른 감각을 더욱 세밀하게 활용할 수 있다.
① 청각과 촉각에 관한 정보가 충분히 제공되어야 한다.
② 안전장비 및 시설이 익숙해지도록 충분한 설명이 제공되어야 한다.
③ 활동 공간은 정리 정돈해야 한다.
④ 공간적 부상 요인(바닥, 벽, 기둥 등)을 제거해야 한다.
⑤ 구체적인 계획 수립을 통해 시설 및 용·기구의 위치를 구성해야 한다.
⑥ 활동 시 단서 제공과 동작에 관한 사항을 촉각을 통해 인지할 수 있도록 도움을 제공해야 한다..
⑦ 충분한 지도 시간과 연습 시간이 제공되어야 한다.
⑧ 2인 1조로 활동을 구성하여 진행하여야 한다.

15 청각 장애인

평형 유지 능력(균형감각), 방향 감각, 협응 능력 등에 문제를 가지고 있다.
① 고도에서 수행하는 운동과 급격한 순발력을 요구하는 활동은 귀의 가장 안쪽 부분(내이)가 손상될 수 있어 많은 주의가 필요하다.
② 수중 운동(다이빙, 잠수, 수영 등) 활동은 불필요한 경우 자제하여야 한다.
③ 기존에 합의된 다양한 신호(수신호, 기수, 빛을 활용한 신호)를 지정해야 한다.
④ 언어적 지도보다 시범을 통한 동작 설명의 비중이 높아야 하며, 시각적 요소가 반영된 설명을 해야 한다.
⑤ 지도자는 정확하고 구체적인 교육 진행을 위해 태양이나 조명을 등지지 않은 상태에서 교육하여야 한다.
⑥ 지도자는 구화 또는 수화 등 장애인을 위한 언어의 기본적인 소통 능력을 갖춰야 한다.
⑦ 청각 장애인을 위해 지도자의 말하는 입 모양새를 확인할 수 있어야 한다.

16 장애 유형별 운동 특성과 체력 훈련 시 고려 사항

① 뇌성마비
- 수의적 운동과 운동 제어에 손상을 갖는 증상을 말한다.
- 훈련 전에 관절 가동 범위, 근장력, 균형, 협응력 등을 반드시 평가
- 근력의 증가보다는 신체적인 제어 능력이나 협응력 향상에 중점
- 기능적으로 잡기 능력이 부족한 경우, 랩 어라운드 중량을 사용해 대상자가 수동으로 운동을 할 수 있도록 도움
- 빠른 움직임이나 반동은 근 경련을 일으킬 수 있으므로 주의
- 운동량에 비해 높은 비율의 산소를 소비하기 때문에 피로감을 빨리 느낌

② 외상성 뇌손상
- 주 원인은 교통사고로 운동과 협응력 손상, 움직임 손상, 비규칙적인 근육 움직임, 인지적 손상, 행동의 문제, 발작 등이 발생한다.
- 뇌성마비의 특성과 유사하기 때문에 뇌성마비 체력 훈련 시 고려 사항을 참고한다.

③ 척수장애
- 척수 외상에 기인한 것으로 척수 조직이 손상되어 나타나는 증상
- 훈련 전에 기능적 관절 가동 범위, 근력, 근장력, 평형성, 유산소 운동에 대한 내성 등을 반드시 평가
- 전 관절 가동 범위의 능동적인 움직임이 어려울 경우 중력 – 감소 운동, 지지 탁자, 보조자를 이용
- 장시간 운동에 앞서 기립성 저혈압의 병력 확인
- 사지 마비의 경우, 유산소 운동에 앞서 휠체어 롤러 또는 암 크래킹으로 2분 내외의 준비 운동 실시
- 동체 균형이 부족할 경우, 스트랩 또는 벨트를 이용해 몸을 고정시키고 운동 실시
- 마비된 부위의 움직임을 보충하기 위한 운동에서 스프린트를 지속적으로 사용하면 약한 근육의 근력을 향상시키지 못하기 때문에 장기적 사용은 피해야 함
- 휠체어를 앞으로 기울인 자세 지양
- 운동 시 상해에 주의하여 기능적인 근육의 힘을 최대한 강화시킴
- 손기능이 완전하지 않은 경우, 손목 커프에 고리를 다는 방식, 상체 에르고미터에 벨크로 장갑, 특수하게 제작된 장갑을 사용하거나 에이스랩을 사용
- 손의 기능이 제한된 사지 마비일 경우, 손목 커프를 활용해 손목이 과신전 되지 않도록 함

④ 회백수염
- 위나 내장에 바이러스가 혈류로 침투하여 뇌의 부위 또는 전각 세포에 영향을 주어 영구적 마비를 가져오는 증상
- 훈련 전에 기능적 관절 가동 범위, 근력, 평형성, 동체 안정 정도를 평가
- 교감 신경계는 영향을 받지 않아 척수 장애인 보다 더 높은 운동 심박수를 보임
- 회백수염 진단 후 3년 이내는 회복 중이므로 이를 고려하여 운동 실시
- 사지에 구축 또는 골다공증이 있을 시, 스트레칭과 근력 강화 운동이 가능한지 의학적 진단 필요

⑤ 절단 장애
- 신체 부위 중 하나 이상의 사지 또는 전체가 없는 증상
- 훈련 전에 근력, 기능적 관절 가동 범위, 동체 안정, 절단 유형, 평형성, 피부 보호 등을 평가
- 관절 가동 범위의 감소는 규칙적인 스트레칭 등 다양한 훈련을 통해 예방 가능
- 규칙적인 동체와 자세 운동으로 척추 측만증 또는 머리 위치 변화 등을 예방
- 보장구를 착용한 훈련 필요(수영 훈련 시에는 의족 착용 지양)
- 선천성 또는 외상에 의한 절단인 경우 운동에 대한 특별한 제약은 없음
- 당뇨, 고혈압, 심장질환 등으로 인한 절단은 의학적 검사 실시
- 절단된 부위의 2차 상해 방지를 주의하여 훈련 실시
- 유연성 향상을 위해 항상 스트레칭 실시
- 체중 지지가 필요한 운동 시 사지와 보장구에 체중이 균형있게 배분되도록 함
- 하지 절단의 경우 걷는 운동은 비장애인들보다 50% 정도 많은 산소가 필요함

⑥ 시각 장애
- 안구, 시신경 또는 대뇌 중추 등 시각 기관에 손상이 나타난 증상
- 시각 장애인을 위한 운동 프로그램의 처방은 비장애인 지침을 참고
- 신체 활동을 통해 근력과 감각 단서 활용 능력이 향상되어 보행에 도움이 됨
- 선천성 장애인보다 후천성 장애인의 이동 능력이 뛰어남
- 시각 장애 중 망막 박리는 추가 분리 위험이 있으므로 보호용 안경 또는 헬멧을 착용할 것
- 녹내장은 운동 강도가 높을 시 안압이 증가할 수 있으므로 피해야 함
- 운동 시 지도자와 자신이 서 있는 위치, 물체와의 거리, 기구의 크기, 모양 등을 확인시켜 줌
- 달리기 활동은 가이드 와이어, 로프, 보조자 등 활용 가능
- 에어로빅 운동 시 습득 후 복잡한 움직임을 형성할 수 있도록 함
- 지형지물을 충분히 숙지시킴
- 저항운동과 스트레칭은 변형 없이 활용 가능
- 시각 장애인 지도 시 녹음된 기악(가사 없는)을 사용하는 것이 효과적임

3장 노인체육론
(노인스포츠지도사 구술 시험 필수 이론)

1 노화의 신체적 변화

세포의 감소, 피부와 지방조직의 감소, 뼈대와 수의근의 약화, 치아의 감소, 심장대비와 심장박동의 약화 등이 일어나고, 신체구조 및 전반적인 기능 저하가 일어난다. 또한, 퇴행성관절염, 골다공증, 동맥경화증, 고혈압, 당뇨병, 심장병, 신장병 등 만성질환의 발병이 증가한다.

2 노인 운동 지도자 자질

① **책임감** : 보다 섬세하게 노인을 책임감을 가지고 지도해야 한다. 노인들의 신체활동 지침을 따르고, 안전과 응급조치에 대한 사항들을 정기적으로 교육받고, 실습한다. 주기적인 신체 반응 검사와 평가를 실시하고, 노인 고객과 관련된 개인 정보 사항은 비밀을 유지한다.
② **지지감 표현** : 노인 참가자에게 수업 시 한 마디 이상의 대화와 적절한 표현으로 긍정적인 면을 강조한다. 참가자가 결석하거나 이상 조짐이 느껴지면 애정을 갖는다.
③ **관심** : 노인 참가자의 목표와 관심을 파악하고, 애정과 관심을 갖는다.
④ **동정심** : 노인 참가자의 걱정, 고통, 관심사, 실패를 경청해주고, 동정심으로 감싸주는 포용력이 필요하다.

3 노인의 운동 지도 시 주의사항

① 질병이 있는 노인은 운동 시작 전 의사의 상담을 우선 권한다.
② 강도가 낮은 운동부터 점진적으로 시작한다.
③ 안전하게 노인의 신체적, 생리적 특성에 맞게 시도한다.
④ 노인을 고려하여 무리하게 고중량, 고강도 운동을 하지 않는다.

4 노인의 신체적, 정신적 변화에 따른 지도방법

성인에서 노인으로 변화하는 과정을 받아들이고, 효율적인 운동을 지도한다. 그리고 규칙적인 신체활동은 자기효능감과 자기존중감을 증가시켜서 스트레스 감소 효과가 있고, 인지 기능을 유지하는 데 효과적인 방법이라는 점을 교육한다.

5 노인의 근력운동에 적합한 영양섭취

특히 노인의 경우 운동 효과를 보려면 근육 강화에 원료가 되는 단백질을 잘 섭취하는 것이 중요하다. 웨이트트레이닝 시 하루에 체중 1kg 당 1~2g의 단백질이 필요하다. 따라서 적절한 단백질 섭취와 균형 잡힌 식단으로 영양 섭취에 각별한 노력이 필요하다.

6 노인의 건강증진을 위해 효과적인 저항운동 예시

특히, 노인의 경우 초반부에는 대근육 위주의 운동으로 근육의 안정감과 부상을 방지할 필요가 있다. 그리고 점진적으로 단독 운동 및 전문 운동으로 들어가야 한다. 효과적인 저항운동은 대근육 저항운동을 통해서 강화하고, 점차 세부 근육을 자극하는 것이 효과적이다.

7 노인 운동의 긍정적인 효과

규칙적인 운동의 긍정적인 효과는 순환계, 호흡계, 근육계, 골격계 등에 좋은 영향을 미치는 신체적 효과이다. 그리고 심리적 효과는 스트레스 감소, 불안감 해소 등 정신적 건강 효과이다. 따라서 노인의 운동은 매우 중요한 개인적, 사회적 건강에 긍정적인 효과로 작용한다.

8 고혈압이 있는 경우 운동 지도

고혈압 환자의 운동은 혈압의 비정상적인 변동이 일어나지 않도록 주의하고, 운동에 대한 심박수 반응을 둔화시키는 심장 약물인 베타 차단제를 복용하는 사람에게는 운동의 강도를 정하기 위해 운동자각도(RPE)를 측정할 것을 권장한다. 고혈압 환자는 낮은 강도의 유산소 운동이 안전하고, 적절한 운동이 혈압을 낮춘다는 점에서 꾸준한 운동이 필요하다.

9 당뇨병 환자의 운동 지도

운동 시작 전 혈당치가 250 혹은 300mg/dl 이하를 권장하고, 식품과 인슐린의 적절한 균형을 유지하도록 지도한다. 운동 강도, 빈도, 시간은 환자의 병력을 주의 깊게 파악하며, 운동 처방에 영향을 줄 수 있는 기타 사항들을 고려하여 운동을 지도한다.

10 관절염은 무엇이고, 운동 지도 방법

① **골관절염** : 가동관절에 있는 뼈 바깥부분의 연골조직이 얇아지는 것으로 통증, 조조강직, 환부의 가동 범위 축소 등의 증상이 있다.
② **류머티스성 관절염** : 여성에게 주로 발생하며 만성염증, 통증, 조조강직, 환부가 붓는 등의 증상이 있다. 관절염이 있는 환자의 운동 프로그램은 관절에 충격이 적고 체중을 받지 않는 운동으로 지도하고, 전신을 동시에 사용하는 운동기구 등을 사용하도록 권장한다.

11 뇌졸증 환자의 운동 지도

뇌졸중은 혈전이나 출혈로 인하여 발생하는 뇌순환 기능의 갑작스럽고 심각한 쇠퇴로 일어나며, 병의 회복을 최대한으로 고려하여 일생 동안의 건강 상태와 기동성을 유지하고 개선 시키는 데 운동의 목적을 둔다.

12 고지질 혈증(고지혈증) 환자의 운동 지도

혈액의 응고에 변화를 일으켜 혈액 점도를 상승시키고, 혈관 염증에 의한 말초 순환 장애가 일어나는 것이며, 유전적 또는 환경적(비만, 술 등) 요인이 있다. 운동은 주로 유산소성 운동(걷기, 수영, 자전거 등)을 하고, 조절된 저항성 운동도 필요하다. 운동은 주3~6회, 30~60분 정도로 진행하고, 운동 강도는 최대 산소 섭취량의 50~60%가 적절하다.

13 노인 유산소성 운동 프로그램

노인에게 적절한 유산소 운동으로 자전거, 가벼운 조깅, 등산, 수영, 걷기 등이 있다. 각 개인의 능력에 따라 다르지만 일주일에 3일 정도가 적절하고, 강도는 비교적 낮은 강도로 노인의 프로그램 목표, 연령, 능력, 심폐계와 근육 골격계를 적절히 자극할 정도로 지도한다.

14 노화의 유형

① **병적 노화** : 특정 질병에 유전적으로 취약하거나 신체장애와 죽음을 유도하는 부정적 생활 방식을 지속하는 유형이다.
② **생물적(보편적) 노화** : 적응력 상실, 신체적 손상, 신체 기능 감소, 신체장애 및 최종적 죽음을 가져오는 인체의 과정이다.
③ **성공적 노화** : 수명이나 생존을 의미하는 것이 아니라 노화를 보다 질적인 측면(적극적 사회 참여 등)에서 설명하는 유형이다.

15 노화의 특성

① 모든 생명체와 세포는 노화한다.
② 노화의 속도는 개인과 신체의 계통에 따라 다르다.
③ 노화에 따라 체내의 화학적 조성이 변화한다.
④ 노화에 따라 신체 기능의 능력이 감소한다.
⑤ 노화에 따라 환경의 변화에 대한 적응력이 감소한다.

16 노인 운동 지침(권장사항)

① 관절 가동범위 향상을 위해 운동 프로그램에 걷기, 유산소 운동, 스트레칭과 같은 운동을 포함하는 것을 권장한다.
② 매일 중간 정도의 강도 운동을 최소 30분 동안 누적할 것을 권장한다.
③ 유연성을 유지하고 평형성과 민첩성을 향상시키기 위해 균형 잡힌 스트레칭 프로그램을 1주일에 최소 2~3일 하는 것을 강조한다.

17 노인 운동을 중지시켜야 하는 상황

① 협심증과 기타 유사한 증상을 보일 때 중단해야 한다.
② 안정 시 혈압에서 20mmhg 이하로 감소하거나 운동 강도를 높였는데 수축기 혈압이 증가하지 않을 경우 중단한다.
③ 수축기 혈압이 260mmHg 이상이거나 확장기 혈압이 115mmHg 이상일 때 중단한다.
④ 운동을 어느 정도 진행해도 땀을 흘리지 않거나, 어지럼증이나 혼란을 겪고, 불안정하고, 창백해 보이거나 입술이 파랄 때 중단한다.
⑤ 심각한 피로감을 이야기하거나 육체적으로 표현할 때 중단한다.
⑥ 운동 강도를 증가해도 심박수의 변화가 없을 때 중단한다.
⑦ 노인이 운동 중단을 요청할 때 즉시 중단한다.

4장 유아체육론
(유소년스포츠지도사 구술 시험 필수 이론)

1 유소년 지도자가 갖추어야 할 자질
① 아이들을 사랑하고 이해하는 마음
② 아이들에게 봉사하는 마음과 정신
③ 아이들을 위해 인내심과 평정심
④ 아이들을 위해 건전한 성품

2 유소년 운동 지도 원리
① 놀이중심의 원리 : 유소년의 흥미를 고려한 체육활동으로 지속 되도록 한다.
② 생활중심의 원리 : 일상생활에서 신체활동 경험을 바탕으로 체육활동이 이루어지도록 한다.
③ 개별화의 원리 : 유소년 개인의 운동능력과 발달속도에 맞추어서 체육활동이 이루어지도록 한다.
④ 탐구학습의 원리 : 유소년이 스스로 움직임을 탐색하고 학습하도록 한다.
⑤ 반복학습의 원리 : 유소년 체육은 안정, 이동, 조작의 기초운동 3가지로 반복학습 한다.
⑥ 융통성의 원리 : 유소년이 신체활동 시간을 스스로 결정하도록 융통성을 갖는다.
⑦ 통합의 원리 : 유소년 운동은 대근육 운동 중 기초운동(안정, 이동), 운동능력(협응, 균형, 힘, 속도), 지각운동능력(공간, 신체, 방향, 시간)이 통합적으로 발달되도록 한다.

3 유소년 운동 지도 방법
① 일상생활에서 자신의 신체에 대하여 자연스럽게 인식하도록 신체놀이 활동을 계획한다.
② 교육적으로 풍부한 실내외의 물리적 환경을 준비하여 유아의 활발한 활동을 지원한다.
③ 신체활동을 하면서 공간, 시간, 힘, 흐름 등 동작의 기본요소를 반영한다.
④ 유소년의 안전에 세심한 주의를 기울이고, 놀이규칙을 이해하여 안전을 확보한다.
⑤ 다양한 신체활동이 이루어지도록 일과 중 충분하고, 규칙적인 시간을 계획한다.
⑥ 유소년의 신체발달 및 운동능력을 정확히 파악하고, 개인차를 고려해야 한다.
⑦ 다양한 영역의 활동 경험을 바탕으로 통합적인 사고능력이 이루어지도록 구성한다.
⑧ 유소년의 신체활동 만큼 충분한 휴식을 제공한다.
⑨ 유소년의 건강상태가 신체활동을 수행하기에 적합한지 사전에 파악하고 고려한다.

4 유소년 운동 프로그램 목표

① 다양한 신체활동과 감각 경험을 통하여 자신의 신체와 주변을 인식하는 기초능력 향상을 목표로 한다.
② 기본적인 운동능력을 기르고, 기초체력을 증진하며, 자기감정을 표현할 기회를 제공한다.
③ 지각과 동작의 협응과정을 통하여 지각운동기술을 발전시킨다.
④ 체육활동에 참여하여 즐겁고 건강한 정신을 유도하며, 안전한 생활습관을 지도할 수 있도록 한다.

5 유소년 시기 성장과 발달의 개념

유소년 시기는 자기 자신만의 관점으로 사고하고, 눈에 보이는 대로 믿고 따르는 경향이 있다. 그리고 유소년 시기는 인생을 살아가는 가장 중요한 인지 발달의 시기이며, 이 시기에 다양한 방법으로 인지능력을 향상시키는데 노력하여 사고와 개념 형성 인지 기능들을 발달시켜야 한다.

6 유소년 운동 지도 시 주의사항

① 유소년의 안전과 개인의 신체적, 생리적 특성에 맞게 지도한다.
② 안전을 고려하여 무리하게 고중량 운동을 하지 않는다.
③ 운동 강도가 낮은 저항운동부터 시작한다(최소 주 2~3회, 20~30분).

7 유소년의 신체적, 정신적 변화에 따른 지도방법

유소년은 낮은 강도의 운동을 반복하는 형태로 흥미와 재미 위주의 프로그램을 구성하여 지도하는 것이 좋다. 또한, 스포츠를 통해서 사회성, 인격, 성취감, 자신감 등을 배울 수 있도록 지도한다.

8 유소년 운동 프로그램 계획 시 포함하는 운동능력

유소년기는 인생에서 민감기에 해당하여 보다 섬세한 프로그램이 필요하며, 각 개인의 발달상태, 움직임의 경험, 기술, 수준, 체력, 연령대 등을 고려한 계획이 필요하다.

9 유소년 운동 지도자의 역할

① 긍정적인 칭찬을 자주한다.
② 긍정적인 모습을 보여준다.
③ 각 반응에 관심을 가진다.
④ 수업내용에 대한 지식을 갖춘다.
⑤ 수업 방법을 다양화 한다.
⑥ 눈높이 교육을 위한 유머감각이 필요하다.
⑦ 교육에 필요한 좋은 음악을 선택한다.

⑧ 지도자로서 열정을 가진다.
⑨ 적응할 충분한 시간을 제공한다.
⑩ 운동 대형을 고려하여 지도한다.
⑪ 계절을 고려하여 지도한다.
⑫ 불필요한 경쟁의식을 갖지 않도록 지도한다.

10 유소년 운동에 맞는 영양섭취

유소년의 영양섭취 55~60%는 탄수화물, 25~30%는 지방, 12~15%는 단백질로 구성한다. 성장기의 아이들을 위해 철분과 칼슘을 충분히 섭취하도록 하고, 균형 있게 다양한 영양소를 섭취해야 한다.

11 유소년 운동 지도환경

① 지도환경은 교육의 내용과 질을 결정하기 때문에 중요하다.
② 지도환경은 신체활동을 유발하고 자극한다.
③ 지도환경은 신체활동을 심화시키고, 확대시킨다.
④ 지도환경은 신체 및 감각 능력을 발달시킨다.

12 유아와 유소년의 개념

① 유아의 개념 : 생후 1년부터 6세까지 어린이를 의미한다.
② 유소년의 개념 : 3세~ 12세의 유아와 소년을 의미한다.

13 피아제(Piaget) 인지발달 이론

① 1단계 감각 운동기(0~2세) : 자기와 타인에 대한 원시적 감각을 얻는 시기이다.
② 2단계 전조작기(2~7세) : 직관적이며, 자기중심적인 태도를 보이는 시기이다.
③ 3단계 구체적 조작기(7~11세) : 타인의 행동 관찰을 통해서 추론이 가능하며, 자아중심적 사고에서 점차 벗어나는 시기이다.
④ 4단계 형식적 조작기(11세 이후) : 보다 논리적인 추론이 가능하며, 체계적인 연역적 사고가 가능한 시기이다.

14 갤러휴(Gallahue) 유아기 운동 발달의 기본 움직임 단계

① 1단계 : 반사적 운동(신생아)
② 2단계 : 조보적 운동(출생~2세)
③ 3단계 : 기초적 운동(2~4세)
④ 4단계 : 성숙 단계(4~6세)
⑤ 5단계 : 전문적 운동(6~10세)

15 유소년 지도자로서 신체활동 시간 증가 전략

① 움직임을 잘 관찰하고, 충분한 신체활동이 이루어지지 않으면 지도 방법에 변화를 준다.
② 유아가 제외되거나 참여하기 어려운 활동이나 게임은 하지 않는다.
③ 유아에 대한 지시는 간단하고 명료하게 한다.
④ 유아가 활동에 참여하도록 보다 긍정적인 피드백을 제공한다.
⑤ 유아의 스포츠활동 대기 시간을 줄여준다.
⑥ 과제 미참여 유아들을 재감독하며, 훈련이 필요하면 효율적으로 짧게 진행한다.

16 유소년 운동 지도자로서 자질

① **지도자의 개인적 자질** : 신체와 정신이 건강하고, 온정적인 성품으로 성실하고 열정적인 자세를 가져야 한다.
② **지도자의 전문적 자질** : 그 종목의 전문적인 지식과 올바른 교수 방법 그리고 직업적 윤리의식이 필요하다.

5장 스포츠 인권(지도자 윤리)
(모든 종목 구술 시험 필수 이론)

1 스포츠 폭력

스포츠와 관련된 분야에서 스포츠인을 상대로 이루어지는 감금, 갈취, 강요, 폭력, 협박 등 금전적, 신체적, 정신적으로 피해를 주는 것을 말한다.

2 스포츠 폭력 예방법

① 스포츠 지도자와 관계자들은 스포츠 선수 모두를 공평하게 인식하고, 대해야 한다.
② 스포츠인들은 모두 상대방의 인격과 명예를 훼손하는 일이 발생하지 않도록 주의한다.
③ 운동 시작 전에는 스포츠 선수에게 훈련 과정 등을 상세히 설명하고, 소통을 통하여 충분한 의견을 수렴할 수 하도록 한다.

3 스포츠 폭력 대처법

① 피해자 안전보호를 최우선으로 하고 사건 조사 및 증거 확보 등의 조사를 진행한다.
② 가해자와 사건 연루자는 사건의 심각성을 인식하게 하고, 적절한 처벌과 함께 재발 방지를 위한 교육을 한다.

4 스포츠 인권 관련 범위

① **성희롱** : 말 또는 행동으로 상대방의 성적 수치심을 유발하는 행위
② **성추행** : 신체적 접촉 등을 통해서 혐오감 등을 주는 행위
③ **강제 추행** : 협박과 폭행 등을 통하여 상대방을 강제로 추행하는 행위
④ **성폭행** : 강제적으로 성관계를 요구하고, 실행하는 행위
⑤ **성폭력** : 성희롱, 성추행, 강제 추행, 성폭행의 요소를 포함하는 가장 큰 범위의 행위

5 스포츠 성폭력

스포츠인이 지위와 권력 등 힘을 이용하여 상대방에게 신체적, 언어적, 정신적으로 성적인 자기 결정권을 착취하는 행위를 말한다.

제 2 편　하계 50 종목 공통 구술 시험 이론

6 스포츠 성폭력 예방법

① 스포츠 훈련과 상담에 공적인 공간을 사용한다.
② 스포츠 훈련에서 신체 접촉을 최소화하며, 만약 필요한 경우 우선 상대방의 동의를 얻는다.
③ 스포츠인에 대한 신체와 외모에 대한 성적 대화를 하지 않는다.
④ 스포츠 성폭력 예방과 대처에 대한 책임을 인식하고 방지를 위해 노력한다.
⑤ 스포츠 성폭력은 이성 간에만 이루어지는 것이 아니며 동성 간에도 성적 굴욕감이 생길 수 있음을 인식한다.

7 스포츠 성폭력 대처법

① 스포츠인은 성적 불쾌감 등을 인지할 때 상대방에게 즉시 알리고 그 행위를 중단하도록 요구한다.
② 스포츠인은 비의도적으로 발생한 신체 접촉의 경우 고의가 아님을 분명히 알리고 즉시 사과한다.
③ 스포츠인의 성폭력 발생 시 피해자 보호를 최우선으로 하며, 전문 기관과 주변의 지인에게 즉시 알리고 도움을 받는다.

8 그루밍 성범죄

성범죄 가해자가 피해자에게 오랜 기간 호감과 친분을 쌓아서 심리적으로 지배한 뒤 성폭력을 가하는 것을 의미한다.

9 성인지 감수성

남녀 간의 사회적 불평등을 인지하고 일상생활 속에서 성차별적 요소를 감지해 내는 민감성을 의미한다. 이 용어는 법조계에서 성범죄 사건 등 관련사건을 심리할 때 피해자가 처한 상황을 피해자의 눈높이에서 바라보고 이해해야 한다는 개념으로 사용된다.

10 스포츠 윤리적 의식 필요 이유

① 스포츠 상황에서 윤리적 문제의 발생 원인을 밝히고 바람직한 윤리 규범을 모색하는 데 필요하다.
② 경쟁의 도덕적 조건과 가치 있는 승리의 의미를 탐색하는 데 필요하다.
③ 스포츠의 도덕적 가치를 옹호하고 보편적 윤리의 정당성 확보에 필요하다.
④ 스포츠 선수의 도덕적 자질과 인격의 함양 추구에 필요하다.
⑤ 스포츠맨십, 페어플레이 등 스포츠윤리 규범 확산과 이상적인 경기문화 제시에 필요하다.
⑥ 스포츠의 비윤리적 행위의 근절과 공정성 확보를 위한 방안을 마련하는 데 필요하다.

11 대한체육회 선수폭력 규정 사항

① 선수를 대상으로 구타하거나 상처가 나게 하는 것
② 지속적으로 따돌림을 시키는 것
③ 물품이나 돈을 갈취하는 것
④ 어떠한 장소에 가둬두는 것
⑤ 겁을 먹게 하거나 강요하는 것
⑥ 인격적으로 모욕하거나 마음에 상처를 주는 것
⑦ 다른 사람들 앞에서 창피를 주는 것

6장 응급처치
(모든 종목 구술 시험 필수 이론)

1 응급처치 필요성

위급상황에서 빠른 응급처치를 받지 못하면 생명의 위험이나 증상의 악화가 초래될 수 있어 응급처치를 통하여 피해를 최소화 하고, 빠른 응급조치로 환자를 이송하는 응급의료체계를 말한다. 응급처치는 위급한 환자의 생명을 살리고, 부상의 정도를 최소화하여 치료기간을 단축시키는 효과가 있어 응급처치의 필요성이 강조된다.

2 응급처치 중요성

① 환자의 생명을 구할 수 있다.
② 부상 상태 악화를 줄여줄 수 있다.
③ 부상의 고통을 줄여준다.
④ 치료 기간을 단축시켜준다.
⑤ 불필요한 의료비 지출을 줄여준다.

3 응급처치 시 주의사항

① 현장 상황을 파악하고, 자신의 안전을 확보한다.
② 자신의 신분을 밝히고 응급처치를 한다.
③ 의약품은 절대로 사용하지 않는다.
④ 일반적인 응급처치 후 전문 의료인에게 신속히 인계한다.
⑤ 환자에 대한 생사 판단은 하지 않는다.

4 응급상황 시 행동 요령

① **현장확인**(check) : 현장의 안전과 부상자를 확인한다.
② **연락**(call) : 119에 신고한다.
③ **처치 및 도움**(care) : 부상자를 돕고, 일반인 응급처치를 한다.

5 의식이 있는 환자 응급처치법

① 신분을 밝히며 환자 또는 목격자가 있는 경우 상황을 물어보고, 환자를 머리부터 발끝까지 확인한다.
② 환자 확인 후 환자가 통증 없이 움직일 수 있다면 편한 자세에서 심리적 안정감을 준다.
③ 추가 응급처치가 필요한지 지속적으로 확인하고, 119 신고가 필요한지 결정한다.

6 의식이 없는 환자 응급처치법

① 현장확인 : 현장의 안전과 상황을 확인한다.
② 의식확인 : 동의를 구하며, 의식을 확인한다.
③ 119 신고 및 AED 요청 : 주변에 특정인을 지목하여 119 신고 및 자동심장충격기(AED)를 요청한다.
④ 혼자 있는 경우 : 아무도 없는 경우 119 신고 후 즉시 심폐소생술을 준비한다.
⑤ 심폐소생술 실시 : 흉부압박 30회, 기도개방, 인공호흡 2회 순서로 실시한다.
⑥ 지속 여부 : 환자의 의식이 돌아오거나 응급의료기관이 올 때까지 실시한다.

7 흉부 압박법

심정지 환자에게 실시하며, 딱딱하고 평평한 바닥에 눕혀 실시한다.
- 위치 : 복장뼈의 1/2 아래 지점
- 깊이 : 5cm~6cm
- 속도 : 분당 100회~120회
- 압박과 호흡 : 압박 30회, 호흡 2회
- 압박과 이완 비율 : 50 대 50
- 방법 : 압박지점에 한 손을 다른 손에 깍지를 끼고, 팔꿈치를 펴고 환자의 몸과 직각을 이루어 실시한다.

8 운동 손상 시 기본 처치 방법

① RICE 처치법은 모든 뼈, 관절, 근육 부상의 치료를 위한 휴식(Rest), 얼음찜질(Ice), 압박(Compression), 거상(Elevation)의 각 첫 글자를 합친 것이다.
② 부상 후 48~72시간 이내에 조치가 취해져야 통증을 줄이고 예방하는데 도움이 된다. 골절이나 탈구의 경우 움직이지 않게 고정(protection) 또는 테이프 등으로 감아주어 움직이지 않도록 한다.

9 출혈 환자 응급처치법

출혈이나 상처의 종류에 관계없이 지혈이 응급처치 전에 시행되어야 한다.
① 상처의 범위와 정도를 먼저 평가한다.
② 처치자는 감염으로부터 보호받기 위해 의료용 장갑을 낀다.
③ 옷을 벗기거나 잘라서 상처 부위를 드러내어 출혈이 되는 곳을 찾는다.
④ 소독거즈나 깨끗한 천으로 상처 부위를 완전히 덮고 손가락이나 손바닥으로 직접 압박하여 지혈한다.
⑤ 출혈이 계속되면 상처 부위를 직접 압박함과 동시에 압박점에 압박을 가해서 혈류를 늦춘다.
⑥ 부목으로 상처 부위를 고정한다.

10 출혈 환자 응급처치 종류

① **내출혈** : 환자를 눕히고 다리를 들어 보온 유지
② **외출혈** : 상처 부위 소독 후 압박, 상처 부위를 심장보다 높게 유지

11 골절 환자 응급처치

골절 부위에 체중이 실리지 않도록 주의하고, 부목 등을 사용해서 골절 부위를 고정시킨다. 그리고 부종을 예방하기 위해 다친 부위를 심장보다 높게 올리고, 열린 상처가 있을 경우에는 깨끗한 거즈나 수건으로 상처 부위를 압박하여 지혈한다.

12 심폐소생술 4가지 원칙(요소)

① 의식 확인 및 응급의료체계 연결
② 흉부 압박
③ 기도확보
④ 인공호흡

13 심폐소생술 4가지 절차

1. 환자의 어깨를 두드려 의식을 확인한다.
2. 특정 사람을 지목하여 119에 먼저 신고하고, 자동심장충격기(AED)를 요청한다.
3. 가슴압박 자세를 잡고 흉부압박 분당100-120회로 강하고 빠르게 30회, 기도확보 후 인공호흡 2회 한다.
4. 119(전문의료기관)가 도착할 때까지 심폐소생술을 실시한다.

14 자동심장충격기(AED)

자동 심장충격기는 심실세동이나 심실빈맥으로 심정지가 된 환자에게 전기충격을 주어서 심장의 정상 리듬을 가져오게 해주는 도구이다. 의학적 지식이 부족한 일반인도 쉽게 사용할 수 있도록 개발되었다.

15 자동심장충격기(AED) 사용법

우선 AED의 전원을 켜고, 두 개의 패드를 상체를 노출 시킨 후 우측 쇄골 아래쪽에 1개, 또 다른 패드는 좌측 유두 바깥쪽 아래의 겨드랑이 중앙선에 부착한다. 패드 부착한 후 AED에 연결하면 환자의 심장 리듬을 분석하는데, 이때는 환자와 접촉하면 안 된다. AED에서 심장 충격 버튼을 누르라는 신호가 나오면 버튼을 눌러서 제세동이 실시되는데 이때도 환자와 접촉하면 안 되고, 세세동 후 즉시 심폐소생술을 시행해야 한다. 이 과정을 구급대원(전문의료기관)이 도착하기 전까지 AED의 설명에 따라서 계속해서 실시한다.

7장 스포츠지도사의 자세와 신념
(모든 종목 구술 시험 필수 이론)

1 스포츠지도사가 갖추어야 할 품성 및 자질

스포츠지도사는 지도자로서 바른 품성과 공정성을 가지고, 각 종목에 적합한 전문성을 갖추어야 한다.

2 실기 시험 복장

각 종목별 실기 및 구술 세부시행 규정에 나와 있는 복장과 규격화된 장비를 사용해야 한다.

3 스포츠지도사 용모 및 몸 관리

지도자로서 단정한 복장과 단정한 외모로 지도자다운 모습을 유지한다. 그리고 각 종목의 실기 및 구술시험 시 외모에 대한 평가가 직접적으로 이루어지지는 않으나 지도자로서 기본적인 몸 관리 측면과 운동 동작 수행 시 적절한 동작을 보여주기 위해 몸 관리는 필요하다.

4 스포츠지도사 자신감

지도자로서 전문적인 지식과 함께 운동을 지도할 때도 겸손하고 자신감 있는 리더의 모습을 보인다.

5 스포츠지도사 표현력

운동을 지도할 때도 정확한 발음과 함께 적절한 표현력을 발휘하여 안정감 있는 모습을 보인다.

6 스포츠지도사 이해도 및 태도

지도자로서 상대방을 배려하고 이해하려는 마음과 긍정적이고 밝은 태도와 모습을 보인다.

7 스포츠지도사 체육의 이해 및 지도력

스포츠지도자로서 체육에 대한 전반적인 이해가 필요하다. 그리고 각 종목에 대한 깊은 이해와 지도 능력이 필요하다.

8 스포츠지도사 적극성

스포츠지도사로서 적극적이고, 긍정적인 모습은 중요한 요소이다. 특히, 지도자가 갖추어야 할 적극적인 자세는 다른 사람들에게 모범을 보여야 할 스포츠지도사에게 필요하다.

스포츠지도사 하계 50 종목 실기 및 구술 시험
가 이 드 북

제 3 편

하계 50 종목 공통
구술 시험 예상문제

* 각 종목에 따라 공통구술 내용에 차이가 있으니 참고 예상문제로 활용 바랍니다.

01 생활체육론

01 생활체육지도자의 자질을 설명하시오.

답▶ 투철한 사명감, 의사전달 능력, 활달하고 강인한 정신력, 공정성, 도덕적 품성, 칭찬의 미덕 등

02 생활체육 지도원리를 설명하시오.

답▶ 첫째, 생활체육의 철학적 기초에 의거하여 지도한다.
둘째, 참가자의 욕구나 참가자 간의 개인차를 고려하여 지도한다.
셋째, 생활체육 참가자 간의 경쟁과 협동의 역동적 상호 관계를 유지하도록 지도한다.
넷째, 보다 과학적이고 체계적인 생활체육 지도기법을 활용하여 참가자를 효율적으로 지도한다.
다섯째, 참가자들이 자발적으로 참가할 수 있도록 지도한다.

03 생활체육의 기능을 설명하시오.

답▶ • 생리적 : 체지방을 감소시켜 성인병을 예방할 수 있고, 체력이 좋아진다.
• 심리적 : 긴장 및 갈등을 해소할 수 있음 이는 스트레스를 해소시켜 긴장감이나 갈등을 해소할 수 있다. 유대감을 생성시켜 자신감 및 소속감을 올릴 수 있다.
• 사회적 : 사회체제 유지 및 국민화합 창출이 가능하다.

04 생활체육 지도자의 역할을 설명하시오.

답▶ 첫째, 생활체육활동의 목표 설정입니다.
둘째, 효율적인 지도기법의 개발입니다.
셋째, 생활체육 지도자 간의 인간관계 유지입니다.
넷째, 생활체육 프로그램 개발입니다.
다섯째, 생활체육 재정의 관리입니다.

05 생활체육의 목표 5가지를 설명하시오.

답▶ 첫째, 건강 증진이다. 생활스포츠지도사는 참가자의 신체적, 정신적, 사회적 건강을 유지 및 증진시키는데 기여해야 한다.
둘째, 사회관계 촉진이다. 생활스포츠지도사는 참가자 간에 원만한 유대관계를 유지하도록 도와주는 한편, 궁극적으로 보다 바람직한 사회성을 함양하도록 유도한다.
셋째, 시적 성상이다. 생활스포츠지도사는 참가자에게 새로운 경험과 도전에 대한 욕구를 자연스럽게 충족시킬 수 있도록 도와주어야 한다.
넷째, 가족 유대관계 강화이다. 가족 단위 참가를 유도함으로써 가족 유대 강화에 기여해야한다.

다섯째, 협동 정신 강화이다. 생활스포츠지도사는 참가자 개개인에게 소속감을 느끼게 하고 타인을 존중하는 자세를 주지시켜 협동 정신을 배양하도록 돕는다.

02 특수체육론

06 특수체육 의의를 설명하시오.

답▶ 특수체육은 신체활동의 어려움으로 인해 심동적 문제를 지닌 사람들을 대상으로 하는 체육의 하위 분야를 의미한다.
① 독특한 요구의 충족을 위해 계획된 개별화 프로그램이다.
② 학생들의 신체적 능력에 따라 안전한 스포츠 경험을 주 목적으로 한다.
③ 신체 교정, 훈련, 치료 등 전통적이고 계획적인 프로그램의 요소를 포함한다.
④ 장애인은 독특한 요구를 지닌 사람으로 보고 있으며, 이는 심동적 어려움을 지닌 모든 사람을 지칭한다.

07 특수체육의 목표를 설명하시오.

답▶ ① **정의적 영역** : 긴장 이완과 즐거움, 사회적 능력의 증대, 긍정적 자아 형성
② **심동적 영역** : 체력 향상, 운동 스킬과 패턴, 여가 및 취미활동에 필요한 스킬
③ **인지적 영역** : 인지적·운동적 기능의 감각 통합, 창조적 표현능력, 놀이(게임) 행동

08 지적 장애인의 특징과 스포츠지도 시 주의사항을 설명하시오.

답▶ 단기 기억 및 인지적 능력에 어려움이 있고, 운동 학습 능력·주의 집중·체력이 낮으며, 체격 이상 등의 문제를 가지고 있다.
① 경기 규칙을 단순화해야 한다.
② 다양한 강화 도구 및 지도법을 활용해야 한다.
③ 반복 연습을 적용해야 한다.
④ 간단하고 명확하게 설명해야 한다.
⑤ 흥미와 관심을 유도해야 한다.
⑥ 활동 공간을 정리하여 주의 산만을 예방해야 한다.

09 자폐증 장애인의 특징과 스포츠지도 시 주의사항을 설명하시오.

답▶ 자폐성 장애인은 의사소통과 상호작용, 감각지각, 감각통합능력, 공격적 행동 등의 문제를 지니고 있다.
① 경기 규칙의 단순화를 통해 쉽고 간편하게 변형해야 한다.
② 안전중심의 시설 및 환경을 구성하며, 늘 정리정돈 되어있어야 한다.
③ 일관성을 가지고 수업 분위기를 유지해야 한다.
④ 간단명료한 설명을 통해 알기 쉽게 전달해야 한다.
⑤ 경쟁이 아닌 성취 위주의 활동으로 구성해야 한다.
⑥ 돌발적인 신체 접촉이 잦은 활동은 지양하여야 한다.
⑦ 지도 시 보조요원 또는 자원봉사자 등 즉각적으로 도움을 줄 수 있는 인원을 충분히 배치하여야 한다.
⑧ 요구에 적합한 강화 도구 및 교수(지도)법을 사용해야 한다.

03 노인체육론

10 노인이 운동을 할 때 장점을 설명하시오.

답▶ 노인은 근육량이 감소하고 자연스럽게 근력이 떨어지는 시기를 겪게 되는데, 운동을 통해서 근력을 유지 혹은 증가시킬 수 있고, 운동은 골다공증 예방과 치매에도 도움을 줄 수 있다. 그리고 심혈관계 질환의 예방을 도울 수 있다.

11 노화로 인한 근력 감소 원인을 설명하시오.

답▶ 노령기는 성호르몬의 감소가 근육량을 저하시키며 근섬유가 노화되어 약화 되고, 소화 흡수기관의 노화로 인하여 영양분을 체내에 쉽게 공급하기 어려워진다. 그리고 염증 유발 물질인 CRP등이 생겨서 근섬유 생성을 막고 단백 합성을 저해하기도 한다.

12 노인의 건강증진 근력운동을 예시로 설명하시오.

답▶ 노인의 경우 초반부에는 대근육 위주의 운동으로 근육의 안정감과 부상을 방지할 필요가 있다. 점진적으로 단독 운동 및 전문 운동으로 들어가야 한다. 효과적인 저항운동은 대근육 저항운동을 통해서 강화하고, 점차 세부 근육을 자극하는 것이 효과적이다.

04 유아체육론

13 유소년 신체적 정신적 변화에 대한 운동 방법을 설명하시오.

답▶ 유소년은 아직 미성장한 몸 상태로 심장 기능이 약하고, 저혈압 상태, 산만함을 인지하여 흥미 유발, 저강도, 반복 프로그램을 구성하여 지도한다.

14 유소년 지도 시 주의사항을 설명하시오.

답▶ 흥미와 능력을 고려한 적절한 프로그램 구성, 안전사고 대비, 주의 관찰 등이다.

15 갤러휴(Gallahue)의 유아기 운동 발달의 기본 움직임 단계를 설명하시오.

답▶ ① 1단계 : 반사적 운동(신생아)
② 2단계 : 초보적 운동(출생~2세)
③ 3단계 : 기초적 운동(2~4세)
④ 4단계 : 성숙 단계(4~6세)
⑤ 5단계 : 전문적 운동(6~10세)

05 스포츠 인권(지도자 윤리)

16 성 인지 감수성을 설명하시오.

답▶ 성 인지 감수성이란 사회에서 남녀 간의 불평등한 것을 인지하고 일상생활 속에서 성차별적 요소를 감지해내는 민감성을 말한다.

17 성 그루밍을 설명하시오.

답▶ 가해자가 피해자에게 심리적으로 지배한 뒤에 성적인 폭력을 가하는 것이다.

18 성폭력, 성희롱, 강간을 설명하시오.

답▶ 성폭력은 성폭행과 성추행, 성희롱을 모두 포함한 전체적인 개념으로 성범죄 또는 성적 불이익을 모두 포함한다. 성폭행과 성추행은 물리적인 힘이 동원되는 경우입니다. 하지만 성희롱은 신체적인 접촉이 전혀 없는 말이나 행동 등으로 이루어진다. 이 중 성희롱, 성폭행, 성추행, 성폭력의 법적인 차이점은,

성희롱은 형사소송법에 해당하지 않으며 성추행과 성폭행만 형법에 해당한다. 이는 신체적, 물리적 폭력 행위에 관련되기 때문이다.

19 경기장 및 훈련장에서 스포츠 폭력 예방법을 설명하시오.

답▶ 어떠한 경우도 폭력을 허용하지 않는다. 운동부 규율을 잡거나 훈련의 목적으로 체벌이나 기합 또한 금지된다. 그리고 감당할 수 없을 정도의 신체적, 정신적 고통을 주는 과도한 훈련 등은 하지 않는다. 지도자는 훈련이나 시합 과정에서 사전에 선수에게 연습 및 시합의 목표와 방법, 과정 등에 대하여 설명하고 충분한 의견을 수렴하여야 한다. 지도자는 과학적이고 교육적인 지도방법을 통하여 개인 및 팀의 기량 및 경기력을 향상시키도록 노력하여야 한다. 인격이나 명예를 훼손하는 언행을 하지 않는다.

06 응급처치

20 의식 있는 환자 경우 응급처치를 설명하시오.

답▶ 의식이 있는지 확인을 한 후 주변 상황 위험도에 판단하여 안전한 곳으로 이동한다. 부상이나 출혈이 있는지 확인하고, 체온을 유지하기 위해 담요나 옷가지 등을 덮어주고, 응급의료기관이 올 때까지 보호한다.

21 의식 없을 환자 경우 응급처치를 설명하시오.

답▶ 주변의 안전을 우선 확인하고, 의식을 확인하기 위해 어깨를 두드려보고, 의식이 없음을 확인하면 곧바로 주변 사람들을 특정하여 지정한 후 119에 신고와 AED를 부탁한다. 환자의 상태를 확인하며 출혈, 부상 상태를 확인하고, 기도를 확보한다. 분당 100~120회 속도로 30회 심장압박을 한 후 2회 인공호흡을 실시한다. 중간에 응급의료기관이 올 경우 최대한 현장 상황을 보고하여 현장 조치를 받을 수 있도록 인계한다.

22 응급처치 시 주의사항을 설명하시오.

답▶ 의식 유무 확인, 환자의 호흡, 출혈 등을 확인, 2차 손상에 주의하며 의약품 사용은 금지한다.

23 출혈이 있는 환자의 응급처치를 설명하시오.

답▶
- 내출혈 – 환자를 눕히고 다리를 들어 보온 유지
- 외출혈 – 상처 부위 소독 후 압박, 상처 부위를 심장보다 높게 유지

24 운동 손상 시 기본 처치 방법

답▶
① RICE 처치법은 모든 뼈, 관절, 근육 부상의 치료를 위한 휴식(Rest), 얼음찜질(Ice), 압박(Compression), 거상(Elevation)의 각 첫 글자를 합친 것이다.
② 부상 후 48~72시간 이내에 조치가 취해져야 통증을 줄이고 예방하는데 도움이 된다. 골절이나 탈구의 경우 움직이지 않게 고정(protection) 또는 테이프 등으로 감아주어 움직이지 않도록 한다.

25 자동심장충격기(AED)를 설명하시오.

답▶ 자동심장충격기는 심실세동이나 심실빈맥으로 심정지가 된 환자에게 전기충격을 주어서 심장의 정상 리듬을 가져오게 해주는 도구이다. 의학적 지식이 부족한 일반인도 쉽게 사용할 수 있도록 개발되었다.

26 심폐소생술 4가지 원칙(요소)을 설명하시오.

답▶
① 의식 확인 및 응급의료체계 연결
② 흉부 압박
③ 기도확보
④ 인공호흡

27 자동심장충격기(AED) 사용법을 설명하시오.

답▶ 우선 AED의 전원을 켜고, 두 개의 패드를 상체를 노출 시킨 후 우측 쇄골 아래쪽에 1개, 또 다른 패드는 좌측 유두 바깥쪽 아래의 겨드랑이 중앙선에 부착한다. 패드 부착한 후 AED에 연결하면 환자의 심장 리듬을 분석하는데, 이때는 환자와 접촉하면 안 된다. AED에서 심장 충격 버튼을 누르라는 신호가 나오면 버튼을 눌러서 제세동이 실시되는데 이때도 환자와 접촉하면 안 되고, 제세동 후 즉시 심폐소생술을 시행해야 한다. 이 과정을 구급대원(전문의료기관)이 도착하기 전까지 AED의 설명에 따라서 계속해서 실시한다.

07 스포츠지도사의 자세와 신념

28 스포츠 지도 시 주의사항을 설명하시오.

답▶ 개인차를 고려한 세심한 지도, 공정성, 정확한 지식전달, 안전에 유의한 지도 등이다.

29 스포츠지도사의 유의사항을 설명하시오.

답▶ 운동시간 엄수, 용모단정, 개인 특성 고려, 긍정적 대화, 공평성 등이다.

30 스포츠지도사의 체육 이해 및 지도력을 설명하시오.

답▶ 스포츠지도자로서 체육에 대한 전반적인 이해가 필요하다. 그리고 각 종목에 대한 깊은 이해와 지도 능력이 필요하다.

* 각 종목별 실기및구술 시험 세부시행 내용을 명확히 이해하고, 각 종목의 전문 지식을 우선 학습하세요.

스포츠지도사 구술 예상 문제는 평소에 발표 연습을 통해서 시험 당일 심사위원 앞에서 자심감 있게 발표하시길 바랍니다.

MEMO

스포츠지도사 하계 50 종목 실기 및 구술 시험
가 이 드 북

부록

스포츠지도사 시험안내

*체육시도자연수원 홈페이지 자료 인용

*매년 세부시행 내용이 변경되니 체육지도자연수원 홈페이지 참고 바람

부록 | 스포츠지도사 시험안내

전문스포츠지도사(하계)

■ 공통사항: 18세 이상인 사람

자격종목(53개 종목) | 계절영향이 없는 동계종목(빙상, 아이스하키, 컬링 등) 포함/ * 카바디는 검정기관의 요청에 따라 시행 보류

가라테, 검도, 골프, 궁도, 근대5종, 농구, 당구, 댄스스포츠, 럭비, 레슬링, 배구, 배드민턴, 보디빌딩, 복싱, 볼링, 빙상, 사격, 사이클, 산악, 세팍타크로, 소프트볼, 소프트테니스, 수상스키, 수영, 수중, 스쿼시, 승마, 씨름, 아이스하키, 야구, 양궁, 에어로빅, 역도, 요트, 우슈, 유도, 육상, 인라인스케이트, 조정, 주짓수, 체조, 축구, 카누, 컬링, 탁구, 태권도, 택견, 테니스, 트라이애슬론, 펜싱, 하키, 핸드볼, 힙합

1급 전문스포츠지도사

구분	자격요건	필기	실기	구술	연수(시간)
일반과정	'25.3.17. 현재 해당 자격 종목의 2급 전문스포츠지도사 자격을 취득한 후 3년 이상 해당 자격 종목의 경기지도경력이 있는 사람	○			○ (250)
특별과정	'25.7.22. 현재 국가대표선수(국가대표선수였던 사람을 포함)로서 다음 요건을 모두 갖춘 사람 - 해당 자격 종목의 국가대표선수로 국제올림픽위원회, 아시아올림픽평의회, 종목별 국제연맹, 종목별 아시아연맹에서 주최하는 국제 대회 중 어느 하나에 참가한 경력이 있을 것 - 해당 자격 종목의 2급 전문스포츠지도사 자격을 취득한 후 해당 자격 종목의 3년 이상의 경기지도경력이 있을 것				○ (250)

필기	온라인 접수	증빙서류 제출	응시수수료 납부	시험일	합격자 발표	필기과목(4과목)
	3.13 ~ 3.17	3.13 ~ 3.19	3.13 ~ 3.19	4.26	5.16	스포츠영양학, 운동상해, 체육측정평가론, 트레이닝론

연수	등록 및 연수비 납부	연수	현장실습	합격자 발표 및 자격증 발급	연수기관
	(정기접수)7.17 ~ 7.22 (추가접수)7.24 ~ 7.28[주1]	8.2 ~ 12.6	9.1 ~ 12.6	12.19	국민체육진흥공단

주1) 연수 추가접수는 정기 접수 후 연수비 미납으로 결원 발생 시 시행

2급 전문스포츠지도사

구분	자격요건	필기	실기	구술	연수(시간)	스포츠윤리교육
일반과정	'25.3.24 현재 해당 자격 종목에 대하여 4년 이상의 경기경력이 있는 사람	○	○	○	○ (90)	
	'25.3.24 현재 「고등교육법」 제2조에 따른 학교에서 체육 분야에 관한 학문을 전공하고 졸업한 사람(졸업예정자 포함)이거나 법령에 따라 이와 같은 수준의 학력이 있다고 인정되는 사람으로 그 경기경력 및 수업연한의 합산 기간이 4년 이상인 사람[주1]	○	○	○	○ (90)	
	'25.3.24 현재 문화체육관광부장관이 인정하는 외국의 제1호[주2]에 해당하는 학교(학제 또는 교육과정으로 보아 제1호에 따른 학교와 같은 수준이거나 그 이상인 학교)에서 체육 분야에 관한 학문을 전공하고 졸업한 사람으로 그 경기경력 및 수업연한의 합산 기간이 4년 이상인 사람	○	○	○	○ (90)	
특별과정	'25.6.2 현재 학교체육교사(학교체육교사였던 사람을 포함)로서 「초·중등교육법」 별표2에 따른 중등학교 정교사(1급·2급) 또는 준교사 자격(체육과목)을 가지고, 같은 법 제2조에 따른 학교에서 체육교사로 재직하면서 해당 자격 종목의 경기지도경력이 3년 이상일 것		○	○		○[주3]
	'25.6.2 현재 해당 자격 종목의 국가대표선수(국가대표선수였던 사람을 포함)로서 국제올림픽위원회, 아시아올림픽평의회, 종목별 국제연맹, 종목별 아시아연맹에서 주최하는 국제대회 중 어느 하나에 참가한 경력이 있을 것			○		○[주3]
	'25.6.2 현재 문화체육관광부장관이 지정하는 프로스포츠단체(축구, 야구, 농구, 배구, 골프 종목에 한함)에 등록된 프로스포츠선수(프로스포츠선수였던 사람을 포함)로서 해당 자격 종목의 프로스포츠단체 선수경력 3년 이상일 것			○	○ (40)	
추가취득	'25.6.2 현재 2급 전문스포츠지도사 자격을 가지고 보유한 자격 종목이 아닌 다른 종목의 자격을 취득하려는 사람		○	○		○[주3]

필기	온라인 접수	증빙서류 제출	응시수수료 납부	시험일	합격자 발표	필기과목(7과목 중 5과목 선택)
	3.20 ~ 3.24	3.20 ~ 3.26	3.20 ~ 3.26	4.26	5.16	스포츠교육학, 스포츠사회학, 스포츠심리학, 스포츠윤리, 운동생리학, 운동역학, 한국체육사

실기구술	온라인 접수 및 증빙서류 제출	응시수수료 납부	시험일	합격자 발표	실기 및 구술검정기관
	5.28 ~ 6.2	5.28 ~ 6.2	6.5 ~ 7.3	7.11	국기원(태권도), 대한체육회(태권도 제외)

연수	등록 및 연수비 납부	연수	현장실습	합격자 발표 및 자격증 발급	연수기관
	(정기접수)7.17 ~ 7.22 (추가접수)7.24 ~ 7.28[주4]	8.2 ~ 10.19	8.2 ~ 10.19	12.5	국기원, 동아대, 조선대, 중앙대, 충남대, 한양대, 한국체대

스포츠윤리교육	접수 및 교육	합격자 발표 및 자격증 발급	교육기관
	8.4 ~ 9.26	12.5	스포츠윤리센터 (edu.k-sec.or.kr)

주1) 졸업예정자의 경우 2026년 2월 28일까지 졸업(학위)증명서 반드시 제출(필기·실기구술 합격자 포함), 미제출 시 필기·실기구술·연수 합격취소 및 최종 불합격처리(응시수수료 및 연수비 환불 불가)
주2) 제1호: 고등교육법 제2조에 따른 학교
주3) 스포츠윤리센터 체육지도자 연수과정(3시간)
주4) 연수 추가접수는 정기 접수 후 연수비 미납으로 결원 발생 시 시행

생활스포츠지도사(하계)

■ 공통사항: 18세 이상인 사람

자격종목(65개 종목) | 계절영향이 없는 동계종목(빙상, 아이스하키 등) 포함

검도, 게이트볼, 골프, 국학기공, 궁도, 농구, 당구, 댄스스포츠, 등산, 라켓볼, 럭비, 레슬링, 레크리에이션, 배구, 배드민턴, 보디빌딩, 복싱, 볼링, 빙상, 사격, 세팍타크로, 소프트볼, 소프트테니스, 수상스키, 수영, 스쿼시, 스킨스쿠버, 승마, 씨름, 아이스하키, 야구, 양궁, 에어로빅, 오리엔티어링, 요트, 우슈, 윈드서핑, 유도, 육상, 인라인스케이트, 자전거, 조정, 족구, 주짓수, 줄넘기, 철인3종경기, 체조, 축구, 치어리딩, 카누, 킥복싱, 탁구, 태권도, 택견, 테니스, 파크골프, 패러글라이딩, 펜싱, 풋살, 플로어볼, 하키, 합기도, 핸드볼, 행글라이딩, 힙합

1급 생활스포츠지도사

	자격요건	필기	실기	구술	연수(시간)	스포츠윤리교육
일반과정	• '25.3.17 현재 해당 자격 종목의 2급 생활스포츠지도사 자격을 취득한 후 3년 이상 해당 자격종목의 지도경력이 있는 사람	○	○	○	○(120)	
특별과정	• '25.6.2 현재 학교체육교사(학교체육교사였던 사람을 포함)로서 「초·중등교육법」 별표2에 따른 중등학교 정교사(1급·2급) 또는 준교사 자격(체육과목)을 가지고, 같은 법 제2조에 따른 학교에서 체육교사로 재직하면서 해당 자격 종목의 지도경력이 3년 이상일 것		○	○	○(40)	
	• '25.7.22 현재 해당 자격 종목의 국가대표선수(국가대표선수였던 사람을 포함)로서 국제올림픽위원회, 아시아올림픽평의회, 종목별 국제연맹, 종목별 아시아연맹에서 주최하는 국제대회 중 어느 하나에 참가한 경력이 있을 것				○(40)	
	• '25.6.2 현재 문화체육관광부장관이 지정하는 프로스포츠단체(축구, 야구, 농구, 배구, 골프 종목에 한함)에 등록된 프로스포츠선수(프로스포츠선수였던 사람을 포함)로서 해당 자격 종목의 프로스포츠단체 선수경력 3년 이상일 것			○	○(40)	
	• '25.6.2 현재 해당 자격 종목의 1급 전문스포츠지도사 자격을 가지고 동일한 종목의 자격을 취득하려는 사람				○	○주1)
	• '25.3.17 현재 해당 자격 종목의 2급 전문스포츠지도사 자격을 가지고 동일한 종목의 자격을 취득하려는 사람	○		○	○(40)	
추가취득	• '25.6.2 현재 1급 생활스포츠지도사 자격을 가지고 보유한 자격 종목이 아닌 다른 종목의 자격을 취득하려는 사람		○	○		○주1)

필기	온라인 접수	증빙서류 제출	응시수수료 납부	시험일	합격자 발표	필기과목(4과목)
	3.13 ~ 3.17	3.13 ~ 3.19	3.13 ~ 3.19	4.26	5.16	건강교육론, 운동상해, 체육측정평가론, 트레이닝론

실기구술	온라인 접수 및 증빙서류 제출	응시수수료 납부	시험일	합격자 발표	실기 및 구술검정기관
	5.28 ~ 6.2	5.28 ~ 6.2	6.5 ~ 7.3	7.11	대한체육회(태권도 제외), 국기원(태권도)

연수	등록 및 연수비 납부	연수	현장실습	합격자 발표 및 자격증 발급	연수기관
	(정기접수)7.17 ~ 7.22 (추가접수)7.24 ~ 7.28*주2)	8.2 ~ 10.19	8.2 ~ 10.19	12.5	국민체육진흥공단, 원광대

스포츠윤리교육	접수 및 교육	합격자 발표 및 자격증 발급	교육기관
	8.4 ~ 9.26	12.5	스포츠윤리센터 (edu.k-sec.or.kr)

주1) 스포츠윤리센터 체육지도자 연수과정(3시간)
주2) 연수 추가접수는 정기 접수 후 연수비 미납으로 결원 발생 시 시행

2급 생활스포츠지도사

	자격요건	필기	실기	구술	연수(시간)	스포츠윤리교육
일반과정	• '25.3.31 현재 18세 이상인 사람	○	○	○	○(90)	
특별과정	• '25.0.2 현재 해당 자격 종목의 유소년 또는 노인 스포츠지도사 자격을 가지고 동일한 종목의 자격을 취득하려는 사람			○	○(40)	
	• '25.6.2 현재 2급 장애인스포츠지도사 자격을 가지고 보유한 자격 종목이 아닌 다른 종목(별표1 제3호의 비고에서 다른 종목으로 보는 경우를 포함)의 자격을 취득하려는 사람		○	○	○(40)	
	• '25.6.2 현재 유소년 또는 노인스포츠지도사 자격을 가지고 보유한 자격 종목이 아닌 다른 종목의 자격을 취득하려는 사람		○	○	○(40)	
추가취득	• '25.6.2 현재 2급 생활스포츠지도사 자격을 가지고 보유한 자격 종목이 아닌 다른 종목의 자격을 취득하려는 사람		○	○		○주1)

필기	온라인 접수 및 응시수수료 납부	시험일	합격자 발표	필기과목(7과목 중 5과목 선택)
	(정기접수)3.27 ~ 3.31 (추가접수)4.3 ~ 4.4*주2)	4.26	5.16	스포츠교육학, 스포츠사회학, 스포츠심리학, 스포츠윤리, 운동생리학, 운동역학, 한국체육사

실기구술	온라인 접수 및 응시수수료 납부	시험일	합격자 발표	실기 및 구술검정기관
	5.28 ~ 6.2	6.5 ~ 7.3	7.11	대한체육회(태권도 제외), 국기원(태권도)

연수	등록 및 연수비 납부	연수	현장실습	합격자 발표 및 자격증 발급	연수기관
	(정기접수)7.17 ~ 7.22 (추가접수)7.24 ~ 7.28*주3)	8.2 ~ 10.19	8.2 ~ 10.19	12.5	강릉원주대 등 27개 기관

스포츠윤리교육	접수 및 교육	합격자 발표 및 자격증 발급	교육기관
	8.4 ~ 9.26	12.5	스포츠윤리센터 (edu.k-sec.or.kr)

주1) 스포츠윤리센터 체육지도자 연수과정(3시간)
주2) 필기 추가접수는 정기 접수 후 남은좌석(미납자)에 대해서 시행
주3) 연수 추가접수는 정기 접수 후 연수비 미납으로 결원 발생 시 시행

장애인스포츠지도사(하계)

■ 공통사항: 18세 이상인 사람

자격종목(30개 종목) | 계절영향이 없는 동계종목(아이스하키, 컬링 등) 포함/ * 가라테, 레슬링, 오리엔티어링, 핸드볼은 검정기관의 요청에 따라 시행 보류

골볼, 농구, 당구, 댄스스포츠, 럭비, 론볼, 배구, 배드민턴, 보치아, 볼링, 사격, 사이클, 수영, 승마, 아이스하키, 양궁, 역도, 요트, 유도, 육상, 조정, 축구, 카누, 컬링, 탁구, 태권도, 테니스, 트라이애슬론, 파크골프, 펜싱

1급 장애인스포츠지도사

	자격요건					취득절차			
						필기	실기	구술	연수(시간)
일반과정	• '25.3.17 현재 해당 자격 종목의 2급 장애인스포츠지도사 자격을 취득한 후 3년 이상 해당 자격종목의 지도경력이 있는 사람					○	○	○	○ (250)
특별과정	• '25.7.22 현재 국가대표선수(국가대표선수였던 사람을 포함)로서 다음 요건을 모두 갖춘 사람 – 해당 자격 종목의 국가대표선수로 국제장애인올림픽위원회, 아시아장애인올림픽위원회, 국제스포츠연맹, 국제장애인올림픽위원회스포츠연맹, 국제장애유형별 스포츠연맹에서 주최하는 국제대회 중 어느 하나에 참가한 경력이 있을 것 – 해당 자격 종목의 2급 장애인스포츠지도사자격을 취득한 후 해당 자격종목의 3년 이상 경기지도경력이 있을 것								○ (250)
필기	온라인 접수	증빙서류 제출	응시수수료 납부	시험일	합격자 발표	필기과목(4과목)			
	3.13 ~ 3.17	3.13 ~ 3.19	3.13 ~ 3.19	4.26	5.16	운동상해, 장애인스포츠론, 체육측정평가론, 트레이닝론			
실기구술	온라인 접수 및 응시수수료 납부			시험일	합격자 발표	실기 및 구술검정기관			
	5.28 ~ 6.2			6.5 ~ 7.3	7.11	대한장애인체육회(태권도 제외), 국기원(태권도)			
연수	등록 및 연수비 납부	연수		현장실습		합격자 발표 및 자격증 발급	연수기관		
	(정기접수)7.17 ~ 7.22 (추가접수)7.24 ~ 7.28*1)	8.2 ~ 12.6		9.1 ~ 12.6		12.19	국민체육진흥공단		

주1) 연수 추가접수는 정기 접수 후 연수비 미납으로 결원 발생 시 시행

2급 장애인스포츠지도사

	자격요건					취득절차				
						필기	실기	구술	연수(시간)	스포츠윤리교육
일반과정	• '25.3.31 현재 18세 이상인 사람					○	○	○	○ (90)	
특별과정	• '25.6.2 현재 학교체육교사(학교체육교사였던 사람을 포함)로서 「초·중등교육법」 별표 2에 따른 중등학교 정교사(1급·2급) 또는 준교사 자격(체육과목)이나 특수학교 정교사 또는 준교사 자격을 가지고 「장애인 등에 대한 특수교육법」제2조제10호에 따른 특수교육기관에서 체육교사로 재직하면서 해당 자격 종목의 지도경력이 3년 이상일 것						○	○	○ (40)	
	• '25.6.2 현재 해당 자격 종목의 국가대표선수(국가대표선수였던 사람을 포함)로서 국제장애인올림픽위원회, 아시아장애인올림픽위원회, 국제스포츠연맹, 국제장애인올림픽위원회스포츠연맹, 국제장애유형별스포츠연맹에서 주최하는 국제대회 중 어느 하나에 참가한 경력이 있을 것							○	○ (40)	
	• '25.3.31 현재 2급 생활스포츠지도사 자격을 가지고 보유한 자격 종목이 아닌 다른 종목(별표 1 제2호의 비고에서 다른 종목으로 보는 경우를 포함)의 자격을 취득하려는 사람					○*1) (1과목)	○	○	○ (40)	
	• '25.3.31 현재 유소년스포츠지도사 자격을 가지고 보유한 자격 종목이 아닌 다른 종목(별표 1 제4호의 비고에서 다른 종목으로 보는 경우를 포함)의 자격을 취득하려는 사람					○*1) (1과목)	○	○	○ (40)	
	• '25.3.31 현재 노인스포츠지도사 자격을 가지고 보유한 자격 종목이 아닌 다른 종목(별표 1 제5호의 비고에서 다른 종목으로 보는 경우를 포함)의 자격을 취득하려는 사람					○*1) (1과목)	○	○	○ (40)	
추가취득	• '25.6.2 현재 2급 장애인스포츠지도사 자격을 가지고 보유한 자격 종목이 아닌 다른 종목의 자격을 취득하려는 사람						○	○		○*2)
필기	온라인 접수 및 응시수수료 납부		시험일	합격자 발표		필기과목(5과목)				
	(정기접수)3.27 ~ 3.31 (추가접수)4.3 ~ 4.4*3)		4.26	5.16		필수(1): 특수체육론 선택(4): 스포츠교육학, 스포츠사회학, 스포츠심리학, 스포츠윤리, 운동생리학, 운동역학, 한국체육사				
실기구술	온라인 접수 및 증빙서류 제출	응시수수료 납부	시험일	합격자 발표		실기 및 구술검정기관				
	5.28 ~ 6.2	5.28 ~ 6.2	6.5 ~ 7.3	7.11		대한장애인체육회(태권도 제외), 국기원(태권도)				
연수	등록 및 연수비 납부	연수	현장실습	합격자 발표 및 자격증 발급		연수기관				
	(정기접수)7.17 ~ 7.22 (추가접수)7.24 ~ 7.28*4)	8.2 ~ 10.19	8.2 ~ 10.19	12.5		백석대, 신라대, 용인대, 원광대, 한국체대				
스포츠윤리교육	접수 및 교육		합격자 발표 및 자격증 발급			교육기관				
	8.4 ~ 9.26		12.5			스포츠윤리센터 (edu.k-sec.or.kr)				

주1) 필기1과목: 특수체육론
주2) 스포츠윤리센터 체육지도자 연수과정(3시간)
주3) 필기 추가접수는 정기 접수 후 남은좌석(미납자)에 대해서 시행
주4) 연수 추가접수는 정기 접수 후 연수비 미납으로 결원 발생 시 시행

유소년스포츠지도사(하계)

■ 공통사항: 18세 이상인 사람

자격종목(61개 종목) | 계절영향이 없는 동계종목(빙상, 아이스하키 등) 포함

검도, 게이트볼, 골프, 궁도, 농구, 당구, 댄스스포츠, 등산, 라켓볼, 럭비, 레슬링, 레크리에이션, 배구, 배드민턴, 보디빌딩, 복싱, 볼링, 빙상, 사격, 세팍타크로, 소프트테니스, 수상스키, 수영, 스쿼시, 스킨스쿠버, 승마, 씨름, 아이스하키, 야구, 양궁, 에어로빅, 오리엔티어링, 요트, 우슈, 윈드서핑, 유도, 육상, 인라인스케이트, 자전거, 조정, 족구, 줄넘기, 철인3종경기, 체조, 축구, 카누, 탁구, 태권도, 택견, 테니스, 파크골프, 패러글라이딩, 펜싱, 풋살, 플라잉디스크, 플로어볼, 피구, 하키, 합기도, 핸드볼, 행글라이딩

	자격요건					취득절차				
						필기	실기	구술	연수(시간)	스포츠윤리교육
일반과정	• '25.3.31 현재 18세 이상인 사람					○	○	○	○(90)	
특별과정	• '25.6.2 현재 학교체육교사(학교체육교사였던 사람을 포함)로서 「초·중등교육법」 별표 2에 따른 중등학교 정교사(1급·2급) 또는 준교사 자격(체육과목)을 가지고, 같은 법 제2조에 따른 학교에서 체육교사로 재직하면서 해당 자격 종목의 지도경력이 3년 이상일 것							○	○(40)	
	• '25.6.2 현재 해당 자격 종목의 전문 또는 생활 또는 노인스포츠지도사 자격을 가지고 동일한 종목의 자격을 취득하려는 사람							○	○(40)	
	• '25.6.2 현재 2급 생활스포츠지도사 자격을 가지고 보유한 자격 종목이 아닌 다른 종목의 자격을 취득하려는 사람					○		○	○(40)	
	• '25.6.2 현재 2급 장애인스포츠지도사 자격을 가지고 보유한 자격 종목이 아닌 다른 종목(별표1 제3호의 비고에서 다른 종목으로 보는 경우를 포함)의 자격을 취득하려는 사람					○		○	○(40)	
	• '25.6.2 현재 노인스포츠지도사 자격을 가지고 보유한 자격 종목이 아닌 다른 종목의 자격을 취득하려는 사람							○	○(40)	
추가취득	• '25.6.2 현재 유소년스포츠지도사 자격을 가지고 보유한 자격 종목이 아닌 다른 종목의 자격을 취득하려는 사람						○	○		○*1)
필기	온라인 접수 및 응시수수료 납부		시험일	합격자 발표		필기과목(5과목)				
	(정기접수)3.27 ~ 3.31 (추가접수)4.3 ~ 4.4*2)		4.26	5.16		필수(1): 유아체육론 선택(4): 스포츠교육학, 스포츠사회학, 스포츠심리학, 스포츠윤리, 운동생리학, 운동역학, 한국체육사				
실기 구술	온라인 접수 및 증빙서류 제출	응시수수료 납부	시험일	합격자 발표		실기 및 구술검정기관				
	5.28 ~ 6.2	5.28 ~ 6.2	6.5 ~ 7.3	7.11		대한체육회(태권도 제외), 국기원(태권도)				
연수	등록 및 연수비 납부	연수	현장실습	합격자 발표 및 자격증 발급		연수기관				
	(정기접수)7.17 ~ 7.22 (추가접수)7.24 ~ 7.28*3)	8.2 ~ 10.19	8.2 ~ 10.19	12.5		가톨릭관동대, 경남대, 광주대, 울지대, 중앙대, 호서대				
스포츠 윤리교육	접수 및 교육		합격자 발표 및 자격증 발급			교육기관				
	8.4 ~ 9.26		12.5			스포츠윤리센터 (edu.k-sec.or.kr)				

주1) 스포츠윤리센터 체육지도자 연수과정(3시간)
주2) 필기 추가접수는 정기 접수 후 남은좌석(미납자)에 대해서 시행
주3) 연수 추가접수는 정기 접수 후 연수비 미납으로 결원 발생 시 시행

노인스포츠지도사(하계)

■ 공통사항: 18세 이상인 사람

자격종목(59개 종목) | 계절영향이 없는 동계종목(빙상, 아이스하키 등) 포함

검도, 게이트볼, 골프, 국학기공, 궁도, 그라운드골프, 농구, 당구, 댄스스포츠, 등산, 라켓볼, 럭비, 레슬링, 레크리에이션, 배구, 배드민턴, 보디빌딩, 복싱, 볼링, 빙상, 사격, 세팍타크로, 소프트테니스, 수상스키, 수영, 스쿼시, 스킨스쿠버, 승마, 씨름, 아이스하키, 야구, 양궁, 에어로빅, 오리엔티어링, 요트, 우슈, 윈드서핑, 유도, 육상, 인라인스케이트, 자전거, 조정, 족구, 철인3종경기, 체조, 축구, 카누, 탁구, 태권도, 택견, 테니스, 파크골프, 패러글라이딩, 펜싱, 풋살, 하키, 합기도, 핸드볼, 행글라이딩

	자격요건					취득절차				
						필기	실기	구술	연수(시간)	스포츠윤리교육
일반과정	• '25.3.31 현재 18세 이상인 사람					○	○	○	○(90)	
특별과정	• '25.6.2 현재 해당 자격 종목의 전문 또는 생활 또는 유소년스포츠지도사 자격을 가지고 동일한 종목의 자격을 취득하려는 사람							○	○(40)	
	• '25.6.2 현재 2급 생활스포츠지도사 자격을 가지고 보유한 자격 종목이 아닌 다른 종목의 자격을 취득하려는 사람					○		○	○(40)	
	• '25.6.2 현재 2급 장애인스포츠지도사 자격을 가지고 보유한 자격 종목이 아닌 다른 종목(별표1 제3호의 비고에서 다른 종목으로 보는 경우를 포함)의 자격을 취득하려는 사람					○		○	○(40)	
	• '25.6.2 현재 유소년스포츠지도사 자격을 가지고 보유한 자격 종목이 아닌 다른 종목의 자격을 취득하려는 사람							○	○(40)	
추가취득	• '25.6.2 현재 노인스포츠지도사 자격을 가지고 보유한 자격 종목이 아닌 다른 종목의 자격을 취득하려는 사람						○	○		○*1)
필기	온라인 접수 및 응시수수료 납부		시험일	합격자 발표		필기과목(5과목)				
	(정기접수)3.27 ~ 3.31 (추가접수)4.3 ~ 4.4*2)		4.26	5.16		필수(1): 노인체육론 선택(4): 스포츠교육학, 스포츠사회학, 스포츠심리학, 스포츠윤리, 운동생리학, 운동역학, 한국체육사				
실기 구술	온라인 접수 및 응시수수료 납부		시험일	합격자 발표		실기 및 구술검정기관				
	5.28 ~ 6.2		6.5 ~ 7.3	7.11		대한체육회(태권도 제외), 국기원(태권도)				
연수	등록 및 연수비 납부	연수	현장실습	합격자 발표 및 자격증 발급		연수기관				
	(정기접수)7.17 ~ 7.22 (추가접수)7.24 ~ 7.28*3)	8.2 ~ 10.19	8.2 ~ 10.19	12.5		가톨릭관동대, 경희대, 대전대, 목포대, 신라대, 연세대, 호남대, 이화여대				
스포츠 윤리교육	접수 및 교육		합격자 발표 및 자격증 발급			교육기관				
	8.4 ~ 9.26		12.5			스포츠윤리센터 (edu.k-sec.or.kr)				

주1) 스포츠윤리센터 체육지도자 연수과정(3시간)
주2) 필기 추가접수는 정기 접수 후 남은좌석(미납자)에 대해서 시행
주3) 연수 추가접수는 정기 접수 후 연수비 미납으로 결원 발생 시 시행

부록 - 스포츠지도사 시험안내

자격검정 및 연수 수수료

- 필기시험: 18,000원   ■ 실기 및 구술시험: 30,000원   ■ 자격증 발급(재발급): 무료 온라인 발급

■ 연수

자격구분		연수 수수료
1급 전문스포츠지도사	일반과정	500,000원
	특별과정	500,000원
2급 전문스포츠지도사	일반과정	200,000원
	특별과정	150,000원
1급 생활스포츠지도사	일반과정	250,000원
	특별과정	150,000원
2급 생활스포츠지도사	일반과정	200,000원
	특별과정	150,000원
건강운동관리사	일반과정	400,000원

자격구분		연수 수수료
유소년스포츠지도사	일반과정	200,000원
	특별과정	150,000원
노인스포츠지도사	일반과정	200,000원
	특별과정	150,000원
1급 장애인스포츠지도사	일반과정	500,000원
	특별과정	500,000원
2급 장애인스포츠지도사	일반과정	250,000원
	특별과정	150,000원

실기구술기관 연락처

자격구분	기관명	전화번호	비고
건강운동관리사	국민체육진흥공단	1670-1859	
전문, 생활, 유소년, 노인 스포츠지도사	대한체육회(태권도 제외)	02)2144-8172	※ 태권도 종목에 한해 국기원을 해당 자격 단일 자격검정기관으로 지정
	국기원(태권도)	063)320-0209~0212	
장애인스포츠지도사	대한장애인체육회(태권도 제외)	02)3434-4575	
	국기원(태권도)	063)320-0209~0212	

연수기관 연락처

자격구분	기관명 및 전화번호						
1급 전문스포츠지도사 (1)	국민체육진흥공단 1670-1859						
2급 전문스포츠지도사 (7)	국기원 02)3469-0163	동아대 051)200-6350	조선대 062)230-7404	중앙대 010-5631-6478, 010-5683-6478	충남대 042)821-6403	한양대 02)2220-1320	한국체대 02)410-6662~4
1급 생활스포츠지도사 (2)	국민체육진흥공단 1670-1859	원광대 063)850-6203					
2급 생활스포츠지도사 (27)	강릉원주대 033)640-2647	강원대 033)250-6780	건국대 043)840-3900	경기대 031)249-1480	경남대 055)249-6380	경북대 053)950-7470	경상대 055)772-4793
	경희대 02)961-9650	계명대 053)580-5770	군산대 063)469-4641	동국대 02)2290-1301	목포대 061)450-6095	부경대 051)629-6513,4,5	숭실대 02)820-0085
	인동대 054)820-7380	용인대 031)8020-2728	홀시내 031)951-3624	빈신대 032)835-8570	선남대 062)530-2550	전북대 063)270-3590	제주대 064)754-8320
	중앙대 010-5631-6478, 010-5683-6478	충남대 042)821-6403	충북대 043)249-1808	한양대(서울) 02)2220-1320	한양대(에리카) 031)400-4164	호서대 041)540-5860	
유소년스포츠지도사 (6)	가톨릭관동대 033)649-7724	경남대 055-249-6380	광주대 062)670-2209	을지대 031)951-3624	중앙대 010-4882-6478, 010-5953-6478	호서대 041)540-5860	
노인스포츠지도사 (8)	가톨릭관동대 033)649-7519	경희대 02)961-9650	대전대 042)280-2910/2924	목포대 061)450-6095	신라대 051)999-5574	연세대 02)2123-6582	이화여자대 02)3277-2556
	호남대 062)940-3709/3617						
1급 장애인스포츠지도사 (1)	국민체육진흥공단 1670-1859						
2급 장애인스포츠지도사 (5)	백석대 041)550-2543	신라대 051)999-5574	용인대 031)8020-2728	원광대 063)850-6095	한국체대 02)410-6662~4		
건강운동관리사 (4)	부경대 051)629-6515	순천향대 041)530-1671	연세대 02)2123-8139	조선대 062)230-7404			

- 스포츠윤리센터 체육지도자 연수과정(3시간) 문의처: 스포츠윤리센터 스포츠윤리 팀(1533-2876)
- 체육지도자 홈페이지(https://sqms.kspo.or.kr): 원서접수, 연수등록, 결과발표 등
- 대표 안내전화: 국민체육진흥공단 체육지도자 콜센터 1670-1859

본 시행 계획은 2025년도 연간 추진일정 안내를 위한 공고이며, 응시 자격요건 등 세부사항은
시험 1개월 전 체육지도자 홈페이지에 공고되는 내용을 반드시 확인하시기 바랍니다.

참고문헌

- 생활스포츠지도사 기본이론서(유동균, 윤동현. 일타클래스교육그룹. 2024)
- 스파르타 스포츠지도사 필기 기본서(유동균, 윤동현. (주)박문각. 2025)
- 스파르타 스포츠지도사 보디빌딩 실기및구술(유동균. (주)박문각. 2025)
- 하계 스포츠지도사 실기및구술 자료(국민체육진흥공단. 2025)

스포츠지도사
하계 50 종목 실기 및 구술시험 가이드북

2025년 6월 20일 초판 발행

편 저 자	유동균
발 행 인	김은영
발 행 처	오스틴북스
주　　소	경기도 고양시 일산동구 백석동 1351번지
전　　화	070)4123-5716
팩　　스	031)902-5716
등록번호	제396-2010-000009호
e-mail	ssung7805@hanmail.net
홈페이지	www.austinbooks.co.kr
I S B N	979-11-93806-95-1 (13690)
정　　가	29,000원

* 이 책은 저작권법에 따라 보호받는 저작물이므로 무단 전재와 무단복제를 금합니다.
* 파본이나 잘못된 책은 교환해 드립니다.
※ 저자와의 협의에 따라 인지 첩부를 생략함.